Management Science

管理学

修订版

张友苏　陈昭玖 ◎编著

图书在版编目（CIP）数据

管理学/张友苏，陈昭玖编著．—修订版．—广州：暨南大学出版社，2009.2（2012.1 重印）

ISBN 978－7－81079－805－1

Ⅰ. 管…　Ⅱ. ①张…②陈…　Ⅲ. 管理学—高等学校—教材　Ⅳ. C93

中国版本图书馆 CIP 数据核字（2007）第 000400 号

出版发行：暨南大学出版社

地　址：中国广州暨南大学
电　话：总编室（8620）85221601
　　　　营销部（8620）85225284　85228291　85228292（邮购）
传　真：（8620）85221583（办公室）　85223774（营销部）
邮　编：510630
网　址：http：//www. jnupress. com　http：//press. jnu. edu. cn

排　版：暨南大学出版社照排中心
印　刷：佛山市浩文彩色印刷有限公司

开　本：787mm×1092mm　1/16
印　张：18. 25
字　数：400 千
版　次：2007 年 2 月第 1 版　2009 年 2 月修订版
印　次：2012 年 1 月第 6 次
印　数：14001—15500 册

定　价：29. 80 元

前 言

一、编写意图

工商企业是国家的经济支柱。提高企业效益既是经济发展的需要，也是管理者应负的责任。美国著名管理学家彼得·德鲁克说过：“在人类历史上，还很少有什么事比管理学的出现和发展更为迅猛，对人类具有更为重大和更为激烈的影响。”在现代社会，不管人们从事何种职业，事实上人人都在参与管理，但管理水平却大相径庭。能不能提高管理水平？人们感觉到有必要通过各种途径学习有关管理的知识。而管理学正是以研究管理的一般问题为己任，致力于研究管理者如何有效地管理其所在的组织。管理学是人类智慧的结晶，它为人们提供了一套比较完整的有关组织管理的理论和方法。

笔者从事管理学教学多年，曾用过西方学者的翻译版教材，由于西方的文化背景和价值观念与我们有所不同，洋味太浓而不合中国人的胃口；也用过不同版本的国内教材，虽然没有文化和观念上的差异，但有的内容比较陈旧，有的体系编排不合理，总有不尽人意之处。为了有一本自己得心应手的教材，就产生了编写本书的创作冲动。对学生来说，一本好的教材可起到事半功倍之效。

二、主要内容

企业改革的关键是改变人的观念。人在现代企业中的作用将愈来愈重要。“胡萝卜加大棒”的管理方式已被证明是一种落后的管理方式。人只有在自觉地发挥潜力时才能发挥出最大的力量。管理者欲提高管理艺术，须深谙人性之道，并顺乎人的欲望和需求进行管理。全书共 14 章，从管理理论的形成和发展到管理学的未来发展趋势；从管理学的四大基本职能（计划、组织、领导、控制）的展开到现代管理理论的陈述，本书介绍了企业管理的基本原理和方法，探索了企业管理的内在规律。

三、本书特色

目前，管理学领域流派纷呈，各种版本的管理学教材如春花烂漫，本书虽只是管理学百花园中的一朵小花，但亦有独特之处：

（1）充实了现代管理理论。本书能反映管理理论的前沿动态，对学习型组织、核心能力、流程再造、知识管理、人本管理、产业先见等新理论都有研究，使人读来有现代感。

（2）实用性强。本书改变了传统教材普遍只阐述理论的做法，尤其注重把理论与应用结合起来。每章后面都安排了管理实务的内容，比如“提高工作效率的艺术”“面试的技巧”“如何获取权力”等，这些经验介绍可帮助人们在管理实践中如何有效运作；本书还在每章后面精选了一两个案例，如“公用地灾难”“再创专业纽扣公司”“分粥制度”“她在美国发选举财”等，通过这些案例分析，可提升你的管理能力。另外，每章后面还设计了几道思考题，以方便读者复习思考。

（3）内容有创新。本书在体系上试图改变传统教科书的管理四大基本职能的安排，增加了管理环境、企业战略、人力资源管理等新章节；在内容上，笔者加进了自己平时教学和科研的体会和成果。如“产业先见”“制度管理与人本管理的关系”“管理发展趋势”等，都有笔者的独到见解。

四、适用范围

本书注意把管理理论与实务有机结合，理论通俗易懂，案例趣味性强，书中图文并茂，有较强的可操作性，能快捷地引导读者去领略理论风光，增强了可读性。本书既可作为本、专科院校学生的基础课教材，也可作为教师的参考用书，同时还适宜企业员工的培训和一般读者的自学。

五、写作分工

本书由张友苏教授、陈昭玖博士主编，负责策划、组织、统稿。张友苏教授撰写第一章、第二章、第三章、第六章；陈昭玖博士撰写第十章、第十一章、第十四章；赖文炜老师撰写第四章；钱颖副教授撰写第五章；上官小放副教授撰写第七章；舒晓村副教授撰写第八章；郑金胜老师撰写第九章；李晓园教授撰写第十三章；屈智敏副教授撰写第十二章。该书是各位同仁合作的成果，也是参与者智慧的结晶。

六、致谢

在本书编写过程中，直接或间接地借鉴了国内外学者的一些研究成果，在此一并致谢！同时感谢暨南大学出版社的鼎力支持和责任编辑张仲玲、付有明老师的辛勤劳动。本书如果能对读者有所裨益的话，笔者将感到莫大的欣慰！书中不妥之处，望蒙指正。

张友苏

2007 年 1 月

目　录

导　论

管理是一种与人类文明共有的现象，它广泛存在于社会生活的各个领域，小至家庭、学校、企业，大至国家、社会等。凡是一个由两人以上组成的、有一定活动目的的集体就离不开管理，管理是一切有组织的活动中必不可少的组成部分。管理也是生产力，管理水平的高低直接影响到组织的兴衰成败。因此，在社会生活中，特别是在组织的活动中，就有必要了解什么是管理，为什么要进行管理活动，怎样才能有效地进行管理活动。本章的内容就是介绍管理的基本概念及其特征，管理的主体与客体，管理学是一门什么样的学科等。

第一节　管理的定义与特征

一、管理的定义

古今中外学者曾对管理下过许多定义，比如南京大学周三多教授认为："管理是社会组织中，为了实现预期的目标，以人为中心进行的协调活动。"

美国学者斯蒂芬·P. 罗宾斯（Stephen P. Robbins）认为："管理是指同别人一起，或通过别人使活动完成得更有效的过程。"

我们比较倾向于复旦大学芮明杰教授的定义："管理是对组织的有限资源进行有效整合，以实现组织既定目标与责任的动态创造性活动。"

管理定义包含以下三层含义：

（1）目标。理性人的行为都是有目的的，任何组织都有目标，管理是为实现组织目标服务的，不可能进行盲目的管理，或为管理而进行管理。

（2）过程。管理作为一种活动，一定是在一个特定组织、特定时空环境下发生、发展，直至结束。管理实际上是一个过程，这个过程包括决策、计划、组织、领导、沟通、激励、控制等一系列相互关联的活动。管理要不断适应环境的变化，根据不同对象、不同条件进行创造性管理。

（3）效率。管理是和别人一起，或通过别人把工作做得更好。达成组织目标是需要资源的，但实际上资源有限，供给有价格，这就使得达成组织目标有一个成本与收益的比较，有一个投入与产出的衡量。如果工作不讲效率，也就谈不上管理。管理是要使资源成本最小化，因此，效率是管理的极其重要的组成部分。但是仅仅有效率是不够的，管理还必须使活动实现预定的目标，即追求活动的效果。通常，效率和效果是相互联系的，但在现实生活中，有效率却无效果的组织和以低效率来取得效果的组织并不少见。使活动达到目标，而且做得尽可能有效率，这就是学习管理的最终使命。

二、资源配置

1. 资源是稀缺的

一个组织为了存续至少需要下述类型的资源：

（1）人力资源。人力资源是指组织中的成员拥有的技能、能力、知识以及他们的潜力和协作力。人力资源是任何一个组织必需的资源，而且是最重要的资源。

（2）金融资源。金融资源是指组织所拥有的货币资本和现金。现实社会中，由于货币资本和现金可以用来购买物质资源、人力资源等，故一个组织拥有的金融资源多寡实际上也反映了组织拥有资源的多寡。货币资本和现金还可以迅速流通，帮助组织捕捉投资机会，获得收益。

（3）物质资源。物质资源是指组织存续所需的诸如土地、厂房、办公室、机器设备、教学设施、各种材料等物质。对一个组织而言，物质资源的多寡也可表现为其拥有财富的多少。

（4）信息资源。信息可以分为两类，一类是知识性信息，另一类是非知识性信息。看一本科学书籍，我们所获取的是知识性信息；看照片图画，我们所获得的是美的信息。信息资源对组织的存续是非常重要的，一个组织没有一定的信息资源就等于一个瞎子，无异于盲人骑瞎马，夜半临深池。

（5）关系资源。关系资源是指组织与政府、银行、企业、学校、团体、名人、群众等方面的合作及密切的程度与广度。组织的存续不是孤立的，它必须与其他组织保持密切的关系，这种关系有时会非常有助于组织目标的实现。

现实中组织的资源是稀缺的，许多自然资源还是不可再生的，用一点就会少一点。为了充分利用这些资源，管理活动的安排就不得不比较它的成本与收益，选择更合适的管理活动。美国学者曼昆（Man Kiw）曾经给经济学下了个定义："经济学研究社会如何管理自己的稀缺资源。"曼昆把经济与管理有机统一起来，很有见地。

2. 资源配置的要求及配置过程

资源配置是指对有限的不同类型的资源，根据组织目标和产出物内在结构的要求，在量、质等方面进行不同的配比，并使之在产出过程中始终保持相应的比例，从而使产出物成功产出。所以，资源配置有两个重要的要求：第一，要有与产出物结构需求一致的资源配置结构。做不到这一点，有限的资源中就会有滞压、有浪费。第二，要对资源的市场价格变化作出反应，在配置过程中既要保持所需结构又要随时进行适当调整。在保持产出物品质的条件下利用资源之间的相互替代性，使资源占用费用最小。

实现资源配置这两个重要要求的过程就是资源配置的过程，管理就是这一过程中的一类活动。如果管理按照其活动的基本特性分类，就有计划、组织、指挥、协调、控制、沟通、决策、经营、公关等类型。这些有具体特性的管理活动的产生是管理分工的结果，是提高管理效率所必需的。管理作为对组织内有限资源有效整合的活动，贯穿于组织资源配置的全过程。管理活动与资源配置过程的关系如图 1-1 所示。

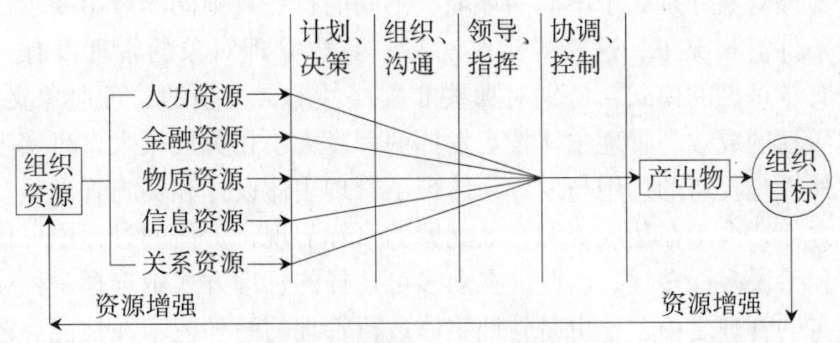

图 1-1　管理活动与资源配置过程

管理的核心就是对上述资源进行有效整合。作为管理者，既要优化配置组织内部的有限资源，还要善于利用组织外部一切可以利用的资源，以最大限度地实现组织目标，学会“借鸡下蛋”“借船出海”。

三、管理的特征

管理活动不同于文化活动、科学活动和教育活动等，它有自己的特色。

1. 动态性

现实生活中，有许多不确定性。①管理客体的不确定性。比如在管理过程中，作为管理客体的员工可能由于当时的心情、思想、偏好等的影响，造成其原本可以发挥的能力和技巧与其他资源配合上的失误或差错。②管理运行时空的不确定性。时空本身在运动变化，在设定未来的发展方案时，未来的时空将发生什么样的与当前时空不同的变异，是不确定的。时空不确定性是战略管理中最难以把握和解决的。③管理工具手段的不确定性。比如人际沟通的方法、精神激励的办法等，其运作效果是难以确定的。④管理实施结果的不确定性。管理活动的结果有可能偏离目标或部分实现目标，带有不确定性。

由于存在上述诸多不确定性，管理必然是一种动态创造性活动，不存在一个标准的、处处成功的管理模式。

2. 科学性

管理的动态性并不意味着管理这类活动没有科学规律可循。管理活动尽管是动态的，但还是可以将其分成两大类：一是程序性活动，二是非程序性活动。所谓程序性活动，就是指有章可循，照章运作便可以获得预期效果的管理活动。所谓非程序性活动，就是指无章可循，需要边运作边探讨的管理活动。这两类活动虽然不同，但又是可以相互转化的。实际上，现实的程序性活动就是由以前的非程序性活动转化而来的。这种转化的过程是人们对这类活动与管理对象规律性的科学总结，管理的科学性在这里得到了很好的体现。对新管理对象所采取的非程序性活动只能依据过去的科学结论进行，否则对这些对象的管理便失去了可靠性，而这本身也体现了管理的科学性。

3. 艺术性

由于管理对象分别处于不同的环境、不同的行业、不同的产出要求、不同的资源供给条件等状况下，这就导致了对每一具体管理对象的管理没有一个唯一的、完全有章可循的模式，特别对那些非程序性的、全新的管理对象更是如此。具体管理活动的成效与管理主体技巧发挥的程度大小相关性很大。事实上，管理主体对这种管理技巧的运用与发挥，体现了管理主体设计和实施管理活动的艺术性。另一方面，由于在达成资源有效配置的目标与现行责任的过程中可供选择的管理方式和手段多种多样，因此，在众多可选择的管理方式中选择一种合适的方式用于现实的管理之中，这也是管理主体进行管理的一种艺术性技能。艺术性这种东西更多地取决于人的天赋与直觉，是一种非理性的东西。管理有时就是一种非理性的活动，否则就不会有许多人认为“管理没有理论”。

4. 创造性

管理的艺术性特征实际上已经与管理的另一个特征相关，这就是创造性。既然管理是一种动态活动，既然对每一个具体的管理对象没有一种唯一的完全有章可循的模式可以参照，那么，欲达到既定的组织目标与责任，就需要有一定的创造性。管理活动是一种创造性的活动，正因为它的创造性，才会有成功与失败的存在。试想，如果按照程序便可管好的话，或如果有某种统一模式可参照的话，那么，岂非人人都可成功，成为有效的管理者？管理的创造性根植于动态性之中，与科学性和艺术性相关，正是由于这一特性的存在，才使得管理创新成为必需。

5. 经济性

资源配置是需要成本的，因此管理就具有经济性。首先，管理的经济性反映在资源配置的机会成本上。管理者选择一种资源配置方式是以放弃另一种资源配置方式的代价而取得的，这里有个机会成本的问题。其次，管理的经济性反映在管理方式方法选择的成本比较上。因为在众多可帮助进行资源配置的方式方法中，其所费成本不同，故如何选择就有个经济性的问题。再次，管理是对资源有效整合的过程，选择不同的资源供给和配比，就有成本大小的问题，这是经济性的另一种表现。

管理的上述五个特性是相互关联的，是管理性质的五个不同方面的反映，其相互关系可用图 1 –2 表示。

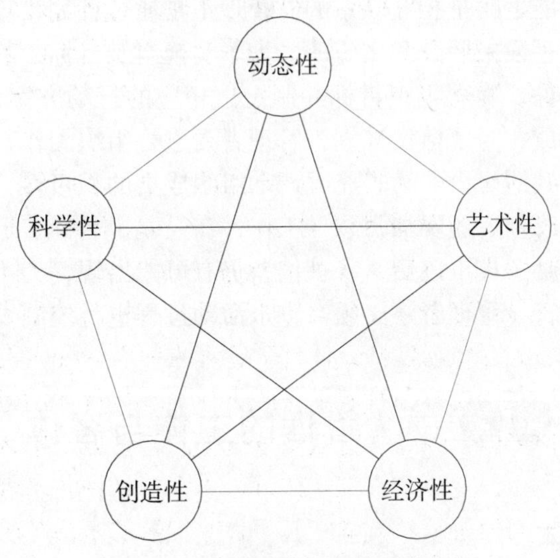

图 1-2 管理活动与资源配置过程

四、管理职能

管理的职能涉及管理工作的职权和范围，即管理在一个组织中究竟负责哪些方面的工作。管理学家通常把管理职能概括为计划、组织、领导、控制四大职能。

1. 计划

任何管理活动都是从计划开始的。既然组织是为了实现某个特定的目的而存在的，那么首先必须确定目标并制定实现目标的途径。计划工作表现为确立目标和明确大致目标的必要步骤之过程，包括估量机会、建立目标、制订实现目标的战略方案、形成协调各种资源和活动的具体行动方案等。

2. 组织

管理者制订出切实可行的计划后，就要组织必要的人力和其他资源去执行既定的计划，也就是要进行组织工作。组织工作是为了有效地实现计划所确定的目标而在组织中进行部门划分、权力分配和工作协调的过程。它是计划工作的自然延伸，包括组织结构的设计、组织关系的确立、人员的配置以及组织的变革等。

3. 领导

每一个组织中都包含人，指导和协调组织中的人是管理的基本工作之一。领导工作就是管理者利用职权和威信施加影响，指导和激励各类人员去努力实现目标的过程。当管理者激励他的下属、指导下属的行动、选择最有效的沟通途径或解决组织成员间的纷争时，他就是在从事领导工作。

4. 控制

控制是保证组织目标能按计划实现所必不可少的。任何组织为了保证有效地实现目标，都要对组织成员和组织活动加以控制。控制工作包括确立控制标准、衡量实际业绩、进行差异分析、采取纠偏措施等。

管理的四个职能之间是相互联系的，管理正是通过计划、组织、领导、控制这四个基本过程或手段来展开和实施的。为了实现组织目标，管理者首先要根据组织内外部环境条件，确立组织目标并制定出相应的行动方案；一旦目标明确，就要组织力量去完成，为了落实计划，管理者要进行组织工作；由于目标的完成有赖于组织成员的共同努力，为了充分调动组织成员的积极性，在目标确定、计划落实下去以后，管理者还要加强领导工作；在设立了目标、形成了计划、建立了组织并培训和激励了员工以后，各种偏差仍有可能出现，为了纠正偏差，确保各项工作的顺利进行，管理者还必须对整个活动过程进行控制。

第二节　管理的主体与客体

一、管理主体

管理主体是指管理活动的出发者、执行者。管理主体就是管理者。

管理者都是在组织中工作的，但并非在组织中工作的每一个人都是管理者。为简化起见，我们可以将组织的成员分为两种类型：操作者和管理者。操作者是这样的成员，他们直接从事某项工作或任务，不具有监督其他人工作的职责。相反，管理者是指挥别人活动的人。换言之，管理者一定有下属。如图 1－3 所示，我们将典型的管理者划分为基层管理者、中层管理者和高层管理者。

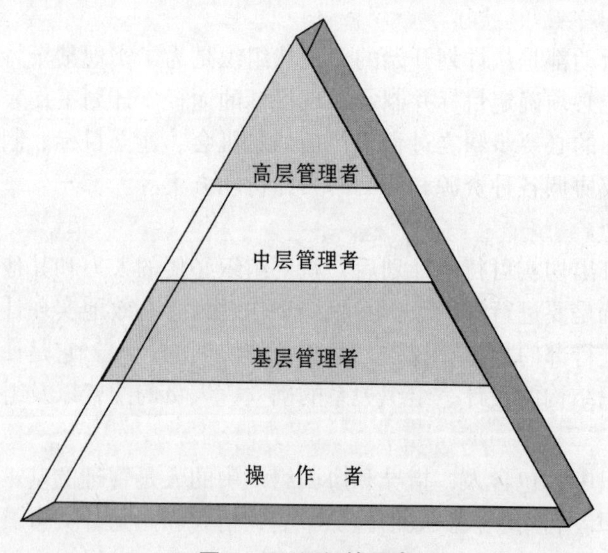

图 1－3　组织的层次

如果从广义来理解，员工是企业的主人，都在参与企业管理，也要进行自我管理，从这个意义来说，每个人都是管理者。

二、管理者的角色

著名管理学家亨利·明茨伯格（Henry Mintzberg）经过长期研究认为，管理者扮演10种不同的但又高度相关的角色。这10种角色可以进一步组合成3个方面，即人际关系、信息传递和决策制定。如表1－1所示。

表1－1　明茨伯格的管理者角色理论

角色		描述	特征活动
人际关系方面	1. 挂名首脑	象征性的首脑，必须履行许多法律性的或社会性的例行义务	迎接来访者，签署法律文件
	2. 领导者	负责激励和动员下属，负责人员配备、培训和交往	实际上从事所有的有下级参与的活动
	3. 联络者	维护自行发展起的外部接触和联系网络，向人们提供恩惠和信息	发感谢信，从事外部委员会工作，从事其他外部人员参加的活动
信息传递方面	4. 监听者	寻求和获取各种特定的信息（其中许多是即时的），以便透彻地了解组织与环境；作为组织内部和外部信息的神经中枢	阅读期刊和报告，保持私人接触
	5. 传播者	将从外部人员和下级那里获得的信息传递给组织的其他成员——有些是关于事实的信息，有些是解释和综合组织中有影响的人物的各种价值观点	举行信息交流会，用打电话等方式传递信息
	6. 发言人	向外界发布有关组织的计划、政策、行动、结果等信息；作为组织所在产业方面的专家	举行董事会议，向媒体发布信息
决策制定方面	7. 企业家	寻求组织和环境中的机会，制定“改进方案”以发起变革，监督某些方案的策划	制定战略，检查会议决议执行情况，开发新项目
	8. 混乱驾驭者	当组织面临重大的、意外的动乱时，负责采取补救行动	制定战略，检查陷入混乱和危机的时期
	9. 资源分配者	负责分配组织的各种资源——事实上是批准所有重要的组织决策	高度调度、询问、授权，从事涉及预算的各种活动和安排下级的工作
	10. 谈判者	在主要的谈判中作为组织的代表	参与工会进行的合同谈判

1. 人际关系方面的角色

管理是感性与理性的结合，情商与智商的融合。人际关系的角色通常是指所有的管理者都要在组织中履行礼仪性和象征性的义务，即发挥代表组织形象、领导组织、联络信息资源的作用，这需要人格魅力。当学校的校长在学生毕业典礼上颁发毕业文凭时，当企业的总经理在带领其他组织人员参观本企业的生产线时，他们都在扮演着组织代表即挂名首脑的角色。这种角色对组织而言有时是非常重要的，足以影响组织的形象。管理者还要扮演领导者的角色，因为他们是管理活动的出发者，他们必须按照组织目标和变动的环境去激励、培训、惩戒下属员工，否则目标的实现就可能会有问题。管理者扮演的第三种人际关系角色是指他们要在人群中充当联络员，一方面可以获得各种对组织有用的信息，另一方面又可以发展组织的关系资源。

管理者在人际关系方面所扮演的 3 种角色，是管理者必须要扮演的、工作范畴之内的角色。这 3 种角色的扮演在实践中并不是分离的，有时可能合为一体。例如，当管理者代表组织出席其他组织安排的会议时，管理者既是组织的挂名首脑，同时又是人群中的联络员，要为自己的组织开发关系资源。

2. 信息传递方面的角色

信息传递的角色是指所有的管理者在某种程度上，既要从外部的组织或机构接收和传递信息，又要从组织内部某些方面接收和传递信息，这需要沟通协调能力。明茨伯格将管理者的信息角色划分为 3 种：一为监听者角色，即从不同渠道用各种办法接收信息，了解信息，掌握信息；二为传播者角色，即把组织的信息、自己所收集加工的信息等向组织成员加以宣布、传递，以便组织成员共享信息，更好地工作；三为发言人角色，即管理者有时必须代表组织向外界公布态度、决定、报表，进行报告、演讲等，这可能是组织运作的需要，也可能是外界压力的结果。

3. 决策制定方面的角色

按照西蒙教授的看法，管理就是决策，故管理者最重要的角色就是制定决策。明茨伯格将决策制定分解为四个方面的工作，形成了决策方面的四种角色。第一是企业家。理论上说，企业家指高级的职业管理者，如总经理、总裁等。但此处企业家的含义则是指能捕捉发展机会、进行战略决策并承担责任的管理者。一个管理者如果在其领域或具体工作中必须这么做时，他就表现为企业家的角色，反之则不是。第二是混乱驾驭者，即处理组织内部混乱事件并通常能获得成功的管理者。处理混乱需要决断，这正是管理者所必须具备的能力。第三是资源分配者，对组织的有限资源根据组织目标的分解进行分配。实际上这是组织资源配置的一个方面，是决策的内容之一。第四是谈判者。当管理者为了组织的利益与其他组织商定合作和成交的条件时，他们就在扮演谈判者的角色。扮演这个角色需要敏锐的判断力。

三、管理者工作的共同点与不同点

1. 共同点

无论何种类型的组织，管理者的工作都具有共同点，他们都要作决策、设立目标、建立有效的组织机构、雇用和激励员工。从法律上保障组织的生存以及获

得内部的政治支持以实现计划。

2. 不同点

管理者工作的不同点可以从三个方面来区分。一是不同行业管理者工作的差异。如城市市长和大公司总裁的工作就有许多不同之处。二是大企业管理者与小企业管理者工作的差异。大企业的管理者主要关心的是企业的内部事务，工作是结构化的和正规性的。小企业管理者更可能是一个多面手，最重要的角色是发言人。三是高、中、低不同层次管理者之间的差异。如高层管理者主要是决策，基层管理者主要是执行。

四、管理客体

管理客体是管理活动的作用对象，是管理的接受者。从这个定义来看，组织内的管理客体实际上是一个很大的范围。首先，组织中的一般成员均是管理的客体，他们执行组织分配的工作任务，遵照一定的规则进行工作，以求获得良好的工作成绩。其次，组织中的其他资源，如物质资源、金融资源、信息资源、关系资源等均是管理的客体，都是管理的接受者。它们在管理的作用下经过特定的技术转换过程就成为良好的产出物。再次，组织向外扩张和发展时作用于相关的人、财、物、信息和其他组织，这些也就成了本组织管理的客体，只是这类管理客体不一定很确定，而且经常会变动。

作为管理者，可以既是主体，又是客体。当他管理人的时候，他是主体；当他被人管理的时候，他就是客体。

第三节 管理学的理论性与应用性

管理学是研究和探讨组织及组织内资源配置的构造、过程、方式、方法的学科，是一门理论性和应用性都很强的学科，是管理学科群中最为基础的学科。管理学作为一门新兴的、独立的学科，经历了一百多年的发展，在广泛吸收其他学科的科学成就的基础上，形成了自己的特色。

一、管理学的理论性

管理学作为一门科学，也具有其他学科所共有的基本特性，这就是：管理学具有特定的研究范围和研究对象，具有一系列含义清楚明确的基本概念，具有经过实践证明且有普遍指导意义的原理和原则；有一套独立于其他学科的分析问题、解决问题的方法；有一套完整且严密的理论体系。这些东西由大量学者和实业家在总结管理工作的客观规律基础上形成，用以指导人们从事管理的实践。管理者如果没有管理科学的知识，要进行管理就必然是依靠经验，或是凭主观、靠运气。

管理学又是一门不精确的科学。人们通常把在给定条件下能够得到确定结果的学科称之为精确的科学。如数学，只要给出足够的条件或函数关系，按一定的法则进行演算就能得到确定的结果。管理则不然，在管理学中几乎不存在什么纯粹的定律。管理学的不精确性的原因是：第一，管理对象的特殊性。管理者的管理对象主要是人，人有千差万别的个性，能力有大小，思想境界有高低，言行有可能不一致，因而就没有“放之四海而皆准”的权威理论。第二，管理环境的变动性。国内环境和国际环境、具体环境和一般环境都在发生剧烈的变化，也就没有一成不变的规律可循。第三，组织的多样性。组织的目标、规模、结构、资源、文化等都千差万别，“兵无常道”，管理亦如此。正因为管理学是一门科学，所以我们就能通过学习掌握其基本原理并据此指导实践；而正因为它是不精确的科学，所以在实际运用时要具体问题具体分析，不能生搬硬套。

二、管理学的应用性

首先，管理学的应用范围非常广泛。谈到管理工作和管理人员，人们往往以为涉及的只是以营利为目标的企业单位。而事实上，任何组织都有其特定的组织目标，都有其一定的资源调配和使用问题，因此也就有管理问题。管理普遍适用于任何类型的组织。从营利性组织来看，不管其规模大小、结构类型、行业性质是多么的不同，都需要对它们进行有针对性的有效管理。所以，客观上存在着国际性企业（跨国公司）的管理、小型企业（如个体企业）的管理、工业企业（如汽车厂、纺织厂等）的管理、商业企业（如零售商店、外贸公司等）和交通运输企业（如航空公司、出租汽车公司等）的管理，以及商业银行、保险公司、通信广播公司、财务公司、咨询公司和其他各种服务性单位（如餐馆、洗衣店）等的管理。再从非营利性组织来看，不仅政府、军队、警察等组织需要管理，大、中、小学和职业学校需要管理，医院、诊所和医疗保险单位需要管理，研究所、报社、博物馆、画廊以及大众性广播、邮电和效能服务单位需要管理，而且各种基金会、联合会、俱乐部以及政治党派、学术团体和宗教组织等也都需要管理。管理遍布人类社会的方方面面，可以说时时处处都有管理活动的存在。

其次，管理学又是一门应用性很强的学科，它必须时刻和实践紧密结合起来。第一，它的知识来源于人们的管理实践，是人们管理经验的概括和总结。没有管理，实践就成了无源之水、无本之木。第二，管理学的知识，必须运用到实践中去才有价值；否则，它就失去了存在的意义。第三，管理学知识和理论是否正确，归根到底要接受实践的检验。因为任何看似正确的管理理论，到实践中是否一定有效，并不是确知的；而某些看似不正确的管理理论，到实践中是否一定无效，也必须要经过验证；即使原来正确的管理理论，在新环境里能否继续有效，也还需要再作检验。实践对管理产生、存在和发展的这种决定作用，构成了管理学极强的应用性。

由于管理对象的复杂性和管理环境的多变性，管理知识在运用时具有较大的技巧性、创造性和灵活性，很难用陈规或原理把它禁锢起来，因此管理具有很强的应用性和操作性。在知识经济时代，管理学的应用性尤其体现在管理创新上。

管理创新是指创造一种新的更有效的资源整合范式，这种范式既可以是新的有效整合资源以达到组织目标和责任的全过程管理，也可以是新的具体资源整合及目标制定等方面的细节管理。这样一个要领至少可以包括以下5种情况：

（1）提出一种新发展思路并加以有效实施。新发展思路如果是可行的，这便是管理方面的一种创新。但这种新发展思路并非对一个组织而言是新的，对所有的组织来说都是新的。经营思路的创新可以有以下几个主要方面：新的经营方针及经营战略；新的经营理念及其推行；新的经营策略；资本运营新思路；产生经营新思路的方式方法；企业发展方式等。

（2）创设一个新的组织机构并使之有效运转。组织机构是组织内管理活动及其他活动有序化的支撑体系。创设一个新的组织是一种创新，但如果不能有效运转则成为空想，不是实实在在的创新。组织创新包括：组织机构基本形式的发展；部门机构职责、权限的发展；集权分权的新方式；组织的学习性深化；组织内信息流程及网络的重构；组织机构中的人际关系安排；部门岗位设置与个人才能的发挥；组织的柔性化设计等。

（3）提出一个新的管理方式方法。一个新的管理方式方法能提高生产效率，或使人际关系协调，或能更好地激励组织成员等，这些都将有助于组织资源的有效整合以实现组织既定目标和责任。管理方式方法努力的方向可以是：新的领导方式；对人的管理方式方法的发展；生产、经营、服务等方面管理方法的发明和创造；新的管理手段，如信息技术引入管理导致管理手段的革新；新办公设施的使用即管理硬件方面的创新与发展；企业组织生产组合的创新、流程的创新等。

（4）设计一种新的管理模式。所谓管理模式是指组织综合性的管理范式，即指组织总体资源有效配置实施的范式。这么一个范式如果对所有组织的综合管理而言是新的，则自然是一种创新。管理模式创新具体可以有以下4个方面：组织管理综合性创新；组织中某一管理领域的综合性创新；管理方法、手段等综合性创新；综合性管理方式、方法的创新等。

（5）进行一项制度的创新。管理制度是对组织资源整合行为的规范，既是对组织行为的规范，也是对员工行为的规范。制度的变革会给组织行为带来变化，进而有助于资源的有效整合，使组织更上一层楼，因此制度创新也是管理创新之一。管理制度创新可细化为：各类组织管理制度的创新；管理制度的效用评价；管理制度的制定方式；系统化管理制度的创新；组织内部工作流程的设定与创新；科学议事规则的设定等。

企业在市场中的位置如同放在斜坡上的球，随时都会滑下来，那么，借助两个力，一个是止动力，也就是基础管理，让它不会滑下来；再一个是上升力，也就是创新，这方面非常重要，企业如果想要在市场上取胜的话，这个上升力是必要条件。

三、为什么要学习管理学

第一，优秀管理者的地位日益提高。在西方，最优秀的人才去管理企业。管理者与操作员，优秀管理者与一般管理者的薪水差距很大。美国基层监工的年薪为25 000~45 000美元，中层管理者年薪为35 000~90 000美元，大公司管理者可以挣到每年百万美元乃至千万美元。在我国，脑体倒挂的现象正逐步消除，企业家市场逐步形成，优秀管理者的社会地位和经济地位日益提高。青年学生，今天学好管理学，日后成长为优秀管理者的可能性是很大的。

第二，改进组织的管理方式关系到每个人的切身利益。如果你出门办事，遇到对方遇事推诿，效率低下，或者根本就找不到人，你一定会窝着一肚子火，甚至骂一句“管理水平太差”！反之，如果整个社会都提高了管理水平，比如企业能有更好的效益，消费者的权益能得到保障，贪污腐败能得到惩处，政府机关能提高效率，你就可以买到价廉物美的商品，享受到优质的服务，你的生活质量就会提高。因此，提高管理水平对每一个人都有好处。

第三，通过学习管理会从中受益。当你从学校毕业开始你的事业生涯时，你所面对的现实是，不是从事管理就是被人管理。如果你是管理者，不学习管理就当不好管理者；如果你是被管理者，你学了管理学，就可以较多地了解你的“老板”的行为方式和组织的运作过程，从而有助于你更好地适应社会，增强你的生存能力。从高校的培养目标来说，是培养管理者而不是培养操作员。学好管理学，可以使你改变命运，由操作员上升为管理者。不过有一点需要指出的是，你不要指望仅从一门管理学课程中就能学会怎样做管理者。

复习与应用

一、思考题

1. 何为管理，管理工作的特点是什么？

2. 作为优秀管理者，应具有哪些素质？自己还有哪些差距？

3. 大城市市长与大公司总裁的工作在哪些方面相似？又在哪些方面有所不同？

4. 为什么说管理学是一门理论性和应用性都很强的学科？

二、管理实务

提高工作效率的艺术

（1）不干预下一级的事。企业经理应当管理各部门的主管，而不应当过问各部门内部的事情，更不应当对员工进行越级指挥。许多关于提高领导者工作效率的论著都指出，凡是可以授权下属干的，自己不要去做；当忙得不可开交的时候，便应当考虑一下是否干了下属可以做的事情。经验表明，将职权委让给下属并不难，但要持之以恒地坚持下去，并非易事。有些事摆在眼前，怕下级处理不好，就想插手；有时候遇到问题急于表态。这个时候，领导者一定要克制自己，

话到嘴边也应当咽下去。

(2) 不颠倒工作主次。一个企业领导者，深入基层参加必要的劳动，有利于了解情况和加深同职工的感情，而且可以吸取群众的智慧，进一步改善领导，但这并非领导者的主要职责。领导者的主要工作是计划、组织和控制，是带领群众前进，而不是代替群众前进。

(3) 任何工作都问三个“能不能”。美国管理学家唐纳德·C. 泊纳姆在《提高生产效率》一书中，提出了提高工作效率的三条原则。当处理任何一项工作时必须自问：①能不能取消它？②能不能与别的工作合并？③能不能使用更简单的东西代替它？如果能够做到这三点，往往能够提高工作效率。

(4) 不用多余的人。多余的人必然干扰干事的人，故用人应当力求精简。习惯看法是人多力量大，这要以目标一致为前提条件。如果目标不一致，出现内耗，就会出现力量的相互抵消。

(5) 工作标准化。工作标准化有两层含义：一是指建立健全以责任制和奖惩制为核心内容的各项规章制度；二是把重复出现的问题记录在案，以后再遇到类似问题，则照此办理，不再另行请示。后一种方法又被称为案例管理法。通过以上工作，便可以达到有章可循和有例可援，从而达到管理的标准化。

有人说领导者什么时候能够有空闲时间去钓鱼，那这个领导也就当好了。这话有一定的道理，因为实现了管理工作的标准化，许多问题不需要分散精力便可以从烦琐的事务中解脱出来，有时间去钓鱼，并在钓鱼过程中静思企业发展的战略问题。所以说，一个出色的领导应当是比较超脱的，外面看看，里面逛逛，读书学习，思考问题。那种整天忙于事务的企业经理，往往是效能比较低的经理。

三、案例分析

公用地灾难

有一块公用草地，面积1 000多亩，周边住着牧民甲、乙、丙三人。如果使用草地不受任何约束，假设牧民都是理性人，可能出现如下情况：牧民甲买来50只羊在草地上放牧，一年下来，增加了不少收入；牧民乙在牧民甲的示范下，买来了100只羊放牧，年收入可观；牧民丙不甘落后，买来200只羊；牧民甲一看吃了亏，毫不含糊又买了300只……如此恶性竞争，结果草被羊啃光，草地迅速沙漠化，三个牧民都放不成牧，都成了穷光蛋。

问题：

1. 公用地灾难是怎样形成的？
2. 如果派你去管理这块草地，你有何良策？

盖茨的豪宅

全球首富、软件业巨擘比尔·盖茨不怕显山露水，建造了当今世界最豪华的私人住宅。这幢位于美国西北部华盛顿州的豪宅，依山临湖，结合美丽的自然生态与先进的资讯科技，堪称世界一绝，令世人瞩目。

盖茨从1990年开始，花了7年时间和无数心血，建成这幢独一无二的豪宅。这幢豪宅占地约两公顷，房屋四周的水域面积约5 000平方米，建筑物总面积超过6 130平方米，总造价超过1亿美元。根据金恩郡2002年的地政资料，盖茨的家园（土地与建筑物）总值约1亿1千3百万美金；每年缴纳的税金超过100万美元，是美国国民年平均收入的25倍。

这幢豪宅前方俯瞰烟波浩渺的华盛顿湖，背后深入湖畔东岸的一座山丘，属于“掩土建筑”，犹如一座堡垒要塞。豪宅与西雅图市遥遥相对，邻近雷蒙市的微软公司总部。建筑物地上4层，地下深不可测，外观呈现“西北太平洋岸窗体顶端窗体底端别墅”风格，看似一座18、19世纪的庄园，林木葱郁，气象万千。

盖茨身为全球资讯业的领航人，这幢豪宅的高科技设备自然不同凡响。访客从一进门开始，就会领到一个内建微晶片的胸针，可以预先设定你偏好的温度、湿度、灯光、音乐、画作等条件；无论你走到哪里，内建的感测器都会将这些资料传送至Windows NT系统的中央电脑，将环境调整到宾至如归的境地。地板中的传感器能在15厘米内跟踪到人的足迹，在感应到有人到来时自动打开照明系统，在离去时自动关闭。除了厨房内的全自动烹调设备外，甚至在厕所里都安装了一套检查身体的电脑系统。如果发生火灾等意外，住宅的消防系统可自动对外报警，显示最佳营救方案，关闭有危险的电力系统，并根据火势分配供水。智能豪宅里唯一带有传统特色的是一棵百年老树，先进的传感器能根据老树的需水情况，实现及时、全自动浇灌。

因此当你踏入一个房间，藏在窗体顶端至窗体底端壁纸后方的扬声器就会响起你喜爱的旋律，墙壁上则投射出你熟悉的画作；此外你也可以使用一个随身携带的触控板，随时调整感觉。甚至当你在游泳池戏水时，水下都会传来悦耳的音乐。整座建筑物埋设了84千米长的光纤缆线；但有趣的是，墙壁上看不到一个插座，因为盖茨不喜欢“乱糟糟”的感觉。

盖茨通常安排访客乘船横渡华盛顿湖，从专属码头登堂入室。一进门厅，玻璃墙让华盛顿湖的美景一览无余，迎面而来是一座高耸的84阶楼梯，花旗松梁柱高达20米，有恐高症者可以改乘电梯，来到一楼大厅。大厅还安置了一个放养海洋生物的水族馆。

宏伟的接待厅可以举行150人的晚宴，或者办一场200人的鸡尾酒会。一堵墙面嵌入2米宽的壁炉，另一堵墙面则排列着24个40寸的电视屏幕。身份更高的贵客，在另一座可容纳24人的宴会厅接受款待，从三楼俯瞰美不胜收的湖光山色。

声光享受自然也是娱宾重点，豪宅中有一间“装饰艺术”风格的电影院，设备不输好莱坞片厂的试映室，可以让20位嘉宾尽情享受。该住宅有7间卧室，24间浴室（包括10个浴缸），6间厨房，6个壁炉。

不过盖茨最自豪的还是他的私人图书馆，这是一座圆顶建筑，屋顶中间有一个接收自然光的天窗，室内光线随着外界阴晴调整。馆中珍藏有盖茨收藏的达·芬奇的《莱切斯特手稿》、拿破仑写给约瑟芬的情书、希区柯克电影《惊魂记》的剧本手稿等。其中达·芬奇手稿的价值就超过3 000万美元。

住在这样的一座大观园中，安全问题自然不能等闲视之。由于当地属地震带，因此抗震性要特别加强，其钢骨结构强度是建筑法规要求的4倍。

这座豪宅的创意引起了世人的广泛关注。

问题：

1. 比尔·盖茨不仅对他的企业不断创新，而且对住宅设计也别出心裁，这给我们带来什么启示？

2. 住宅可以智能化管理，其他领域呢？

管理理论的形成和发展

管理是人类有意识的社会活动。人类社会有了管理活动，也就有了管理思想的萌芽。随着人类管理实践的发展和日益成熟，管理理论也经历了从产生、发展，到逐渐走向成熟的过程，而且对人类社会管理实践的指导作用亦日益突出，显示出强大的生命力。本章探讨的主要问题有：中外古代零星的管理思想；科学管理理论；行为科学理论；管理理论丛林现象等。通过对这些方面的研究，可以从过去的历史中吸取经验教训，进而发展管理理论。

第一节 古代的管理思想

把管理作为一门科学进行系统研究，只是最近一百年的事。但是，管理实践和人类的历史一样悠久，至少可以追溯到几千年以前。中国的长城、埃及的金字塔都可证明：在两千年前人类已能组织、指挥、协调数万人乃至数十万人的劳动，历时许多年去完成经过周密设计的宏大工程，其管理才能不能不令人折服。

一、中国古代的管理思想

我国古代思想家有许多管理思想方面的真知灼见，归纳起来有如下一些要点。

（1）顺“道”。其意指管理要顺应客观规律。《管子》一书认为，自然界和社会都有自然的运动规律：“天不变其常，地不易其则，春秋夏冬，不更其节。”万物按自然之“轨”运行，对人毫不讲情面。“万物之于人也，无私近也，无私远也”，你的行为顺从于它，它必“助之”，你的事业就会“有其功”，“虽小必大”；你若逆它，它对你也必“违之”，你必“怀其凶”，“虽成必败”，“不可复振也”。司马迁在其著名的《史记》中也把社会经济活动视为个人为了满足自身的欲望而进行的自然过程。对于社会自发的经济活动，他认为，国家应顺其自然，少加干预。“故善者因之”顺应客观规律，符合其“道”，乃治国之善政。

（2）重人。这是中国传统管理的一大特点。其中包括两个方面：一是重人心向背，二是重人才归离。得民是治国之本。欲得民必先为民谋利。在先秦的思想家中，孔子提倡“行仁德之政”，“因民之所利而利之”“修文德以来之”，“使天下之民归心”，“近者悦，远者来”。《管子》一书提倡，“政之所兴，在顺民心；政之所废，在逆民心”，国家必须“令顺民心”，“从民所欲，去民所恶”，乃为“政之宝”。求贤若渴，表示对人才的尊重，并把能否得贤能之助，视为关系国家兴衰和事业成败的关键。在《吕氏春秋》中就认为“得贤人，国无不安……失贤人，国无不危”。诸葛亮在总结汉朝的历史经验时也提出：“亲贤臣，远小人，此先汉之所以兴隆也；亲小人，远贤臣，此后汉之所以倾颓也。”《晏子春秋》则把对人才的“贤而不知”“知而不用”“用而不任”，视为国家的“三不祥”，其害无穷。

（3）人和。“和”就是调整人际关系，讲团结，上下和，左右和。对治国而言，和能兴邦；对治理民众而言，和能生财。故我国历来把天时、地利、人和看成事业成功的三要素。孔子说：“礼之用，和为贵。”管子说：“上下不和，虽安必危。”“上下和同”“和协辑睦”是事业成功的关键。古人还认为，求和的关键在于当权者。只有当权者严于律己，严禁宗派，不任私人，公正无私，才能团结大多数。《管子》提出“无私者客众”，要求君王切不可有“独举”“约束”“结纽”这些宗派行为。

（4）守信。治国要守信，办企业要守信。信誉是人们之间建立稳定关系的基础，是国家兴旺和事业成功的保证。孔子说：“君子信而后劳其名。”他对弟子注重“四教：文、行、忠、信。”《管子》十分强调取信于民，提出国家行政应遵循一条重要原则：“不行不可复。”该书认为：“言而不可复者，君不言也；行而不可再来，君不行也。见言而不可复，行而不可再者，有国者之大禁也。”

（5）利器。生产要有工具，打仗要有兵器，中国历来有“利器”的传统。孔子说：“工欲善其事，必先利其器。”《吕氏春秋》也认为，使用利器可达到“其用日半，其功可使倍”的效果。利器说的提倡促进了中国民众推行、使用先进技术，并使之成为兴邦立业的重要思想。古代中国在相当一段时间内，在某些技术领域领先于世界各国的情况就可以证明这一点。

（6）求实。实事求是，办事从实际出发，是思想方法和行为的准则。儒家提出“守正”原则，看问题不要偏激，办事不要过头，也不要不及，“过犹不及”。过了头，超越客观形势，犯冒进错误；落后于形势又错过时机，流于保守。两种偏向都会坏事，应该防止。《管子》还认为，凡事应量力而行，“动必量力，举必量技”，“不为不可成，不求不可得”，“量力而知攻”，“不知任，不知器，不可”，“妄行则群卒困，强进则锐士挫”。《管子》还提出了“时空”原则，即办事要注意时间（时机）和地点等客观条件。“事以时举”，“动静”，“开阖”，“取予”，“必因于时也，时而动，不时而静”。不顾时间的变化，用老一套的办法，不注意“视时而立仪”，“审时而举事”，必然招致失败。空间不同，政策措施也应有异，不可将老一套办法到处运用。“以家为乡，乡不可为也；以乡为国，国不可为也；以国为天下，天下不可为也。”

（7）对策。即在治军、治国、治理民众等一切竞争和对抗活动中，都必须统筹谋划，正确研究对策，以智取胜，古语“夫运筹帷幄之中，决胜于千里之外”，就是关于对策的形象描述。《孙子兵法》认为，“知彼知己，百战不殆；不知彼而知己，一胜一负；不知彼，不知己，每战必殆”。《管子》主张：“以备待时”，“事无备则废”，治国必须有预见性，备患于无形，“唯有道者能备患于无形也”。中国古代有许多优秀的对策实例，如田忌和齐王赛马的故事，三国的赤壁之战、空城计，孙膑的“减灶骄敌”等，都是系统运筹的结果。

（8）节俭。节俭意指崇俭黜奢。孔子主张“节用而爱人，使民以时”，墨子说：“其财用节，其自养俭，民富国治。”荀子也说道：“强本而节用，则天不能贫……本荒而用侈，则天不能使之富。”纵观历史，凡国用有度，为政清廉，不伤财害民，则会国泰民安；凡国用无度，荒淫奢侈，横征暴敛，必滋生贪官污吏，招致天下大乱。

（9）法治。我国的法治思想起源于先秦法家，如李悝、韩非等人认为要严刑峻法：“设而不犯，犯而必诛”；要奖罚分明：“诱以重赏，赏且信；威以重罚，罚且必，使人怀德畏威”。

二、西方古代管理思想

在圣经中有这样一段故事，摩西的岳父耶罗斯对他说：“你这种做事的方式不对头，你会累垮的。你承担的事情太繁重，光靠你个人是完不成的。现在你听我说，我要给你一个建议……你应当从百姓中挑选出能干的人，封他们为千夫长、百夫长、五十夫长和十夫长，让他们审理百姓的各种案件。凡是大事呈报到你这里，所有的小事由他们去裁决，这样他们会替你分担许多容易处理的琐事，这是上帝的旨意，那么你就能在位长久，所有的百姓将安居乐业。”这里面就较为充分地体现了分权、授权、管理层次和管理权力划分的管理思想。在建立于公元 2 世纪的罗马天主教会的组织结构中，教会的目标和教义规定得十分严格。教会的最高权威集中在罗马，权力的管理机构由社区教士、主教、大主教、枢机主教和教皇等组成，且在近两千年中，这种结构基本上没有变化。

在古埃及，人们建立了以法老为最高统治者的金字塔式的管理机构来管理国家。为了加强国家的行政管理，法老设立了宰相，由法老掌管宗教，社会事务交给宰相管理，这明显具有分权的含义。宰相是当时社会的指导者、组织者、协调者和决策者。在宰相下设有复杂的官僚机构，由它来衡量尼罗河水位涨落的情况；由它来预测农业收成和国家总收入，将这些收入分配给各政府部门，管理全国的工商业。从古埃及被挖掘的陪葬品中也可了解到，每一个监督者大约管理十名奴仆，实行了管理跨度“以十为限”的做法。监督者和奴仆的衣着，依据其身份和职业的不同，也有明显的差异。这体现的就是等级的概念。古埃及人凭借先进的国家行政管理体系和卓越的管理才能创造了金字塔、尼罗河水利工程修建的人间奇迹。

古罗马从一个小城市发展成为一个世界帝国，其统治延续了几个世纪。而罗马帝国的巩固，主要依靠的是严格的体制与权力层次以及与各军政机构之间的具体分工。罗马帝国在法制和分权制方面的卓越贡献，为现代社会的法律体系建设，立法与司法的分权制都树立了典范。

但是长期以来，人们对管理并没有进行很好的研究。因为人们一直认为管理仅仅是一种技能，所以他们只注重经验，而忽视对管理规律的研究。另外，当时的社会发展，也没有对管理的专门研究提出迫切的需要：天主教会可按照教义和信徒的虔诚来组织和管理它的财产；军队可通过严格的等级制度和权力结构管理大批的官兵；政府机构可依据法规和军队力量来实施其统治；家族式的“企业”的主要目的是求得自身的生存，对如何获取利润并不很关心。

三、科学管理思想的萌芽

18世纪下半叶，从英国开始发生的工业革命带来了一系列的新问题，如工人的组织和相互间的配合问题，在机器生产条件下人与机、机与机的协调运转问题，劳资纠纷问题，劳动力的招募、训练与激励问题，纪律的维持问题，等等。新兴的工厂制度所提出的管理问题完全不同于以前所碰到的管理问题。新制度下的管理人员不能用以前的任何一种办法来确保各种资源的合理使用。这些前所未有的管理问题需要人们去研究和解决。

产业革命的出现，迫切需要科学的管理理论来指导，但遗憾的是，当时的管理理论研究还处于探索阶段，时代在呼唤管理学，但管理学并没有应运而生。此时，管理理论虽未系统形成，但已有了大量的管理实践，出现了科学管理思想的萌芽，为早期的科学管理思想和管理理论的产生奠定了基础。

1. 亚当·斯密的管理思想

亚当·斯密（1723—1790）是英国古典政治经济学的主要代表人物之一。他出生在苏格兰一个富裕的海关职员家庭。在格拉斯哥大学的任教经历，使他对政治经济学产生了浓厚的研究兴趣。1776年，他第一个提出了生产经济学的概念，分析了劳动分工的经济效益，提出了生产合理化的概念。他的《国民财富的性质和原因研究》（即《国富论》）不仅是经济学说史上的不朽巨著，而且是管理学的宝贵思想遗产。

亚当·斯密认为，劳动是国民财富的源泉。一国财富的多寡，取决于两个因素：一是该国从事有用劳动的居民在总人口中所占的比例；二是这些人的劳动熟练程度、劳动技巧和判断力的高低。由此他提出，劳动生产力的改良和增进，是国家财富增长的基本因素。

通过认真的研究分析，亚当·斯密指出，劳动分工是带来劳动生产率提高的主要因素。劳动分工的作用主要体现在三个方面：

（1）分工可以使劳动者专门从事某一种单纯而重复完成的操作，从而提高熟练程度，增进技能，提高劳动生产率。

（2）分工可以减少劳动者的工作转换，从而可以节约通常由一种工作转到另一种工作所损失的时间。

（3）分工使劳动简化，可以使人们把注意力集中在某一种特定的对象上，有利于促进所操作的机器工作的改进和发明创造。

亚当·斯密关于分工合作问题的观点，不仅符合当时社会要求迅速扩大劳动分工以促进工业革命发展的需要，而且成为后来管理学的一条基本原则。

亚当·斯密研究经济现象时的基本观点是，经济现象是具有利己主义的人们的活动所产生的。他认为，人在经济行为中，追求的完全是私人利益。但是每个人的私人利益又受到他人的利益的限制。这就迫使每个人必须顾及他人的利益，由此而产生了相互的共同利益，进而产生了社会利益。社会利益正是以个人利益为立足点的。这种“经济人”的观点，正是当时资本主义生产关系的科学反映，也对后来管理学的形成产生了重要影响。

2. 罗伯特·欧文的管理思想

罗伯特·欧文（1771—1858）是欧洲空想社会主义的主要代表人物之一。他出生于英国北威尔士的一个手工业者家庭。他是19世纪初期最有成就的实业家之一，也是杰出的管理学先驱者。他最早播下了人事管理的种子——“和谐一致”，因而被称为“人事管理之父”。从1818年开始，欧文还提出了改造整个资本主义制度的计划。

从1800年到1828年，他在苏格兰的纽拉纳克经营一家纺织厂，进行了一场前所未有的实验。他最早注意到人的因素对提高劳动生产率的重要性，他坚决反对将人视为机器；认为人是有需要的有机体，因此要区别“有生机器”和“无生机器”。

罗伯特·欧文在自己工厂里的改革措施包括：改善工厂的工作条件；合理布局生产设备；把长达十几小时的劳动时间缩短为10小时；严禁未满9岁的儿童参加劳动；提高工资，并免费为工人提供膳食；建设职工住宅，改善工人的生活条件；开设工厂商店，按成本向工人出售生活必需品；设立幼儿园和模范学校；创办互助储金会和医院，发放抚恤金，等等。他经常与工人接触，改革措施得到了工人的大力支持，从而大大增加了工厂的赢利。他认为，良好的人事管理，是每个经营人员工作的基本内容。他认为，人事管理的成功取决于严谨的工作习惯和对人性的深刻理解。

3. 查尔斯·巴贝奇的管理思想

查尔斯·巴贝奇（1792—1871）出生于英国一个富有的银行家家庭，是英国著名的数学家、机械专家和经济学家。他深入地研究了手工业工场和工厂的许多实际问题，在运用科学方法研究管理方面作出了重要贡献。正因为如此，有人将查尔斯·巴贝奇称为“计算机之父”。他的代表作是1832年发表的《论机器和工厂的经济学》。

1828年到1839年，巴贝奇在剑桥大学担任教授。在此期间，他把科学方法运用到管理上，比泰罗运用科学方法管理企业要早得多。他的管理实践开始于他组织由自己设计的差分机的制造。这台差分机于1822年问世。它的基本原理在一个世纪以后还被运用到计算机上。1833年，他亲自设计了一台“分析机器”。这是一种能按照指令进行自动运算的全部组件和构想。

巴贝奇赞赏劳动分工，同意亚当·斯密关于劳动分工产生效益的理论。但他在对其专业化研究后，又对此提出了补充：实行分工后，还可以按不同的工序所要求的技艺来雇用不同的工人，并支付不同的工资。巴贝奇还竭力提倡一种利润分配制度，认为工人可以按照他对生产率所作出的贡献分得工厂利润的一部分。他十分重视对生产过程的研究和改进，主张实行有益的建议制度，鼓励工人提出建议。他还强调劳资关系的协调对提高劳动生产率的作用，主张工人的收入应由三部分组成：固定工资、利润分享部分和奖金。他认为这样做的好处是：第一，每个工人同工厂的发展和利润有直接的利益关系；第二，每个工人都会关心浪费和管理不善这些问题；第三，能促进每个部门的工作改进和部门之间的协调；第四，能鼓励工人提高技术和品德，表现较好者，可多分利润；第五，由于劳资利益一致，可以消除隔阂，共谋发展和繁荣。此外，巴贝奇还主张对体力劳动和脑力劳动进行科学分工。

4. 亨利·普尔的管理思想

亨利·普尔（1812—1905）在1849年到1862年担任《美国铁路杂志》的编辑。铁路是当时美国最大的企业，有一系列的管理问题需要解决。普尔针对当时铁路管理中存在的问题，通过长期的观察和研究，认为企业的管理不能依靠创办人和资助者，而必须通过专职管理人员负责。他提出了一系列科学的管理方法和原则。这些方法和原则，不仅在当时对一般企业都很适用，就是在今天也极具生命力。其主要有如下内容：

（1）企业要建立一套管理体系。普尔根据麦卡勒姆整顿伊利铁路公司的成功经验，认为不能依靠企业的创办人和资助者来管理企业，必须由专职人员进行管理并改革管理，建立起健全的、科学的管理体系和全国的运输系统。他指出，建立健全管理体系必须遵守三个基本原则：①组织原则。从总经理到一般员工必须有详细的劳动分工，每个人都有特定的职责，并向其直接领导负责。②沟通原则。就是在组织中设计一种报告方式和方法，使最高领导能连续地、确切地了解作业情况，以便作出及时的决策和调整。③信息原则。企业管理必须编制和保存一套完整的有关成本、收入、定额测定等方面的系统资料，以便预测未来和改进业务。

（2）企业中人的因素。普尔通过调查发现工人对严格管理是抵制的。于是，他提出企业中人的因素很重要，不能“把人看成一部机器”。企业管理中必须改变僵化的领导作风，要用集体精神来克服只强调严格管理的官僚作风，要在不影响个人激励和尊严的情况下，在混乱中寻求秩序。

普尔在泰罗之前就提出了管理制度问题，在梅奥之前就提出了人际关系问题。这是他对管理思想的重大贡献。

5. 亨利·汤的管理思想

亨利·汤（1844—1924）是美国的工程师和管理学家。他曾就读于宾夕法尼亚大学，并到法国巴黎留学。他在许多企业工作和考察研究过，长期担任公司总经理和董事会主席的职务，并担任过美国机械工程师学会副会长、会长等职务。他的著作颇多，有代表性的是《作为经济学家的工程师》。他呼吁建立管理的科学，从而直接点燃了“管理运动”的不熄火炬。他在管理思想上的贡献主要有三点：

（1）指出并强调管理的极端重要性。在他工作和生活的时代，美国企业界极不重视管理，否认管理是一门独立的科学。工程师则受专业局限，只从纯技术的观点考察问题，而不从管理角度考虑企业的问题。针对这种现状，汤强调指出：要使企业高效地运转，管理同工程技术一样重要。他呼吁自己的工程师同事们要看到管理的重要性，并致力于科学的管理。

（2）支持并推广科学管理运动。早在1870年，汤就开始系统地运用高效率的管理方法。此后，他又积极支持泰罗倡导的科学管理运动。他利用自己会长职务的便利到处演讲，宣传管理的重要性，还要求在技术院校中开设管理方面的课程。美国《工业管理工程师》杂志的编辑称他为科学管理运动的先驱者。

（3）提出了一种激励职工的收益分配制度。汤认为，前人提出的利润分享办法既不公正，也不能正确地解决问题。他主张计算每一种生产要素的成本，每一部门职工的收益由他们的实际成绩决定。他把自己的方案叫做“收益共享”。此外，汤还提出了在有经验的职工中挑选管理人才并对其进行培训的主张。

以上所介绍的各位人物的管理思想都还是分散和不成体系的，但各种思想的代表者对于管理思想由传统管理理论向科学管理理论和现代管理理论的发展，都作出了重大贡献，尤其是为科学管理理论的建立和发展奠定了坚实的理论基础。

总之，产业革命的出现，迫切需要科学的管理理论来指导，但遗憾的是，当时的管理理论研究还处于探索阶段，时代在呼唤管理学，但管理学并没有应运而生。在20世纪之前，无论是中国，还是西方，都有大量的管理实践，都出现过零星的管理思想，但未形成系统的管理理论，占主导地位的还是经验管理。

第二节　科学管理的兴起

一、科学管理理论

最先突破传统的经验管理思想的代表人物是美国的泰罗（Frederick Taylor，1856—1915），他于1911年发表的《科学管理原理》，提出了通过对工作方法的科学研究来提高工人劳动效率的基本理论与方法。泰罗在该书中提出的理论奠定了科学管理的理论基础，标志着科学管理思想的正式形成。泰罗也因此被西方管理学界称为“科学管理之父”。

泰罗出生在美国费城一个富裕的律师家庭，从小醉心于科学研究和试验。他18岁进入钢铁厂当工人，做过技工、工头、车间主任、总工程师，长期的亲身观察使泰罗认识到，工人“磨洋工”，一方面是因为“人的懒散的天性”；另一方面则是因为落后的管理。泰罗相信通过科学的管理可以克服“磨洋工”现象，并总结了四条科学管理原理：

（1）科学地研究工作的每一个方面，制定出最佳的操作方法（以前的工人是按各自的经验来进行工作的）。

（2）细致挑选工人，并对他们进行如何按所制定出来的科学方法工作的培

训（以前工人自己选择工作和决定工作方法）。

（3）真诚地与工人合作，以确保工人按正确的方法工作。

（4）明确管理者和工人各自的工作和责任。管理者负责按科学原理制定工作方法；工人负责按此完成相应的工作（以前，几乎所有的工作和责任都是由工人承担）。

科学管理思想的核心是认为应该通过科学的研究来决定工作方法，而不是凭每一个工人自己过去的经验。泰罗认为，科学管理是管理思想上的一次“革命”。以前，劳资双方的兴趣集中在双方共同努力所取得的赢利的合理分配上，若遵循科学管理的四项原则，劳动生产率将得到极大的提高，从而使得如何分配盈余的争论成为不必要。提高效率是工人能取得较高工资、资本家能获得较多利润的前提，科学管理所要做的一切就是提高劳动生产率。在企业管理实践中，泰罗从上述管理思想出发，做了许多开拓性的工作：进行劳动方法、工具、材料的标准化；对工人进行科学训练；实行刺激性的差别计件工资制；明确管理工作专业化；采用职能组织形式；推行“例外管理”制度等。

泰罗的科学管理是建立在对人是“经济人”的假设基础上的。企业投资者作为“经济人”追求最大利润，工人作为“经济人”则追求最大工资收入。科学管理旨在寻找一种方法使得工人在追求最大工资收入的同时实现企业投资者最大利润的要求。在泰罗看来，这一方法的根本在于提高劳动生产率。只有劳动生产率提高了，单位时间内劳动创造的价值大了，才可能获得最大利润。但为了使工人愿意努力工作，必须用物质奖励的手段以满足工人追求收入最大的需求。泰罗提出的以时间和动作研究及奖励工资制等为中心的科学管理，就是要在提高工作效率的同时满足工人的工资需求动机。这无疑比“雇佣人”假设的管理前进了一大步。

二、一般管理理论

当泰罗等人在美国研究和倡导科学管理的同时，欧洲出现了对组织管理的研究，其中最为著名的就是以法约尔为代表的一般管理理论。泰罗主要关心的是作业方面的问题，注重的是车间管理和科学方法的运用；法约尔则关注整个组织，研究有关管理者干什么以及怎样才能干好等更一般的管理问题，即注重管理者用于协调组织内部各项活动的基本原则的研究。

法约尔（Henri Fayol，1841—1925），法国工业家，长期担任大公司的总经理。根据自己五十多年的管理实践，法约尔于 1916 年发表了《工业管理和一般管理》一书，提出了适用于一切组织的管理五大职能和有效管理的 14 条原则。

法约尔把工业企业中的各种活动划分为六类：技术的、商业的、财务的、安全的、会计的和管理的。前五类是人们所熟知的，因此要研究的主要是管理活动。他认为管理包括五大要素：计划、组织、指挥、协调、控制，并且存在于一切有组织的人类活动之中，同时，他认为管理上的成功不完全取决于个人的管理能力，更重要的是要灵活地贯彻管理的一系列原则。

1. 管理五大要素

（1）计划：是最重要也是最难的管理职能，可简述为目标和经营规划的制定。

（2）组织：可看成是物力和人力的组织问题，简述为完成已确定的目标而进行的种种资源的有效配置和组合。

（3）指挥：为了使组织行动起来，指挥是必要的，可简述为使组织能充分发挥作用的有效领导的艺术。

（4）协调：即工作的和谐配合，以便使事业顺利进行。

（5）控制：核定情况的进行是不是与既定的计划、发出的批示以及确定的原则相符合，以便加以纠正和避免重犯。

2. 管理的 14 条原则

（1）劳动分工：实行劳动的专门化，可提高雇员的效率，从而增加产出。

（2）权责相当：管理者必须拥有权力以发布命令，但权力必须与责任相当。

（3）纪律严明：雇员必须服从和尊重组织规定，领导以身作则，管理者和雇员对规章有明确的理解和公平的奖惩，对于保证纪律的有效性是非常重要的。

（4）统一指挥：组织中的每一个人应该只接受一个上级的指挥并向这个上级汇报自己的工作。

（5）统一领导：从事同种工作的任何部门应该由同一个管理者按一个统一的计划来加以领导。

（6）个人利益服从整体利益：个人和小集体的利益不能超越组织整体的利益。

（7）报酬：必须给工作和服务以公平合理的报酬。

（8）集权：集权反映的是下属参与决策的程度，决策是集中还是不集中是一个恰当比例的问题，集中和分散应有弹性，可根据组织具体情况而定。

（9）等级链：从基层到高层应建立关系明确的等级链，信息的传递应按等级链进行，但如果顺着这条链会造成延误，那么应允许越级报告和交叉通告，以保证重要信息的畅通无阻。

（10）秩序：无论是物品还是人员，都应该在正确的位置上，“各有其位，各得其所”。

（11）公平：管理者应该友善和公正地对待下属。

（12）人员任期稳定：每个人适应自己的工作需要一定的时间，高级雇员不要轻易变动，以免影响管理工作的连续性和稳定性；管理应制定规范化的人事计划，以保证组织所需人员的供应。

（13）主动性：鼓励员工发表意见和主动工作。

（14）团体精神：强调团体精神可加强组织内部的融洽和统一。如果说提出科学管理原理，使管理成为一门科学、一个专业是泰罗的主要贡献的话，那么法约尔的贡献则在于从理论上概括出一般管理的理论、要素和原则，在学术上把管理科学提高到一个新的高度。法约尔提出的一般管理的要素、原则对以后的管理理论发展一直起着重大的作用，因而西方也把他称为“现代经营管理之父”。现代社会中的许多管理实践和思想都可直接追溯到一般管理学派的思想。

三、官僚组织理论

官僚组织理论是科学管理思想的一个重要组成部分，它强调组织的运转要以合理的方式进行而不是依据业主或管理者的判断。这一理论主要是基于德国社会学家韦伯的工作。韦伯（Max Weber，1864—1920）是德国柏林大学的一位教授，他反对当时盛行的靠传统的、自发的和裙带关系来管理的思想，认为这不仅是不公正的，而且还造成了人力资源的巨大浪费。为此，他提出了一个权力结构理论，并设计了一个他称之为“官僚”的理想组织模式。这一理想组织模式的特点见表2-1，这是一个具有明确的劳动分工、清晰的等级关系、详尽的规章制度和非人格化的相互关系的系统。由于这种组织模式强调规则而不是个人、强调能力而不是偏爱，所以有助于组织提高工作效率，有利于杜绝任人唯亲、组织涣散、人浮于事等现象，至今仍是许多大型组织的设计样板。韦伯因此被称为“古典组织理论”的创始人。

表2-1 韦伯理想的“官僚”组织的主要特征

劳动分工	把各种工作分解成简单、常规化并且明确的各种任务，明确规定每一个人的权力和责任
权力体系	各种公职或职位按权力等级排列，上一级的人指挥和控制下一级
正规选择	根据通过教育和训练所获得的技术资格或通过正式考试来挑选组织中的所有成员
规章制度	制定明确的规章制度以规范管理者和员工的行为，以保证统一性
非人格化	组织的规章制度是组织中的每一个人都必须遵守的，它不受个人情感和个人背景的影响
职业导向	组织中的管理者是专业的公职人员，而不是该组织的所有者，他们领取固定的薪金，并在组织中谋求他们的发展

四、科学管理思想的特点

从上述各学派的观点来看，科学管理思想与传统管理思想相比呈现出以下几个特点：

第一，管理研究的重点是如何提高效率。由于当时所处的环境，企业迫切需要提高劳动生产率，因此，寻找进一步提高机器效率和改进生产中协调配合的途径，便成为当时管理研究的重点。泰罗注重于运用科学方法来提高工人的劳动效率和管理人员的工作效率，提出了标准化制度、例外管理制度等一系列方法。法约尔和韦伯则着眼于提高组织的整体效率，法约尔提出了管理的五大职能和如何干的一些原则，韦伯则设计了一个理想、高效的组织结构模式。

第二，用科学管理来代替单纯的经验管理。这一阶段在传统的经验管理所积累的经验基础上，向标准化、科学化发展；在企业管理的操作规程、劳动定额、生产组织、作业计划和成本核算等方面，形成了一系列科学管理的原理和原则；在管理的整体研究上，提出了一般管理理论，为现代管理思想的发展奠定了科学基础。

第三，管理作为一种专业为社会所承认。一方面，企业规模的不断扩大和新问题的出现，使资本家越来越感到由自己管理企业已力所不能及；另一方面，管理理论的出现促进了管理教育的发展（到 1911 年，美国已有 30 所工商管理学院），在社会上出现了一批受过专门训练的经营管理专家。因此，聘请受过训练的经营管理专家来代替自己管理企业成了当时社会的一种风尚，并因而在社会上出现了一个经营管理者阶层。管理者作为一个独立的阶层为社会所承认，为管理科学的进一步发展奠定了牢不可破的基础。

科学管理的产生是管理从经验走向理论的标志，也是管理走向科学化的标志，其意义绝不亚于蒸汽机的发明之于工业革命。

第三节　行为科学的产生

正当科学管理理论为当时的企业界普遍接受时，新的管理思想与理论也正在孕育之中，这就是行为科学理论，也称人际关系理论。

一、霍桑实验与人际关系理论

行为科学的产生源于有名的“霍桑实验”。在 1924 年至 1932 年间，美国国家研究委员会和西方电气公司合作，进行了著名的霍桑实验，即在西方电气公司所属的霍桑工厂，为测定各种有关因素对生产效率的影响而进行了一系列的实验。1927 年，哈佛大学的心理病理学教授梅奥（G. E. Mayo，1880—1949）率领哈佛研究小组应邀参加了中途遇到困难的霍桑实验，并主持完成了后来的一系列研究工作，其中比较著名的有：

（1）照明实验（1924—1927），目的在于调查和研究工厂的照明与作业效率的关系。结果发现，照明度和作业效率没有单纯的直接关系，但生产效率仍与某种未知因素有关。

（2）继电器装配室实验（1927—1932），目的是要发现休息时间、作业时间、工资形态等作业条件的变化同作业效率的变化有什么样的关系。结果发现，生产效率的决定因素不是作业条件，而是职工的情绪。情绪是由车间的环境，即车间的人群关系决定的。

（3）面谈计划（1928—1930），目的是要了解如何获取职工内心真正的感受，倾听他们的诉说对解决问题的帮助，进而提高生产效率。结果是：第一，离开感情就不能理解职工的意见和不满；第二，感情容易伪装；第三，只有对照职工的个人情况和车间环境才能理解职工的感情；第四，解决职工不满的问题将有助生产效率的提高。

（4）对车床布线室的观察（1930—1932），通过观察发现，车间里除了存在按照公司的编制建立的正式组织外，还存在因某种原因形成的非正式组织，这些非正式组织有时会严重地影响工作效率的发挥。通过调查与实验，梅奥等人发现科学管理中对人的假设有问题，把人看做一种工具更是有问题，因为工作的物质环境和福利的好坏，与工人的生产效率并非明显的因果关系。相反，职工的心理因素和社会因素对生产积极性的影响很大。

梅奥教授在1933年出版了《工业文明中人的问题》一书，奠定了人际关系理论的基础。在书中梅奥教授提出了以下新见解：

（1）以前的管理把人假设为“经济人”，认为金钱是刺激积极性的唯一动力；霍桑实验证明人是“社会人”，是复杂的社会关系的成员，因此，要调动工人生产积极性，还必须从社会、心理方面去努力。

（2）以前的管理认为生产效率主要受工作方法和工作条件的制约；霍桑实验证明了工作效率主要取决于职工的积极性，取决于职工的家庭和社会生活组织中人与人的关系。

（3）以前的管理只注意机构、职权划分、规章制度等；霍桑实验发现除了正式团体外，职工中还存在着非正式团体，这种无形组织有它特殊的感情和倾向，左右着成员的行为，对生产率的提高有着举足轻重的影响。

（4）以前的管理把物质刺激作为唯一的激励手段，而霍桑实验发现工人所要满足的需要中，金钱只是其中的一部分，大部分的需要是感情上的慰藉、安全感和归属感。因此，新型的领导者应能提高职工的满足感，善于倾听职工的意见，使正式团体的经济需要与非正式团体的社会需要取得平衡。

（5）以前的管理者对工人的思想感情漠不关心，管理人员单凭自己个人的秉性和嗜好进行工作。而霍桑实验证明，管理人员，尤其是基层管理人员应像霍桑实验人员那样重视人际关系，设身处地地关心下属，通过积极的意见交流，达到感情上的沟通。

二、后期的行为科学理论

后来，许多心理学家、社会学家、人类学家、经济学家、管理学家从不同的角度提出了多种新的理论，从而形成了后期的行为科学理论。

1．需要、动机、激励理论

需要是人的行为的原动力，对人的需要进行研究是行为科学理论研究的起点。这类理论着重研究人的各种需要，确定这些需要的主次顺序或结构，以及满足何种需要将导致最大的激励等。

其代表性的理论主要有：①马斯洛的需要层次理论。他认为人的需要分为生理的需要、安全的需要、社交的需要、自尊的需要以及自我实现的需要等五个层次，当某一层次的需要满足之后，该需要就不再具有激励作用。在任何时候，主管人员都必须因时制宜地对待人们的各种需要。②赫茨伯格的双因素理论。他把影响人们行为绩效的因素分为“保健因素”与“激励因素”，前者指“得到后则没有不满，得不到则产生不满”的因素，后者指“得到后则感到满意，得不到也没有不满”的因素。主管人员必须抓住能促使职工满意的因素。③麦克莱兰的成就需要理论。他指出，任何一个组织及每个代表了实现某种目标而集合在一起的工作群体、不同层次的人具有不同的需要，因此，主管人员要根据不同人的不同需要来激励，尤其应设法提高人们的成就需要。

由于一个人可能同时有许多需要和动机，以及满足需要、激发动机的多种多样，因此，在此基础上形成的激励理论也较多。归纳起来，激励理论主要有内容型激励理论、过程型激励理论、行为修正型激励理论等。

2. 人性假设理论

人具有什么本性以及怎样根据人的本性进行管理，这是行为科学理论研究中的一个重大问题。对人性的认识是一个逐步深化的过程，同时要靠管理者在实践中不断地探索和提炼。西方很多管理学家对此进行了研究，提出了种种人性假设，其中代表性的理论有：道格拉斯·麦格雷戈提出了“X 理论”“Y 理论”。X 理论是对“经济人”假设的概括，而 Y 理论是根据“社会人”“自我实现人”的假设，是归纳了马斯洛与其他类似观点后提出的，是行为科学理论中较有代表性的观点。其后，J. W. 洛希和 J. J. 莫尔斯提出了“超 Y 理论”，埃德加·沙因提出了“复杂人”假设理论等。

总体而言，人性假设理论使人们对人在组织管理活动中的地位和作用有了更深入的认识。看到了管理的组织结构、策略和方法同人性发展的相互关系，并力图通过建立某种符合人的心理发展规律的管理方式来调动人的内在动力，协调组织内部的人际关系，借以提高组织的效率。因此，在西方管理学界，往往把他们的理论观点称为管理的人力资源学说。这一方面反映了随着资本主义经济的发展，高层次需要对职工的激励作用越来越大；另一方面也反映了随着资本主义生产过程的技术复杂程度日益提高，对于企业管理来说，调动人的主动性和创造性即发挥人的潜在能力也显得越来越重要。因而他们所提出的管理主张和管理措施对现实的管理活动具有十分重要的指导意义。

3. 领导行为理论

组织行为是行为科学所研究的最高层次的行为，其核心问题是如何进行领导，促进组织发展，而组织领导水平的高低在一定程度上又取决于领导方式。领导行为方式理论主要研究领导者的领导方式和领导风格以及不同的领导行为对组织成员的影响，目的在于寻求有效的领导行为。按研究的侧重点及提出的先后顺序，领导理论可概括为三大类：领导特质理论、领导风格理论和领导情境理论。

领导特质理论研究的目的就是探究领导者与个人人际特质或特征的关系，主要是探讨成功的领导者，必定有其异于常人的独特人格特质，而这些人格特质可以通过研究加以归纳。比如 C. 伯德的领导者特质研究强调：智力、幽默感、创造力、外向等因素。其他学者中最有影响的是 R. M. 斯托格迪尔和 E. E. 吉塞利。

领导风格理论强调领导者实际动态的行为表现，认为领导行为往往有不同的方式、作风、风格或形态。之所以存在差异，不仅因为领导者的特质存在着不同，更由于领导者对权力运用方式及对任务和人员之间的关系有不同的理解、态度和实践。不同的人，以及同一个人在不同的时期和场合，都可能表现出不同的领导风格。在这方面最先取得研究成果的是美国俄亥俄州立大学提出的双因素模式，又称四分图理论。其后有管理方格理论、支持关系理论、领导方式连续统一体理论等。

领导情境理论又称为领导权变理论，着重研究领导者和被领导者的行为和环境的相互影响。该理论认为，一种具体的领导方式不会到处都适用，有效的领导行为应随着被领导者的特点和环境的变化而变化。这种理论以弗雷德·菲德勒的权变理论最为著名。

以上理论将在本书以后的有关章节中加以介绍。

第四节　管理理论丛林

20 世纪诞生的管理学随着理论研究者和实践者的努力，理论与实践均呈现出空前的繁荣——流派迭出，新理论新思想不断产生，人才辈出。哈罗德·孔茨曾写过两篇著名的论文《论管理理论的丛林》（1961 年）和《再论管理理论的丛林》（1980 年），对 1980 年以前的管理学领域内精彩纷呈的理论、主张等作了一个精辟的归纳与分析。他认为到 1980 年为止，管理学至少已发展有十几个学派，典型的有：古典学派、行为学派、社会系统学派、决策理论学派、系统管理学派、经验主义学派、权变理论学派、管理科学学派、组织行为学派、社会技术系统学派、经理角色学派、经营管理学派等。

一、管理理论丛林中的重要学派

在管理理论丛林中，较为重要的有以下七大学派：

1. 管理过程学派

管理过程学派是在法约尔一般管理理论的基础上发展起来的。该学派的代表人物有美国的哈罗德·孔茨和西里尔·奥唐奈。管理过程学派强调对管理的过程和职能进行研究。其基本研究方法是：首先把管理人员的工作划分为管理职能，如法约尔的计划、组织、指挥、协调、控制职能，孔茨的计划、组织、用人、领导、控制职能等；其次对管理职能逐项进行研究，从丰富多彩的管理实践中总结管理的基本规律，以便详细分析这些管理职能。他们认为，从实践中概括出的管理规律对认识和改进管理工作能发挥说明和启示作用。

2. 经验主义学派

经验主义学派又被称为经验主义，它以向西方大企业的经理提供管理企业的成功经验和科学方法为目标。这一学派的代表人物是美国的彼得·德鲁克，《有效的管理者》是其代表著作。经验主义学派认为，有关企业管理的科学应该从企业管理的实际出发，以大企业的管理经验为主要研究对象，以便在一定的情况下把这些经验加以概括和理论化。他们认为，成功的组织管理者的经验是最值得借鉴的。因此，经验主义学派重点分析许多组织管理人员的经验，然后加以概括，找出成功经验中具有共性的东西，使其系统化、理论化，并据此向管理人员提供实际的建议。

3. 社会系统学派

社会系统学派的代表人物是美国的巴纳德。他的主要观点集中表现在所著的《经理的职能》一书中。该书出版于 1938 年，但其中阐述的思想却是"现代"的。巴纳德被誉为"现代管理理论之父"，其主要贡献是从系统理论出发，运用社会学的观点，对正式组织与非正式组织、团体及个人作出了全面分析。巴纳德的基本观点可以概括为：①提出了社会的各种组织都是一个协作系统的观点。他认为，组织的产生是人们协作愿望的结果，许多个人办不到的事情，通过协作可以办到。人们在选择是否加入某个组织时，都以个人的目的、愿望动机为依据，主要考虑加入组织后所承担的义务和所得到的报偿是否平衡；而他们是否会继续留在组织中，也取决于他们对组织是否满意及满意的程度。②分析了正式组织的三个基本要素，即成员的协作意愿、组织的共同目标和组织内的信息交流。巴纳德认为，离开了协作意愿，组织成员就没有自我克制，也不会交付出个人行为的控制权；没有组织的共同目标，或组织目标未能和组织成员的动机相结合，组织也就失去了前进的动力。促使上述两个要素发挥作用的则是信息沟通。③提出了权威接受理论。传统观念认为，权威是建立在等级系列或组织地位的基础上。巴纳德则是从下到上解释权威，认为权威的存在，必须以下级的接受为前提，下级对权威的接受是有条件的。④对经理的职能进行了新的概括。巴纳德认为，经理应主要作为一个信息交流系统的联系中心，应致力于实现协作。因此，经理的主要职责是：建立和维持一个信息交流系统，需要必要的个人努力，规定组织目标等。

4. 决策理论学派

决策理论学派是由社会系统学派发展而来。其代表人物有美国的西蒙和马奇。他们的代表著作主要是《组织》和《管理决策新科学》。西蒙以其对决策理论的重大贡献而荣获 1978 年的诺贝尔经济学奖。决策理论学派的主要观点有：①强调了决策的重要性。他们认为，决策贯穿了管理的全过程，管理就是决策。决策不单是十字路口的选择，而是涵盖了从情报收集到拟定计划到决定的全过程；决策不单是最上层人员的工作，而是从上层到中层、基层乃至作业人员的共同工作。②分析了决策过程中的组织影响，即发挥组织在决策过程中的作用。他们认为，上级不应代替下级决策，而应给下级提供决策前提，包括价值前提和事实前提，以此贯彻组织意图。价值前提是对行动进行判断的标准，事实前提是对活动环境及其作用方式的说明。③提出了决策的准则。他们认为，现实中的决

策，一般是在“有限度理性”条件下进行的，只有“令人满意”的标准，才是更合理、更可行的准则，而并非最优化。④分析了决策中的“组织”作用。他们认为，决策应尽可能地提出可行的替代方案，预测这些方案可能出现的结果，并根据一定的价值体系对这些结果作出全面比较。这就需要系统的知识，需要具备预测能力、想象能力及评估判断能力。因此，管理决策时，必须充分发挥组织的作用，创造条件，以解决知识不全面性、价值体系的不稳定性及竞争环境的可变性等问题。⑤归纳了决策的类型和过程。根据决策所给定条件的不同，他们把决策分为程序化决策和非程序化决策两类。前者往往重复出现，处理时有固定的程序；后者则是偶然出现或首次出现，因而处理时无固定程序。

5. 系统管理学派

系统管理学派侧重以系统的观点考察组织结构及管理基本职能，代表人物是美国的卡斯特和罗森茨韦克，《系统理论和管理》《组织与管理：系统与权变的方法》是他们的代表著作。系统管理学派继承了贝塔朗菲对事物进行系统分析的思想及研究成果，并把它们引入管理领域。其主要贡献是：①把管理视作一个开放系统。他们认为，组织是一个物质的、人力的、信息的各种资源相互作用的综合体，由这些资源构成的子系统与系统本身紧密联系，又与环境相互作用。这就给管理人员提出了一种全新的思想方法，使他们有一种概念结构，可以把组织中各个领域和部门联系起来，把内部条件与外部环境联系起来。②对组织的运行进行了系统分析。他们把组织看成是一个复杂的“投入—产出”系统，在这个系统中，各种资源依次经过一定的流程，达到组织设计的目标。系统管理理论于20世纪60年代发展到鼎盛时期，对管理理论产生了广泛深远的影响，以致当时有人认为它很有希望成为统一各种理论的基础。

6. 管理科学学派

管理科学学派又称为数理学派，是指以现代自然科学和技术科学的最新成果（如先进的数学方法、电子计算机技术以及系统论、信息论、控制论等）为手段，运用数学模型，对管理领域中的人力、物力、财力进行系统的定量的分析，并作出最优规划和决策的理论。这一理论是在第二次世界大战之后，与行为科学平行发展起来的。从历史渊源来看，“管理科学”是泰罗科学管理的继续和发展，因为它的首要目标是探求最有效的工作方法或最优方案，以最短的时间、最少的支出，取得最大的效果。但它的研究范围是面向整个组织的所有活动，并且它所采用的现代科技手段也是泰罗时代所无法比拟的。

运筹学是管理科学学派的基础，是在第二次世界大战中，以杰出的物理学家布莱克特为首的部分英国科学家为了解决雷达的合理布置问题而发展起来的数学分析和计算技术。就其内容讲，这是一种分析的、实验的和定量的科学方法，专门研究在既定的物质条件（人力、物力、财力）下，为达到一定的目的，运用科学的方法，主要是数学的方法，进行数量分析，统筹兼顾研究对象的整个活动各个环节之间的关系，为选择出最优方案提供数量上的依据，以便作出综合性的合理安排。最经济最有效地使用人力、物力、财力，以达到最大的效果。运筹学后来被运用到管理领域，又形成了许多新的分支。这些分支主要有：

（1）规划论。它用来研究如何充分利用企业的一切资源，包括人力、物资、设备、资金和时间，最大限度地完成各项计划任务，以获得最优的经济效益。规划论根据不同情况又可分为线性规划、非线性规划和动态规划。

（2）库存论。它用来研究在什么时间以什么数量，从什么地方供应，来补充零部件、器件、设备、资金等库存，既保证企业能有效运转，又使保持一定库存和补充采购的总费用最少。

（3）排队论。它主要是用来研究在公共服务系统中，设置多少服务人员和设备最为合适，既不使顾客或使用者过长地排队等候，又不使服务人员及设备过久地闲置。

（4）对策论，又称博弈论。它主要是用来研究在利益相互矛盾的各方竞争性活动中，如何使自己一方获得期望利益最大或期望损失最小，并求出制胜对方的最优策略。

（5）网络分析。它是利用网络图对工程进行计划和控制的一种管理技术，常用的有“计划评审技术”（简称 PERT）和“关键线路法”（简称 CPM）。

总而言之，这一理论认为，管理就是应用各种数学模型和程序来表示计划、组织、控制、决策等合乎逻辑的程序，求出最优的解决方案，以达到企业的目标。

管理科学学派把现代科学方法运用到管理领域中，为现代管理决策提供了科学的方法。它使管理理论研究从定性到定量在科学的轨道上前进了一大步，同时它的应用对企业管理水平和效率的提高也起到了很大作用。但是，同其他理论一样，它也有自己的弱点：①把管理中与决策有关的各种复杂因素全部数量化，既不可能也不现实；②这一理论忽略了人的因素，这不能不说是它的一大缺陷；③管理问题的研究与实践，不可能也不应该完全只依靠定量的分析而忽视定性的分析。尽管如此，它的科学性还是被人们所普遍承认。

7. 权变理论学派

权变理论学派是 20 世纪 70 年代在西方形成的一个管理学派，代表人物有英国的伍德沃德和美国的菲德勒等，代表著作有《工业组织：理论和实践》《领导方式的一种理论》等。权变理论学派的基本思想是：管理中并不存在什么最好的办法，相反，管理者必须明确每一情境中的各种变数，了解这些变数之间的关系及其相互作用，把握原因与结果的复杂关系，从而针对不同情况而灵活变通。管理学的任务就在于，归纳出管理中的情境究竟由哪些因素组成，它们又有多少种存在状态，有多少种管理方法。权变理论学派认为，对管理中的各种可变因素，可以着重从六个方面加以考察，它们是：①组织的规模；②组织中人员的相互联系和影响程度；③组织成员的技巧、能力、志向、兴趣以及个人性格；④目标的一致性；⑤决策层次的高低；⑥组织目标的实现程度等。权变理论产生之初，受到西方一些管理学者的高度评价，认为它具有光明的前景，是解决在环境动荡不定情况下进行管理的一种好方法，也有人预测它可能是管理理论“走出丛林之路”。

上述流派尽管各有自己对管理的看法，各有自己的理论主张，但从内容上来看不外乎三个方面，即组织理论、管理方式方法以及经营理论。

二、管理理论丛林的贡献

管理理论丛林现象进一步丰富和发展了管理理论，主要体现在以下五个方面:

（1）管理内涵进一步拓展。管理理论的内容不只限于成本的降低和产出的增加，而更重视人的管理、人力潜力的开发，更重视市场、顾客的问题，管理的核心更侧重于决策的正确与否、迅速与否。

（2）管理组织的多样化发展。管理组织形式多种多样，除了不断推出新的有效组织形式如事业部制、矩阵制、立体三维制等以适应现代企业组织管理的要求外，还创设了与资产一体化控股、参股相适应的管理组织，提出了组织行为等一系列组织管理的理论。

（3）管理方法日渐科学。现代管理虽然不摒弃传统的有效管理方法，但为适应大规模产销活动引入了现代科学技术，发展了现代管理方法，其中有投资决策、线性规划、排队论、博弈论、统筹方法、模拟方法、系统分析等，试图从生产资源的有效整合方面进一步提高管理的效果。

（4）管理手段自动化。现代企业组织面临更复杂的环境，需要接受和处理大量信息，需要迅速寻找解决问题的方案并更多地节约日益高涨的劳动力费用。为此，现代管理在管理手段方面的研究和使用有了突破性进展，如办公设备的自动化，信息处理机的发明，电子计算机在市场研究、产品设计、生产组织、质量控制、物资管理、人事财务管理等领域的应用等。

（5）管理实践的丰富化。没有一套固定的适应一切的管理体系，各个企业必须根据自己企业的特点，根据现代管理的基本法则来创造性地形成自己的管理特色，日本式管理与松下公司管理之间，美国式管理与国际商用机器公司管理之间都是有差异的。管理实践的丰富化更进一步推动了管理理论、方式方法和手段的发展。

管理理论丛林实为一个综合性的管理理论体系，它广泛吸收了社会科学和自然科学的最新成果，把组织看做一个系统，进行多方面的管理，从而有效整合组织资源，达到组织既定目标和完成应负的责任。管理理论丛林中的各个学派，强化了科学性的内容，使管理的预见性、综合性和可靠性有了很大的提高，基本适应了战后现代企业和经济发展的需要。有一点需要指出的是，管理理论丛林中的各学派虽有各自的理论主张，但在管理学界并未形成权威的理论，没有长成一棵“大树”，只是一片繁茂的“丛林”。

复习与应用

一、思考题

1. 古代东西方都有管理思想，为什么没有形成系统理论？
2. 泰罗对管理理论主要作了哪些贡献？
3. 为什么说行为学派的“社会人”假设进一步完善了管理理论？
4. 为什么说科学管理也是生产力？
5. “管理理论丛林”中的各学派在管理学领域有哪些建树？

二、管理实务

男孩与长裤

一个男孩子有一次得到一条长裤，他穿上一试，裤子长了一些。他请奶奶帮忙把裤子剪短一点，可奶奶说眼下的家务事太多，让他去找妈妈，而妈妈回答他，今天她已经同别人约好去玩桥牌。男孩又去找姐姐，但是姐姐有约会，时间就要到了。这个男孩子非常失望，他就带着这种心情入睡了。

奶奶忙完家务事，想起了孙子的裤子，就去把裤子剪短了一点；姐姐回来后心疼弟弟，又把裤子剪短了一点；妈妈回来后同样也把裤子剪短了一点。可以想象，第二天早上男孩起床后会是怎样的一个情景。

管理的失误在于，要么都不管，要么都来管。这是美国国际商业机器公司的创办人托马斯讲述的故事。

三、案例分析

再创专业纽扣公司

史蒂夫·布拉恰尼于20世纪90年代初期在加利福尼亚的圣何塞创办了专业纽扣公司，史蒂夫任总裁和销售主管，他的妻子辛达负责办事处。公司的业务是批发工业五金的零件给电子公司。经过十多年的经营，史蒂夫公司的营业额已达到500万美元，雇用了25名工人。

史蒂夫为经营自己的公司倾尽了全力，他开朗的性格和不知疲倦的精力成为驱动公司运作的动力。他很早就上班，整天忙于打电话、发订单、亲自过问每一项决定，到了晚上，总是开怀畅饮。

史蒂夫为公司制定的战略很简单：今天干什么明天还干什么，只是每天都要多干出一点点，至于怎么实现目标从来没有计划。但是，近来史蒂夫决定，是该控制一下喝酒的问题了，他去贝蒂·福特诊所做了一下检查，花了28天戒酒。

当他戒掉了嗜酒的习惯后，他成了一个富有使命感的人。

“我开始认识到自己的许多事情，”史蒂夫说，“我关于自己的理论在某种意义上与做生意的道理是一致的。例如，我把自己照料得更好，我的感觉就更好，并且我的工作也就更好；因此，我把顾客照料得更好，他们对我的感觉就更好，于是生意也就越红火……”

史蒂夫想尽力多吸收一些当代的管理概念，他读遍了所有最新的有关质量、授权和建立团队的书籍，他开始向其他公司的总裁们了解他们都是怎么做的。他加入了几个成员都是首席执行官和企业家的组织，以便吸取别人的经验。

这是史蒂夫试图再创他的公司的开始，他决定重新审查公司经营的每一个方面，他要改革公司的内部运作，确保一流的质量和服务，他要顺应顾客需求的变化，他要使顾客相信，专业纽扣公司的顾客是皇帝。

“我们的顾客不只是说我要这个零件，”史蒂夫说道，“顾客们实际要说的是，我要的是当我需要这种零件时你们公司随时有货。”这种要求既意味着允诺，也意味着威胁。所谓允诺是指：“如果你能及时供货，随之而来的是一个长期合同。”所谓威胁是指：“如果你不能供货，我们就把你从候选的供应商名单中画掉。”史蒂夫很清楚这一切的含义，他处在一种激烈竞争的领域中，凡是能够生存下来的批发商都是那些最佳地满足顾客需要的公司。

史蒂夫决心成为一个生存者，但他知道这要求他彻底转变公司的经营方式。

问题：

1. 史蒂夫·布拉恰尼的公司目前存在什么问题？
2. 假设史蒂夫采取你所建议的行动，他可能遇到什么问题？他该怎么处理这些问题？

管理问题分析

李理是一家玩具厂的厂长，在过去的几年中，每年的销售量都稳步递增。但是，去年的情况发生了较大的变化。到9月份，工厂累计销量比前年同期下降18%，生产量比计划的少25%，缺勤率比去年高20%，迟到、早退现象也有所增加。李理认为这种情况的发生，很可能与管理有关，但他不能确定产生这些问题的原因，也不知道应该怎样去改变这种情境。他决定去请教管理专家。

问题：

具有不同管理思想（科学管理思想、行为管理思想、权变管理思想等）的管理专家，会认为该厂的问题出在哪里，并提出怎样的解决方法？

组织文化与管理环境

管理者在组织中除了要做好他本身应有的工作外，还要受到两方面的约束：来自内部的约束是组织文化，来自外部的约束是环境。根据系统组织理论，管理者所在的组织是一个开放的系统，管理者的活动必然要受到组织内外各种因素的影响。这就要求管理者加强组织文化建设，了解自己所处的环境，设法适应或改变这种环境并承担社会责任。本章主要介绍组织文化、具体环境、一般环境、国际环境、管理目标的可持续发展等内容。

第一节　组织文化

每一个人都具有心理学家所说的“个性”，一个组织也同样有自己的个性，这种个性我们称之为组织文化。

一、组织文化的含义和特征

1. 组织文化的含义

组织文化是指一个组织共有的价值体系，包括组织共有的价值观念、行为方式、道德规范、习惯、仪式、精神、作风等。就像部落和民族有图腾和禁忌指导每一个成员如何与其同伴及外部人员交往一样，组织也有指导其成员应该如何行动的文化。一个总经理曾经以玩笑的口吻将它描绘为“恒温状态下的真菌。你很难用手捕捉到它，然而它却无处不在”。

组织文化也叫企业文化。它不是指人的知识修养，而是指人们对知识的态度；不是指利润，而是指奋力实现利润的心理；不是指人际关系本身，而是指通过人际关系体现出来的为人处世的哲学；不是指竞赛和奖牌，而是奖牌折射出来的荣誉观；不是舒适优美的工作环境，而是对工作环境的情感；不是指规章制度的条例，而是对制度的认同。

组织文化一旦形成，就会在很大程度上对管理者的思维和决策施加影响。比如在一个对员工不太信任的组织中，管理者很可能采用命令型领导方式而不是民主型领导方式，为什么？就是因为这种不信任的文化氛围决定了管理者只有这样做才是合适的。

组织文化有先进与落后、高雅与通俗之分；组织文化又是多元的。不同的组织文化很难区分对和错，具有不同的特色。

2. 组织文化的特征

组织文化是描述性的而不是评价性的，如何来描述一个组织的文化呢？我们可以通过对一个组织在以下十个方面所达到的程度来描述其组织文化：

（1）成员的同一性。雇员与作为一个整体的组织保持一致的程度，而不是只体现出他们的工作类型或专业领域的特征。

（2）团体的重要性。工作活动围绕团队组织而不是围绕个人组织的程度。

（3）对人的关注。管理决策要考虑结果对组织中的人的影响程度。

（4）单位的一体化。鼓励组织中各单位以协作或相互依存的方式运作的程度。

（5）控制。用于监督和控制雇员行为的规章、制度及直接监督的程度。

（6）风险承受度。鼓励雇员进取、革新和冒风险的程度。

（7）报酬标准。同资历、偏爱或其他非绩效因素相比，依雇员绩效决定工资增长和晋升等报酬的程度。

（8）冲突的宽容度。鼓励雇员自由辩论及公开批评的程度。

（9）手段—结果倾向性。管理更注意结果或成果，而不是取得这些成果的技术和过程的程度。

（10）系统的开放性。组织掌握外界环境变化并及时对这些变化作出反应的程度。

在现实生活中，以上特征综合在一起，制造出多样化的组织，下面就两种截然不同的组织文化分别举一例。

组织 A：

这一组织是一家制造公司，雇员对公司忠诚，该公司中有雇员需要遵守的大量的规章制度，管理者密切监督员工以保证不发生偏差。管理当局关心的是高生产率，而不管它对员工士气及流动的影响。工作活动是围绕个人设计的，组织中有明确的部门及指挥线，并希望员工尽量减少与专业领域外或指挥线外的员工的正式交流。对努力、忠诚、协作及避免出错都给予表扬及奖励，公司仅从内部提升管理者，并相信最好的产品是那些由公司独立开发的产品。

组织 B：

这一组织也是一家制造公司。而在这家公司中，员工以他们的技术诀窍和专业知识以及同公司外的广泛交往为荣，公司中只有少量的规章制度，监督较松，因为管理当局相信公司的员工会努力工作并值得信赖。管理当局关心生产率，但他们相信高生产率来自正确地对待员工。该公司对于被看做是良好的工作场所的声望感到自豪。

工作活动是围绕工作团队为基础进行设计的，并鼓励工作团队成员跨越职能领域及权力等级进行交流。评价管理者不仅依据其部门的绩效，还要看其部门同组织内其他部门协调工作的好坏程度。晋升和其他的物质奖励给予那些对组织作出最大贡献的员工，即使那些员工拥有奇怪的念头、不同寻常的个人癖好或不合常规的工作习惯。公司将能够找到的最优秀的人员并安排到高层位置，甚至可能包括从竞争对手那里招聘来的人员。公司为自己成为市场驱动型的公司而骄傲，并对顾客变化着的需求作出快速的反应。

二、组织文化的功能

1. 导向功能

组织文化的导向功能，指的是组织文化能对组织整体和组织每个成员的价值取向和行为取向起引导作用，使之符合组织所确定的目标。组织文化的导向功能具体表现在两个方面：一是对组织成员个体的思想行为起导向作用；二是对组织整体的价值取向和行为起导向作用。组织文化之所以会有导向功能，是因为一个组织的组织文化一旦形成，就会建立起自身系统的价值和规范标准。当组织群体成员在价值取向和行为取向与组织文化的系统标准产生悖逆现象时，组织文化将发挥导向作用。但这种导向是通过组织文化的塑造来引导员工的行为心理，使人们在潜移默化中接受共同的价值观念，自觉自愿地把组织目标作为自己追求的目标。日本松下电器公司的企业文化精髓即著名的“松下七精神”包括：产业报国，光明正大，亲和一致，积极向上，礼节谦让，顺应同化，感恩图报。这对松下员工的价值取向和行为取向发挥了很大的导向作用。

2. 约束功能

现代组织文化的约束功能是指组织文化对组织内每个员工的思想、心理和行为具有约束和规范的作用。组织文化的约束不是制度式的硬约束，而是一种软约束。这种软约束等于组织中弥漫的组织文化氛围、群体行为准则和道德规范。群体意识、社会舆论、共同的习俗和风尚等精神文化内容，造成强大的使个体行为从众化的群体心理压力和动力，使组织成员产生心理共鸣，继而产生行为的自我控制。日本的家庭妇女早已习惯丈夫在公司里加班加点干到深夜，有时发现丈夫早回家反而觉得奇怪，认为一定是丈夫在公司中犯了什么错误，她还催促丈夫在公司要努力工作。这里可以看到公司文化氛围对公司员工及家属的影响。

3. 凝聚功能

现代组织文化的凝聚功能是指，当一种价值观被该组织员工共同认可之后，它就会成为一种黏合剂，从各个方面把其成员团结起来，从而产生一种巨大的向心力和凝聚力。组织文化实际上是组织全体成员共同创造的群体意识，它所包含的价值观、组织精神、组织目标、道德规范、行为准则等内容，均寄托了组织成员的理想、希望和要求，关系到他们的命运和前途。组织成员由此产生了“认同感”，乐于参与组织的事务，发挥自己的聪明才智，为组织作出自己的贡献。日本的全面质量管理的全员性正是在这种条件下诞生并取得成功的。组织文化的凝聚功能还反映在组织文化的排外性上。排外性可以使个体凝聚在群体之中形成命运共同体，日本企业的竞争力强与此不无关系。

4. 激励功能

现代组织文化的激励功能是指组织文化具有使之从内心产生一种高昂情绪和发奋进取精神的效应。组织文化把尊重人作为它的中心内容，以人的管理为中心。它对人的激励不是一种外在的推动，而是一种内在引导。它不是被动消极地满足人们对实现自身价值的心理需求，而是通过组织文化的塑造，使每个组织员工从内心深处自觉产生为组织拼搏的献身精神。而且，组织文化给职工多重需要的满足，并能对各种不合理的需要用它的软约束进行调节。比如 TCL 的“三角”宗旨：为顾客创造价值，为员工创造机会，为社会创造效益。所以，积极向上的思想观念及行为准则可以形成强烈的使命感、持久的驱动力，成为员工自我激励的一把标尺。

5. 辐射功能

现代组织文化的辐射功能是指组织文化一旦形成较为固定的模式，它不仅会在组织内发挥作用，对本组织员工产生影响，而且也会通过各种渠道对社会产生影响。组织文化向社会辐射的渠道是很多的，但主要可分为利用各种宣传手段传播和个人交往两大类。一方面，组织文化的传播对树立组织在公众中的形象有帮助；另一方面，组织文化对社会文化的发展有很大的影响。例如，美国的以“S”为标志的喜来登管理集团在全世界有五百多家饭店，该集团“一切从小处着眼，对顾客服务无微不至”的企业精神辐射到全世界，成为许多企业学习的标准。

三、组织文化建设

良好的组织文化的形成有一个过程，所谓“三代出一个贵族”。组织文化重在建设。

一个企业的强弱不能完全以产值、硬件来衡量，其中，组织文化是企业实力的重要组成部分，有时甚至起着关键作用。试想，如果在一个不和谐的集体中，即使个人能力很强，其能量也会内耗掉；在一个封闭的文化氛围中，就不可能吸纳其他先进的文化，只能故步自封。有的组织落后，其根本原因是观念的落后。我们可以看到，在相同资源、技术条件下，一个志在必得、渴望成功、有良好精神风貌的组织往往比一个没有锐气、被动消极、人心涣散的组织更加强大。因此，加强组织文化建设，是管理者的一项重要工作内容。

传统企业比较重视规章制度的建设，管理过程中注重规章制度的执行。其企业文化的形成多为自然的、总结提升式的。在知识经济时代，在重视规章制度建设的同时还要强调企业文化建设。当今的管理人员已经认识到：统一而明确的价值观、良好的传统与作风对一家公司的未来起很大作用；全体员工的齐心协力是一个公司兴旺发达的根本条件。企业文化管理的目的就在于充分调动企业员工的积极性，使员工之间的情感和谐、人际关系和谐，激励员工与企业同呼吸共命运，强化企业的向心力和凝聚力。这种企业文化的形成是自觉的、预先设计的，由专业化人员或组织落实后形成。它全面地影响着各项管理职能的实践和组织效力的发挥。

高层管理者在组织文化的形成过程中负有不可推卸的责任，高层管理者要有意识地去引导良好的组织文化的形成。应倡导企业精神，以良好的企业精神来激励员工；确定组织长远目标，使员工围绕目标开展工作；建立一整套的规章制度，以规范员工的行为；处事客观，使组织内部形成民主的气氛；关心和体贴下属，使员工团结一致，产生向心力；以身作则，在组织中树立榜样，以榜样的力量感召员工。

富有创新力的组织，通常具有某种共同的文化，如鼓励试验，赞赏失败，不论成功还是失败都给予奖励，等等。充满创新精神的组织文化通常有如下特征：

（1）接受模棱两可。过于强调目的性和专一性会限制人的创造性。

（2）容忍不切实际。组织不抑制员工对“如果……就……”这样的问题作出不切实际的甚至是愚蠢的回答。乍看起来似乎是不可行的，但往往可能带来问题的创新性解决。

（3）外部控制少。组织将规则、条例、政策这类的控制减少到最低限度。

（4）接受风险。组织鼓励员工大胆试验，不用担心可能失败的后果。错误被看做能提供学习的机会。

（5）容忍冲突。组织鼓励不同的意见。个人或单位之间的一致和认同并不意味着能实现很高的经营绩效。

（6）注重结果甚于手段。提出明确的目标以后，鼓励个人去积极探索实现目标的各种可行途径。注重结果意味着，对于任一给定的问题，可能存在若干种正确的解决办法。

（7）强调开放系统。组织时刻监控环境的变化并随时作出快速的反应。

组织文化需要很长的时间才能形成，但一旦形成后，它又趋向于稳定。而组织文化在下列情况下，最有可能发生变化：

（1）发生戏剧性的危机。危机可以是由于地位突然下降所造成的伤害，或对现有文化的怀疑等所形成的打击。例如，一个令人吃惊的金融挫折、主要顾客的离散或由竞争者带来的重大技术突破。危机可使人对习惯了的东西进行反思，从而促进已有文化的改变。

（2）领导层发生变动。新的高层领导，可能会带来一套新的价值观念，而且由于他们常被看做是具有改变危机能力的人，因而其观念相对来说也易被员工所接受。领导层包括组织的主要领导，但也可能包括所有的中层管理人员。

（3）组织成立不久且规模较小。组织成立的时间越短，组织文化越不稳固。同样地，当组织规模较小时，管理人员也更容易与员工沟通以建立新的价值观念。

（4）组织文化较薄弱。组织文化渗透得越广，组织成员对组织文化的认同率就越高，组织文化就越难改变。相反，弱的组织文化则为管理者改变组织文化提供了便利。

需要注意的是，即使这些条件存在，也不能确保组织文化能改变，而且，任何重大的改变都要花较长的时间才能实现。因此，就短期而言，组织文化是稳定不变的，管理人员只能去认同它并在管理工作中适应它。

还应该指出的是，营造员工和谐的人际关系，并不是讲员工之间只能一团和气。当管理者所在的组织处于冷漠、迟滞、缺乏新思想或对变化反应迟钝的状况时，则可能需要激发冲突。作为领导者，要开发有效的冲突处理技能，比如通过引进外人来注入活力；对那些敢于向现状挑战、倡议革新观念、提出不同看法和进行独创思考的员工进行奖励等。最新的管理观点认为，功能正常的冲突，不仅可以成为组织中的积极动力，而且其中一些冲突对于组织的有效运作是绝对必要的。在管理学中叫“鲶鱼效应”：在一个鱼缸里，一群鱼儿在慢条斯理地游动。人们在鱼缸里放进一条鲶鱼。由于鲶鱼是一种吃鱼的鱼，因而，它在鱼缸内追吃其他的鱼。面临着生存危机，这些鱼出于求生的本能，以远远高于平时的速度奋力游动。等到将鲶鱼拿出来后，人们发现，虽然危机已经解除，但鱼缸内鱼的游动速度已明显快于未受鲶鱼侵袭的对照缸内的鱼。

四、组织文化对管理的影响

组织文化与管理者的影响是双重的。一方面，组织创始人对组织文化会产生深远的影响。他的观念和行为方式直接形成了初始的组织文化，影响着组织文化的发展走向。

另一方面，组织文化对管理者的行为也有重大的影响。当组织文化形成并得到加强时，它会到处蔓延并影响管理者所做的一切，通过左右管理者的知觉、思想和感觉影响管理者的决策。表 3－1 列举了组织文化对管理四大职能方面的影响。组织文化之所以能对管理者产生重大影响，是因为它建立了在这个组织中管理者可以做什么和不可以做什么的规范。

表 3－1　组织文化对管理职能的影响

计划	领导
·计划可以包含的风险程度	·运用什么激励技术
·决策的重点是长期的还是短期的组织	·采用怎么样的领导方式控制
·授权给下级管理者的程度	·采用何种控制方式
·设计工作时对员工自由度的考虑	·业绩评估时注重于什么标准
·规范化程度的大小	·超过预算时应有怎样的反应

组织文化对管理者的约束很少是直截了当的，它们并不写下来，甚至在口头上也很少明确地说起，但它们确实存在着，并影响着管理者的决策。例如，在一个致力于利润的平稳增长，并认为利润的增加主要要通过降低成本来取得的公司里，管理者不太可能去建议那些创新的、风险大的、时间长的项目；而在一个以“用户至上”为服务宗旨的组织中，不会容许员工与用户争执。

第二节　管理环境

环境是指对组织绩效起着潜在影响的外部机构或力量。环境是组织生存发展的物质条件的综合体，它存在于组织界限之外，并可能对管理者的行为产生直接或间接影响。

任何管理系统都存在于一定的环境之中，环境不仅是管理系统建立的客观基础，而且是其生存和发展的必要条件。环境是与管理系统联系在一起的，并时刻制约着管理活动。

当然，一个管理系统的性质和特点、结构和功能是由组织目标决定的。但是，环境的影响也是不可忽视的，甚至有时环境也对管理系统的性质和特点、结构和功能起着决定性的作用，以至于同一个管理系统从一个国家移植到另一个国家，或者从一个地区移植到另一个地区，都需要在各个方面作出重大调整以适应环境的变化。正是由于这个原因，现代许多跨国公司的成功经验都证明：需要尽可能地给予它在国外的子公司以主动权，允许它们在经营机制、管理目标、组织结构等各个方面可以不必与总公司保持一致，而是要灵活地根据当地的政治、经济、社会、文化的特点确定管理方针和策略。所以，环境影响着管理，甚至决定着管理。

一、具体环境

具体环境指的是与实现组织目标相关的那部分环境。为了便于理解和把握企业与环境的关系，我们举一个简单的例子说明这个问题，然后再作理论上的说明。

例：一家小饭馆的具体环境。

假定张三要在某临街地段开一个小饭馆。即使是这样一项小小的经营活动，也要与环境发生各种各样的交换关系，处理稍有不当，就会导致失败。

首先，张三在开业之初，需要一定的创业资金。开饭馆需要场所，要么买一块土地自已建，要么购买别人的建筑物，要么租用属于别人所有的建筑物，这些都需要资金。其次，还需要对建筑物进行最起码的装修，购置桌椅碗筷以及厨房必备工具。具备这些条件以后，还需要购进开业之初的原材料和半成品。所有这些，都需要一定量的资金。同时，这也是申办营业执照的一个条件。

因此，开业之前张三要做的第一件事，就是筹措资金。当然，也有可能张三在此之前已经积累了开业必需的款项。但在没有积蓄的条件下，就必须另想办法借贷，或者从亲友、同事处借贷，或者从银行贷款。作为交换关系的另一面，张三必须按一定条件向债权人支付红利或利息。这是交换关系的第一种情况。通常银行贷款都属于这种情况。第二种情况是对方作为出资者提供资金，不收取利息，但要一部分利润。这种情况下，出资者对企业有较大发言权；如果经营状况好，可望获得丰厚的报酬。但由于企业经营很难保证一帆风顺，所以出资者要冒财产损失的风险。

接下来，张三需要购进一定的工具和设备，需要购进原材料和半成品，要与工具设备经营者和粮食、肉类、蔬菜、副食品经营者发生交换关系。这是第二种类型的交换关系。在这些交换关系中，有些是临时的、一次性的，有些是长期反复发生的。对此，张三必须作出适当的选择，如与粮食、肉类、副食、蔬菜经营者的关系，是采取稳定专一对象方式，还是采取随情况变化取舍的方式？不同的做法会带来不同的结果。经营的档次、风格、类型都与此项交换关系有关。

经营餐馆还需要一个条件，就是要得到政府的许可。除了一定的注册资金、营业场所、从业人员和经营范围外，经营餐饮业还必须获得有关食品卫生管理部门的许可。这些可以概括为第三类交换关系——与政府有关部门的交换关系。与政府的交换关系有些不同的特点。申办营业执照和卫生许可毫无疑问要缴付一定的手续费，但交了手续费并不能保证立即获得执照和许可。作为开业经营者，还必须严格执行国家有关法令和制度，合法经营。如果经营者违反政府有关规定，政府有权吊销经营者的营业执照。这是一种特殊类型的交换方式。

开饭馆，除了上述准备外，还必须有人手。根据经营的档次和风格，张三必须雇用相应水平的厨师和服务人员。作为劳动报酬，必须向受雇者支付一定量的工资和奖金。这是第四种交换关系。劳动力是一种特殊的商品，与拥有劳动力的个人不可分割。因此，张三除了支付劳动报酬外，还必须解决一些由人而带来的问题。

具备这些条件后，饭馆就可以开张了。饭馆经营的特点是向顾客提供饭菜和服务，从顾客手中获得营业收入。这是又一种交换关系。一定时期的营业收入减去各项成本、费用、雇员报酬、利息、税金、股东红利等一系列开销后，剩下的才是张三所得。张三的所得或赚头，来自上述一系列的交换关系。不管哪个方面、哪个环节发生阻滞，饭馆经营都会出问题，不仅得不到赢利，还会出现赤字。如果找不到可用来填补赤字的办法，张三的饭馆就会面临倒闭的命运。

饭馆开张以后，会不会对邻居造成噪音干扰？会不会污染环境？还要受公众的约束。另外，还有同行业的激烈竞争等问题。

从上述可以看出，即使是一个小型饭馆，也要与环境发生多种交换关系。企业的具体环境有：供应商、顾客、竞争者、政府、公众等。

1. 供应商

组织要生存发展，必须依靠一定的人力、物力、财力。但组织本身并不一定具备这些条件，因此，组织必须源源不断地从外界获得这些要素。谈到一个组织的供应商并不仅仅是为组织供应原材料和设备的公司，还包括财力及劳动投入的供应者。组织需要股东、银行、保险公司、职业基金会及其他类似机构来保证持续的资本供给；需要工会、职业协会、地方劳动力市场来保证其持续的劳动力供给。任何一个组织，缺少了人力、物力、财力中的任何一个因素，就难以有效运行。如一所大学如果缺乏合格的教学人员，日常工作便难以维持。

管理当局需要处理好与供应商的关系，寻求以尽可能低的成本来保证所需要的投入的稳定供应。它们的不可获得或延误，均能极大地降低组织效率，管理当局必须尽最大努力保证人力、物力、财力的持续稳定。大多数大型组织之所以设有采购、财务及人事部门，是源于获取机器、设备、资本及劳动力投入的重要性。

2. 顾客

组织生产的每一个产品，都是为了满足顾客的需求。没有需求，生产就变成了一种无意义的行为。有些组织，虽然不生产实物产品，如政府组织、学校组织，但这些组织的存在为公众提供了服务。我们对一所学校的评价完全可以通过公众是否愿意进校就读，以及学校在社会上的受欢迎程度等方面来考察。实质上这些组织提供的服务就是它们的产品——无形产品。组织与顾客的关系实质上是生产与消费的关系，组织的一切活动都必须以顾客为中心。“顾客是企业的上帝”所揭示的就是这个道理。

顾客的需求是不断变化的，因此顾客代表着潜在的不确定性，对于一个组织，只有不断地满足顾客各种变化的需求，才能生存发展。当生活水平低时，人们对冰箱、彩电等耐用消费品的需求量很小；生活水平高时，人们的消费逐步向耐用消费品转变。

3. 竞争者

任何一个组织都有竞争者，即使是垄断组织也不例外。竞争者的一举一动，经常影响管理当局的经营决策，竞争的结果通常表现为此消彼长。长虹、康佳、创维等公司就是竞争者，长虹采用降价手段扩大市场占有率，必将影响其他企业的市场占有率。

凡是忽略竞争者行为的组织无一例外都要付出惨重的代价。国内国际不乏其例。在20世纪60年代，美国汽车在北美市场占有绝大部分份额，日本汽车在美的占有率低于4%，美国汽车公司根本没有将其看做竞争对手。1967年，日本汽车在美的占有率接近10%，但仍然没有受到美国公司的重视。世界石油危机爆发后，日本汽车以其省油的特点大受美国用户欢迎，在美市场占有率很快上升，美国人这才开始着急，但悔之晚矣。1989年，日本汽车在美的占有率已近30%，而美国汽车只剩60%。

4. 政府

政府，无论是中央政府还是地方政府一般都用法律规定组织可以做什么，不可以做什么。例如，《反不正当竞争法》《环境保护法》《消费者权益保护法》《劳动法》等对组织的行为都作了限制，任何一个组织都不可以超越法律之外。大型企业通常都设有自己的法律顾问，这是因为法规的影响不仅仅限于时间和金钱，它还缩小了管理者可斟酌决定的范围，限制了可行方案的选择。

5. 公众

公众是一个内涵广泛的概念，通常是指所有实际上或潜在的关注、影响一个组织达到目标的社会组织及个人。组织与公众的关系直接或间接地影响组织行为，组织必须努力和公众建立良好的关系。

社会组织通常是指具有特殊利益的集团，它时刻关注组织的行为，并通过向组织施加压力来迫使组织改变其决策，如绿色环保组织、卫生组织、教育文化组织等。现在社会组织的力量越来越强，管理者应当意识到这些集团影响他们决策的力量。

组织是否在个人心中留下良好印象会直接影响组织的营利能力。对于非营利组织则会降低自己的受欢迎程度。我们平常所议论的某某产品质量较好，这就是组织在个人心目中树立良好形象的具体表现，这对于一个组织的长期发展也是十分重要的。通常企业喜欢借助大量广告来建立企业产品在个人心中的良好印象，几乎所有的资料都表明，大量的广告有助于销售量的上升。

二、一般环境

一般环境是指对某一特定社会中所有企业或其他组织都发生影响的环境因素，也称为宏观环境因素。其内容庞杂，大致可归纳为政治、社会文化、经济、技术、自然等五个方面。

1. 政治环境

政治环境包括一个国家的社会制度，执政党的性质，政府的方针、政策、法令等。不同的国家有着不同的社会制度，不同的社会制度对组织活动有着不同限制和要求。即使社会制度不变的同一个国家，在不同时期，其政府的方针特点、政策倾向对组织活动的态度和影响也是不断变化的。对于这些变化，组织可能无法预测，但一旦变化产生后，它们对组织活动可能产生何种影响，组织则是可以分析的。组织必须通过政治环境研究，了解国家和政府目前禁止组织干什么，允许组织干什么，鼓励组织干什么，从而使组织活动符合社会利益，受到政府的保护和支持。

2. 社会文化环境

社会文化环境包括一个国家或地区的居民教育程度和文化水平、宗教信仰、风俗习惯、价值观、审美观等。文化水平会影响居民的需求层次；宗教信仰和风俗习惯会禁止或抵制某些活动的进行；价值观会影响居民对组织目标、组织活动以及组织存在本身的认可与否；审美观则会影响人们对组织活动内容、活动方式以及活动成果的态度。

3. 经济环境

经济环境是影响组织，特别是作为经济组织的企业活动的重要环境因素，它主要包括宏观和微观两个方面的内容：

（1）宏观经济环境。它主要指一个国家的人口数量及其增长趋势，国民收入、国民生产总值及变化情况以及通过这些指标能够反映的国民经济发展水平和发展速度。人口数量众多既为企业经营提供了丰富的劳动力资源，决定了总的市场规模庞大，又可能因其基本生活需求难以充分满足，从而构成经济发展的障碍；经济的衰退则可能给所有经济组织带来生存的困难。

（2）微观经济环境。它主要指企业所在地区或所需服务地区的消费者的收入水平、消费偏好、储蓄情况、就业程度等因素。这些因素直接决定着企业目前及未来的市场大小。假定其他条件不变，一个地区的就业越充分，收入水平越高，那么该地区的经济收入水平对其他非经济组织的活动就越具有重要影响。比如，在温饱没有解决之前，居民很难自觉主动地去关心环保问题，去支持环保组织的活动。

4. 技术环境

任何组织的活动都需要利用一定的物质条件，这些物质条件反映着一定的技术水平。社会的技术进步会影响这些物质条件的技术水平的先进程度，从而影响利用这些条件的组织活动的效率。

技术环境对企业的影响就更为明显，企业生产经营过程是一定的劳动者借助一定的劳动条件生产和销售一定产品的过程。不同的产品，代表着不同的技术水平，对劳动者和劳动条件有着不同的技术要求。技术进步了，可能使企业产品被反映新技术的竞争产品取代，可能使生产设施和工艺显得落后，可能使生产作业人员的操作技能和知识结构不再符合要求。因此，企业必须关注技术环境的变化，以及时采取应对措施。

技术环境的研究，除了要考察与所处领域的活动直接相关的技术手段的发展变化外，还应及时了解：①国家对科技开发的投资和支持重点；②该领域技术发展动态和研究开发费用总额；③技术转移和技术商品化速度；④专利及其保护情况，等等。

5. 自然环境

国人做事，向来重视天时、地利、人和。如果说“天时”主要与国家政策相关的话，那么“地利”则主要取决于地理位置、气候条件以及资源状况等自然因素。

（1）地理位置是制约组织活动，特别是企业经营的一个重要因素。当国家在经济发展的某个时期对某些地区采取倾斜政策时尤其如此。比如目前我国沿海地区的开放政策吸引了大量外资，促进了投资环境的改善，给原已处在这些地域的各类组织提供了充分的发展机会。此外，企业是否靠近原料产地或产品销售市场，也会影响到资源获取的难易和运输成本的高低等。

（2）气候条件及其变化。气候趋暖或趋寒都会影响空调器厂家的生产或者服装行业的销售。而四季如春，气候温和，则人们会远足郊外，从而为与旅行或郊游有关的产品制造提供机会。

（3）资源状况则与地理位置有着密切的关系。资源，特别是稀缺资源的蕴藏不仅是国家或地区发展的基础，而且为所在地区经济组织的发展提供了机会。没有地下哗哗流淌着的石油，许多中东国家就难以在沙漠中建造绿洲。我国许多农村地区乡镇企业的发展，在初期也正是靠优越的地理位置、靠资源开采而逐渐积累资金的。资源的分布通常影响着工业的布局，从而可能决定着在不同地区的不同产业经营的企业的命运。

企业的内外环境如图 3－1 所示：

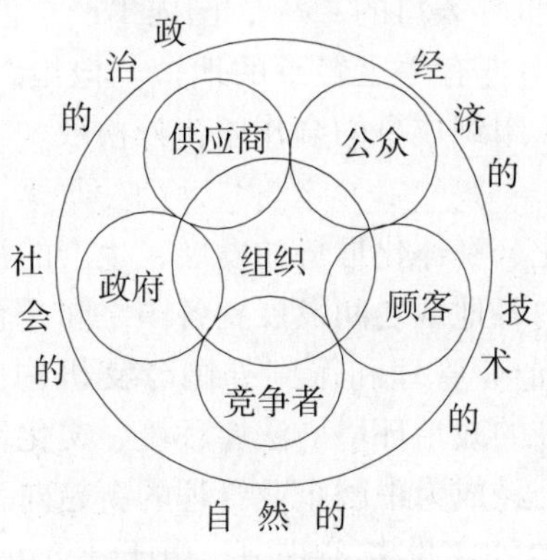

图 3－1　组织及环境

三、经济全球化与跨文化管理

当今世界，经济全球化、一体化的趋势日益明显，各国经济的相互依存度更高，国际企业间的竞争愈演愈烈，双边、多边和区域层次的国际协调进一步加强，全球的宏观经济和微观经济都在发生新的深刻的变化。作为管理者，面对这种形势，既要精通国内管理，还要学会跨国管理。

1. 跨国公司

在经济全球化进程中，跨国公司发挥了原动力和加速器的关键作用。

跨国公司是一种与现代化生产相适应的企业组织形式。它是在一个国家（通常在本国）设立总部，在其他一个或多个国家设立分支机构和生产经营网点的企业系统。它以世界市场范围规划生产经营，在全球范围内对资源进行优化配置：到原材料最便宜的地方去采购，到加工最便宜的地方去生产，到最能卖得出好价钱的地方去销售。它是一种最有效、最先进的企业组织形式。据 2001 年统计，全世界有 6.5 万家跨国公司母公司和 85 万家在国外的子公司和附属企业，遍及 160 多个国家和地区，总资产 249 520 亿美元，总产值 34 950 亿美元，控制着全球生产总值的 40%、国际贸易总量的 50% ~60%、国际技术转让的 60% ~70% 和国际直接投资的 90%。

2. 推动经济全球化的经济组织

推动经济全球化的世界性经济组织有三个：世界贸易组织、世界银行（国际复兴开发银行）、国际货币基金组织。第一个组织独立于联合国，后两个组织是联合国下属的专门机构。这三个组织分别在贸易、投资、金融等方面促进各国的经济往来，加速了经济全球化进程。在经济全球化浪潮中，区域性经济组织也异常活跃，大大小小有一百多个。最有名的是欧洲经济联盟，现有 25 个成员国，人口 4.55 亿，经济总量与美国不相上下。它是当今世界上生产国际化、经济贸易一体化程度最高的一体化组织。其次是北美自由贸易区，由美国、加拿大、墨西哥三国组成，人口 3.6 亿，其贸易总额比欧洲经济联盟高出 25%。第三个在世界上影响较大的区域经济组织是亚太经济合作组织（APEC），共有 21 个成员国，人口23亿，总人口占全世界人口的45%，国内生产总值占全世界的55%，贸易额占46%，在全球经济中具有举足轻重的地位。该组织声势和规模都很大，但经济一体化程度比较低，组织成员的合作还比较松散。

3. 跨文化管理

随着世界经济全球化、一体化形势的发展，生产的社会化已超越了国界，分工协作从企业内部、国内各地区之间发展到各国之间，企业要从事跨国经营。作为管理者，到“三资”企业管理和派到外国分支机构去管理的机会就会增多，就要适应跨国企业所面临的政治环境、法律环境、文化环境等。

当前，跨文化管理已经成为中国企业管理的新趋向。首先，中国企业管理的跨文化表现在不断增加的外商投资企业中。由于建立在中国的“三资”企业的经营管理必须受中国大环境的制约，所以不但要遵守中国的有关法规、制度，而且其管理体制必须与中国的文化相适应。上海大众汽车有限责任公司的原德方副总经理马丁·波斯指出：“为了实现长期目标，必须实现技术的中国化和管理的中国化。”“三资”企业管理的中国化并非按国有企业管理方式来进行管理，而是在符合国际惯例的前提下探索出达到跨文化的、和谐的、具有中国特色的、与中国文化相适应的经营管理模式。其次，表现在实行跨国经营，在海外投资建立的企业当中。当前，我国在境外一百二十多个国家和地区投资建立了企业，海外投资有快速增长的趋势。在新形势下，企业跨国经营已成为中国经济发展的一种重要趋势，进行全球投资以实现资源的有效配置，可以充分利用与外国企业及其他机构的竞争，提高企业国际竞争力。我国海外企业与外国企业及其他机构在不同文化层面和不同程度进行沟通时，产生了跨文化的相互渗透和融合，出现了跨文化的跨国管理。再次，中国是一个幅员辽阔的多民族国家，不同地区和不同民族也存在各自独立的文化习惯。所以即使是“完全内向”的企业，随着市场竞争的加剧，生产经营也在向跨地区跨行业的横向联合发展。如深圳市的内联企业产值占全市工业产值的1/3，内联企业也存在着跨文化管理。

第三节 管理道德与社会责任

许多企业管理者认为，管理的一切工作都是为了本企业的利润最大化，至于社会效益、管理道德和社会责任，却不去考虑或很少考虑。其实，组织既受环境的影响，它的行为结果又反过来影响社会。现代组织是现代社会中的一个成员，社会与组织是密切相关的，那种只要求社会为组织提供服务，而不讲组织对社会负责任的价值观已不为社会公众所认可，也有悖于现代社会发展。现代社会要求企业管理者要摒弃以往单纯的利润目标观，要有社会责任和管理道德。

一、管理道德

道德是一定社会依靠人们内心信念、传统习惯和社会舆论维系的，以善恶进行评价的，调整人们关系的行为规范的总和。道德作为一种社会意识是人类社会所特有的，但不同时代、不同社会的经济、政治和文化背景不同，道德观念和道德规范也不尽相同。

古希腊哲学家柏拉图认为不同的人应具有不同的道德。统治者的品德在于智慧，武士的品德在于勇敢，劳动者的品德在于节制。这三个等级各安其位，各司其职，社会就能公正。欧洲中世纪宗教伦理学的代表者奥古斯丁概括提出基督教的"三主德"：信仰、仁爱和希望。他认为人们只要遵循这些规范，就能成为一个有道德的人。现代西方社会普遍提倡以自由、平等、公正、友爱为主要内容的道德观。

中华民族道德伦理思想源远流长。古代思想家孔子提出以"仁"为核心的道德系统，其后孟子进一步发展孔子的思想，指出每个有道德的人都应具备仁、义、礼、智四种品德，由此建立的儒家道德观影响了中国数千年。近代革命家孙中山先生对中国传统道德作了新的解释，提出以"忠孝仁爱信义和平"对国民进行道德教育。新中国成立以后，党和政府号召人民树立"以集体主义为核心的共产主义道德观"，雷锋精神曾影响一代人。改革开放以后，经济基础和管理体制的转型，要求建立与社会主义市场经济发展相适应的道德体系。2001 年 10 月中央公布了《公民道德建设实施纲要》，明确了 20 字的公民基本道德规范要求："爱国守法、明礼诚信、团结友善、勤俭自强、敬业奉献。"2006 年 3 月胡锦涛又提出了"八荣八耻"的社会主义荣辱观，这是从我国现阶段基本国情出发，对我国公民应有的道德规范所作的最新、最全面的概括。

道德是以善恶判断、调节人们相互关系的一种社会意识，管理则是围绕组织目标，整合各类资源的一种综合性社会活动。道德与管理的密切关系可以从以下两方面把握：

（1）管理离不开道德，高效、持久的管理是法治与德治的综合。首先，管理者高尚的道德品质和良好的道德形象是实现高效和持久管理不可缺少的条件。古今中外杰出的管理者无不是道德的典范。他们"先天下之忧而忧，后天下之乐而乐"的道德品质与形象，是鼓舞和激励下属为实现组织目标而奋斗的最有力的工具。其次，管理需要开发各种资源，其中关键的资源是人力资源。挑选、使用和培育德才兼备的人才，是搞好人力资源管理，并带动其他各项管理最基本、最重要的前提。人的作用的发挥特别是潜力的发挥，不仅需要资金、技术、信息和制度，还需要良好的道德。因为工作中随时都需要发挥人的能动作用，在信息不对称的情况下，员工只有具备良好的道德，才能积极主动地工作，而不是阳奉阴违，斤斤计较，避重就轻。道德是使员工正确处理个人与组织关系的主要精神支柱。再次，道德是管理中协调人际关系必需的润滑剂。组织都是由若干成员组成，人与人只有相互尊重、相互谦让、相互关心、相互帮助，才能达到真正的团结，从而形成协作生产力。

总之，管理的各个方面都离不开道德。德治与法治是管理不可缺少的两种基本手段，在协调个人之间、个人与组织、组织与组织、组织与社会关系方面，它们各自发挥不可替代的作用。法律和制度具有强制性，对于严重损害他人或组织的行为具有很强的制裁作用。但是比较而言，法律和制度主要解决大的原则问题，现实生活五光十色、纷繁复杂，需要人们按普遍认可的道德准则自觉主动地调节自己的行为。这是道德在管理中独特的人文功能，也是任何组织与社会降低管理成本、提高管理效率的根本出路。

（2）道德既是管理的工具，又是管理的目标。培养公民良好的道德品质，促进人的全面发展，是各种组织管理的一个共同目标。

把道德建设与道德发展作为管理的目的，体现了管理的人本原则。以人为本要求管理者把人由“工具”提升为“目的”。满足人的需要，促进人的发展，包括实现人的道德水平的升级，使人们在服务他人、奉献社会的过程中体现人生的真正价值。这是管理目标在道德上的体现，否定这一要求，管理就无法上升到更高的档次。

道德的管理功能是指管理借助于道德的力量，可以更有效地达到管理的目的。在上文阐述管理离不开道德时，其实已部分说明了道德的管理功能。下面主要阐述道德的管理功能在改善领导者、被领导者、客户服务、组织建设和履行社会责任等方面所起的作用。

（1）高尚的道德可以提升领导的形象和权威，扩大领导的影响力。领导者在组织中拥有主要事项的决策权，但并不等于完全拥有对下属的感召力。因为后者不仅取决于领导者手中的职权，还取决于领导者自己的为人，特别是他的道德品质。现实告诉我们，领导若能公平正直、诚信友善、敬业奉献，群众就会无条件地拥护他，再苦再累也无怨言。这与其说是领导在管理中的作用，不如说是道德通过领导发挥的作用。

（2）良好的道德可以增强员工的责任感，使他们自觉地为实现组织目标而努力。员工进入组织一般会从制度上明确自己的岗位职责，同时，道德也推动着他们在享受组织给予的权利和机会时，积极地履行对组织应尽的义务，否则就会感到不道德，会受到良心的谴责。道德激发的这种内在的责任感，是人们进行工作所必需的动力。因为任何活动都具有一定程度的信息不对称性，管理者不可能真正做到明察秋毫，员工总有搭便车和偷懒的机会。要使员工牢记自己的责任并积极主动地工作，除了必要的外在激励措施，还需要他们内在良好的道德品质，使他们自觉地为实现组织目标而努力。这是道德在管理中的自组织功能，也是各种组织在选人用人时都必须坚持德才兼备原则的主要原因。

（3）良好的职业道德是组织竭诚为客户服务的必要条件。现代社会任何组织的存在都是为了服务于一定的客户，如企业为用户服务、学校为学生服务、医院为病人服务、政府为百姓服务等。但客观地讲，组织与客户之间总有矛盾，因为客户的需求多种多样，而且随着时间推移会发生变化，为此组织服务于客户难免会有缺陷，从而产生矛盾。组织如能自觉认识这一矛盾，从而不断提高产品质量，改善服务质量，就能妥善解决矛盾，取得进一步发展。但是，现实中不是所有组织都能如此。而且在一般情况下，组织相对于客户总是处于优势，客户事实上处于弱势地位。如果组织及其成员缺乏应有的职业道德，客户的利益就会受到损害，2008 年河北的“三鹿奶粉”事件就是一个沉痛的教训。企业要讲诚信，绝不能以牺牲人的健康和生命换取企业的利益和发展。只有把看得见的企业技术、产品和管理，与背后引导企业发展的理念、道德和责任结合起来，才能构成一个健全的现代企业。

（4）道德建设可以增强组织凝聚力，使组织成为人们相互尊重、相互帮助、团结友爱的共同体。人们因生活和工作需要而结成各类共同体，形成组织。要使组织成为有凝聚力和竞争力的团队，必须提高每个成员的协作意愿。显然，共同的利益和良好的道德是使组织成员相互尊重、相互帮助、加强协作不可缺少的物质和精神力量。以更广的视野看，现代社会既需要效率，也需要公平；既需要竞争，也需要互助。这是社会和谐发展的要求，也是人们对组织建设和社会发展的精神寄托。坚持人道主义原则，弘扬集体主义精神，加强社会公德建设，是使这种精神寄托转化为现实的主要通道。

（5）道德原则推动组织自觉参与社会活动，履行应尽的社会责任。社会是各种组织运行和发展的环境和基础。虽然社会本身就包含各种组织，但除了这些组织，社会还有诸多公共事务，如公共设施建设与维护、环境治理与保护、公共秩序与管理、公共娱乐和教育等，需要各类组织的支持和参与。道德原则推动组织正确处理与社会的关系，自觉参与社会活动，履行应尽的社会责任。

二、企业的社会责任

企业的社会责任是指企业在遵守、维护和改善社会秩序，保护和增加社会福利方面所承担的职责、义务。企业作为开放性质的经济组织，其基本功能和职责是通过生产经营活动向社会提供商品和劳务并获取赢利。然而，随着社会经济的迅速发展和企业主体地位的加强，社会对企业提出了更高的要求，即在行使自身功能的同时，企业应承担起更多的社会责任。

实践证明，自觉履行社会责任，可以为企业赢得社会各界的好评与信任，树立起良好的公众形象；可以建立有效的社会监督机制，促进企业不断改善内部管理，规范企业行为；还可以督促企业主动协调与相关公众的关系，争取他们的理解、支持与合作，为企业的生产经营活动创造宽松和谐的外部关系环境，从而在推动社会利益发展的同时，更好地实现企业的经营目标和经济利益。

企业的社会责任涉及诸多方面，如提供就业机会、资助社会公益事业、保护生态环境、支持社会保障体系等。除此之外，就外部关系而言，企业还对股东、媒介、社区、政府、交易伙伴、消费者等相关社会组织及个人负有特定的社会责任。具体来说，企业对股东承担的社会责任是保护股东及其他出资人的投资，并使之得到合理的收益。对于新闻媒介，企业的责任是保证提供信息的准确、及时，维护新闻传播的真实性、客观性和时效性原则，并自觉接受社会舆论监督。在社区环境中，企业应当通过积极参与本社区的公益活动，提供更多的就业机会和保持环境清洁，为社区居民提供更好的生活场所。企业对政府的社会责任是认真遵守政府的有关法令和政策规定，接受有关部门的监督、指导或管理，自觉履行作为公民应承担的各项义务。就消费者而言，企业应当把满足消费者需要作为责无旁贷的义务，维护消费者的合法权益，同时担负起教育、引导消费者的职责。

总之，社会为企业的生存和发展提供了土壤，企业是依托社会而存在的。企业管理目标不仅仅是利润，应向多重目标转变。这就包括环境保护、企业的可持续发展、对员工的人文关怀、解决就业人口、为国家提供较多税收等。企业只有充分履行自己的社会责任，为促进实现相关公众的利益和改善社会环境作出贡献，才会最终获得消费者的高度评价和认可，使企业具有良好形象，这是企业兴旺发达的重要条件。

复习与应用

一、思考题

1. 现代企业管理为什么要重视组织文化建设？
2. 描述一位大学校长的具体环境和一般环境。
3. 在跨国管理中，应怎样适应所在国的环境？
4. 企业管理目标为什么要从传统的单一利润目标向现代的多重目标转变？

二、管理实务

驻德大使趣话中西文化差异

我国驻德国大使卢秋田曾谈到过中西不同的思维方式及由此引发的有趣故事：

我们有一个代表团出访快结束时，搞了一个告别宴会。当代表团走了以后，主人跟我讲，我跟你是老朋友，我告诉你实话，我非常讨厌这位团长。我问为什么讨厌他。他说，这位团长和我握手的时候，眼睛却看着我后边的人，竟然还跟他讲话，这是对我人格的侮辱！在他们国家，握住谁的手，必须眼睛看谁。

记得有一年，荷兰有位贵宾到中国访问，中方安排他的夫人参观幼儿园。那天，下着毛毛细雨，她到达幼儿园门口时，看见一群孩子站得笔直地在门口迎接她，她看到这些感觉很不舒服。接着参观幼儿园的教室，进去后，每一个五六岁的孩子都背着手，面部表情十分严肃。她很快结束了参观。回国后，她说这次访问感到最不舒服的事就是，下着雨，为什么还要让孩子到门口来？为什么孩子都是这样笔直地站着？五六岁的孩子应该是非常调皮的，吵吵闹闹是正常的，那才像幼儿园。我想幼儿园的老师，为了做到秩序井然，一定做了大量的工作，认为这才是礼貌的文明表现。而就欧洲人的思维方式来说是很难理解的。

中西思维方式的主要差异，我归纳了以下几个方面：

差异之一是义利关系问题。一般来说，西方人重利轻义，东方人重义轻利或义利兼顾。有一件事情发生在“文化大革命”期间，我印象很深。1967年“文化大革命”高潮的时候，我在驻荷兰大使馆工作，当时使馆的重要任务之一是散发《毛主席语录》，西方称其为当时中国的“圣经”或“小红书”。有一天，一个荷兰人来要一本毛主席的“小红书”。我就给了他。他说：“这种式样的小红书我也有一本，不过内容不一样，明天我寄给你看看。”后来我收到了，跟毛主席语录大小一样，但是封面上写着《跟中国人做生意的秘诀》，内容使我大大吃惊。

这本书开始讲，“目前中国正在进行文化大革命，文化大革命就是政治高于一切，一切都是算政治账，不算经济账。你现在不是参加广交会吗，这样你就会被列入广交会组委会里的国际友人，这样你就能财源滚滚。你千万不要以为价格和质量是最重要的，最重要的是要算政治账。”接下来一段就指点你应当如何表现。“第一，你到广州以后，无论多晚都应该告诉组委会，说我已经到达了，而且要表达这样的愿望——就是我非常愿意欣赏你们的样板戏，尤其是《红灯记》，麻烦你们千万给我安排一场。第二，手提包里要放一本毛主席语录，而且跟中方谈判的时候，拉开提包的时候，不露声色地把语录似乎不经意地露出来，让中方的主人看到以后再把提包拉上。第三，在你西服里的衬衫上面必须要戴上毛主席像章，这个像章现在中国大使馆在广泛散发，你完全可以免费领到。”最后结论是：“这一切，在中国人都认为是绝对重要的原则，对我们来说是一个手段，你只要达到目的就可以了。”这篇东西使我深深感觉到，这种实用主义的哲学已经到了无以复加的地步了。讲义讲情是我们中国的传统。现在不少人常常讲缘分，但“缘”这个字在外文中是翻译不出来的。总之，中国人的人情味要比西方人浓，这在人际关系中尤其如此。

差异之二是整体性和个体性问题。东方人强调整体性和综合性，而西方人则重视个体性。例如中方代表团到了德国以后，主人问今天晚上你们吃西餐，还是吃中餐。我们代表团的答复往往是“随便”或“客随主便”。他们对这样的答复难以理解，说一听到“随便”这个词就头疼，不知道怎么弄好。我们认为，客随主便是礼貌的表现，是对主人的尊重，不能随便提要求，万一给主人出难题呢？可西方人不这样看，这就是区别。反过来，欧洲的代表团到中国来，你问他今天吃什么，他一定会明确表明自己的愿望今天就吃西餐，或者就吃中餐。而中国人往往较少表示个人的愿望，比如外方接待我方代表团时问各位想喝什么，如果团长说喝茶，后面几位可能也都说喝茶。人家奇怪，怎么一个说tea，就全tea下去了？

差异之三是东西方的感情表达方式。我在卢森堡当大使的时候，正好国内送来电影《梁山伯与祝英台》，我怕他们看不懂，就把故事梗概译成外文，预先发给他们看，放映前又请人作介绍。电影结束后搞了一个招待会，我问他们看懂了没有。他们说，看懂了，但看得很累。十八里相送，祝英台对梁山伯的暗示我们听起来很累，用那么多的暗示来表达爱情，为什么不直接说一句“I love you”

呢？他们说，故事的年代、情节同《傲慢与偏见》基本上一样，而伊丽莎白和达西可不是这种表达的方式。我说这是中国表达感情的细腻，我们认为这是美，你们可能认为外露是美，我们觉得有些话直接说出来反倒没有深度。他们说不能理解。

差异之四是我们的思维方式具有意会性，他们则是直观性。比如我们在文章或生活中喜欢用暗示，或者喻古论今。这种含蓄需要你去意会，所谓此时无声胜有声，这与西方人的直观性不太一样。

中西方文化的差异不能说谁优谁劣，我们讲这些是为了了解对方，而且各国应该相互学习，不要以自我为中心。但是我们也应当承认，我们有些思维方式不太适合新时代的发展，这也需要改进。在中华民族进入21世纪的时候，我们一定要高高举起“创新”两个字。只有创新，我们的民族才能在新世纪立于不败之地。

三、案例分析

2003年最受尊敬的公司

英国《金融时报》评选出2003年全球50佳跨国公司：

排名	公司	国家	行业
1（1）	通用电气	美国	电子、电器
2（2）	微软	美国	信息技术
3（5）	丰田	日本	工程
4（3）	IBM	美国	信息技术
5（8）	沃尔玛	美国	零售
6（4）	可口可乐	美国	食品、饮料
7（10）	戴尔	美国	信息技术
8（27）	伯克希尔·哈撒韦	美国	金融
9（14）	戴姆勒—克莱斯勒	德国	工程
10（6）	索尼	日本	消费类产品
11（13）	雀巢	瑞士	食品、饮料
12（7）	通用汽车	美国	工程
13（26）	迪斯尼	美国	媒体、娱乐
14（17）	宝马	德国	工程
15	本田	日本	工程
16（24）	埃克森—美孚	美国	能源、化工
17（9）	3M	美国	消费类产品
18（55）	强生	美国	医疗保健
19（11）	宝洁	美国	食品、饮料

20（30）	欧莱雅	法国	消费类产品
21（16）	杜邦	美国	能源、化工
22（18）	英荷壳牌石油	荷、英	能源、化工
23（21）	西南航空	美国	交通
24（23）	思科	美国	信息技术
25（35）	西门子	德国	电子、电器
26（20）	英国石油	英国	能源、化工
27（73）	卡特彼勒	美国	工程
28（29）	诺基亚	芬兰	电子、电器
29（34）	惠普	美国	信息技术
30（37）	麦当劳	美国	媒体、娱乐
31（15）	花旗银行	美国	金融
32（32）	大众	德国	工程
33（78）	普华会计事务所	美国	金融
34（50）	日产	日本	工程
35（80）	英国航空	英国	交通
36（31）	福特	美国	工程
37（38）	空中客车	法、德、英、西	工程
38（36）	英特尔	美国	信息技术
39（40）	保时捷	德国	工程
40（42）	三星	韩国	电子、电器
41	汇丰银行	英国	金融
42（12）	联合利华	荷、英	食品、饮料
43（45）	维尔京航空	英国	交通
44	巴斯夫	德国	能源、化工
45（24）	特斯科超市	英国	零售
46（53）	宜家	瑞典	零售
47（56）	沃达丰	英国	电讯
48（59）	飞利浦	荷兰	电子、电器
49	达能	法国	食品、饮料
50（57）	诺华	瑞士	医疗保健

（注：括号内是2002年排名）

问题：

1．在全球竞争如此激烈的时代，上述公司为何能立于不败之地？

2．对上述你所熟悉的其中一家公司进行剖析：它是如何进行跨文化管理的？又是如何适应具体环境和一般环境的？

从西夏的消亡看文化的重要性

学者杨保军说，他在银川考察西夏故宫的时候，发现地下的瓦片都被敲碎了。当地人告诉他，说是当年西夏文明程度几乎赶上了宋朝，也创造了比较灿烂的文化，可是最后西夏的“党项族”居然被灭掉了，这个民族没了。原因是当时的蒙古族头领成吉思汗临终时嘱咐儿子，一定要把这个民族给灭了。后来蒙古人打下了西夏，觉得把“党项族”的人全部杀掉解决不了问题，只要他们的文化传承下来，这个民族就灭不掉。因而不杀人，只是把他们的文化灭掉，没有了文化的载体，它就会变得不是这个民族了。所以就从消灭物质文化开始，首先语言不许用了，现在的西夏文字是非常罕见的。音乐不许演奏，服饰不许穿戴，民俗礼节统统禁止，寺庙、塔也毁掉，连所有的瓦片也都敲碎。这个民族的人找不到凝聚的文化了，就都改了民族，“党项族”也就消亡了。这就说明一个民族、一个国家如果没有了自己的文化，这个国家的人民就找不到根了，这就是文化的重要性。

问题：

在现实生活中，人们为什么往往重视经济而忽视文化？

如何管理员工

甲研究所设备先进，人才济济，但却一直没有很高水平的科研成果。该所负责人刘所长采用“重金悬赏”的方法。他坚信“重赏之下必有勇夫”，但收效甚微。为了更好地管理研究人员，他制定了严格的考勤制度，比如迟到 3 次要罚款 100 元。为此，员工有时为准时到达，不惜打出租车上班。该所员工的出勤率一直保持较高水平。在一次行业研讨会上，规模相近的乙研究所发布了几项重要科研成果，并介绍了经验。乙研究所领导认为每个员工都希望做好工作，为此推行了“弹性工作制”以及研究人员自由组合、自主管理的办法。尽管乙研究所取得了这样的成绩，但甲研究所的刘所长仍然认为采用这种办法会失去控制，这种方法不宜推广。

问题：

1. 甲、乙两个研究所分别有什么不同的组织文化？
2. 试对甲研究所刘所长的管理方法进行评价和改进。

第四章 决 策

决策是现代管理的一项重要职能，它存在于一切管理领域，贯穿于管理过程的始终，是管理活动的核心内容。不论管理者在组织中的地位如何，都需要制定决策和实施决策。管理者的地位越高，决策的作用和影响就越大。本章主要阐述决策的含义、过程，理性决策的局限，决策的类型、方法、技巧等。

第一节 决策的概念及过程

一、决策的定义

所谓决策，就是为了实现某一目的而从若干个可行方案中选择一个满意方案的分析判断过程。

例如，某企业准备开发两种产品，据初步市场调查，这两种产品均有较好的市场前景，但该企业目前只拥有开发一种产品的经济实力，那么，企业该决定开发哪种产品呢？再假如某企业生产的高科技产品，在两个国家销售，其中一个国家销量大，获利丰厚，但该国政局不够稳定；另一个国家销售比前一个国家要小，但该国的政局比前一个国家要稳定得多，那么，如何确定该企业的长期营销方针呢？

上述两例的共同之处在于：每个例子都有一个问题，而每个问题都有几种可能的解决办法，如何从多种方案中选择一种最优方案，这就是决策问题。决策的含义实际上包含了以下内容：

1. 决策针对明确的目标

目标必须明确、详细。决策前必须明确所要达到的目标，并仔细辨别组织的整体目标体系中包含的多个具体小目标，也应明确所要解决的问题。如果一开始就缺乏明确的目标，将会导致整个决策过程偏离方向，最终导致不正确的决策的结果。

2. 决策有多个可行方案

决策必须在两个以上的备选方案中进行选择。如果只有一个方案那就不用选择，也就不存在决策。这些方案应该是平行的或互补的，能解决设想的问题或预定的目标，并且可以加以定量或定性的分析。

3. 决策是对方案的分析、判断

决策面临若干个可行方案，每个方案都具有独特的优点，也隐含着缺陷，有的方案还带有很大的风险。决策的过程就是对每个可行方案进行分析、评判，从中选出较好的方案进行实施。管理者必须掌握充分的信息，进行逻辑分析，才能在多个备选方案中选择一个较为理想的方案。

4. 决策是一个整体性过程

决定采用哪个方案的决策过程，不是个短暂的时段，而是一个连续、统一的整体性过程。从初期搜集信息到分析、判断，再到实施、反馈活动，没有这个完整的过程，就很难有合理的决策。实际上，经过执行活动的反馈又进入了下一轮的决策。决策是一个循环过程，贯穿于整个管理活动的始终。在整个决策过程中，应随时重视决策的有效性，随时纠正偏差，以保证决策的质量。

二、决策类型

决策根据它所要解决的问题的性质和内容，可分成许多不同的类型。管理者在进行决策之前，首先要了解所要解决的问题的特征，以便按不同的决策类型采取不同的决策方法。一般而言，决策有以下几种分类：

1. 按照决策的重要程度，可分为战略决策、管理决策、业务决策

战略决策是指直接关系到组织的生存发展的全局性、长远性问题的决策。如企业中经营目标、方针、规模、产品的更新、新技术的采用等的决策。这种决策对于组织的发展具有重要意义，一般涉及的时间较长、范围较宽。由于所要解决的问题大多是内容比较抽象、复杂且常常是以前没有遇到过的，因此管理者常常要借助于自己的经验、直觉和创造力进行判断。战略决策一般由高层管理者作出。

管理决策是属于执行战略决策过程中的基本战术决策。如企业生产计划、销售计划的确定，新产品设计方案的选择，新产品的定价等，均属此类决策。管理决策是为了保证战略决策的实现所作的决策，所面临的大多是实施方案的选择、资源的分配、实际业绩的评估等方面的问题，比较具体，带有局部性，且灵活性较大。这些问题大多可以定量化，可以进行系统分析。但当组织处于动态环境中时，由于预测困难，有时也较多地依赖于管理者的经验判断。这类决策大多由中层管理人员进行。

业务决策是指在日常业务活动中为了提高效率所作的决策。如生产任务的日常安排，工作定额的制定等一般由基层管理者进行。这类决策所要解决的问题常常是明确的，决策者知道要求达到的目标、可以利用的资源，知道有哪些途径，也知道可能的结果，一般可以采用分析工具来进行选择。

2. 按照决策是否具有重复性，可分为常规决策和非常规决策

常规决策，是指经常发生的能按规定的程序和标准进行的决策，主要指对例行公事所作的决策。由于这类问题经常重复出现，因而可以把决策过程标准化、程序化，可通过惯例、标准工作程序和业务常规予以解决。像请假的批准、退货的处理、库存减少到一定程度时的重新订货等，均属于此类。

非常规决策，它所要解决的是不易确定、错综复杂且前所未有的新问题。由

于是新问题，因而不能依据业务常规来解决，而需要管理者进行专门的处理。像新产品的研究开发、多元化经营和企业联合、工程投资等均属此类。

3. 按照决策的主体来分，有集体决策和个人决策

决策过程受到来自各个方面的影响。如果决策的整个过程由两个人以上的群体完成，这种决策就称为集体决策。当然决策的执行活动必须由组织来完成。

相对于个人决策，集体决策显然具有很多特有的优点：一个团体将带来个人单独行动所不具备的多种经验和不同的决策观点，提供更完整的信息，产生更多的备选方案；当集体成员来自不同的专业领域时，更容易引发众多的决策观点和方案；而且，让实施决策的人们参与决策制定，将使他们更趋向于接受决策，并在团体良好的氛围下导致接受这一方案。通常，集体成员会感觉到由集体共同制定的决策比个人制定的决策更为合理。

如果决策的整个过程由一个人来完成，这种决策就称为个人决策。相对于集体决策，个人决策有其明显的优势。通常，个人决策比集体决策要花费较少的时间、精力。在集体决策过程中，其成员之间的相互影响常会导致效率低下；而且，在集体内部，由于分工不同，成员之间缺乏平等的相互交流与沟通；并可能会因组织职位、经验、有关知识、易受他人影响的程度、语言技巧、自信心等因素，造成少数成员发挥其优势、支配群体，对最终的决策有过分的影响。而在个人决策中，完全避免了这一从众心理与权威效应。个人决策省时省力，易于控制决策的质量与效率。在个人决策中，责任极其明确，避免了集体决策中责任不清、互相推诿的情况。

既然集体决策和个人决策各有优缺点，那么什么情况下应该集体决策，什么情况下应该个人决策呢？一般来说，一些有关全局的大问题，时间又比较充裕，应该进行集体决策；一些信息了解比较清楚，事情又比较急，需要个人及时拍板。不是说现在提倡民主决策，就不需要个人决策了，要把两种决策方式结合起来使用。

4. 按决策的条件和后果划分，有确定型决策、风险型决策和不确定型决策

（1）确定型决策。它是条件及结果都明确肯定的决策。其特点是：一种方案只有一种肯定的结果。决策者只需比较各种可行方案，即可确定满意的行动方案，并有肯定的结果。

（2）风险型决策。它是决策条件及后果不定，但可以根据决策结果发生的概率来比较选择的决策。这类决策的特点是：①在不确定的条件和后果中，存在着两种以上不以决策者意志为转移的自然状态；②各种事件的发生有不同的概率；③决策者对未来的真正结果，只能预先估计，而不能完全肯定。由于决策结果的不确定性，使决策带有风险性。

（3）不确定型决策。它是决策条件和后果不定，而且决策后果发生的概率也无从估计的决策。这类决策的进行只能靠决策者的经验、主观判断和创造力，因而具有更大的风险性。

三、决策过程

管理者为提高决策水平，避免冒险性的决策，必须了解决策的流程，按照科学化、合理化的要求进行有效的决策。决策流程可分为八个步骤，如图 4－1 所示。

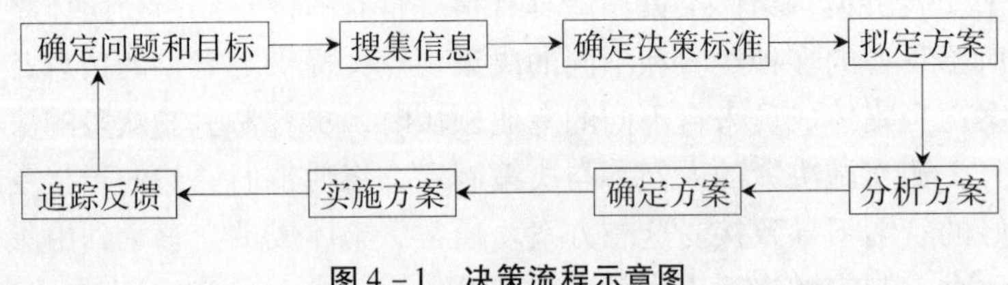

图 4－1　决策流程示意图

1. 确定问题和目标

决策的第一步是发现问题，对这些问题应分清主次，是战略决策还是一般业务决策，由哪些决策者承担任务等；必须马上了解该问题的关键问题出在哪里、何时解决以及解决这一问题的利弊如何。在确定问题的同时，确定目标。合理的目标是有效决策的前提，是决策活动的出发点，也是评价决策效果的依据。分清长期与短期目标、主要与次要目标的区别，并注意目标间的衔接，明确目标间的优先顺序，保证资源分配的重点，尽量排除可能的偶然性和主观因素的影响。

2. 搜集信息

确定了问题和目标后，必须着手调查研究，搜集信息，并加以整理和分析。根据既定的目标，积极地收集和整理情报，建立数据库，进行比较，找出差距，发现问题。信息是决策的基础，是有效决策的保证。对于组织内外部的相关信息，都应加以搜集、整理，尤其对于一些核心关键信息，应着重注意。

3. 确定决策标准

确定决策标准，即运用一套合适的标准分析和评价每一个方案。按照确定的目标和问题，把目标分解为若干层次的确定的价值指标，同时指明实现这些指标的约束条件，这些指标实现的程度就是衡量达到决策目标的程度。在决策时，可按照确定的评判方法和标准，给每一个可行方案进行打分评比，并按每一方案的得分高低进行排列，这样可为决策工作的顺利进行奠定基础。

4. 拟订方案

确定了问题和目标，并且搜集和分析信息的过程已顺利完成，就应开始拟定可行方案。拟订方案主要是寻找达到目标的有效途径，因此，必须制定多种可供选择的方案反复比较。每个方案必须有原则性的差异。有关企业发展战略性的重大决策，必须通过各种相互冲突的意见争辩、各种不同类型的可行方案的评判，才能作出满意的决策。拟定各种不同类型的可行方案，可运用头脑风暴法或采用数学模型，也可建立随机模型和模糊模型。

无论用何种方法拟定可行方案，应同时给出这些方案实施后可能产生的结果，包括有利的和有害的结果及这些结果出现的概率，指出其中发展演变的趋势及利弊。

5. 分析方案

决策者必须认真地对待每一方案，仔细地加以分析和评价。根据决策所需的时间和其他限制性条件，层层筛选。可进行重要性程度的评分加权，也可对其中某些关键性的缺点加以修改、补充，更可对一些各有利弊的备选方案优势互补、融会贯通，取其精华，去其不足，使最终的结果更优化。在这一阶段中，依靠可行性分析和各种决策技术，如决策树法、矩阵汇总决策、统计决策、模糊决策等，尽量科学地显示各种方案的利弊，并加以相互比较。

6. 确定方案

选择和确定方案最能体现决策者的水平，是决策的关键。确定方案时，在各种可供选择的方案中权衡利弊，然后选取其一，或综合成一，是决策者的重要工作。有时会在方案全面实施之前，进行局部试行，验证在起初条件下是否真正可行。若不可行，为避免更大损失，则需再次考察上述各个活动步骤，修正或重新拟订方案。

7. 实施方案

当方案确定后，就要实施方案。实施方案是最重要的阶段。实施阶段花费的时间和成本，远大于前几个阶段的总和。方案实施前，需要做好各种必需的准备工作，如果是重大决策，应制定出具体责任决策者对落实部门、人员的监督实施措施。相应的决策者应负起监督实施的责任，掌握新方案的实施情况，尤其在关键阶段、关键时点，要加强控制与监督，以保证组织内实施决策方案的及时性和可操作性。

8. 追踪反馈

方案的评价必须是全方位的，在方案实施过程中要不断进行追踪。若在新方案运行过程中发现重大差异，在反馈、上报的同时，决策者应查明原因，具体分析。根据具体情况区别对待：若是执行有误，应采取措施加以调整，以保证决策的效果；若方案本身有误，应会同有关部门和人员修改方案；若方案有根本性错误或运行环境发生不可预计的变化，使得执行方案产生不良后果，则应立即停止方案的执行，待重新分析、评价方案及环境后，再考虑执行。

反馈也是决策过程中的一个重要环节。通过反馈可对原方案不停地再审查和再改进。当原有决策实施活动出乎所料，或者环境突然发生重大变化时，需要将方案推倒重来。实施了一个时段后，需要对方案运行及预测的结果作个评价，评价可以由个人或专家组负责，目的是审核方案是否达到了预定目标或解决了问题，随时指出偏差的程度并查明原因。值得注意的是，评价和反馈应体现在每一阶段的工作上，而不仅仅是在方案的实施阶段。特别是重大的决策，必须时刻注意信息的反馈和工作的评价，以便迅速解决突发问题，避免造成重大损失。

四、决策的作用

1. 决策正确与否直接关系到组织的生存与发展

决策是任何有目的的活动发生之前必不可少的一步。正如医生的判断正确与否直接关系到病人的生命一样，组织的兴衰存亡，常常取决于管理者特别是高层管理者的决策正确与否。长期以来，决策是以个人的知识、智慧和经验判断为基础的。这对于一些情况简单、容易掌握和判断的问题尚可应付，即使失误了影响也不大，易于扭转。但在现代，管理者所面临的许多复杂问题，已远不是经验决策所能解决的。很多问题都涉及巨额的投资、各方面的利益及众多的关系，需要动用多学科的知识审慎判断；而竞争的加剧又需要反应灵敏、及时决策。这就要求决策必须科学化，要科学决策。

2. 决策能力是衡量管理者水平高低的重要标志

要求决策正确，光有主观愿望是不够的。决策是一项创造性的思维活动，体现了高度的科学性和艺术性。有效的决策取决于三个方面：一是具有有关决策原理、概念和方法的基础知识；二是收集、分析、评价信息和选择方案的娴熟技能；三是经受风险和承担决策中某些不确定因素的心理素质。由于管理者所面临的问题常常涉及众多的因素，错综复杂，因此需要管理者具有特殊的才能方可作出正确的决策，加上决策在管理中的重要作用，决策能力便成为衡量管理者水平高低的重要标志。

一个好的决策通常取决于管理者的智商、教育水平、经验、见识等因素。在不同的决策方案中有上策、中策、下策，比如战争，不战而屈人之兵就是上策。

第二节 决策的普遍性和有限理性原则

一、决策贯穿于管理过程始终

管理者在管理过程中要履行计划、组织、领导、控制等职能。这些工作一旦展开，就具有相对稳定性。决策则不同，它是管理者经常要进行的工作，管理者的主要意图均需通过决策来实现，它贯穿于组织的各项管理活动中。如表 4-1 所示，从目标的确定、资源的分配、组织机构的建立、人员的招聘及对下属的奖惩、纠偏措施的实施等，都需要管理者作出决策。正是基于这一点，西蒙提出了“管理就是决策”的观点。

表4－1　管理决策的例子

计划：	组织：
什么是组织的长远目标？	需要招聘多少人员？
采取什么策略实现组织目标？	工作如何分配？
组织的短期目标应该是什么？	权力如何分配？
组织资源如何配置？	采用何种组织形式？
领导：	控制：
如何对待积极性不高的员工？	组织中哪些活动需要控制？
在一定的环境中采用何种领导方式为好？	如何控制这些活动？
如何解决所出现的纷争？	偏差多大才采取纠偏措施？
如何贯彻某项新措施？	出现重大失误时怎么办？

二、决策的有限理性原则

管理决策被认为是理性的，但在实际决策中，会有许多局限性，这是因为：

（1）个人信息处理能力是有限的。在短时间的记忆中，大多数人仅能维持7条左右的信息。当决策变得复杂时，个人试图建立简单的模型，这样能使他们将问题简化到可以理解的程度。

（2）决策制定者趋向于将解决方法和问题混合在一起。确定一个问题经常伴随一个大概的、可接受的方法描述。如此，便模糊了决策制定过程的制定方案阶段和评价方案阶段的客观性。

（3）感性偏见可以歪曲问题本质。我们知道，除非在侦探故事中，否则事实自己不会说话，它们必须加以解释。决策者的背景、在组织中的地位、利益和过去的经验，使他的注意力集中于一定的问题而忽略其他问题。组织文化同样可以歪曲一个管理者的认识。有时管理者看不到他们认为不存在的事情。

（4）许多决策者选择信息是出于其易获得性，而不是出于其质量。因此，造成重要的信息比容易获得的信息在决策中权重更轻。

（5）决策者倾向于过早地在决策过程中偏向某个具体的方案，从而左右着决策过程，使之趋向于某个方案。

（6）前期的解决方法现在不起作用了，但这并不总能引起寻求新方案的需求。相反，它常引起一种承诺升级，即决策者进一步增加对前期行动的资源投入，以试图证明起初的决策并没有错。

（7）从前的决策先例制约着现在的选择。决策极少是简单的、孤立的事件。把它们描述成为选择流中的一系列点更为贴切。大多数决策实际是许多长期分决策的积累。

（8）组织是由不同的利益群体组成的。从而使得它很难，甚至不可能建立起一种为实现单一目标的共同努力。因此，决策很少直接指向实现整个组织的目标。而是在对问题有不同看法和对方案有不同偏好的管理者之间，留有一个不断商讨的余地。不同利益的存在决定了目标、方案和结果的差异。讨价还价是必不可少的，以求达成或妥协和支持最后方案的实施。总而言之，“你站在哪取决于你坐在哪”。在模糊和矛盾的环境中，决策很大程度上是权力和政治施加影响的结果。

(9) 组织对决策者施加着时间和成本压力，反过来，这限制了一个管理者所能寻找到的可行方案的数量。从而，人们趋向于在旧方案的附近寻找新方案。

(10) 尽管有着潜在的不同见解，但在大多数组织的文化中都存在强烈的保守偏见。大多数组织的文化都是强化维持现状，而不鼓励风险承担和创新。在这样的文化中，雇员常因成为“合格队员”而不是兴风作浪者而受到奖赏。错误的选择对决策者生涯的影响，比发展一种新思想的影响更大。故决策者要花更多的精力避免错误，而不是发展创新的设想。

由于上述种种因素的局限，因此，在管理实践中，往往需要采取有限理性原则，即在有限的决策方案中选择一个满意的方案，而不是一个最优方案。因为最优方案往往要求从诸多方面满足各种苛刻的条件，只要其中有一个条件稍有差异，最优目标便难以实现。科学决策追求的是在有限的方案中，在现实条件下，能够使主要目标得以实现，其他次要目标也有足够好的合理方案。

第二节　决策的方法和技巧

一、决策方法

根据决策是否进行量化，决策方法分为定性决策方法和定量决策方法。由于定性决策方法和定量决策方法各有长处和不足，在实际应用中，通常将定量决策方法与定性决策方法结合起来运用。

1. 定性决策方法

定性决策方法，亦称决策“软”技术或专家创造力技术，是指利用哲学、社会学、心理学、行为科学等学科的成就，依靠专家的创造力进行决策的方法。定性决策方法，使用灵活、简便，应用范围广，并能调动专家和职工的积极性。它适合于解决难以进行数量评价的社会问题、心理问题、行为问题等方面的决策。其缺点是：易受群体知识结构倾向性的影响，易犯主观经验主义错误，缺乏准确的论证。定性决策的具体方法很多，下面介绍四种常见的方法：

(1) 专家会议法。专家会议法是根据市场竞争决策的目的和要求，邀请有关方面的专家，通过会议形式，提出有关问题，展开讨论分析，作出判断，最后综合专家们的意见，作出决定。

这种方法的优点是：通过座谈讨论能互相启发，集思广益，取长补短，能较快地、全面地集中各方面的意见，得出决策结论。但这种方法也有缺点：由于参加人数有限，代表性往往很不充分，容易受到技术权威或政治权威的影响，与会者不能真正畅所欲言，往往形成“一边倒”——即使权威者的意见不正确，也能左右其他人的意见。由于受到个人自尊心的影响，往往不能及时修正原来的意见。因此，专家会议的方式，有时也会作出错误的市场竞争决策。

（2）德尔菲法。德尔菲法的基本程序如下：成立一个由专家组成的小组，成员之间互相不能沟通讨论，把要解决的问题让每个成员进行不记名预测，然后进行统计分析；再把统计分析的结果反馈给每个成员，要求他们再次预测，接着再一次进行统计分析。上述程序反复进行，直到每个专家的意见基本固定，统计分析的结果与前一次统计分析的结果已经没有大的区别。国内外许多大型企业集团都对德尔菲法感兴趣，视之为一种行之有效的决策方法，尤其在新技术发展和新产品开发的决策上，这种方法卓有成效。但这种方法一般不适于日常决策，它耗时多，耗费较多精力。

（3）头脑风暴法。头脑风暴法可以克服阻碍创造性方案的遵从压力，是一种相对简单的方法。它利用一种思想产生过程，鼓励提出任何种类的方案设计思想，同时禁止对各种方案的任何批评。

在典型的头脑风暴会议中，一些人围桌而坐。群体领导者以一种明确的方式向所有参与者阐明问题；然后成员在一定的时间内“自由”提出尽可能多的方案，不允许任何批评，并且所有的方案都当场记录下来，留待稍后再讨论和分析。头脑风暴法仅是一个产生思想的过程，后面的电子会议则进一步提供取得期望决策的途径。

（4）电子会议。最新的集体决策方法是将名义群体法与尖端的计算机技术相结合的电子会议。会议所需的技术即一系列的计算机终端，将问题在屏幕上显示给决策参与者，他们把自己的答案显示在计算机屏幕上。个人评论和票数统计都投影在会议室的屏幕上。这种方法的主要优点是快速、有效。

2．定量决策方法

定量决策方法，亦称决策“硬”技术，是指依靠数学方法，运用数学模型和计算机进行决策的方法。它使决策建立在比较可靠的科学基础上，减少了决策的盲目性，适用于能够用数量评价的决策问题。由于计算机及其应用的迅速发展，使定量决策方法得以广泛应用，尤其是进行大规模、多变量的复杂决策。根据决策条件的不同，定量决策方法有三大类，即确定型决策方法、风险型决策方法和不确定型决策方法。每一类方法又有很多具体的方法，下面我们介绍一些最常用的方法。这些方法在经济管理领域应用极为广泛。

（1）确定型决策方法。确定型决策是指决策问题只面临一种自然状态，亦即决策者面临的外部环境是不变的。决策者对决策所要解决的问题认识比较充分，可以有把握地计算各方案在未来的经济效果并据此作出选择。在未来确定条件下的决策方法很多，比如投资回收期法、量本利分析法、内部投资回收率法、直观法等。下面主要介绍量本利分析的基本原理。

量本利分析，也叫保本分析或盈亏平衡分析，是通过分析生产成本、销售利润和产品数量这三者的关系，了解盈亏变化的规律，指导企业选择能够以最小的成本生产出最多产品并可使企业获得最大利润的经营方案。

企业利润是销售收入扣除生产成本以后的剩余。其中销售收入是产品销售数量及其销售价格的函数，生产成本（包括工厂成本和销售费用）可分成固定成本和变动成本。变动成本是随着产量的增加或减少而提高或降低的费用，而固定成本则在一定时期、一定范围内不随产量变化而变化。企业获得利润的前提是生产过程中的各种消耗均能够得到补偿，即销售收入至少应等于生产成本，此时处于盈亏临界点，此时的收入为保本收入，产量为保本产量，利润为零。

图4－2描述了特定时期企业利润、销售收入（价格与销售量的乘积）以及生产成本（固定费用和变动费用）之间的关系。

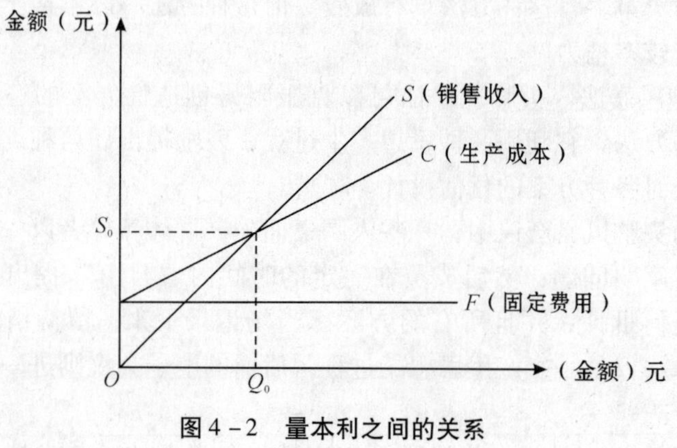

图4－2　量本利之间的关系

根据上文分析的量本利之间的关系，得出：

销售收入＝产量×单价

生产成本＝固定费用＋变动费用

＝固定费用＋产量×单位变动费用

盈亏平衡时，销售收入等于生产成本，用相应的符号表示为：

$$Q_0 \times P = F + Q_0 \times C_V \tag{4.1}$$

整理上式，可得：

$$Q_0 = \frac{F}{P - C_V} \tag{4.2}$$

此式为计算保本产量的基本公式。由于保本收入等于保本产量与销售价格的乘积，因此，在4.2式的两边同乘以P，即可得到计算保本收入的基本公式为：

$$Q_0 \times P = \frac{F}{P - C_V} \times P$$

即

$$S_0 = \frac{F}{1 - C_V / P} \tag{4.3}$$

应用量本利分析的原理，在确定型决策中，除了通过求某个方案的保本产量与收入进行相应的决策外，还可以通过求盈亏临界点进行两个方案的比较。

（2）风险型决策方法。风险型决策方法主要用于人们对未来有一定程度的认识，但又不能肯定的情况。这时，方案具有两种以上的自然状态，各种自然状态均有出现的可能，人们根据以前的资料能够预测出各种自然状态出现的概率值。风险型决策方法包括决策表分析法、矩阵决策法和决策树法等。下面主要介绍决策树法。

决策树法，它因运用树状图形来分析和选择决策方案而得名。决策树是进行风险型决策的重要工具之一，具有层次清晰、一目了然、计算简便等特点。因而在决策活动中被广泛运用。

应用此法一般要经过以下三个步骤：

第一步：绘制决策树。绘制决策树，实际上是拟定各种抉择方案的过程，也是对未来可能发生的各种状况进行周密思考和预测的过程。

第二步：计算期望损益值。根据图中有关数据，计算不同备选方案在不同自然状态概率值下的损益期望值及其综合值，将综合值（期望损益综合值）填写在相应的方案枝末端的机会点上方，表示该方案的经济效果。

第三步：剪枝决策。比较各方案的期望收益值，从中选择收益值最大的方案作为最佳方案，其余选择的方案枝一律剪掉，最终剩下一条贯穿始终的方案枝，即决策方案。

例如，某工程公司要对下月是否开工作出决策。已掌握的资料是：如果开工后天气好，可以按期获利 4 万元；如果开工后天气不好，则造成损失 2 万元；如果不开工，不论天气好坏都要支出费用 0.2 万元。下个月天气好的概率是 0.4，天气不好的概率是 0.6。

①画出决策树图，如图 4－3 所示：

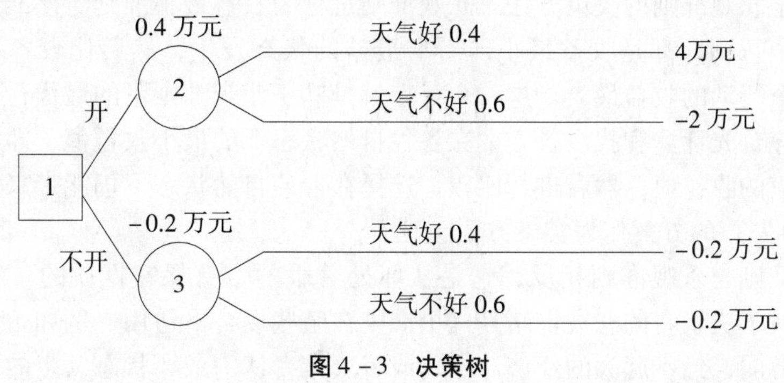

图 4－3　决策树

②计算期望损益值。

方案 1（开工方案）的期望损益值：

$4\times0.4+(-2)\times0.6=0.4$（万元）

方案 2（不开工方案）的期望损益值：

$(-0.2)\times0.4+(-0.2)\times0.6=-0.2$（万元）

③剪枝决策。比较两个方案计算结果，开工方案的期望损益值为 0.4 万元，大于不开工方案，是最佳决策方案。将未被选择的方案枝剪去，这样，决策点只留下一条决策枝，即所选择的最佳方案。

（3）不确定型决策方法。这种决策方法适用于人们对未来的认识程度低于上述两种情况。人们只知道未来可能呈现出的各种自然状态，但对其出现的概率，人们无法预知。

在不确定型决策问题中，由于行动后果随状态不同而异，而状态发生的概率又不为决策者所知，因此，一个行动是否优于另一个行动，就成了值得研究的问题，也就是要确定衡量行动优劣的准则。从不同的角度可确立不同的准则，得到不同的决策方法，各种准则下的决策结果一般并不一致。至于在何种场合下采用何种准则，要根据具体情况和决策者的态度而定。

不确定型决策方法通常有以下几种：

①基于乐观准则的决策方法。乐观准则也称为收益最大准则。该准则是设想任何一个行动，都是收益最大即后果最好的状态发生，然后比较各行动的结果，哪一个行动的收益最大，这个行动就是基于乐观准则下的最优行动。因此，决策时应首先找出各方案在各种自然状态下的最大收益值，即在最好自然状态下的收益值，然后进行比较，找出在最好自然状态下能够带来最大收益的方案作为决策实施方案。

该决策方法表明决策者在决策时，即使情况不明，但仍不放弃任何一个可能获得最大利益的机会。基于乐观准则的决策方法是从最好情况着眼的带有冒险性质的一种决策方法。它反映了决策者的乐观情绪。当决策者估计出现最好状态的可能性甚大，而且即使出现最坏状态损失也不十分严重时，可以采用这一决策方法。否则，采取盲目乐观的态度是不明智的。

②基于悲观准则的决策方法。悲观准则也称为收益最小准则。该准则设想采取任何一个行动，都是收益最小即后果最差的状态发生，然后比较各行动的结果，哪一个行动的收益最大，这一个行动就是基于悲观准则下的最优行动。所以在决策时应首先计算和找出各方案在各种自然状态下的最小收益值，即与最差自然状态相应的收益值，然后进行比较，选择在最差自然状态下仍能带来最大收益（或最小损失）的方案作为实施方案。

悲观准则与乐观准则相反，它是从坏处着眼的带有保守性质的一种决策准则，它反映了决策者的悲观情绪。这个准则在某些场合下适用，例如企业规模较小，资金薄弱，经不起大的经济冲击；或者决策者认为最坏状态发生的可能性很大，对好状态缺乏信心。在某些行动可能导致重大损失，比如人的伤亡、企业的倒闭时，人们也往往愿意采用这种较为稳妥的准则进行决策。但是，这条准则常导致人们失去信心，甚至无所作为。

③基于等概率准则的决策方法。悲观准则，实质上就是认为每个行动方案出现最坏状态的概率是1，其他状态的概率是0；乐观准则认为，每个行动方案出现最好状态的概率是1，其他状态的概率是0。为了克服这一缺点，产生了等概率准则。基于等概率准则的决策方法就是假定各状态发生的概率彼此相等，即如果有n种自然状态，就假定每种自然状态出现的概率都是$1/n$，然后求各行动方案的收益期望值。最后，以平均收益值最大的方案为最优方案。

但等概率准则也有一个明显的缺点，即这一准则下的决策结果受到对状态的分类影响。而一个好的决策准则，应该要求不管什么状态采取何种分类方式，决策结果都应该相同。等概率准则的这一缺点，只有按客观资料或主观经验指定状态参数的概率分布，从而把不确定型决策问题转化为风险型决策问题，才能得到彻底克服。

④基于折中准则的决策方法。这种方法认为应在两种极端中求得平衡。决策时，既不能把未来想象得如何光明，也不能描绘得如何黑暗。最好和最差的自然状态均有出现的可能。因此，可以根据决策者的判断，给最好自然状态以一个乐观系数，给最差自然状态以一个悲观系数，两者之和为1。然后用各方案在最好自然状态下的收益值与乐观系数相乘所得的积，加上各方案在最差自然状态下的收益值与悲观系数的乘积，得出各方案的期望收益值。然后据此比较各方案的经济效果，作出选择。

⑤最小最大后悔值准则。对于非确定型决策问题，如果决策者在选定方案并组织实施后，遇到的自然状态表明采用另外的方案会取得更好的收益，则企业在无形中遭受了机会损失，那么决策者将为此而感到后悔。最小最大后悔值准则是一种力求使决策的后悔值尽量小的准则。根据这个准则，决策时应先算出各方案在各种自然状态下的后悔值（用方案在某自然状态下的收益值与该自然状态下的最大收益值相比较的差），然后找出每一种方案的最大后悔值，并据此对不同方案进行比较，选择最大后悔值中后悔值最小的方案作为决策方案。

二、决策技巧

决策既是一门科学，又是一项艺术。我们虽然无法排除不确定因素和各种风险的干扰，但完全可以通过学习增强识别它们的能力。决策能力可通过两条相关的途径得到提高：一是通过对科学决策理论和方法的学习；二是学以致用，通过反复实践以提高决策技能。

在实际决策时，要特别注意以下几点：

1. 克服决策过程中的心理障碍

在面临决策问题时，有些管理者会表现出以下三种典型的心理：

（1）优柔寡断。有些管理者在实践中惯于采用“回避决策的战术”，包括决策前过于强调信息的不足；决策时希望问题会自生自灭，拖延决策；让他人代为决策或不到万不得已不采取决策行动等。他们考虑最多的常常是如何避免风险，明哲保身，如何把个人承担风险的可能性降低至最低限度，而不是考虑如何解决问题，因此面临决策时总是犹犹豫豫，唯恐出错。

（2）急于求成。与优柔寡断者相反，有些管理者不愿意忍受问题的煎熬，希望问题能迅速得到解决，因此在决策时，他们几乎从不考虑问题的根源，而只是穷于应付。他们常常采用应急管理和直觉管理方法，处理一个个问题时仅凭条件反射，在考虑还不周到的情况下就贸然决策，强行采取行动。这些管理者实际上常常只是在同问题的表面现象打交道。“欲速则不达。”就事论事只会导致同一问题的一再发生。

(3) 头痛医头，脚痛医脚。有的决策者所作的决策只解决了眼前的问题，却掩盖了另一个问题。例如，某地号召大家灭老鼠，并规定了要上缴的老鼠尾巴的数目，完不成任务的要挨批评或受罚，完成任务的能得到嘉奖。但是要抓到一定数量的老鼠是要费一番周折的，因此人们抓来老鼠后并不将它们杀死，而是将尾巴剪下来后把它们养起来，这样小老鼠会不断繁殖出来供应上缴以完成任务。后来又形成了一个“老鼠尾巴市场”。养老鼠的人有大量的老鼠尾巴，有人愿意掏钱来买老鼠的尾巴，因为他们不愿意由于不能完成任务而受批评。这样，一个老鼠尾巴市场就应运而生了。

生活中类似的“养老鼠”的故事还是很多的。比如某银行每年都会给其分支机构规定完成一定的回收贷款的数量，同样是有奖惩机制的。然而，有人竟这样做：找一个欠款的，假设他欠银行 50 万元，那么银行就再借给他 100 万元，他再把这 100 万元中的 50 万元还给银行。这时，就可以向上级报喜了：我们今年实现贷款 100 万元！这种现象古今都有，像电视剧《天下粮仓》中的双层仓、像“大跃进”时粮食产量的放“卫星”、大炼钢铁时将钢水裹在大石头外面“以石充铁”等。看来，决策是一门很复杂的学问，运用不好就会发生“上有政策、下有对策”的事情。你叫他去灭老鼠，他竟然会去养老鼠！

2. 学会处理错误的决策

人无完人。决策者在决策时，或因为知识面窄，处理某些问题感到力不从心。或由于决策能力的限制；或由于只凭经验来看待问题，难免会出现决策差错。通过自我反省认识错误，并采取适当方法予以弥补，这样可提高我们的决策能力。因此，一旦发生决策错误，应当采取以下积极的行动：

(1) 承认。要有勇气承认客观事实，错误已经发生，就应当承认过失，并集中精力分析原因，及时加以弥补，而不要忙于追究责任或推卸责任。

(2) 检查。由于决策过程中包含了很多步骤，因此要追溯决策的全过程，逐一检查，以找出到底在哪一步犯了错误。此外，还要分析一下决策的时间、方式和方法。通过检查反思，可使你学到一些决策的技巧，并避免重蹈覆辙。

(3) 调整。若一个决策总的来看是可行的，而只是在贯彻执行上出现了问题，则可通过发现薄弱环节予以调整，使这一决策趋于完善。

(4) 改正。若某一项决策经过检查和调整仍无法修正，则要针对原因拟定一个较为复杂的修正计划以改正决策错误，减少由于决策失误而可能造成的损失。

3. 明智地把握决策时机

应该懂得，在不适当的时候作出正确的回答仍是一项低劣的决策。轻率浮夸是工作的大敌，过早作出决策或在时机尚未成熟的情况下草率作出决策，很可能得不到应有的效果；而拖延决策，可能会进一步扩大矛盾，带来不可收拾的后果。因此，在工作中要明确各类问题的核心和关键。分清轻重缓急，以准确把握决策时机。

4. 准确地收集信息

信息是决策的基础。为了保证迅速、准确地掌握有关的信息，必须对各种信息作认真的分析和研究，避免因疏忽而误入“陷阱”。在收集、利用信息时，管理者要注意：

（1）不要轻信别有用心或与该决策有根本利害关系的人提供的信息。偏见会导致信息的扭曲。

（2）要注意平均水平与实际情况的差异。平均水平往往掩盖了实际存在的特殊情况，如果50%以上的实际情况与平均水平相比，要相差25%以上；或25%以上的实际情况与平均水平相差50%以上，则马上可认为这种平均水平很值得怀疑。

（3）不要轻易放弃相互矛盾或截然相反的意见。既然有不同意见，就必然存在着一些问题，要注意深入调查，在搞清事实的基础上作出决策。

（4）对专家意见要避免盲从。同样的一组事实或信息，可作出种种不同的解释。专家的解释和建议为决策者以同样的方式去理解信息提供了便利，但盲从专家的意见就错了。无论何时，只要有可能，就应当根据专家提供的有关信息得出自己的结论。

（5）要注意信息的时间性和获取信息的代价，不要指望在收集到所有的信息后再作决策。

复习与应用

一、思考题

1. 为什么说决策是管理者工作的实质？
2. 为什么最终决策往往是一个满意的决策，而不是最优决策？
3. 集体决策和个人决策各有何优缺点？
4. 现代决策方法有哪些？你常用哪些决策方法？

二、管理实务

只做“例外”

“我只做我必须做的事，从不去做下级该做且能做得更好的事。”

“那你应该做的事是什么？”

“‘例外’，当然前提是建‘例’。”

这是一位富有管理才能的总经理的一席经验之谈。感其言简意赅，颇有哲理意蕴。

例外，是指在一般的规律、规定之外。如大家都得遵守规定，谁也不能例外。建“例”，就是围绕单位出现的新情况、新矛盾、新问题等“例外”深入研究之，在广泛征求职工意见的基础上，权衡利弊，制定新“例”，以适应单位的发展要求。可见，有建“例”作前提的只做“例外”，就等于有了“例”并用“例”去管好“例内”，以便领导者能腾出精力干好“例外”，研究“例外”。用建“例”助“例外”的实现，用“例外”去完善建“例”，从而通过手下一级一级地管理“例内”，就是当今一门值得研究和推广的领导艺术。

然而，如今的情况是，有的领导或忽视建“例”或建了“例”并不完善或建了“例”但并不认真执行，致使单位的工作和生产漏洞百出，质量事故、安全事故屡有发生，教训非常深刻；有的领导全部精力盯着“例内”，做下级“该做且能做得更好的事”，好像非事必躬亲不可，否则就不放心，这既影响下级的积极性，又使自己沉溺于繁忙的日常事务中难以自拔。这样，“例外”没人抓，新“例”建不起来，单位的工作和生产何来起色，又怎能在激烈的市场竞争中立足？因此，我很欣赏这位总经理的“只做‘例外’”意识。

三、案例分析

重要性排序决策

一艘轮船触礁即将沉没，船上6人准备马上逃到近处露出水面的礁石上，此时船上有如下东西：

罗盘1个	航海图1张	淡水2公斤
巧克力2斤	压缩饼干1箱	细缆绳1根
雨布1块	蚊帐1顶	驱鲨剂1瓶
收音机1台	柴油1桶	剃须镜1面
救生圈1打	钓鱼工具1套	刀1把

轮船出事地点离最近的海岸有3 000多海里，此时船上6人除身上的衣服、打火机之类东西外，必须把上述最需要的东西带到礁石上。

问题：

1. 请你把上述物品按其重要性进行排序（也可分成若干小组讨论）。
2. 通过排序决策，你领悟了哪些决策理论？

吃蛋与经营

一个人家里养了一只母鸡，这只母鸡每天为他下一只鸡蛋。对于这只鸡及其下的蛋，他有三种选择：①坚持每天吃一个蛋（收支平衡）；②每天吃一个蛋总感到不过瘾，有一天下狠心杀了母鸡吃掉（透支消费）；③先不吃鸡蛋，等到第10天有了10只鸡蛋，把它们孵成小鸡，假如其中死掉20%（2只），成活了4只雄鸡，4只雌鸡，过了一段时间，4只雌鸡再加上那只老母鸡每天总共能产5只蛋，这时仍然不急于吃鸡蛋，等到第10天，让母鸡生下50只鸡蛋，再把这50

只鸡蛋孵成小鸡。如此循环往复数月，让这些母鸡每天产蛋达到 1 000 只，这时候，主人即使每天吃 5 只鸡蛋也没有什么影响了。

以上“吃蛋原理”在企业的经营中具有现实意义。应该说，在我们身边的企业中，类似于上述的三种情况都是存在的。有的企业，刚刚有了一点成绩，就“分而食之”，没有积累的意识。这种企业，一方面不可能取得更大的发展；另一方面，由于没有实力的积蓄，一旦企业的外部形势不好，它就可能因为缺乏起码的抵抗力而垮掉——这种看似收支平衡的企业，实际上隐藏着很大的危机。企业的发展，不仅需要积累的意识，积累的数量也是非常重要的；如果积累的数量不够，企业的生存和继续发展的基础同样不稳固。另一种企业，采取的是上面讲到的第二种做法，不但消耗了仅有的一点成绩，最后连企业赖以生存的原始基础也被“消费”掉，这种透支消费的做法无疑是最不可取的，其结果只能是早早地被淘汰出局。而有远见的企业都会采取第三种做法，在发展的初期尽量压缩消费，进行有意识的积累，并且不断地利用积累发展自己的实力，只有这样，企业的“雪球”才会越滚越大。达到一定的规模后，适当的消费也不会影响企业的继续发展。

勤劳与节俭，是绝大多数人致富的必由之路；相反，懒惰与奢侈，会让人堕落、贫穷，甚至失去生存的权利。这些道理同样适用于企业，如果中国有更多“不吃蛋”或者“少吃蛋”却不断“孵小鸡”的企业和企业家，中国的富强一定是有希望的。但是，勤劳与节俭，说起来容易做起来难，一直保持这种作风尤为不易。不经意、讲面子、欺下瞒上……任何时候任何借口都会导致企业家一时的脆弱，决策失误，造成的后果则更是人力无法挽回。积少成多的道理人人都心知肚明，但确实只有很少人能够做到。应该看到，只要能做到这一点，这样的人必定是个有自制力的人，企业必定是个有发展潜力的好企业。

问题：

结合以上案例，谈谈预测与决策的重要性。

第五章

计　划

计划是在决策所确定的目标、方向和原则的基础上进行的。决策是计划的灵魂，计划是决策的展开和具体化。管理的计划职能在现代管理中具有重要的地位和作用。古人云："凡事预则立，不预则废。"即说明凡事要先订立计划，才能达到预期的结果。"运筹帷幄"就是对计划职能的最形象的概括，我们都有这样的体会或经验，当对要开展的活动事先做了准备，那么活动就会进行得比较顺利，这就是计划起的作用。现今企业之间的竞争更加激烈，不进则退，不允许企业有过多的失误和失败。对于企业管理者而言，由于面临的工作纷繁复杂，更需要周密的计划来指导管理者的工作，使管理者区分工作的轻重缓急，有条不紊地工作。所以现代企业更加注意制定长远的目标和周详的计划，目的是尽量减少工作中的盲目性和随意性，降低经营风险，实现预定目标，在竞争中立于不败之地。

第一节　计划与计划的编制

一、计划和计划工作

计划是为取得将来预期的目标而作出的规划和安排，是我们做事或开展活动的预先准备。计划是通过一定的计划工作来完成的。

计划工作是指为企业的未来确立目标和制定实现目标方案的活动过程。作为组织的计划工作应该包括：①定义组织目标；②制定保证目标实现的行动方案；③开发全面的计划体系以协调和综合各种计划活动。

在国外，计划的内容常用"5W1H"（下列句子的英文首写字母）来表示：

What to do it——做什么？一项计划的活动内容、工作要求及工作重点。

Why to do it——为什么做？说明此计划制订的理由、意义、重要性。

Who to do it——谁去做？计划中的人员安排、部门安排、奖罚措施。

Where to do it——何地做？计划实施的地点、场所、空间组织和布局。

When to do it——何时做？计划中各项活动的开始时间、进度安排、完成时间。

How to do it——怎么做？实施计划的手段、途径、主要战术。

计划工作的概念有广义和狭义之分。广义的计划工作是指制订计划、执行计划、检查计划三个紧密相连的过程；狭义的计划工作仅指制订计划，即根据实际情况，通过科学、准确的预测，提出在未来一定时期内的目标及实现目标的方法。它是组织中各种活动的行动指南，也是各项活动有条不紊地进行的保证。本章中所涉及的计划工作内容，基本属于狭义计划工作概念的范畴。

二、计划的目的

组织为什么要制订计划？因为组织可以在计划中获益——计划可以给出今后的方向；减轻环境变化的冲击；减少人、财、物的浪费；为控制工作提供控制的标准。具体来说，体现在以下四个方面：

（1）计划给管理者和组织成员指明了方向。未来的不确定性和环境的变化使得组织的行动如同大海航行，而计划则像航海灯塔，它使所有的人知道自己的位置和航行方向，指引人们直接开往目的地。如果没有计划，整个组织就会漫无目标，或者有目标却不知道怎样去实现，甚至在实现目标的过程中走了许多弯路。

（2）计划减少了未来的不确定性和组织所受到的冲击。因为计划是建立在科学预测的基础上的，所以管理者在制订计划之前，必须要预见未来的可能性变化，考虑各种变化所带来的冲击，并采取应对措施。

（3）计划可以使组织的浪费性活动减至最少。如果组织的所有成员均明确组织要实现什么结果，也清楚用什么方法去实现，便很容易弄清哪些活动是低效率的，哪些活动是浪费性的，从而可以更有效地配置组织的有限资源。

（4）计划可以为控制工作提供控制的标准。在漫无目标的组织中，管理者不容易知道组织成员的行动是否达到了目标，因为他不知道组织将要取得什么样的绩效，实现什么样的结果。但有了目标就可以将组织目前的实际绩效与所规定的目标进行比较，一旦发现偏差，立刻采取纠正行动。

三、常见的对计划的误解

关于计划通常会存在一些误解，这些误解会妨碍我们对计划的理解，所以需要我们确定并予以澄清。

误解之一：不准确的计划浪费管理者的时间。其实，计划迫使管理者认真考虑要干什么和怎样去干，搞清这两个问题本身就很有价值。计划的最终结果仅仅是计划的目的之一，即使最终并未达到预期的目标，通过认真进行的计划安排，管理者就把握了明确的方向，从而在实施过程中使偏离正确方向的损失减少，这也是计划本身的价值所在。所以，在某些情况下，未达到目标不能算是重大失误，为掩盖事实真相而制造假象才是更为严重的错误。

误解之二：计划可以消除变化。环境的变化并不是某个企业的管理者所能控制的，无论企业的计划多么周全，环境的变化总会发生。管理者所能达到的只是预见变化并制定应变措施，实际上，这也是管理者制订计划的目的。

误解之三：计划降低了企业运营的灵活性。因为计划在本质上是一种承诺，计划所具有的约束性来自它一旦作出就不宜被经常修改，从而使企业的运营活动受到诸多限制。但成功企业的经验表明，计划应是一种持续的活动，特别是正式计划，应当是被反复推敲过的，而且拟定的备选方案与各种预见的环境变化是清楚地衔接在一起的，因而比仅存于企业决策者印象中的一套成见（模糊的假设）更灵活也更易修改。

四、计划的分类

任何一种未来的行动方案都属于计划。计划的种类很多，可以按不同的标准进行分类，常见的分类标准有：按计划期限、按计划的明确度、按计划的广度和按计划的表现形式。了解各种计划类型有助于我们在实际编制计划的工作中避免漏掉或漠视某些重要的内容，提高计划的有效性。

（1）按计划的时间期限长短分为长期计划与短期计划。长期计划的时间一般多在5年以上，而短期计划是指一年以内的计划。不过，长期计划与短期计划的区分是相对而言的。一般来说，短期计划必须依照长期计划所确定的目标和阶段性任务来加以判定，短期计划的完成是为长期计划的实施服务的。

（2）按计划的明确度分为具体性计划和指导性计划。具体性计划有明确规定的目标，不存在模棱两可或容易引起误解的问题。指导性计划只规定一些一般的方针，只是指出重点但不把管理者限定在具体的目标或是特定的行动方案上。例如，一个增加利润的具体性计划，可能具体规定在未来6个月中，成本要降低4%，销售额要增加6%；而指导性计划也许只提出未来的6个月中计划使利润增加5%~10%。

（3）按计划的广度分为战略计划和作业计划。战略计划是指应用于整个组织，为组织设立总体目标和寻求组织在所对应的环境中的地位的计划。作业计划则是指规定总体目标如何实现的细节的计划。作业计划一般覆盖较短的时间间隔，如月度计划、周计划、日计划就属于作业计划；战略计划一般包含持久的时间间隔，通常为5年甚至更长，它们覆盖较宽的领域和不规定具体的细节。此外，战略计划的一个重要任务是设立目标；而作业计划则假定目标已存在，只是提供实现目标的方法。但这个区别也不是绝对的，有时战略计划也可以是短期的。例如，当经济、营销或政策环境发生了变化，要求组织作出非常迅速的反映时，战略计划的时间跨度可能是比较短的。战略计划与作业计划的对比如表5-1所示：

表5-1 战略计划与作业计划的对比

	战略计划	作业计划
时间跨度	三年或三年以上	三年以内（周计划、月计划、季度计划、年计划）
范围	涉及整个组织	局限于特定的部门或活动
侧重点	确立组织宗旨、目标、战略等重大问题	明确实现的具体目标和贯彻落实战略、措施的各种方法
目的	提高效益	提高效率
特点	全局性、指导性、长远性	局部性、具体性、时期性

（4）按计划表现形式分为宗旨、目标、战略、政策、规则、程序、规划和预算等几种类型。不同类型计划的性质表现为计划的不同等级层次，如图 5－1 所示。在计划的等级层次中，由上到下，计划的具体性不断增加，而且下一层次通常是上一层次实现的手段和方法。

图 5－1　计划的层次

五、计划的编制程序

计划的编制程序依次包括以下内容：估量机会；确定目标；确定计划工作的前提条件；拟订可供选择的方案；评价各种备选方案；选择方案；制订辅助计划；编制预算。如图 5－2 所示。

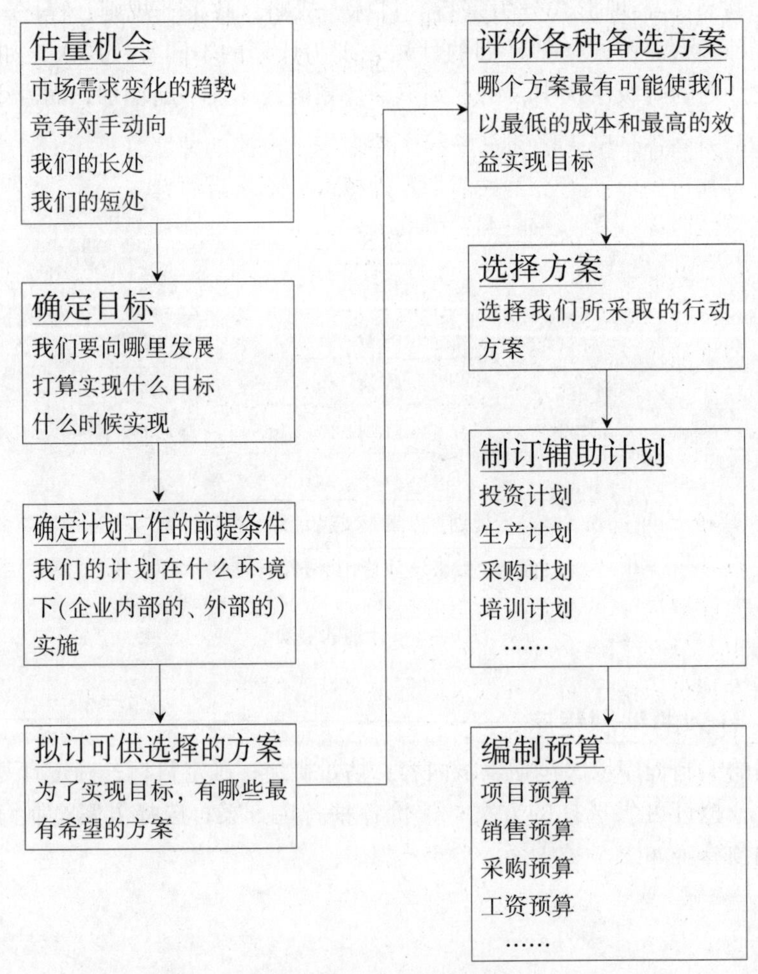

图 5-2　计划的编制程序

（1）估量机会。对机会的估量，要在实际的计划工作开始之前进行。它虽然不是计划的一个组成部分，但却是计划工作的一个真正起点。其内容包括：对未来可能出现变化和预示的机会进行初步分析，形成判断；根据自己的长处和短处搞清自己所处的地位；了解自己利用机会的能力；列举主要的不肯定因素，分析其发生的可能性和影响程度；在反复斟酌的基础上，下定决心，扬长避短。

（2）确定目标。计划工作的第一步，是在估量机会的基础上，为组织及其所属的下级单位确定计划工作的目标。在这一步上，要说明基本的方针和要达到的目标，说明制定战略、政策、规则、程序、规划和预算的任务，指出工作的重点。

（3）确定计划工作的前提条件。计划工作的第二步是确定一些关键性的计划前提条件，并使设计人员对此取得共识。所谓计划工作的前提条件就是计划工作的假设条件，换言之，即计划实施时的预期环境。负责计划工作的人员对计划前提了解得愈细愈透彻，并能始终如一地运用它，则计划工作也将做得愈协调。按照组织的内外环境，可以将计划工作的前提条件分为外部前提条件和内部前提条件；还可以按可控程度，将计划工作前提条件分为不可控的、部分可控的和可控的三种前提条件。前述的外部前提条件多为不可控的和部分可控的，而内部前提条件大多是可控的。不可控的前提条件越多，不肯定性越大，就越需要通过预测工作确定其发生的概率和影响程度的大小。

（4）拟订可供选择的方案。计划工作的第三步是调查和设想可供选择的行动方案。通常，最显眼的方案不一定就是最好的方案。在过去的计划方案上稍加修改和略加推演也不会得到最好的方案。这一步工作需要发挥创造性。此外，方案也不是越多越好，即使我们可以采用数学方法和借助电子计算机的手段，还是要对候选方案的数量加以限制，以便把主要精力集中在对少数最有希望的方案的分析方面。

（5）评价各种备选方案。计划工作的第四步是按照前提和目标来权衡各种因素，比较各个方案的利弊，对各个方案进行评价。评价实质上是一种价值判断。它一方面取决于评价者所采用的标准；另一方面取决于评价者对各个标准所赋予的权重。显然，确定目标和确定计划前提条件的工作质量，直接影响到方案的评价。在评价方法方面，可以采用运筹学中较为成熟的矩阵评价法、层次分析法以及在条件许可的情况下采用多目标评价方法。

（6）选择方案。计划工作的第五步是选定方案。这是在前四步工作的基础上作出的关键一步，也是决策的实质性阶段——抉择阶段。可能遇到的情况是，有时会发现同时有两个可取的方案。在这种情况下，必须确定出首先采取哪个方案，而将另一个方案也进行细化和完善，并作为后备方案。

（7）制订辅助计划。辅助计划就是总计划下的分计划。总计划要靠辅助计划来保证，辅助计划是总计划的基础，从而最终形成一个有机的计划体系。

（8）编制预算。计划工作的最后一步是把计划转化为预算，使之数字化。预算实质上是资源的分配计划。预算工作做好了，可以成为汇总和综合平衡各类计划的一种工具，也可以成为衡量计划完成进度的重要标准。

六、影响计划有效性的权变因素

计划要根据组织自身的内部条件及外部环境的特点来制订，在什么情况下宜制订长期计划或短期计划，什么情况下宜制订指导性计划或具体计划，这些都需要根据影响计划有效性的权变因素来决定。

1. 组织层次

计划主要分为战略计划和战术计划两大类，不同层次的管理者其计划工作的重点和内容是不相同的。高层管理者主要制订具有全局性、方向性、长期性的计划，计划重点是战略计划；基层管理者主要制订局部的、具体的、短期的计划，其计划工作的重点在作业计划上。

2. 组织的生命周期

任何组织都要经历一个生命周期，即从组织的形成、成长、成熟到衰退这样一个过程。在组织生命周期的各个阶段上，计划的类型并非都具有相同的性质。计划工作的重点是不一样的，所以计划的时间长度和明确性应当在不同的阶段上作相应的调整，以确保组织达到最佳的发展。计划的重点与组织生命周期的对应关系一般呈现出以下规律：

（1）当组织处于形成期时，各类不确定性的因素很多，如资源的获取具有很大的不确定性，目标顾客很难确定，目标是尝试性的，所以要求组织具有很高的灵活性，对计划要能够随时按需要进行调整，计划工作的重点应放在其方向性、指导性上，计划的期限宜短。

（2）当组织处于成长期时，随着目标更明确、资源更容易获取和顾客忠诚度的提高，计划也更具有明确性，因此计划的重点可放在短期的具体性计划上。

（3）当组织处于成熟期时，这时可预见性最大，不确定性和波动性最少，计划工作的重点宜放在长期的具体性计划上。

（4）当组织处于衰退期时，这时目标要重新考虑，资源要重新分配，计划工作的重点又重新回到短期的、指导性的内容上。

3．环境的不确定性程度

环境的不确定性越大，计划就越应当是指导性的、短期的，而且变化越大，计划就越不需要精确，管理就越应当有灵活性。反之，计划的重点可放在长期的、可操作性的具体内容上。比如，就业市场在目前供过于求的情况下，机构在不断地调整，企业也在搞下岗分流，减员增效。那么个人的就业计划就应当是灵活的、短期的，而不应是非某个单位不去，或非要找一个工作条件、收入条件都好的单位。

4．未来许诺的期限

所谓许诺，是指计划期限应当延伸到足够长，以便在此期限中能够实现当前的许诺。计划对太长的期限和太短的期限都是无效的。

因为管理者不是计划未来的决策，而是计划当前决策对未来的影响。今天的决策是对未来行动的许诺，如大学对教师的终身聘用决策就提供了一个说明许诺概念的极好例子。

当学院给予其教师队伍中的某个或某些教师终身聘用资格时，即是向这些教师许诺提供终身雇用保障。因此，学院管理当局必须对是否需要该教师的专长直到他退休这个问题进行慎重的评估，而终身聘用决策则反映这种评估的结果。如果某个学院向一名 30 岁的社会学教师授予终身聘用资格，那么这个学院应当已经有了一个计划，这项计划至少要覆盖 30 年，最重要的是这项计划应当证明在这段期间内永久地需要社会学教师。然而结果并非如此，有些学科当时在学生中是流行的，社会需要量也很大，于是许多学院授予这些学科的许多教师终身聘用资格。但是在许诺期间内这些学科是否会始终流行则不尽然。当对这些学科的需求下降时，这些学院才发现他们被那些处于低需求领域但都获得了终身聘用资格的教师队伍给锁住了。

第二节 计划技术与方法

一、滚动计划法

滚动计划法是根据近期计划的执行情况和环境变化情况，定期修订未来计划并逐期向前滚动的一种长期计划方法。它将短期计划、中期计划、长期计划进行了有机的结合。其编制方法是：在制订计划时，同时制订出未来若干期的计划，但计划内容采取“近细远粗”的原则，即近期计划尽可能地详尽，远期计划的内容则较粗略；在计划的第一阶段结束时，根据该阶段计划执行情况和内外部环境变化情况，对原计划进行修订，并将整个计划向前滚动一个阶段；以后根据同样的原则逐期滚动。图 5 -3 是一个滚动计划编制过程的示意图。

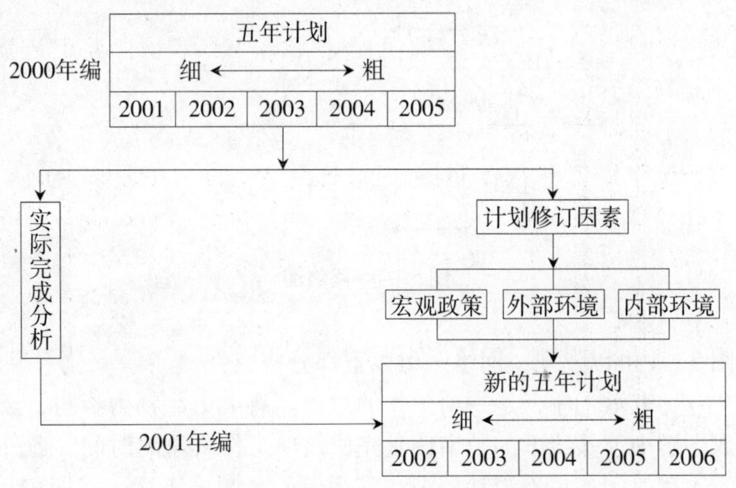

图 5 -3 滚动计划编制过程示意图

滚动计划的编制方法具有灵活性。由于在计划工作中很难准确地预测未来发展的各种影响因素的变化，而且计划期越长，这种不确定性就越大。因此，若硬性地按几年前制定的计划实施，可能会导致重大的损失。而滚动计划法不断地根据情况变化，定期地修订计划，不仅可以避免不确定性带来的不良后果，而且使组织始终有一个比较切合实际的长短期计划作指导。即是说，采用滚动计划法可以保持组织计划的连续性、先进性和适用性，能有效地提高计划的质量。滚动计划存在的缺陷是，在滚动过程中易出现计划编制工作量过大的问题。滚动式计划法还可用于编制年度计划或月度作业计划。采用滚动式计划法编制年度计划时，一般将计划期向前推进一个季度，计划年度中第一季度的任务比较具体。到第一季度末，编制第二季度的计划时，要根据第一季度计划的执行结果和客观情况的变化以及经营方针的调整，对原先制定的年度计划作相应的调整，并在此基础上将计划期向前推进一个季度。采用滚动式计划法编制月度（分旬）计划，一般可将计划期向前推进10天。

二、网络计划技术

网络计划技术（PERT）于20世纪50年代后期在美国产生和发展，目前在组织活动的进度管理，特别是企业管理中得到广泛应用，如建筑工程的施工计划就要列出一个时间表。这种方法是以网络图的形式来制订计划，通过网络图的绘制和相应的网络时间的计算，了解整个工作任务的全貌，对工作过程进行科学的统筹安排，并据以组织和控制工作的进行，以达到预期的目标。

网络图是网络计划技术的基础。任何一项任务都可分解成许多步骤的工作，根据这些工作在时间上的衔接关系，用箭头线标示它们的先后顺序，画出一个各项工作相互关联并注明所需时间的箭头线图，这个箭头线图就称作网络图。如图5－4所示。

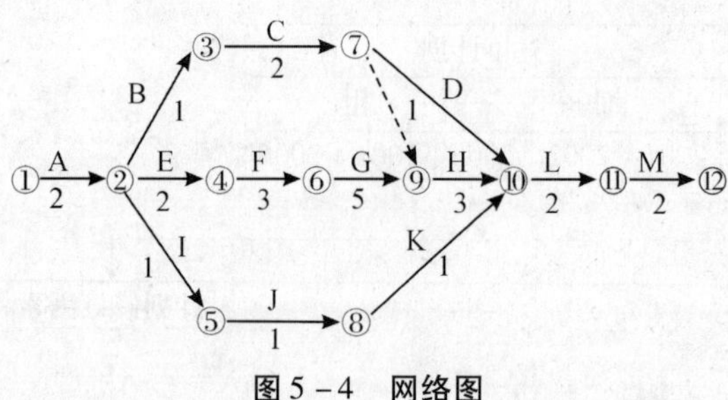

图5－4　网络图

分析图5－4可以发现，网络图由以下部分构成：

（1）“→”表示工序，是一项工作的过程。有人力、物力参与，经过一段时间才能完成。图中箭头线下的数字便是完成该项工作所需的时间。此外，还有一些工序既不占用时间，也不消耗资源，是虚设的，叫虚工序，在图中用“⇢”表示。网络图中应用虚工序的目的是为了避免工序之间关系的含混不清，以正确标明工序之间先后衔接的逻辑关系。

（2）“○”表示事项，是两个工序间的连接点。事项既不消耗资源，也不占用时间，只表示前道工序结束后道工序开始的瞬间。一个网络图中只有一个始点事项、一个终点事项。

（3）路线是指网络图中由始点事项出发，沿箭头线方向前进，连续不断地到达终点事项为止的一条通道。一个网络图中往往存在多条路线，例如图5－4中从始点“1”连续不断地走到终点“12”的路线有4条，如图5－5所示。

①：①→②→③→⑦→⑩→⑪→⑫

②：①→②→③→⑦→⑨→⑩→⑪→⑫

③：①→②→④→⑥→⑨→⑩→⑪→⑫

④：①→②→⑤→⑧→⑩→⑪→⑫

图5－5　路线图

比较各路线的路长，可以找出一条或几条最长的路线。这种路线被称为关键路线。关键路线上的工序被称为关键工序。关键路线的路长决定了整个计划任务所需要的时间。关键路线上各工序的完工时间提前或推迟都直接影响着整个活动能否按时完工。确定关键路线并不断优化，合理地安排各种资源，对各工序活动进行进度控制，是利用网络计划技术的主要目的。

利用网络技术制订计划，主要包括四个阶段的工作。

（1）分解任务，即把整个计划活动分成若干个数目的具体工作，并确定各工序的时间，然后在此基础上分析并明确各工序时间的相互关系。

（2）绘制网络图。根据各工序之间的相互关系，根据一定规则，如两个事项之间只能由一条箭头线相连，绘制出包括所有工序的网络图。

（3）根据各工序所需作业时间，计算网络图中各路线的路长，找出关键线路。

（4）网络计划的优化，即不断改善网络计划的最初方案，使之获得最佳工期、最低成本和对资源的最合理利用。

三、投入产出分析法

投入产出分析法是20世纪40年代美国经济学家列昂节夫首先提出的。目前已有一百多个国家采用，我国于1973年正式引用此种方法来编制各种计划。投入产出分析法亦称“部门联系平衡法”，是利用数学方法和电子计算机技术来研究和分析各种经济活动的投入与产出之间的数量关系的一种方法。所谓投入就是在生产活动中的消耗，如生产活动过程中消耗的原材料、辅助材料、能源、机器设备、人的劳动等；而产出是指生产活动的结果——产品的种类和数量。投入产出法的主要内容是：建立投入产出表，根据投入产出表对投入和产出的关系进行经济分析、计划预算和经济预测，再用分析的结果来编制计划进行综合平衡。表5－2就是一个投入产出表的示意表。

表5－2　投入产出示意表

产品的分配去向（产出） 产品的消耗来源（投入）		中间产品		最终产品			总产出
		部门1 部门2……部门N	合计	积累	消费	合计	
物质消耗	部门1 部门2 …… 部门N	Ⅰ		Ⅱ			
	合计						
净产值	劳动报酬 纯收入	Ⅲ		Ⅳ			
	合计						
总投入							

投入产出分析法是通过表格形式来反映经济现象的，由于涉及的数学知识不难，并便于利用计算机进行分析，因而被广大的计划工作者所采用，尤其在宏观经济管理部门得到了更为普遍的使用。

这种方法的基本原理是根据投入和产出之间具有的数量关系，求出各部门之间存在的一定比例，编制投入产出表，然后计算各部门的直接消耗系数和间接消耗系数（合并后是完全消耗系数）。中间投入结构的反映可以从两方面投入来考察，一是直接中间投入；一是完全的中间投入。直接的中间投入是指一个生产部门生产过程中直接消耗的各种产品和服务量。完全的中间投入不仅包括直接的中间投入，而且还包括间接的中间投入。间接的中间投入是指一个部门的生产引起该部门直接生产过程以外其他相关部门增加生产所产生的产品或服务的生产消耗。在统计上，直接的中间投入结构用直接消耗系数反映，完全的中间投入结构用完全消耗系数反映，间接的中间投入结构用间接消耗系数反映，如表 5－3 所示。

生产部门的中间投入结构就是用中间投入结构系数来衡量的，即以生产部门总投入为整体，用该部门投入的各部门产品或服务流量分别除以该部门总投入量，计算公式为：

$A_j = 1/x_j \cdot (x_{1j}, x_{2j}, x_{3j}, \cdots, x_{nj}) = (a_{1j}, a_{2j}, a_{3j}, \cdots, a_{nj}) \quad (j = 1, 2, \cdots, n)$

式中 A_j 表示 j 部门中间投入结构系数行向量；

x_{nj} 表示 j 部门关于 n 种产品或服务的中间投入流量；

x_j 表示 j 部门总投入量；

a_{nj} 表示 j 部门关于 n 种产品和服务的中间投入结构系数。

表 5－3　中间投入结构表

		生产部门（亿元）				
		农业	轻工业	重工业	其他	合计
序号		（1）	（2）	（3）	（4）	（5）
中间投入（产品）	农业	96	224	179	160	659
	轻工业	16	672	77	160	925
	重工业	320	336	1 024	320	2 000
	其他	48	336	256	160	800
	合计	480	1 568	1 536	800	4 384
总投入		1 600	2 240	2 560	1 600	8 000

（续上表）

		中间投入结构（直接消耗系数）				
		农业	轻工业	重工业	其他	总结构
序号		(6)=(1)/1 600	(7)=(2)/2 240	(8)=(3)/2 560	(9)=(4)/1 600	(10)=(5)/8 000
中间投入（产品）	农业	0.06	0.10	0.07	0.10	0.08
	轻工业	0.01	0.30	0.03	0.10	0.12
	重工业	0.20	0.15	0.40	0.20	0.25
	其他	0.03	0.15	0.10	0.10	0.10
	合计	0.30	0.70	0.60	0.50	0.55
总投入						

		完全消耗系数				间接消耗系数			
		农业	轻工业	重工业	其他	农业	轻工业	重工业	其他
中间投入	农业	0.109 0	0.235 6	0.172 5	0.187 7	0.449 0	0.135 6	0.102 5	0.087 7
	轻工业	0.046 4	0.501 8	0.113 4	0.197 2	0.036 4	0.201 8	0.083 4	0.097 2
	重工业	0.411 4	0.560 8	0.828 4	0.514 3	0.211 4	0.410 8	0.428 4	0.314 3
	其他	0.090 4	0.320 5	0.227 8	0.207 4	0.060 4	0.170 5	0.127 8	0.107 4
	合计	0.657 2	1.618 7	1.342 1	1.106 6	0.357 2	0.918 7	0.742 1	0.606 6

部门中间投入结构系数的含义是指该部门总投入中对各种产品或服务的生产消耗量，它反映一定生产技术所决定的生产消耗水平。

部门中间投入结构可以用矩阵表示，即由中间投入系数组成的数表，一般定义A为直接消耗系数矩阵，根据间接消耗定义，从直接消耗系数矩阵A出发，可得到间接消耗系数矩阵。

计算式：$A^2+A^3+A^4+\cdots+A^n$，其中A^2就是相对直接消耗系数的第1次间接消耗，以此类推，A^n的极限为零，且收敛较快。因此，间接消耗系数矩阵是可以计算的。用B表示完全消耗系数矩阵，依据三者之间的关系，有：

$B=A+(A^2+A^3+\cdots+A^n)$

根据数学上矩阵理论有：

$(I-A)^{-1}=I+A+A^2+A^3+\cdots$，所以，

$B=(I-A)^{-1}-I$，

式中I为单位矩阵，$(I-A)^{-1}$表示$(I-A)$的逆矩阵。其中$(I-A)$和$(I-A)^{-1}$在投入产出法中分别称为列昂节夫矩阵和列昂节夫逆矩阵。

投入产出分析基础是投入产出表，投入产出表可以根据不同的标准进行分类：①根据表中所包括的内容可分为产品、劳动、固定资产等投入产出表；②根据表所包括的不同范围，可分为全国的、地区的、部门的、企业的投入产出表；③根据表的不同用途可分为报告期的投入产出表（统计表）与计划期的投入产出表（计划表）；④根据表内是否包括时间变化因素可分为静态投入产出表和动态投入产出表；⑤按核算体系的不同有 SNA（国发核算体系）的投入产出表和 MPS（平衡表体系）的投入产出表。

四、计划—规划—预算方法

计划—规划—预算方法是 20 世纪 60 年代中期，美国国防部在编制国防部预算时创造的方法。传统的预算是分部门编制的，编制预算时，首先由下级部门提交下年度的预算报告，然后由上级预算部门根据资源的数量经过平衡后批准下达。下级部门在编制预算时，大多是在上年支出的基础上增列一笔数额，而上级部门在平衡预算时，通常采取不分青红皂白一律“砍一刀”的做法。这种传统的预算方法的缺点是预算既脱离组织的目标，又不反映计划实施的实际情况，因为计划是按项目实施的，而不是按职能部门实施的。因此，传统的预算方法难以做到按组织目标合理地分配资源。计划—规划—预算方法完全是从目标出发编制预算的。计划开始时，首先由最高主管部门提出组织的总目标和战略，并确定实现目标的项目。例如美国国防部根据国家的战略目标，确定武器系统的研制项目，这一步称为计划；其次，分别按每一个项目的实施阶段时所需的资源量进行测评和规划，并排出项目的优先次序；再次，在编制预算时，是从目标出发按优先次序和项目的实际需要分配资源，当资源有限时，应保证排在前面的项目的需要；最后，根据各部门在实施项目中的职责和承担的工作量将预算落实到部门。据报道，这种计划方法在美国国防部及美国联邦政府和一些州政府的部门中推行，取得了较显著的效果。

五、盈亏平衡分析法

作为一个企业在制订利润计划时，首先要清楚企业销售多少产品或完成多少销售额，才能保证目标利润的完成。销售量或销售额确定下来后，企业才好制订利润计划、生产计划、销售计划等。

盈亏平衡分析法是帮助企业确定销售量、销售额及制订利润计划的有效工具。它能够根据收入、成本和利润之间的关系计算盈亏平衡点（保本点）和保利点。

1. 保本分析

盈亏平衡即保本。保本是指企业当期的销售收入等于销售成本，即收支相等，利润为零。

保本点是指企业当期的销售收入等于销售成本时的销售量或销售额。

保本点是一个很重要的概念，企业生产经营首先要做到保本，在此基础上再争取获利。所以管理者在制订经营计划时，需要知道保本点，才能做到心中有数，不致失误。

保本点总是与销售这个概念联系在一起的，销售有销售量和销售额两种表现形式，一个是用数量表示，另一个是用金额表示。因此保本点也有两种表现形式：保本销售量和保本销售额。

（1）数量表示的保本点。根据前述，当利润为零时即为保本。

利润 = 销售收入 - 销售成本

= 销售收入 - 变动成本 - 固定成本

= 0

而　销售收入 - 变动成本 = 边际贡献

边际贡献反映了产品的价格超出变动成本之后为企业作出的贡献，是盈亏平衡分析中的一个重要概念。

单位边际贡献 = 单价 - 单位变动成本

边际贡献率 = 边际贡献/销售收入（每一元钱为企业作出的贡献）

边际贡献率 = 1 - 变动成本率

其中　变动成本率 = 变动成本/销售收入 = 单位变动成本/单价

于是有　边际贡献 = 固定成本

因为　边际贡献 = 数量 × 单位边际贡献

将此式代入上式可得：

数量 × 单位边际贡献 = 固定成本

所以　保本销售量 = 固定成本/单位边际贡献

又因为　单位边际贡献 = 单价 - 单位变动成本

所以　保本销售量 = 固定成本/单价 - 单位变动成本

（2）用金额表示的保本点。当企业利润为零时，边际贡献等于固定成本，因为边际贡献等于销售额乘以边际贡献率，则有：

保本销售额 = 固定成本/边际贡献率

又因为　边际贡献率 = 1 - 变动成本率

所以　保本销售额 = 固定成本/（1 - 变动成本率）

边际贡献率 = 边际贡献/销售收入 = $(px - bx)/px = p - b/p$

即　保本销售额 = 固定成本/（单价 - 单位变动成本/单价）

2. 保利分析

企业的生产经营不只是为了保本，更重要的是为了赢利。根据企业的内部条件和所处的外部环境，制定出切实可行的目标利润，并使之成为企业全体员工的奋斗目标，不仅明确了前进方向，而且在实现目标利润的过程中，协调企业内部各部门的工作。如何确定目标利润呢？必须充分考虑各种因素的影响，测定为实现目标利润所需要的条件，这些条件是能否完成目标利润的关键。因此要对这些条件作出数量上的分析，同时应考虑企业能否满足这些条件，为科学地制定目标利润打下基础。利用盈亏平衡分析法，可较好地完成上述任务。

和保本点的计算方法一样，我们可得出：

保利销售量 =（固定成本 + 目标利润）/（单价 - 单位变动成本）

保利销售额 = 固定成本 + 目标利润/边际贡献率

例：某复印机服务公司规定每复印一张 B5 纸单价为 0.20 元，如果固定成本为每年 67 000 元，单位变动成本为 0.10 元，试计算保本点。如果要实现利润 20 000 元，则要完成多少复印量或复印额？

解：保本销售量 = 67 000/（0.20 - 0.10） = 670 000（张）

保本销售额 = 67 000 × 0.20 = 13 400（元）

保利销售量 =（67 000 + 20 000）/（0.20 - 0.10） = 870 000（张）

保利销售额 = 870 000 × 0.20 = 174 000（元）

第三节　目标管理

一、目标管理的由来

目标管理（Management by Objective，缩写为 MBO）是 20 世纪 50 年代中期出现于美国，以泰罗的科学管理和行为科学理论（特别是其中的参与管理）为基础形成的一套管理制度。凭借这种制度，可以使组织的成员亲自参加工作目标的制定，实现“自我控制”，并努力完成工作目标。而对于员工的工作成果，由于有明确的目标作为考核标准，从而使对员工的评价和奖励做到更客观、更合理，因而可以大大激发员工为完成组织目标而努力。由于这种管理制度在美国应用得非常广泛，而且特别适用于对主管人员的管理，所以被称为“管理中的管理”。

要想准确地指明究竟谁是目标管理的创始人并不容易，但公认彼得·德鲁克对目标管理的发展和使之成为一个体系作出了重大贡献。1954 年，德鲁克在《管理的实践》一书中，首先提出了“目标管理和自我控制”的主张。之后，他又在此基础上发展了这一主张，他认为，企业的目的和任务，必须化为目标，企业的各级主管必须通过这些目标对下级进行领导，以此来达到企业的总目标。如果一个范围没有特定的目标，则这个范围必定被忽视；如果没有方向一致的分目标来指导各级主管人员的工作，则企业规模越大，人员越多时，发生冲突和浪费的可能性就越大。德鲁克的主张在企业界和管理学界产生了极大的影响，对形成和推广目标管理起了巨大的推动作用。我国从 1978 年开始，伴随着推行全面质量管理，在一些大企业中试行这种管理方法，取得了显著的成效。目前，我国各级组织中实行的计划指标层层分解然后归口管理的办法，也有些类似于目标管理。实践证明，这是一种有效的科学管理方法。

二、目标管理（MBO）的概念与特点

1．MBO 的概念

MBO 是一个全面的目标管理系统，它用系统的方法，使许多关键管理活动结合起来，将组织的整体目标转换为组织单位和成员的目标，形成一个目标体系，通过层层落实和采取保证措施，有效地和高效率地实现目标。

2．MBO 的特点

主要表现在以下几个方面：

（1）明确目标。研究人员和实际工作者早已认识到制定个人目标的重要性。美国马里兰大学的早期研究发现，明确的目标要比只要求人们尽力去做有更高的业绩，而且高水平的业绩是与高的目标相联的。人们注意到在企业中目标技能的改善，会继续提高生产率。然而，目标制定的重要性并不限于企业，而且在公共组织中也是有用的。在许多公共组织里，普遍存在的目标的含糊不清对管理人员来说是一件难事，但人们已在寻找解决这种难题的途径。

（2）参与决策。MBO 中的目标不是像传统的设定那样，单向由上级给下级规定目标，然后分解成子目标落实到组织的各个层次上，而是用参与的方式决定目标，上级与下级共同参与选择设定各对应层次目标，即通过上下协商，逐级制定出整体组织目标、经营单位目标、部门目标直至个人目标。因此，MBO 的目标转化过程，既是“自上而下”的，又是“自下而上”的。

（3）规定时限。MBO 强调时间性，制定的每一个目标都有明确的时间期限要求，如一个季度、一年、五年，或在已知环境下的任何适当期限。在大多数情况下，目标的制定可与年度预算或主要项目的完成期限一致。但并非必须如此，根本的是要依实际情况来定。某些目标应该安排在很短的时期内完成，而另一些则要安排在更长的时期内。同样，在典型的情况下，组织层次的位置越低，为完成目标而设置的时间往往越短。

（4）自我控制。大力倡导目标管理的德鲁克认为，员工是愿意负责的，是愿意在工作中发挥自己的聪明才智和创造性的。目标管理强调用“自我控制的管理”代替“压制性的管理”，这种自我控制可以成为更强烈的动力，推动他们尽最大的力量把工作做好。

（5）评价绩效。MBO 寻求不断地将实现目标的进展情况反馈给个人，以便他们能够调整自己的行动。也就是说，下属人员承担为自己设置具体的个人绩效目标的责任，并具有同他们的上级领导人一起检查这些目标的责任。每个人因此对他所在部门的贡献就变得非常明确。尤其重要的是，管理人员要努力吸引下属人员对照预先设立的目标来评价业绩，积极参加评价过程，用这种鼓励自我评价和自我发展的方法，鞭策员工对工作的投入，并创造一种激励的环境。

三、目标管理的基本过程

1. 建立一套完整的目标体系

实行目标管理，首先要建立一套完整的目标体系。这项工作总是从企业的最高主管部门开始的，然后由上而下地逐级确定目标。上下级的目标之间通常是一种“目标—手段”的关系；某一级的目标，需要用一定的手段来实现，这些手段就成为下一级的次目标，按级顺推下去，直到作业层的作业目标，从而构成一种锁链式的目标体系。

制定目标的工作如同所有其他计划工作一样，非常需要事先拟定和宣传前提条件。这是一些指导方针，如果指导方针不明确，就不可能希望下级主管人员会制定出合理的目标来。此外，制定目标应当采取协商的方式，应当鼓励下级主管人员根据基本方针拟定自己的目标，然后由上级批准。目标体系应与组织结构相吻合，从而使每个部门都有明确的目标。

2. 明确责任

有时我们遇到这种情况，即在达到目标的过程中，所期望的结果和责任之间的关系往往被人忽视。通常，组织结构并不是按组织在一定时期的目标而建立的，因而常常发现部门和具体岗位难以有明确的目标与之相对应，其责任多是含糊不清的。实施目标管理重要的一点，就是要尽可能地做到每个目标和子目标都应是部门或某个人的明确责任。如果难以做到，则至少应该对每一协作的管理人员所要完成的计划目标所做的具体任务，作出明确的规定。

3. 组织实施

目标既定，主管人员就应放手把权力交给下级成员，而自己去抓重点的综合性管理。实现目标主要靠执行者的自我控制。如果在明确了目标之后，作为上级主管人员还像从前那样事必躬亲，便违背了目标管理的主旨，不能获得目标管理的效果。当然，这并不是说，上级在确定目标后就可以撒手不管了。上级的管理应主要表现在指导、协调、提出问题、提供情报以及创造良好的工作环境方面。

4. 检查和评价

对各级目标的完成情况，要事先规定出期限，定期进行检查。检查的方法可灵活地采用自检、互检和责成专门的部门进行检查。检查的依据就是事先确定的目标。对于最终结果，应当根据目标进行评价，并根据评价结果进行奖罚。经过评价，使得目标管理进入下一轮循环过程。以上步骤如图 5 - 6 所示。

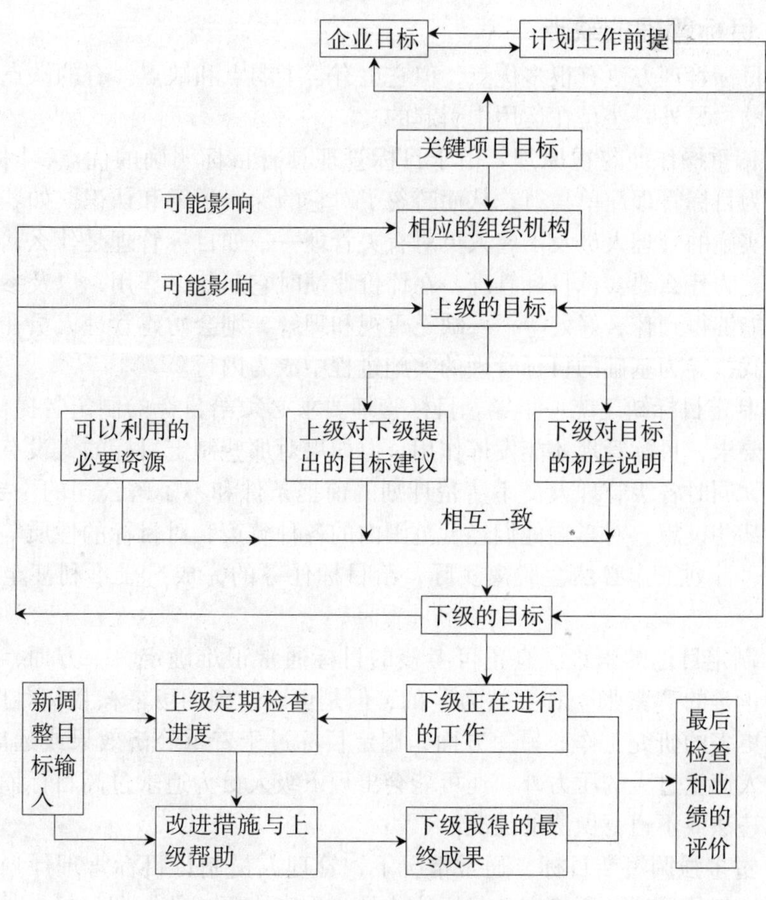

图5-6 目标管理的过程与步骤

四、目标管理的优点

目标管理在全世界产生了很大影响，是因为其在实施中有许多的优势。

(1) 目标管理对组织内易于度量和分解的目标会带来良好的绩效。对于那些在技术上具有可分性的工作，由于责任、任务明确，目标管理常常会起到立竿见影的效果。而对于技术不可分的团队工作（TNE）则难以实施目标管理。

(2) 目标管理有助于改进组织结构的职责分工。由于目标管理要求各个职位和部门分工清楚、责任明确，容易发现授权不足与职责不清等缺陷。

(3) 目标管理启发了自觉，调动了员工的主动性、积极性、创造性。由于强调自我控制，自我调节，将个人利益和组织利益紧密联系起来，因而提高了士气。

(4) 目标管理促进了意见交流和相互了解，改善了人际关系。

五、目标管理的缺点

尽管目标管理方法有很多优点，但它也有若干弱点和缺点。有的缺点是方法本身存在的，另外一些是在运用中引起的。

（1）偏重操作而忽视原理。由于目标管理具有目标明确的优点，因此常常使人误认为目标管理简单易行，从而疏忽了对它的深入了解和认识。如若把目标管理付诸实施的管理人员及下属人员对有关管理——如目标管理是什么，它怎样发挥作用，为什么要实行目标管理，在评价业绩时它起什么作用，以及参与目标管理的人能够得到什么好处等——缺乏重视和理解，则会妨碍管理人员在以自我控制和自我指导为基础的目标管理的实施过程中成为内行。

（2）制定目标缺乏统一指导。目标管理要求必须给目标的制定者提供指导，满足这一要求，目标管理才能发挥作用。但如果对那些制定目标的人没有给予必要的指导，同时各级管理人员不清楚计划的前提条件和不了解公司的主要政策，对将来的某些设想，对影响他们经营范围内的各种政策，对目标的性质等不甚知晓，那么，计划工作必然会脱离实际，给目标任务的完成造成不利甚至致命的影响。

（3）制定目标的困难。真正可考核的目标通常很难确定。一方面，要建立始终具有正常的“紧张”和“费力”的，但是可以达到的可考核目标难度很大，它需要做更多的研究工作；另一方面，制定目标过于着重经济效果或远离实际，除会对个人产生过大的压力外，还可能会出现下级人员为追求过高目标而不择手段，采取违法或不道德做法的情况。

（4）过多强调短期目标。通常情况下，管理人员制订目标管理计划很少会设立超过一年的目标。所确定的目标往往是一季度或更短的短期目标。强调短期目标所导致的短期行为对长远目标的安排可能会带来不利的影响，这就要求高层管理者对各级目标制定者予以指导，以确保短期目标为长期目标服务。

（5）缺乏灵活性。明确的目标和明确的责任是目标管理的主要特点，也是目标管理取得成效的关键。但是，计划是面向未来的，而未来存在许多不确定因素，这又使得必须根据已经变化了的计划工作前提对目标进行修正。管理人员对改动目标往往表现出迟疑和犹豫不决。这一是因为如果目标经常改动就说明它不是经过深思熟虑和周密计划的结果，目标本身便无价值可言；二是若修订一个目标体系，那么所花费的精力可能与制定一个目标体系相差无几，牵涉面较广，付出代价较大。

复习与应用

一、思考题

1. 什么是计划和计划工作？为什么要制订计划？

2. 战略计划与作业计划、长期计划与短期计划、指导性计划与具体执行计划有什么区别和不同?

3. 描述计划编制的步骤，并举例说明。

4. 滚动式计划的基本原理是什么? 有什么优点?

5. 什么是目标管理? 它与传统的目标设定方法有什么不同?

6. 结合实例描述一个相互联系、相互扶持的目标体系。

7. 目前很多企业都采用了目标管理计划方法，但有些企业收效甚微，请分析原因。

二、管理实务

邯钢的目标管理模式

邯钢从1991年元旦开始在企业内部推行“模拟市场核算，成本否决”的经营机制，这一经营机制的基本模式是：市场—倒推—否决—全员。

市场——企业主动走向市场，内部实行模拟市场机制，把市场机制引入企业内部经营管理，内部核算的计划价格（原燃材料、辅料、产成品、半成品、耐火材料）一律改为市场价，根据市场上产品售价和采购原料的市场价来计算目标成本和利润。

倒推——将过去从前向后逐道工序核定成本的传统做法，改为“倒推”的办法，即从产品在市场上被承认能接受的价格开始，一个工序一个工序地剖析其潜在效益，从后向前核定，直到原材料采购。用计算公式表示：

目标成本 = 该产品的市场价 - 目标利润 - 总厂应摊的管理费

否决——完不成成本指标，别的工作干得再好，也要否决全部奖金；连续完不成，否决内部升级。

全员——降低成本是企业上至厂长下至每一个职工的事，每一个人都要分担成本指标或费用指标，实行全员、全过程的成本管理。

在推行这一机制中，他们着重抓了四个方面的工作：

(1) 突出一个“效”字，反复进行测算，确定合理先进、效益最佳化的单位成本。他们本着“亏损产品不亏损，赢利产品多赢利”这样一个原则，核定出全厂53个主要产品品种、规格的内部成本和内部利润。

(2) 落实一个“责”字，层层分解指标，形成责任共同体。为把成本指标落实到实处，在总厂下达成本指标之后，各单位进一步将构成产品成本的各项指标层层分解落实到有关科室、工段、班组和职工个人，层层签订承包协议，并与奖惩挂钩，使责、权、利相统一，使每个单位、每个职工的工作都与市场挂起钩来，经受市场的考验，真正形成了“市场重担众人挑，人人肩上有指标”的责任体系。

(3) 把握一个“严”字，严格奖惩考核，强化对新的经营机制的操作和管理。为促使模拟市场核算这一机制的高效运转，防止可能出现“上有政策，下有对策”等弄虚作假现象，总厂制定并坚持了四条原则：一是按“高进高出”核定的所有产品的成本加税必低于市场销售价，其利润起码要等于零；二是经过预测和努力仍然赔钱的产品，在完成国家指令计划后停产整顿，停产期间免发有关单位的全部奖金；三是在全厂实行成本否决制度，凡完不成成本、费用指标的单位，不讲客观，一律免发当月全部奖金，但累计完成后可补发，旨在促进各单位以丰补歉，确保一年成本指标的完成；四是为防止成本不实和出现不合理的挂账及待摊，总厂每月进行一次全厂性的物料总平衡，对各单位的原燃材料进行盘点、查库和查账。账物不符的要重新计算，完不成的否决全部奖金，并延缓升级时间。

(4) 立足一个“优”字，优化机构设置，促进新机制的高效运转。为保证新的经营机制正常高效地运转，企业的管理体制和管理职能必须与之相适应。5年来，根据模拟市场核算的需要，全厂先后新建或充实加强了质量、销售、财务、计划、外经、预决算、审计、公关、备件管理机构，进一步加强和理顺了管理职能，对保证模拟市场核算这一新机制的高效运行发挥了重要作用。推行这一机制5年来，企业呈现出蓬勃生机和活力，产品成本逐年下降，经济效益稳步增长。按同口径计算，1991年到1993年，成本逐年下降6.36%、4.83%、6.13%，1994年可比产品成本下降8.9%，1995年又下降1%，实现利润由1990年的1 991万元，1991年达到5 020万元，1992年1.49亿元，1993年4.5亿元，到1994年的7.8亿元，1995年在钢材平均售价比上年每吨下降292元，钢材平均售价2 070元（不含税）的不利条件下，实现利润7.09亿元，在全省名列榜首，在全国冶金行业也位居前列。综合经济效益指数、人创利润和利税、全员劳动生产率等均居全国同行业前列。

三、案例分析

她在美国发选举财

2003年夏天，23岁的黄娅到美国佛罗里达州的伯莱克大学攻读工商管理硕士学位。初到美国，很多留学生告诉她，要想多接触社会，又能赚钱，最简捷的途径是摆地摊，或者在商场租一个摊位，做小生意。

不久黄娅摆满鞋子的两节移动货架在购物中心亮相了。哪知1个月下来，没卖掉几双鞋子，还白白搭上了租金。痛定思痛，黄娅决心暂停销售，潜心研究市场，调整经营方向。经过一星期考察，黄娅决定扬长避短，抓住即将到来的圣诞节，大发一笔蜡烛财。因为美国人每逢过节，都喜欢点上蜡烛。只要造型新颖、创意奇特、香味好、价格便宜的蜡烛，就会受美国人欢迎。黄娅退掉鞋子，采购了一大批各色各样非常好看也非常独特的蜡烛。由于定位准确，圣诞节前后的1个多月，黄娅赚了4.7万美金。

2004年4月中旬的一天，黄娅驾车到加油站加油。加油员问：“你是要布什给你加油，还是要克里给你加油?”黄娅以为他在开玩笑，仔细寻看，几条加油管的加油嘴已经分别换成布什和克里的头部卡通形状，张开的嘴巴就是汽油的出口。黄娅这才明白，为了笼络选民，前不久，克里的竞选班子找到加油站老板，要求将加油嘴改装成克里的头部卡通形状，条件是每加1公升油补贴1美分。加油站老板见有利可图，爽快地答应了。几天后，布什的竞选班子也如法炮制。于是，便有了布什和克里各自“金口大开”，给选民加油的小幽默。

受此启发，黄娅设计了分别印有布什和克里卡通头像和姓名的太阳帽、小旗子。他们的名字由美国国旗那54颗白星星组成，整个帽子或旗子则以美国国旗为背景。上面有一只象征胜利的V形手势和一句广告语：“我要当美国总统!”精明的黄娅还为此申请了外观设计专利（在美国申请外观设计专利只需要15个工作日），并在这些产品上留下了自己的联系电话。

专利批下来当天，黄娅就委托一家工厂生产了一批产品。然后联系社区选举组织和商场，委托他们出售。同时，又把那两节活动货架全部换成这些帽子和旗子。果然不出所料，短短半个月，黄娅就卖出20多万顶帽子、70多万面小旗子。

黄娅意识到，单靠零打碎敲地推销，毕竟范围有限，如果能借助候选人组织会好得多。黄娅的导师支持民主党候选人克里，他为黄娅新颖的想法感到欣慰。黄娅是想借助大选赚钱，导师则想借助这件事为克里造势。导师通过自己的渠道，将黄娅这一举动反馈到克里竞选班子。竞选班子认为这件事可以“小题大做”，通过导师告诉黄娅——只要黄娅不生产、销售带有布什标志的产品，只生产“克里”，他们愿意为她补贴50%的产品生产费用，并且通过他们的渠道将这些产品销售到美国各地，而产品销售利润完全归黄娅。

这简直比天上掉下来的馅饼更大更甜，黄娅当即答应下来。一时间，这些带着克里标志的美国人参加各种活动的镜头经常在电视、报纸上出现，黄娅设计的产品迅速进入美国人的视野。

6月下旬的一天，布什竞选班子派人联系黄娅，愿以85万美金买断黄娅带有布什标志的产品专利。

由于克里的竞选班子并没有规定黄娅不能转让“布什”。所以，黄娅转让“布什”并不违背和克里竞选班子的约定。赚钱的机会送上门来，黄娅当然不愿意放过。

黄娅的导师却反对黄娅转让专利。她对导师说：“美国大选对您，对任何一个美国人，也许是很重要的。但我是一个来自中国的女留学生，只是一个旁观者，一个局外人。您知道，我设计这个产品的目的仅仅是为了赚钱，不是为了大选本身，我并不关心谁当美国总统。在这件事上，我只是一个纯粹的商人。就像您教导我的那样，商人的目的就是尽一切可能，用一切合法手段赚钱——所以，请您理解我。”

很快，黄娅合理合法地将“布什”卖给了布什竞选班子，轻而易举获得85万美元。

2004年11月初，美国大选终于尘埃落定。在这次大选中，黄娅总共赚了270多万美元。《华盛顿邮报》以《巧借大选大赚钞票》为题，对黄娅的聪明才智作了报道。

问题：

通过本案例，你认为在工作中应怎样处理好计划性与灵活性的关系。

企业战略管理

战略管理是关于企业长远发展的全局性、前瞻性的管理。经济的全球化要求企业不能把眼光局限于一县、一省，甚至一国。世界范围内的产业重组要求企业不能把发展空间定位在一个企业、一个行业，甚至一个产业。特别是科学技术的突飞猛进，要求企业不能固守于一种产品、一项技术、一个领域。我国加入WTO以后，企业要接受更大范围、更宽领域、更高层次上的市场挑战，必须重视和研究企业的战略管理。本章主要介绍古典战略、波特的竞争战略和产业制胜战略。

第一节　古典战略

企业战略研究产生的直接动因是企业外部环境的变化。然而企业外部环境的变化并非在一日之中就达到使企业难以应付的地步，而是有一个渐进的过程。从现实来看，企业战略起源于企业计划，企业战略的较为典型的早期形式就是企业的计划管理。

一、古典战略理论中的学派

20世纪60至70年代，西方管理的中心内容是如何了解并把握市场需求的变化，如何开发新的市场，扩展企业的经营领域，如何利用企业的资源适应外部环境的变化。与之相适应的战略管理研究异常活跃，并形成了如下几个主要学派：

1. 设计规划学派

该学派以安索夫为代表，他在《公司战略》一书中指出，传统的企业管理思想要进行重大变革：要把企业经营管理的着眼点从企业内部移到企业外部；把管理的重点从提高企业人员的生产素质转移到提高企业对环境因素的融合上；把管理活动的中心环节从成本管理转到战略管理。

2. 目标战略学派

该学派以美国的安德鲁斯为代表，其主要著作是1971年出版的《经营战略论》。他认为战略是由目标、意图或目的以及为达到这些目的而制定的方针、计划所构成的一种模式。该学派从广义上来理解经营战略目标，认为经营战略既包括确定长期目的和目标，又包括目的和目标的实施过程。

3. 资源配置学派

该学派代表人为肖霍夫和申德尔，主要著作是《战略制定》。其主要观点是，企业经营战略的核心是资源的配置方式。通过筹划、研究企业未来的资源配置及其与外部环境的相互作用，去指导和解决企业经营和发展的一切重大问题。

二、古典战略理论的核心思想

古典战略的核心思想可概括为以下几个方面：

1. 战略基点：企业适应环境

环境处于动态变化之中，是企业的不可控制因素，企业只有适应环境才能求得生存与发展。在战略管理中，无论是战略方案的形成，还是战略的评价都应该从企业适应环境出发，把它作为战略管理的指导思想。

2. 战略目标：市场扩张

在古典战略理论中，企业的资源配置、经营活动的优先顺序、产品的开发、成本的降低、质量的提高等都是以提高企业的市场占有率为中心的。在古典战略理论的许多分析工具中，BCG 矩阵等都把市场占有率或市场增长率作为重要参数来考虑，以决定战略方案的取舍。因此，市场份额的增长实际上已成为企业战略管理的根本目标。缺乏提高市场占有率的保证，企业将失去生存的依据。

3. 战略手段：资源配置

与企业适应环境相联系的又一核心思想是以内部资源配置为手段实现企业的战略目标，强调如何以企业现有的或计划的资源与目前外部环境中的机会相配合，以及各种资源如何在企业战略经营单位和经营活动之间配置。资源配置学派的基本观点是：企业战略的核心是资源的配置方式，通过筹划、研究企业未来的资源配置及其与外部环境的相互作用，指导和解决企业发展中的一切重大问题。

4. 战略保证：组织结构适应战略

古典战略理论认为，实施企业战略要求企业内部组织结构与企业战略相适应。环境的加速变化要求采用新的战略。为了避免此时企业组织绩效的滑坡，企业必须对原来的组织结构进行变革，以适应新战略的要求。

上述四个方面是古典战略理论的核心思想的概括。在 20 世纪六七十年代，战略理论体系纷杂，观点各异。但这四个方面的观点是被广泛认可的，处于战略理论的主流地位。从总体上看，这四个方面有着内在的联系：企业适应环境是战略管理时代的基本要求和前提，是进行战略管理的基本出发点。战略管理首先要有战略目标。不管采用什么标准来衡量战略目标，它最终总会落实到市场的扩张方面。实现战略目标的手段就是如何在充分考虑外部环境、企业目标的情况下有效地配置企业内部资源。为了保证资源配置的顺利进行以及目标的实现，企业应及时适应战略的要求，进行组织结构方面的变革，从而使战略与结构相匹配。

三、古典战略理论的管理过程和方法

1. 战略过程

古典战略管理过程可简单概括为战略分析、战略选择和战略实施三个大的方面。

2. 战略层次

古典战略理论以多部门企业或企业集团形式为研究对象，划分为企业层战略、经营层战略和职能层战略三个层次。

3. 战略管理方法

战略管理方法很多，如SWOT战略分析法。该方法是系统确认各项业务经营面临的内部优势（Strength）、弱点（Weakness）和外部环境中的机会（Opportunity）、威胁（Threat）因素，并据此选择企业经营业务战略的方法。另外，还有安索夫的产品市场矩阵、波士顿管理咨询公司（Boston Consulting Group）的BCG矩阵、通用电气的GE九方图、拉依斯的业界地位竞争理论、PEST分析等。它们的共同特点是通过对企业所处的内外环境的综合分析来为企业制造其战略依据。这些理论构成了战略管理的基本内容和基本框架。

4. 战略模式

一个大公司下面有许多战略事业单位。各战略事业单位的经营状况各不相同，作为公司层战略，有如下几种模式：

（1）稳定型战略。这种战略适用于那些对环境变化预测比较准确、经营又相当成功的企业。采用这种战略的企业不需要改变自己的宗旨、目标，只需要按一定比例提高销售、利润等目标就可以了。

（2）收缩型战略。它是企业面临绩效恶化，如销售利润大幅度下降，受到巨大压力或出现重大失误时不得已而采取的战略，或者是企业为使战略组合得到更健康的发展而对不良的业务进行的战略调整。

（3）增长型战略。从本质上讲，增长是企业战略所追求的根本目标。它要求提高组织经营的层次，如更高的销售额、更多的雇员和更大的市场份额。增长可以通过直接扩张、合并同类企业或多元化经营的方式实现。

四、古典战略理论的终结

我们把20世纪60至70年代诞生的企业战略理论称为古典战略理论。尽管古典战略理论的研究角度不同，方法各异，学派林立，但从总体上来看，古典战略理论在战略基点、战略目标、战略手段、战略保证等核心思想方面是基本一致的。通过深刻、全面剖析古典理论的核心思想，我们可以发现古典战略从既有的产业市场出发，使企业适应环境，其实质就是在某一已结构化的产业寻求企业生存和发展的空间。所谓已结构化的产业是指发育已成熟、产品概念已十分清晰、产业界限已固定、产业内竞争规则已确定的产业。实践表明，在已结构化的产业市场上通过分割市场占有率所能争取到的生存发展空间是十分有限的，即使能有所收获，代价也是高昂的。总之，古典战略理论缺乏对产业的考虑使其失去了人们所预期的魅力，实践的失败宣告了古典战略理论的终结。

第二节　波特的竞争战略

20 世纪 80 年代，在竞争战略理论方面影响最大的是哈佛大学工商管理学院的迈克尔·波特（Michael Porter）。他将产业组织理论引入了企业战略的研究，提出了“竞争战略”理论，弥补了古典战略理论的重大缺陷，开创了战略理论研究的新局面。

一、选择有吸引力的产业

在波特看来，构成一个竞争战略的实质就是在一个企业与其环境之间建立关系，而企业环境的最关键部分就是企业投入竞争的一个或几个产业，产业结构分析是建立竞争战略的基础。决定一个企业赢利能力的首要的、根本的因素是产业的吸引力。波特将决定产业赢利能力的五种竞争纳入产业结构分析模型（如图 6－1 所示），并详细分析了每一种竞争力量。

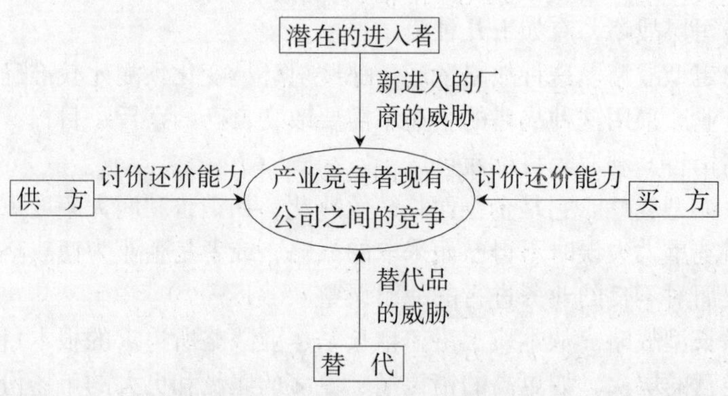

图 6－1　产业结构分析模型

1. 侵入威胁

加入一个产业的新对手带有新的业务能力，带有获取市场份额的欲望，同时也常常带有充裕的资源。结果产品价格可能被压低，或使从业者的成本上升，利润率下降。有一些企业从其他市场通过兼并扩散到某产业，它们通常用自己的资源对产业进行冲击。对于一个产业，入侵威胁的大小取决于入侵障碍和准备入侵者想象中原来对手的反击。从产业经济学的角度考虑，进入障碍具体可包括以下几个方面：

（1）规模经济：一个产业的规模经济越明显，进入的壁垒就越高。

（2）差异化：能进行差异化的企业为竞争对手进入市场设置了障碍，它迫使入侵者耗费大量资金克服原有的顾客信誉。

(3) 资金需求：由于技术和规模不同，进入市场所需的资金成本也不同。竞争需要大量的投资，这笔投资构成了入侵的壁垒。

(4) 转换成本：转换成本的存在构成一种入侵障碍。转换成本是买方替换供应商时所遇到的一次性成本。

(5) 销售渠道：新的入侵者为销售其产品，需要开辟新的销售渠道。相对于原来产业内企业已有的销售渠道来说，这一要求构成进入障碍。

(6) 政府政策：政府能够限制甚至封锁对某些产业的入侵。

2. 买方的还价能力

买方参与产业竞争的手法是压低价格、要求较高的产品质量或索取更多的服务项目，并且将竞争者置于彼此对立的状态。所有这些都是以产业利润为代价的。产业的每一个主要买方集团的上述能力的强弱取决于市场情况，同时取决于这种购买对于买方整个业务的相对重要性。如果出现如下情况，一个买方集团就会带给产业较强的压力：相对于销售者的销售量来说，购买是大批量和集中进行的。买方从产业中购买的产品占其成本或购买额的相当大一部分；从产业中购买标准的或无差异产品，买方显然总是可以找到可供选择的供应商；买方面临的转换成本很小；买方赢利低；买方采取后向联合的现实威胁；产品对买方的产品量及服务无重大影响；买方掌握充分的信息。

3. 供方的讨价能力

供方可以通过威胁提价或降低所供应产品（服务）的质量来向某个产业从业者施加压力。供方施加的压力可以迫使一个产业因无法使价格跟上成本的增长而失去利润。具备下述特点的供方集团可以向买方施加强大的压力：供方产业由几个企业支配，且其集中化程度比他们的销售对象高——供应商在向较为分散的买方销售产品时，往往能够在价格、质量及交货期上施加相当的影响；供方在向某产业销售时不必与替代产品竞争——供方与替代产品生产者的竞争会使其强大的实力削弱；一个产业并非供方集团的主要客户，如果供应商在众多产业中销售产品而某一具体产业在其销售额中未占有相当大的比重，则供方往往要显示其压力；供应产品成为买方业务的主要投入资源——这种投入对于买方的生产工艺或产品质量方面的成功至关重要，这就使供应商的势力增大；供方集团表现出前向联合的现实威胁——这种威胁使买方在提高购买条件时的信心大减。

4. 替代的威胁

一般说来，一个产业的所有企业都与替代产品的产业进行竞争。替代品设置了产业中企业逐利时的上限价格，从而限制了一个产业的潜在收益。替代品在价格活动上提供的选择越有吸引力，产业利润的“上盖”压得就越紧。因此，在战略分析中需要认真地考虑实际替代或潜在替代的战略影响。

5. 产业内现有的竞争对手之间的竞争强度

现有竞争对手以人们熟悉的方式争夺地位，常用的手段有价格竞争、广告战、产品引进、增加顾客服务及保修业务。之所以发生这种争夺，或者是因为一个或几个竞争者感到有压力，或者是因为它看到了改善自身处境的机会。在大多数产业中，一个企业的竞争行动对其竞争对手会有显著影响，可能激起竞争对手们对这一行动的报复。这说明，企业是互相依存的，产业内现有竞争对手之间的竞争强度受以下一些因素的影响：

（1）产业内企业的数目。产业内竞争对手越多，竞争程度越激烈。在增长速度缓慢的产业中，争夺市场份额的竞争非常激烈，因为在产业快速增长时，企业只要保持与产业同步增长就可获得收益。

（2）生产能力的提高。有些产业的规模经济性要求生产能力大幅度增加。增大生产能力可以造成对产业的慢性侵蚀，破坏其供需平衡。尤其是在额外增加的能力具有很高的收益增量，即边际收益很高的情况下，竞争者会增加这种额外能力，从而产生短期供给能力过剩，加剧竞争。

（3）退出壁垒。由于资产专用性、沉没成本、感情等因素的作用，一个企业即使在收益甚微或投资收益可能为负值的条件下仍然无法退出，只得维持在产业内竞争。

二、构造竞争优势

波特将竞争战略描述为，采取进攻性或防守性行动在产业中建立起稳固的地位，成功地对抗五种竞争力量，从而为企业赢得高于同行业平均水平的投资收益。于是，竞争战略的第二个中心问题是企业在其产业中的相对地位。地位决定了企业的赢利能力是高于还是低于产业中的平均水平。一个地位选择得当的企业即使在产业结构不利、产业平均赢利水平不高的情况下，也可以获得较高的收益率。

要长期维持高于平均水平的经济效益，其根本基础就是持久的竞争优势。管理当局可以从三种基本的战略中进行选择：成本领先战略，差异化战略和集中化战略。究竟选择哪一种战略，取决于组织的长处和竞争对手的短处。管理当局应当避免与产业中所有竞争者拼杀的局面，而应当将企业置于竞争对手所不具备的强有力地位。

1. 成本领先战略

成本领先战略是三种通用战略中最易理解的一种。在这种战略指导下，企业决定成为所在产业中实行低成本生产的厂家。企业经营范围广泛，为多个产业部门服务，甚至可能经营属于其他相关产业的业务。企业的经营面对其成本优势来说往往举足轻重。成本优势的来源因产业结构不同而不同，包括追求规模经济、取得专利技术、享受原材料的优惠等。

如果一个企业能够取得并保持全面的成本领先地位，那么，它只要能使价格等于或接近于该产业的平均价格水平，就会在所在产业中处于有利地位。当成本领先的企业的价格相当于或低于其竞争对手的水平时，它的低成本地位就会转化为高收益。

在20世纪70年代，随着经验曲线概念的流行，成本领先战略的应用日益普遍。成本领先要求坚决地建立起高效的规模生产设施，在经验的基础上全力以赴降低成本；要求抓紧成本与管理费用的控制，最大限度地减少研究开发、服务、推销、广告等方面的成本费用。为了达到这些目标，要在管理方面对成本控制给予高度重视。尽管质量、服务以及其他方面也不容忽视，但贯穿整个战略的核心是使成本低于竞争对手。

尽管可能存在着强大的竞争力量，低成本的企业可以获得高于产业一般水平的收益。其成本优势可以使大多数企业在与竞争对手的争斗中失去利润时，这个企业仍然可以获得利润。低成本的局面有利于企业在强大的买方威胁中保卫自己，因为买方企业最多只能将价格压到效率次高的竞争对手能接受的水平。低成本也可防卫供方势力的威胁，因为低成本状况的诸因素通常也以规模经济或成本优势的形式建立起入侵障碍。低成本状态通常以成本优势的形式建立起入侵障碍。最后低成本状态通常使企业在与替代者竞争时所处的地位比产业内其他竞争者有利。这样，低成本可以在全部五类竞争势力中保护企业。原因是讨价还价使利润蒙受损失的过程只能到效率次高的竞争对手失去利润为止，在竞争压力下效率较低的竞争对手会先遇到麻烦。

2. 差异化战略

差异化战略是将企业提供的产品或服务差别化，树立起一些在全产业范围内具有独特性的东西。在这种战略的指导下，一个企业在顾客广泛重视的某些方面力求在本产业中独树一帜。企业从产业里挑选出许多顾客所重视的一个或数个特质，尽量满足这些需求，从而得到溢价的报偿。

实现差异化战略可以有许多方式，如设计名牌形象，树立技术特点、性能特点、商业网络及其他方面的独特性等。最理想的情况是企业在几个方面都有差异化特点。应当强调，差异化战略并不意味着企业可以忽视成本，但成本在此不是企业的根本战略目标。

一个能够取得和保持其差异化形象的企业，如果其产品溢价超过了为做到差异化而发生的额外成本，就会取得超过产业平均水平的利润。因此，实施差异化战略的企业必须始终寻求使自己别具一格的方式，并使由此而得的溢价大于为做到差异化而付出的成本。它不能忽视自己的成本地位，因为其溢价地位会在一定程度上被成本劣势地位所抵消。所以它必须在一切不影响差异化形象的领域中降低成本，以使其成本等于或近似于竞争对手。

如果差异化战略被成功实施，它就成为一个产业中赢得高水平收益的积极战略，因为它建立起防御阵地对付五种竞争力量。差异化战略利用顾客对名牌的信任以及由此产生的对价格的敏感程度的下降，可以使企业避开竞争。得到顾客的信任以及竞争对手要战胜这种“独特性”需付出的努力，就构成了入侵障碍。差异化战略带来较高的边际利润，这一利润可以用来作为对付供方压力的资本。同时这一战略显然可以用来作为对付供方压力，因为采取差异化战略得到顾客们的信任，这样企业在遇到替代品生产者的威胁时，其所处地位就会比它的竞争伙伴更为有利。

3．集中化战略

集中化战略主攻某个特定的顾客群、某产品线的一个细分区域或某一个地区市场。和差异化战略一样，集中化战略可以有许多种形式。低成本战略与差异化战略都要在全产业范围内实现其目标，而集中化战略是围绕着很好地为某一特殊目标服务这一中心建立的，它的每一项战略行动都要考虑这一中心思想。实行集中化战略的依据是：其业务的集中化能够以更高的效率、更好的效果为某一狭窄的战略对象服务，从而超过在较广阔范围内竞争的对手们。结果是，企业或者通过满足特定对象的需要而实现了差异化，或者在为这一对象服务时实现了低成本，或者两者兼得。

集中化战略与其他战略截然不同，因为它是在一个产业内狭窄的竞争范围里进行选择。集中一点的企业，选择一个产业里的一部分或一些细分市场，使其战略适合于这部分市场服务而不顾及其他。企业通过完善适合其目标市场的战略，谋求在它并不拥有全部竞争优势的目标市场上取得竞争优势。

集中化战略有两种不同形式：一种是企业着眼于在其目标市场上取得成本优势的成本集中；另一种是着眼于在其目标市场上取得差异化形象的差异化集中。这两种形式都是以企业在某一产业中的目标市场与其他市场存在差异为基础的。成本集中是从某些部分市场上成本行为的差异中获取利润，差异化集中则是从特定部分市场中顾客的特殊需求里获取利润。这种差异意味着这部分市场未能从广泛地设置目标市场的竞争厂商那里得到优质服务，因为后者在为这部分市场服务的同时也为其他部分市场服务。因此采取集中战略的企业可以通过专门致力于为这部分市场服务而取得竞争优势。目标市场的广度显而易见只是一个程度问题，集中化战略的实质在于从一个狭窄的目标市场与产业均势之间的差异中获取利润，狭窄的集中化本身是不产生也不会带来超过平均水平的经济效益的。

如果企业能在其部分市场上取得持久的成本领先地位（成本集中）或差异化的形象（差异化集中），而且该部分市场从结构上来说具有吸引力，那么采用集中化战略的企业就会成为所在产业中的佼佼者。部分市场结构上的吸引力是个必要条件，因为一个产业里的一部分市场的利润率可能比其他部分市场低得多。只要采用集中化战略的企业选择不同的目标市场，那么每个产业都会有空间容纳若干种持久的集中化的部分市场。

不管采取三种基本战略中的哪一种战略，要获得长期的成功还必须能够保持竞争优势，即必须阻挡来自竞争对手的侵蚀，或是跟上产业演变的趋势。技术变革、顾客需求变化，特别是某些竞争优势可能被竞争对手模仿，使得保持竞争优势绝非易事。管理当局需要建立某些障碍使仿制难以得手，或是减少竞争对手的可乘之机。可以利用专利和版权减少仿制的机会；当存在规模经济性时，通过降低价格以扩大销量和提高市场占有率是一种有用的策略；与供应商签订专供合同限制其向竞争对手的供应能力；鼓励政府对进口商品征税以限制来自国外的竞争，都是一些可供选择的策略。当然，无论采取何种行动保持竞争优势，管理当局都不能因一时的成功而自鸣得意。保持竞争优势要求管理当局持续地作出努力使自己始终领先于竞争对手一步。

三、竞争战略理论的贡献与不足

1. 波特对战略理论的贡献

波特的研究为战略理论增加了大量实质性的内容，为企业战略理论的发展作出了突出的贡献。

（1）竞争战略是产业视角下的企业战略。波特将产业组织力量引入了企业战略理论的分析，所形成的竞争战略实质上就是产业视角下的企业战略。他认为一个企业的成功取决于企业所处的产业的吸引力和企业在该产业中的竞争地位，两者缺一不可。制定企业战略要从产业分析开始，偏离了这一点就不能称为企业战略，至多只能是企业发展过程中的策略性对策。

（2）认识到追求市场占有率的短缺性。波特认为单纯追求市场占有率是短缺的，它不应成为企业战略的目标。如果整个产业都在滑坡，那么即使获得了较大的市场份额，又有什么意义呢？市场占有率本身以竞争的角度来看并不重要，重要的是竞争优势。古典战略忽视了产业吸引力而强调追求市场占有率，这常常是一种事倍功半的取胜方法。

（3）注意到竞争对手的反应。波特将博弈论工具引入战略分析，博弈论分析的显著特点就是动态性，尤其是在分析竞争对手时更是如此。制定竞争战略，不仅要从企业自身的角度来考虑，而且还要注意到战略实施时竞争对手可能的反应，而这一点在古典战略中是被忽略的。

2. 波特竞争战略理论的不足

波特竞争战略仍不够彻底，这表现在竞争战略理论中对产业的选择还是基于已经存在的产业，是对已结构化或未完全产业进行选择。要使企业在所选择的产业中取得领先地位依然是困难的，因为同样面临着被迫追随领先者的困境。

此外，波特的产业结构分析方法也显不足。产业结构分析适用于描述竞争力的内涵（即某企业或产业容易获得的优势何在），它的全部注意力都集中在探讨成本、质量、顾客服务、营销等优势上，而对企业“为什么”的问题反而忽略了，即为什么有的企业能不断开创新的竞争优势，而有的企业却停滞不前？波特的产业分析工具对解释“为什么”的问题显得无能为力。优秀的战略理论不仅应该发掘现有的竞争优势是什么，而且还要解释企业为什么具有优势。如果只重视知其然，而不注重知其所以然，那么竞争中落后的企业将永远难以取得优势。

第三节 产业制胜战略

产业制胜战略理论认为，任何一个产业市场中企业之间的竞争都要经历三个阶段，即产业先见之争、核心能力之争和市场地位之争。以往战略理论所关注的正是竞争的最后阶段，而产业制胜战略理论从构想未来产业出发，以全新的方式设定竞争规则，寻找到了解决企业发展问题的根本解。产业制胜战略的模式如图6-2所示，从图中可看出，古典战略、竞争战略以及重组与再造所处的地位。

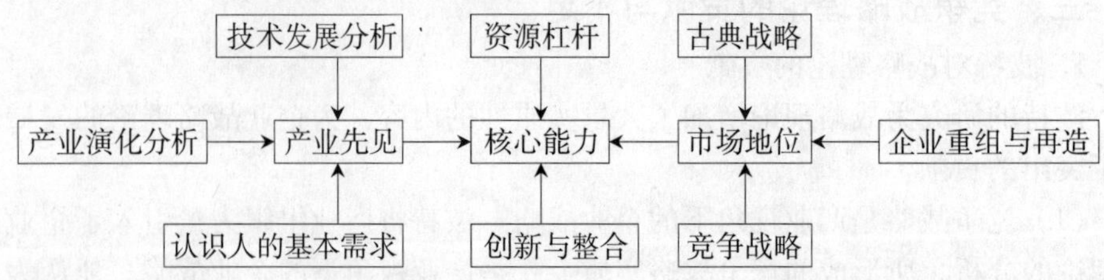

图6-2 产业制胜战略：以产业创新为核心的企业战略模式

一、从市场地位之争到全程竞争

从产业的角度来看，在任何一个产业市场中企业之间的竞争要经历三个互有重叠性质却截然不同的阶段。

1. 阶段一：产业先见之争

这是企业之间竞争的初始阶段。所谓产业先见，是指基于对生活方式、技术发展、人口趋势等改变产业范围及开创新竞争空间的因素的深入了解，借助想象力而得出的对未来产业变化的先见之明。产业先见之争是看谁能预见未来商机的大小及轮廓，谁能别出心裁地找到满足顾客未来需求的途径，谁能对现在服务顾客的方式进行大幅度创新改革。缺乏初始竞争阶段的远见卓识，企业注定要在未来的竞争中失败。

2. 阶段二：核心能力之争

要使产业先见变为现实，企业需要拥有实现的途径，即核心能力。如果企业暂不拥有该核心能力，应该设法取得，核心能力之争就是看谁能以最快、最经济的办法获得核心能力，以使未来产业结构能迅速形成。从首先产生大幅度改革某个产业的概念，到有相当规模的真正市场出现，往往要经过相当长的时间。

第二阶段的竞争包括积累必要的专长（克服技术障碍），试验及求证不同的产品与服务构想（逐步发现顾客真正的需要），吸引具备重要且互补资源的结盟伙伴，以建立提供所需的各种产品或服务的基础结构，并在必要情况下就该领域标准达成协议。若把第一阶段的竞争比作幻想未来商机，那么第二阶段的竞争便是以对自己有利的方式，积极争取影响未来产业结构的形成。

3. 阶段三：市场地位之争

这是最后阶段的竞争。通过培育企业的核心能力，新的产业已经形成。此时，该产业中的产品或服务的概念已经十分明确，竞争的重心转移到产品的功能、成本、价格、营销服务上。这个阶段的创新着重于产品线的延伸、效率的增进以及边际收益通常不大的产品服务差异化。企业力求扩大市场占有份额，并维持有利的市场地位。

以往的战略理论所关注的正是竞争的最后阶段，即在产业已结构化的市场上寻求有利市场地位，而忽略了前两个至关重要的产业形成阶段。在这种战略理论的指导下，企业实际关心的仅仅是“现在”（尽管企业的战略管理人员声称他们看重未来），没有从根本上考虑为了未来产业领先而从竞争的起点开始构造企业战略。在尘埃落定的最后竞争阶段，这样的企业，只能永远跟在具有产业先见且培育出核心能力的企业的后面。“今日的问题来自昨日的解”，处于困境中的企业其问题一般不是产生于现在，是在以前的竞争阶段因缺乏产业先见或未能培育出核心能力而使企业现在陷入困境。这就充分解释了为什么一些企业会出现问题。如果企业认识并把握了竞争的前两个阶段，那么企业在最后一个阶段的竞争中将可能取得“不战而胜”的效果。

既然企业竞争包括前后紧密相连的三个阶段，企业要想在竞争中取得决定性的胜利，必须将竞争的完整过程纳入考虑的范围，使竞争的每一个阶段都成为可以操纵的变量。从现实的情况来看，优秀的企业无不如此。因此研究制定企业战略不能基于现有产品市场的竞争即阶段三的市场地位之争，而是要从竞争的起点开始，把握竞争每一个阶段的不同特点。如果企业战略仅关注竞争的最后阶段，那么企业的生存空间将十分有限，企业将不会认识到从而也就没有充分的力量来应付市场地位以外的激烈争夺。

二、竞争未来，把握先机

企业要想立于不败之地，不能停留在追赶之道，而要谋求领先之计，即创造未来，把握先机。未来的竞争并不取决于企业现有的规模和过去做得怎么样，而是取决于有无长远的战略目光，有无产业先见，在开发新产品、开拓新市场等方面能否比别人先行一步。竞争未来就是不断创造与把握出现的商机的竞争，亦即重新规划新的竞争空间的竞争。

美国学者哈梅尔和普拉哈拉德在《竞争大未来》一书中提出以创造未来产业、培育核心能力或改变现有产业结构以对自己有利为出发点的企业战略设计思想。他们认为产业有其自身的寿命周期，它意味着现代企业目前进入的产业在未来将逐步走向衰落，而典型的特征就是产业供给品的需求大量萎缩，生产成本上升，技术进步速率几乎为零，产业赢利可能性极小。在这样的产业中运作，企业管理者即使有天大本领也无力为企业开创出美好的未来。因此，现代企业应该清楚地认识到自己所处产业的未来走势即产业生命周期的阶段性，从而适时变换自己的产业领域，重新争取新选产业使企业的长期赢利成为可能。唯有这样，现代企业才能算得上把握了自己未来的命运，才能在未来的竞争中享有先机。如图6-3所示。

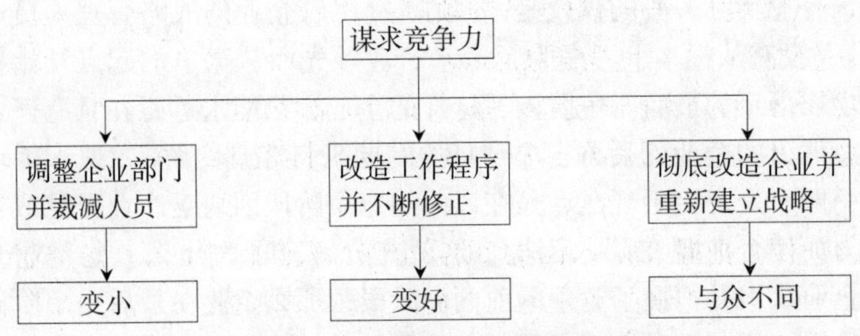

图 6－3　不同的企业竞争战略

图中对企业变革的三种情况进行了比较，他们认为重组企业部门、精简人事是一种应有的变革，可以使组织变得小而有成效，但增加了社会负担；改造企业作业流程也很重要，也可以使企业变得更好，但如果产品不合顾客胃口，再合理的流程也无济于事。前两种变革还远远不够，还必须能够做到从根本上重新树立自己的形象，重新建立自己的核心战略，彻底改造自己的企业，这比企业变小变好更加重要。

我们所讲的产业领先的概念与波特教授的观点是不同的，我们重视的是企业去开创一个新的产业，而波特教授重视的是选择一个好的产业；我们强调的是现代企业去竞争未来，而波特教授考虑的仅是竞争现在。一个优秀的现代企业需要竞争现在，但更要竞争未来。因此，从现实角度而言，现代企业的确首先要考虑产业的选择问题，不是仅仅考虑现在应进入的是什么产业，而是要花更多的力量来考虑未来应进入什么样的产业。

事实上，广大消费者日益要求得到更好、更新和相对价格更低廉的商品和服务，他们变得更加挑剔，更加难“侍候”。面对顾客日益提高的要求和同行日益激烈的竞争，企业要求生存求发展，只有求变一条路。体现在市场中的历史力量常常像一根鞭子，驱赶着企业去适应历史的需要。创造未来、把握产业先机就是要求现代企业在把握人类基本需求欲望的条件下，创造出人类未来的需求，形成一个新的产业，并在此产业的发展过程中使企业成长壮大，占有该产业的绝对优势，“以逸待劳”地应付后来者的加入和竞争。

现代企业如何创造出人们的需求，如何从人们尚不清楚的需求欲望中创造出一个或一些物品，从而成为一个新兴产业，这是构想未来产业时一个十分重要的问题，也是现代企业需要结合本企业的条件加以创新探索的问题。有人将人类需求的一般性归结为从 A 到 I 九个方面：

Amenity（舒适）——追求舒适的生活；

Beauty（美观）——求美的倾向；

Culture（文明）——追求文明教养的倾向；

Delicacy（优雅）——讲求格调的倾向；

Economy（经济）——希望以较少的成本获得较大的收益；

Fashion（时尚）——追求时尚、流行的心理；

Gourmet（美食）——喜好美食的倾向；

Health（健康）——重视健康的心理；

Intelligence（智慧）——追求知识、变得更聪明的心理。

我们总可以通过认识人类需求的共同本质，来把握人类需求的基本走向，来构想未来的产业。

那么，怎样去把握人们尚不清楚的需求呢？人们有时并不知道他们未来的需要是什么，但是当一些物品出现时，人们又会热烈地欢迎它。因此，要把握人的需求变动趋势就需要遵循人的本能以及本能产生的各种欲望的变动规律。马斯洛所说的人的五个需求层次，实际上是由人的本性所决定的。人从自己的本性出发，一方面努力适应现有的环境以便“适者生存”，另一方面则努力改造现在的环境为自己创造更好的生存环境。人类愿意努力改造现时环境的动力，源于人类对未来的渴望、对现实的不满足。因为人们希望有更好的环境、更好的商品来更好地维持人类生存、延续物种进一步的发展。企业提供的消费品或服务如果的确符合人的本性要求及其延伸的特性，这种产品就可以大胆地去创造，并进而创造出一个新的行业。事实上，我们现时存在的消费品和服务品正是人性需求及其延伸需求选择的结果，而那些已淘汰的产品要么已被更好的东西所替代，要么人们已认识到这种产品的使用益处不多，甚至为零。如电话用以沟通远距离人们的信息交流，正是方便了人们的工作和生活。

或许有人会怀疑：人人都去追求产业领先，而第一只有一个，不可能人人领先。这是一种误解。我们讲的商机不是在运动场里比赛，只取一个冠军，而是有许多成功机会。只要你的产品能满足人们的某些需要，能搞出自己的特色，奖品的数目有可能与选手的人数一样多。领先到达未来不只意味着超越一心要拿到同一个奖的竞争对手，还意味着自己对这个奖是什么可持不同的定义。一个画家的成功绝不表明另一个画家注定要失败，有可能各具风格，皆为领先。一个企业的成功有可能带动其他企业的发展，不是零和博弈，而是双赢。没有哪条戒律规定大多数企业必须是跟随者，未来的商机无限，在于你怎样去把握。

把握先机，是企业制胜之道，能给企业带来很多好处。①领先抵达未来，可以使企业在某个新产品领域确立事实上的垄断地位，具有“先发优势”。因为你先搞，你在某个领域就是老大，就是权威，你就有资格确立产品标准，并因拥有关键的知识产权而获取可观的产权收益，产品价格可以处于高位；你还可以建立起其他企业也必须遵守的竞争规则，后来者即使想搞，却发现最肥沃的良田已被别人开垦了。②领先抵达未来更容易满足消费者心理，从而打开产品市场。消费者对于商品都有喜新厌旧的心理，对商品的偏好往往有先入为主的倾向。如果你的产品先投入市场，其他企业就会遇到市场进入障碍。优胜劣汰是市场经济的天然法则，消费者只会青睐那些有创新精神的企业。③领先抵达未来能提升企业的自身能力。企业在研究开发新产品的过程中，企业能力会得到很大的提升。企业能力是一种组织资本和社会资本，别人不易仿制，能仿制的只是产品。试想，某产品两年后即使被某企业仿制，创新企业和仿制企业两者之间的素质可以同日而语吗？当然，做开拓者要冒许多风险，要比凡人有更多的奋斗历程，但也乐在其中。

三、商机蕴藏在未来的不确定性中

在工业化时代，许多管理大师提出了一套一套的管理理论，创造了一个又一个的经济奇迹。但是在知识经济时代，这些传统的管理理论却面临着尴尬的处境：一是过于迷恋计划。计划是传统企业管理理论的四大基本职能之一，企业如果面对的是一个相对稳定的环境，那么它的计划性可以强些。但在当今剧变的时代，企业如果过于“迷恋计划”，就会产生严重问题。许多企业管理者认为只要制订好计划、执行好计划，企业的财源就会滚滚而来。他们渴望企业组织最好像军队一样，一个命令就可以毫无阻拦、不折不扣地使完美的计划执行下去，“规范管理”成了他们最渴望出现的管理景象，“执行力”成了他们最得意的口头禅。然而，管理真相却远非如此，当一个经理人精心制订了一个详细而周密的计划后，他很快就会被不停的敲门声所打断，各种无法预料的意外事件会接二连三地发生，经理们很快就会发现，企业管理工作离想象中的日复一日、按部就班的计划式或流水线式的工作状态，不但相去甚远而且反差巨大，因为各种打断原定计划的意外事件将会永远地、无休止地发生。但是，他们通常不会去反思为何各种意外事件会无休止地发生、各种意外事件是否存在价值和意义，因为他们被灌输了一种严格执行计划的思想。因此，当精心设计的计划被各种“意外”打断的时候，经理们常常会格外地紧张和不安，他们通常会视这些意外事件为计划的敌人，并且想方设法地采取严厉的奖罚措施，力争使企业秩序恢复到原有的计划状态，让组织的“未来”变得清晰、明朗而确定。二是认为只要竭诚为顾客服务就能把产品销出去。在企业管理史上的“产品时代”，由于物资紧缺，企业生产什么产品，顾客就只能购买什么产品。那时的企业以高高在上、狂妄自大的姿态来对待顾客，他们不但以主观臆想开发与设计产品或服务，而且还以强硬和生涩的各种促销手段“强迫”顾客接受他们的产品或服务。后来美国的管理大师德鲁克开创了“顾客时代”。他认为顾客主动性地选择什么产品，企业就要因需而动地生产什么产品，只要竭诚为顾客服务，就能把产品销出去，顾客就是“上帝”。德鲁克要求每一个企业首先要回答“谁是顾客？他们在哪里？”因此“细分顾客”成了顾客时代最重要的管理理念。在过去的企业管理者看来，产品与顾客之间存在着某种一对一的对应关系，找到了这种对应关系，就意味着企业胜利在望。与之相适应，在管理学领域产生了许多“细分顾客”的方法和工具，但“细分顾客”并未带来想象中所期待的完美结果。事实上，当大量的企业在细分顾客群体、完善产品质量和提高服务能力后，顾客却不买账，甚至是毫不留情地抛弃了企业的所谓“好产品”。企业常常被搞得莫名其妙、一头雾水，搞不懂顾客为什么会远离企业的产品或服务。这说明，企业提高产品质量，竭诚为顾客服务，是企业发展所必需的，但如果不密切关注人们生活方式的变化，是远远不够的。三是只“假设”未来而不是“适应”未来。传统企业管理理论有一个明显特征，就是“假设”未来而不是“适应”未来。战略是对企业未来方向的假设，计划是对企业未来工作进程的假设，至于财务预算更是彻头彻尾的假设：假设未来企业花多少钱、就能够赚到这么多钱……事实上，试图以事先假定未来结果的僵硬计划，来对抗瞬息万变的信息社会环境，是一种典型的以静态和过去的基点来试图预测动态和不确定的未来。

在企业管理者的潜意识里，一直习惯性地认为，企业的利润商机是来自理性分析的确定性中，未来的不确定性，不仅有害无益并且十分危险。面对未来，许多人不是做得太少了，而是做得太多了——他们为了消除未来不确定性的风险而采取了各种抵御性措施，却反而使企业陷于不适应的僵化中。他们在不可知的未来面前，采取了一种“以不变应万变”的愚蠢行为。那么，我们在未来的竞争中应怎样把握商机呢？一是要关注人们生活方式的变化。传统企业的工作重心是细分顾客，然后尽量去满足和服务顾客。由于过分强调细分顾客和差异化服务，导致了人们特别关注横向角度的、顾客与顾客之间的需求不同，但是，却在无形中忽视了纵向角度的、顾客自身的需求改变——更准确地说，“细分顾客”仅仅是区分了顾客与顾客之间的消费区别，却忽视了顾客自身的消费需求的变化曲线。我们常常无法解释一些商业现象：为什么企业所提供的产品或服务，从技术、功能到质量几乎完美无缺，完全可以满足某一类顾客的消费需求，但是，顾客却依旧毫不留情地抛弃企业的产品或服务？需要进一步指出的是，不要误以为顾客抛弃某种产品是从同行业这家企业跑到了另一家同类企业。事实上，当一类产品被顾客抛弃时，完全可能是抛弃了整个产业。今天的顾客需求变得越来越复杂、越来越不可思议。他们从喜欢一种产品或服务到抛弃它，有时是几年，有时甚至仅仅是几个月时间。过去企业拥有的固定顾客之所以消失，其本质原因就是忽视了他们生活观念和生活方式的改变。顾客生活方式的改变，决定了顾客消费需求的改变。生活方式体现了人们的消费观念，包括时尚、偏好、习惯、生活态度、情趣、格调等。这就意味着我们不是去“细分顾客”，而是需要“细分生活方式”；或者说，企业将不再是通过细分顾客发现商机，而是通过发现生活方式的改变来发现商机。比如在生活水平低下的阶段，人们需求高蛋白的肉类产品，现在生活水平提高了，人们更喜素食和绿色食品；过去以自己赡养老人为尽孝道，将来可能是为此提供社会化服务，以把老人送进老人公寓为时尚。作为企业要充分考虑到人们生活方式的变化，换言之，生活方式决定企业的命运。二是在未来的不确定性中把握商机。在现实中，几乎很少有企业清醒地认识到它们的危机或失败其实是来自“不确定性的未来”。通常来说，企业会习惯性地将危机和失败的原因归咎于内部资金不足、市场渠道不畅、产业或产品结构调整不够及时等原因，甚至是一些更为不着边际的理由。但这并不是事实真相，这只是些微不足道的、本末倒置的原因，而“未来的不确定性”所引发的顾客生活观念和方式的变化或变革，才是企业所遭遇危机或失败的真实原因。事实上，越来越多的利润商机，是出现在企业事先的预测和计划之外，而各种突如其来的意外事件，恰恰是未来向企业发送的利润商机的信号。比如手机普及以后，人们过春节就不太登门拜年了，而是发送手机短信，这样更便捷、廉价、好玩，没想到短信业务为电信企业带来了巨大的商机，2003 年就获利一百多亿元。这次商机并非是过去传统企业组织内部战略设计或市场策划所致，而是一次彻底的来自企业组织之外的顾客的自发行动，企业仅仅是敏锐而快速地顺应了顾客的消费需求而已。

在越来越复杂的社会和商业世界里，决定企业商业命脉的因素，已经从企业组织内部转移到了企业外部的环境中。任何社会环境的变化、生活观念的转变以及新的生活方式的出现，都会给企业带来意想不到的巨大商机。在未来的不确定性面前，所有的企业霸权、行业障碍、技术壁垒，都变得如此的脆弱和不堪一击。传统的用来衡量企业的大与小、强与弱、先与后等所谓的优势或劣势，在不确定性面前都要重新洗牌。正是“不确定性”的存在，使得所有的企业站在了同一起跑线上——这是一个逐渐趋向于向企业提供商业平等发展机会的时代。

四、产业制胜战略的实现途径

前面说过，企业要想立于不败之地必须把握先机，挑战未来。这种战略理念怎样去实现呢？我们认为，有如下许多途径：

1．学会遗忘

一个企业必须忘掉过去的许多东西才能发现未来。学会遗忘并不是简单地把企业过去的业绩全部忘掉，而是指在不断接受现时新的知识的条件下，学会遗忘构成自己心智模式的基础条件，从而为改变个人的心智模式创造条件。构成个人或企业的心智模式的基础条件主要有以下几个：①过去工作生活过程中形成的价值观念、思维方式和行为习惯；②过去取得的经验才识以及关于这些经验才识所形成的概念；③过去常用的语言、符号等。企业或个人的心智模式一旦形成，就成为一种定式。这种定式决定了企业或个人在面对现在及未来的时候，总是自觉或不自觉地以自己的心智模式去理解、判断甚至深度去解决。然而当今各种环境因素和条件变化极快，导致了现在及未来中的某些方面及某些事与以前相比有了很大的变化，而且还产生了许多过去未遇见过的新事。此时，如果仍用传统的心智模式去认识和判断这些事，就有可能出现认识上的偏差和行为上的错误。当今企业改革的对象是一整套旧的生产经营管理制度及其背后的理念和原则。这一套东西是工业社会，尤其是早期工业社会的产物，曾经发挥过进步的作用，但越来越不适应知识经济时代的需要。因此，学会遗忘，形成新的心智模式，是迎接未来、把握先机的必要前提。

2．超越顾客导向

顾客都具有一种消费需求的本能欲望，尽管人们感知到自己的欲望，但对于选择什么样的商品或劳务来真实地满足这种欲望通常并不清楚。超越顾客导向的真正含义是引导顾客朝他们愿意却不自知的方向走，接受企业为他们准备的全新产品和服务，进而开创出新的产业。现实中的企业可以分为三类：第一类是企图将顾客引导到他们不愿去的方向；第二类是听从顾客的需求，了解顾客的需要并满足其需求；第三类是引导顾客未来的需求，把握产业先机。优秀的企业通常是第二和第三类企业，而真正能够把握未来的企业是第三类企业。这类企业通常并不十分重视市场需求的调查，而是花很大的力量来研究人的本性需求及欲望，研究在此基础上人类生活方式的基本变动趋势，并由此得出人们目前尚不清楚的但又是他们未来一定需求的产品和服务。要具备产业发展的预见能力，必须对生活方式、技术、产品统计数据和地缘政治方面的趋势具有深刻的洞察力和想象力，否则，就无法去引导顾客。

3. 搜寻未来需求的有效途径

（1）从现有需求的深化着手搜寻。现有的能够满足消费者需求的各种商品和服务，一定具有符合人类生存发展基本要求的一定功能，这种功能在每个商品和服务中大小不一，效用不一，作用方向不一。因此，现有商品所具备的功能实际上已为我们提供了搜寻未来需求变动的一个有效途径，即从分析现有的商品和服务在满足人的生存与发展本性要求的基本功能方面入手，进而找出这类商品和服务今后发展的空间，从而把握未来的需求。

（2）从现有技术进步的可能性着手进行搜寻。各类不同产业因其所提供的产品和服务的特性不同，因而其技术进步的方向和速率是不相同的。技术进步可能的空间大小不同，表明了这一类产品在满足人类本性与需求的功能及效用提升方面的可能性不同。一般而言，技术进步可能性小，则满足人类本性欲望和需求的功能及效用的提升方面的空间就小，反之亦然。因此首先应从现有产业及其所提供的商品或劳务的功能及效用构造出发，探讨在技术上改进的方向的可能性；其次，从现有产业所提供的商品或劳务的功能效用的满足方式来分析，探讨用不同技术和材料构造同等功能效用的替代品的可能；再次，依赖技术进步方向构造全新的产品和服务，以符合人类未来的需求。

4. 掌握行进路线

企业要抢先进入未来的市场，需要寻找现时与未来之间的最短路径。产业领先的行进路线可以划分为三个阶段：第一阶段是企业尽快争取在这一方面的知识上获得领导地位，提出产业远见，勾画出战略规划框架；第二阶段是抢先塑造及缩短由现在通往未来的路径，开发出发展新产业的生产技术；第三阶段是一旦新的商业时机成熟，且新的产业开始形成时，便积极扩大市场影响力并争取市场第一的位置。由于通往未来市场的通道或路径不止一条，企业还需考虑路径的选择与管理问题。比如索尼与松下在开发录像机时就选择了通往未来的不同技术进展路径。企业不仅应正确选择自己的行进路线，还可以运用多种策略，比如争取竞争对手加入自己的阵营，形成战略联盟，共同为形成未来的产业而努力，争取达到双赢。

5. 建立和发展核心能力

核心能力是企业独特拥有的、能为消费者带来特殊效用、使企业在某一市场上长期具有竞争优势的内在能力资源。核心能力通常是企业在一个领域从事管理与工作多年形成的，代表整个组织的长期积累，反映了这个组织的特点。一个企业要想在竞争中超过对手，就必须建立和发展核心能力。或集中企业资源从事某一领域的专业化经营，逐步形成自己在经营管理、技术、产品营销服务等诸多方面与同行的差异；或从竞争对手和市场空间中寻找机会，建立自己的比较优势。核心能力与产业先见有内在的逻辑联系：产业先见没有核心能力的支撑只会成为空想；有核心能力没有产业先见，可以生产出产品，但有可能没有发展前途或根本没有市场；有了产业先见，才会促使企业先于对手去建立核心能力。企业竞争简单来说可以分为三个阶段：首先是产业先见之争，其次是核心能力之争，最后才是市场地位之争，它们是环环相扣的过程。

除以上所述，要确立产业制胜的战略观还有许多具体的操作途径。比如：不是等到企业发生危机了，才去寻找商机，而是在企业兴旺时能居安思危；能打破既有市场观念和产品概念的束缚不断创新；保持孩童般的天真，培养强烈广泛的好奇心；向别的行业寻找榜样和借鉴，重视多样化整合等，其中奥妙，难以尽言。

实践证明，现有的产业由于其发育趋于成熟，同类企业实力已稳固，再在此产业市场上通过分割市场占有率所能争取的生存发展空间已十分有限，而且必须付出极大的代价。因此，企业要想生存和发展，必须寻找新的出路。

复习与应用

一、思考题

1. 古典战略的核心思想是什么？
2. 波特的竞争战略在哪些方面弥补了古典战略的不足？
3. 什么是产业先见？怎样才能有产业先见？
4. 怎样理解“全程竞争”的战略观？
5. 为什么说“商机蕴藏在未来的不确定性中”？

二、管理实务

相同的起点，不同的发展结局

企业成败的因素很多，但关键是战略选择。这可以从中国的巨人集团和美国的微软公司发展历程的比较分析中得以验证。

这两家企业都是民营或私营企业，都是靠电脑软件起家，创业时的经营条件十分相似。1989 年 8 月史玉柱和 3 个伙伴以仅有的 4 000 元人民币开始了巨人的创业，产品只有一种，即史玉柱自己开发出来的 M－6401 桌面排版印刷系统；不到 4 个月，就实现利润近百万元。随后两年内，巨人集团以软件业为根本，相继开发出 M－6402 文字处理系列产品及 M－6403 汉卡。到 1992 年底，销售收入近 2 亿元，实现纯利 3 500 万元，企业年发展速度 500%，规模和市场影响力越来越大，成为中国电脑行业及高科技企业的一颗耀眼新星，企业大踏步向创建之初所制定的“成为东方巨人，中国的IBM”战略目标挺进。

再考察一下美国微软公司，该公司由比尔·盖茨创建于1975年，当时加上雇员也只有4人，启动资金是3 000美元，按照中美两国的消费比价，与巨人的创业资金基本相当；新产品也只有一种BASIC电脑软件。微软公司的起初发展速度也十分惊人，到1977年底销售收入达到382万美元，年发展速度363%。

由此可以看出，巨人集团与微软公司创业条件十分相似。如果有什么不同的话，那就是两个企业所处的竞争环境不可同日而语：巨人成立时，国内的计算机及软件普遍处于起步阶段，竞争程度一般，当时只有北大方正、清华同方、联想集团、四通公司等为数不多的企业，且规模都不大。而微软创立之时，其国内计算机及软件产业已相当成熟，市场竞争十分激烈，当时的IBM、Intel、DEC、惠普、王安电脑等成百上千家公司，不但规模大，而且资金雄厚、技术实力强、产品品种繁多。

尽管创业的条件和起步发展十分相似，但后来两家公司的发展轨迹发生了很大不同：巨人集团自1996年走向了衰落，现今已到了破产、倒闭的境地，公司的创始人总裁史玉柱已从亿万富翁落魄到几乎身无分文的窘境；而微软公司日益壮大，一跃成为世界巨型高科技跨国公司，目前已垄断世界80%的软件市场，公司的创始人总裁比尔·盖茨也以200多亿美元的财富成为世界的首富。

微软公司：起初选择发展方向有两种可能，软件和硬件。但比尔·盖茨经过缜密分析认为，硬件发展竞争不过IBM、Intel甚至刚刚成立的苹果等公司，加上资本不足，最后微软公司选择了软件业。此后该公司一直依循这条产业路径，不断创新开发新产品，至1995年开发出200多种软件产品，包括霸占世界软件市场的Windows95。微软公司尽管后来财力猛增，市值达到全球各类公司的第六名，但始终没离开软件产业，也没有涉足他业。

巨人集团：起初也选择了软件产业，但财富迅速积累后，没能像微软公司那样向专一软件产业深化，而从1993年开始了企业经营战略的转移，实施多元化经营战略，企业同时涉足两个新行业：保健品和房地产。这一战略的选择是后来巨人集团走向衰落的转折点或关节点。

两种不同的战略选择必然导致两种不同的发展方式和结果。微软公司以产业深度化不断壮大与增强企业的实力和竞争力，巨人集团以产业的分散化经营日益失去竞争力和实力。比较而言，发展到1993年，巨人集团的资源已经与微软拉开很大距离，但却同时涉足电脑、保健品和房地产三个行业，使得企业的有限资源难以集中配置，导致软件这一本业难以获得充足的资源开发新产品，又由于78层巨人大厦工程不断抽掉保健产业的资金，使企业日益失去造血功能，也就必然导致产业日趋萎缩，市场竞争力逐步下降，加之管理混乱，房地产战略规划不合理，最终没能像微软那样走向辉煌。

三、案例分析

诺基亚的战略选择

诺基亚认为，必须从国际竞争的眼光来制定战略，让“现实的发展服从于理想”，地处芬兰的诺基亚才有可能成为国际市场的领导者。

诺基亚能够持续成功的秘密，在于它创造了自己的诺基亚之道（Nokia Way）——平衡“诺基亚领导”与“诺基亚管理”，创造自觉、激情和无所畏惧的企业文化。

没有人了解是知道诺基亚的人多还是知道芬兰的人多，但我相信知道诺基亚是芬兰一家公司的人，一定比知道芬兰的人要少。这至少说明，诺基亚其实已经是一个很国际化的公司了，人们并不介意它是芬兰的还是德国的，人们只知道它是全世界手机的领导者。

事实上，即使在芬兰，诺基亚也是没有地道芬兰特点的“另类公司”。1865年，诺基亚作为一个生产纸和纸浆的木材加工厂诞生。1917年，Nokia通过合并成为橡胶、电缆与电器制造商。1967年，诺基亚通过并购成为横跨造纸、化学药品、橡胶与电缆等产业的大集团。从20世纪80年代开始，诺基亚开始了它从多元化转向专业化的道路，并成功地在20世纪90年代成为移动通讯领域的全球领导者。

诺基亚的战略思想有着十分鲜明的“现实理想主义”色彩。早在1917年卡拉莫（Kari H. Kairamo）被任命为诺基亚CEO时，诺基亚给予他的使命就是使Nokia成为一家电气巨人。而作为CEO，卡拉莫认为，诺基亚必须用国际化的眼光来制定诺基亚的业务战略，才有可能使诺基亚成为真正的巨人。虽然到1987年，诺基亚的净收入中已经有65%来自国外，但卡拉莫认为这并不足以支撑诺基亚成为“国际巨人”。他认为诺基亚必须用国际竞争的眼光来制定战略，让“现实的发展服从于理想”，地处芬兰的诺基亚才有可能成为国际市场的领导者。

正是在这种远景指导下，诺基亚开始了它的专业化之路。

首先，诺基亚对自己的业务进行了精心分析，将当时还很小的移动通讯业务放到最重要的位置上来，并将自己的未来定位于移动通讯，开始收缩战线，集中力量于一点。

1980年，诺基亚的业务结构是电子行业占4%，化学占2%，机械占3%，电器批发占6%，移动电话占10%，电信占10%，动力占2%，橡胶占4%，信息系统占21%，电缆占11%，消费类电器占27%。到2000年，诺基亚的业务结构为：移动电话占72%，电信基础设施占25%，其他占3%。

“在同一时间内能够将增长、国际化、保持活力、超速发展融为一体。”这是业界对诺基亚专业化道路成功的评价，而做到这一点的关键，是所谓的诺基亚之道（Nokia Way）。它由两个部分组成：

第一部分：诺基亚管理特点是“以事实（facts）为基础”。这一“事实”包括三要素：①清楚的目标；②共同的管理原则与工具；③共享的标准化流程。诺基亚认为，建立在事实上的管理，是商业操作、战略实施、计划与组织、变革管理与品质等操作因素得以不断优化的前提。

第二部分：诺基亚领导特点是“以价值（value）为基础”。这一“价值”包括四要素：“客户满意、尊重个体、开拓进取、不断学习”。诺基亚认为，建立在价值上的领导，是速度、时间、开放、团队、谦逊、义务与责任、激励与容忍等文化因素得以不断优化的前提。

按照诺基亚 CEO 奥里拉的说法，诺基亚的“硬件”是共同的愿景、组织、流程与原则，而“软件”则是精神、信任、激情与价值观。所以他相信诺基亚能够持续成功的秘密，在于有效地平衡“诺基亚领导”与“诺基亚管理”，创造了自觉、激情和无所畏惧的企业文化。

我们认为，诺基亚成功的经验，在很大程度上提示了专业化道路成功的必要条件。在战略层面上，我们将诺基亚成功的经验总结为下面三点：

第一，必须从国际竞争背景与趋势来定义业务选择模型，进而淘汰那些没有发展潜力的业务，集中力量于有国际竞争力的新兴业务，从而使公司获得持续加速成长的资格，避免日本公司那种“只埋头拉车（创造了第一流的效率），不抬头看路（没有战略，从而被新的产业变革抛弃）”的教训。很显然，诺基亚的成功首先是战略的成功，比如诺基亚在 20 世纪 90 年代即将自己定位为一个移动通讯的领导者，从而将沾沾自喜的摩托罗拉拉下领导位置。而在 2000 年，诺基亚又将自己定位于“将因特网带给每个人”，此时感到危机的可能就是仍然不可一世的微软了。

第二，必须拥有自己的“公司之道”，这个公司之道不仅包括管理的策略，而且要有人性化的文化基点，从而使公司保持一个完整的管理系统，使公司的管理系统能够持续激励员工去勇于承担责任和创新。比如诺基亚之道对管理与领导之间平衡的强调，并在此基础上构造公司文化。

第三，必须强调公司品牌而不是产品品牌，强调消费者而不是产品，强调创新而不是技术优势，从而使公司的竞争优势建立在持续的“资源”上。产品可以衰竭，但只要公司品牌还在，消费者仍然在，创新精神还在，公司就能够获得再生的能力。

问题：

1. 诺基亚为什么要从多元化战略向专业化战略转变？
2. 试分析一个你所熟悉的多元化战略成功的企业。

我怎样赚韩国人的钱

2002 年 5 月 30 日，湖南小伙蒋超来到了韩国釜山。当天夜里，成千上万的韩国人围在釜山市的中心广场观看正在转播的世界杯足球赛开幕式，他们挥舞着韩国的国旗，一些球迷手中还挥动着仿制的“大力神杯”。蒋超凑上去用刚刚学会的韩国语问一个手拿“大力神杯”的球迷多少钱一个，球迷告诉他要5万韩元（按人民币与韩元比值约1∶140计算，约合人民币360元），蒋超心中一动：这种铜制品又重又贵，最关键的一点是保安还不让带进比赛现场，自己何不用塑料泡沫仿制一下？

蒋超买回原料和工具，关在宾馆里一心一意做起了他的“世界杯”。等到6月4日韩国队与波兰队的比赛开始前，他已经赶出了152只惟妙惟肖的“大力神杯”。他雇了一个当地人同他一起将这些“大力神杯”拉到釜山体育场的入口处叫卖，每只1万韩元。

开赛第25分钟，韩国老将黄善洪就打破僵局，体育场内欢声雷动，蒋超凭直觉感到韩国队今天会大胜，他当即叫雇来的那人火速去收购附近商场里所有的韩国国旗。比赛结果证明蒋超的判断是正确的，韩国队以2∶0干脆利落地打败了欧洲劲旅波兰队。疯狂的韩国球迷冲出球场，激动不已地开始庆祝，蒋超摆放在那儿的韩国国旗和“大力神杯”被一抢而空，净赚1 000万韩元。

首战告捷，更坚定了蒋超“赚韩国人钱”的信心。第二天，他立马赶赴韩国队第二轮比赛的城市大丘。女友小娜也赶来大丘与他会合。两人夜以继日地赶制塑料泡沫“大力神杯”，到6月10日中午，他们已完成了283件作品。这次不等比赛结束，蒋超准备的东西就早早卖光了，他的成本价才25韩元的“大力神杯”最高卖到了15万韩元！

比赛结果让世界震惊，韩国人史无前例地闯进了四强。韩国上下迅速掀起造神运动；荷兰人希丁克成了他们心目中的神。蒋超意识到新的商业机遇来了，他毅然决定放弃制造“大力神杯”（此时已有十余名韩国商人在做这笔生意了），转而专门制作、贩卖希丁克塑像，他们制作的希丁克石膏像非常抢手，最高卖到了8万韩元一尊。最让蒋超吃惊的是，三四名决赛后，现场大屏幕上显示韩国总统金大中的手里居然拿着一件蒋超的作品——希丁克的石膏塑像！

日前，回到国内的蒋超在接受记者采访时感叹：“世界杯为所有的人都提供了巨大的商机，通过这次令人难忘的海外赚钱经历，我明白了一个简单的道理：只要肯动脑筋，留心时势，生活中时时处处有商机啊！”

问题：

怎样理解“商机蕴藏在未来的不确定性中”？

组　织

组织是管理的基本职能之一。在计划职能确定了组织的具体目标，并对实现目标的途径作了大致的安排之后，为了使人们能够有效地工作，必须设计、建立并维持一种组织结构。劳动分工、指挥统一、权责对等、层幅适当、人职结合和部门优化是组织设计的基本原则，但同时也受诸多相关因素的影响。在管理实践中，只有同组织目标相适应的结构形式，才是有效的组织结构。另外，随着企业外部环境和内部条件的不断变化，必须对原有组织不断进行变革和发展，只有主动变革和发展的组织才会充满活力，不断发展壮大。

第一节　组织的类型

什么是组织？在管理学中，组织作为管理的一项职能，是决定工作结构和分配的过程，是为了执行计划、实现目标而对人力、财力、物力等资源在空间和时间上进行调配的过程。被称之为现代管理理论“鼻祖”的巴纳德（C. I. Barnard）将组织定义为“有意识地加以协调的两个或两个以上的人活动或力量的协作系统”。一些学者将组织区分为有形和无形，即组织机构与组织活动。其中作为组织活动结果的无形组织的概念，有别于作为有形实体（如工商组织、事业单位、政府部门等机构或组织）存在的“组织”概念。为区别起见，人们通常将有形组织体称作组织机构，而将那种无形的、作为关系网络或力量协作系统的组织称作组织活动。

一、正式组织与非正式组织

按组织的形成方式，组织可以分为正式组织与非正式组织。

我们在企业、学校或是在政府行政机关，总能发现这样的现象：一方面存在着等级严明的组织结构，人员按照一定的程序被安排到一个一个的科室，这部分人除非经主管部门或主管人员按照一定的程序批准同意外，一般不能随意调换科室；另一方面也存在着并非根据一定程序而由一定人数组成的或紧密或松散的群体。就是说，组织在组织体中一般有两种存在形式：前一种被称之为正式组织，后一种被称之为非正式组织。如图 7－1 所示。

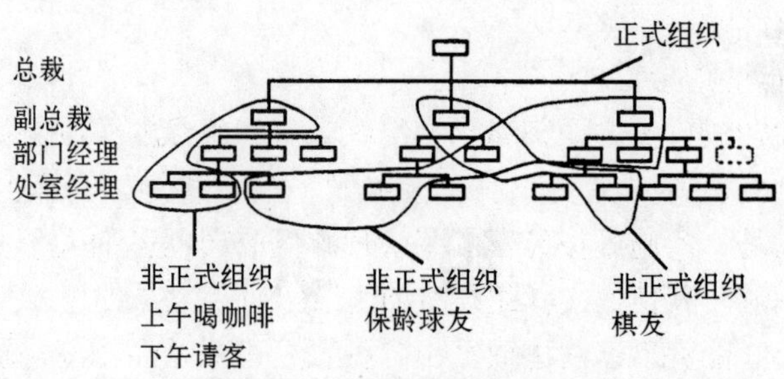

图 7－1　正式和非正式组织

非正式组织与正式组织相比，具有如下特点：非正式组织是由人们在一定的互相联系中自发形成的个体和社会关系的网络；非正式组织往往没有准确的组织名称、结构和清楚的上下级关系，初步接触很难辨认出来；非正式组织中起作用的，更多的是非理性的、无意识的、心理的因素，它通过感觉、情感、个性特征等因素，对人们的品格和行为产生潜移默化的影响。

非正式组织是伴随着正式组织的运转而形成的，正式组织与非正式组织的成员是交叉混合的。非正式组织的存在及其活动既可能对正式组织的目标的实现起到积极促进作用，也可能对正式组织的目标实现产生消极的影响。所以，正式组织的目标的有效实现，要求积极利用非正式组织的积极作用，努力克服和消除它的不利影响。

二、实体组织与虚拟组织

组织的最初形态就是实体组织。虚拟组织，只是社会及组织发展到一定阶段才出现的产物。特别是自从数字化网络出现之后，虚拟组织更是成为一般的学术名词及操作术语并为大众所认同接受。虚拟组织虽然不是因为国际互联网的出现才产生，但只有在国际互联网出现才得以全方位的发展。国际互联网、传统意义上的邮政网、电信网（包括电话、电报、传真等）等都曾经导致一定程度和数量的虚拟组织的产生。

实体组织与一般意义上的组织为同义词。虚拟组织不同于实体组织，主要体现在以下几个方面。

1．组织结构的虚拟性

从企业组织的法人地位来看，实体组织具备经济法人资格，虚拟组织则一般不具备法人资格。从企业组织的结构特征来看，传统意义上的实体组织呈金字塔型，管理幅度由于受人自身能力的限制而不可能过大。20 世纪早中期一般为 4～8 人，甚至更窄。随着人们能力的加强及素质的提高，到中晚期一般为 8～12 人。据 1990 年的材料，美国前 500 家大公司所设的经理阶层多达 11～14 层。现代意义上的实体组织借助数字化技术超越于人自身力量限制，将传统实体组织中的中间层次的功能逐渐由计算机处理所替代，管理幅度大大加宽，整个组织结构由高耸型转变为扁平型。虚拟组织结构的典型特征是网络型，管理幅度将更大限度地扩大，而且富有弹性。

2．构成人员的虚拟性

实体组织的构成人员主要归属于该组织，虚拟组织的构成人员则主要不归属于该组织。大学的教师，主要归属于某大学，但有可能以个人的身份在校外兼职。与此相反的是，实施虚拟经营的某管理顾问公司的咨询人员，大多不归属于该公司，而是归属于其他的实体组织（如某大学）。人员的虚拟性，优点在于人力资源成本较小、能够迅速网进或网出各种人才，流动性较好；缺点在于人员不稳定，真正高层次的人员或能够给企业带来重大效益的人员很难尽全力为企业服务，人员短期行为严重等。

3．办公场所的虚拟性

实体组织，一般都有较为固定的集中的办公场所，员工也大都在统一的办公场所上下班。虚拟组织则相反，它基本上没有集中的办公场所，员工的办公场所依员工自己的要求自行安排，在虚拟组织中，员工有可能在自己家里办公，也可能在旅行途中办公。虚拟组织注重绩效，至于办公场所则由员工根据自己的条件作出合理的选择。显然，办公场所的虚拟化，既增加了组织设置的弹性，又节省了配置办公设施的费用。当然，虚拟组织办公场所的虚拟化，也带来了一系列的问题，最突出的就是员工之间的沟通难以有效地进行。

4．核心能力的虚拟性

企业核心能力是获得竞争优势的决定因素。企业核心能力的培植及强化，传统的思路及做法基本上是依靠内部发展，这样必然因速度、资本、技术等约束而制约着企业很难大幅度、全方位地提高核心能力。其实，培植及强化企业核心能力还可以走另一条路，即依靠外部能力。这就是说，企业可以借助现代电子信息技术，将其他企业的核心能力网络进来，以自身核心能力为核心形成基于自身核心能力之上的网络核心能力。由于网络核心能力的弹性网络性，就使得网络核心能力具有相对于实体核心能力的易重组、高速度、低成本等特性。

三、机械式组织与有机式组织

机械式组织也称官僚行政组织，是综合使用传统设计原则的产物。具有高度复杂性、正规化和集权化的官僚行政组织。组织内坚持统一指挥，每一个人只受一个上级的控制和监督，管理幅度较窄，管理层次多，形成一种高耸的、非人格化的结构。当组织的高层与低层距离日益扩大时，无法对低层次的活动通过直接监督来进行控制，就会增加使用规则条例，并确保标准作业行为得到贯彻。

有机式组织是一种松散、灵活，具有低复杂性、低正规化和分权化的适应性组织。它没有标准化工作程序和规则条例，保持低度的集权化。提倡组织内职业人员的自主管理，促使主动性、积极性和创造性的发挥。一般来说，有机式组织有如下两个特点：

1. 非标准化

有机式组织也进行劳动分工，但人们所做的并不是标准化的。员工所受的教育已经能把职业行为作为习惯，所以不需要多少正式的规则和直接监督。

2. 低集权化

有机式组织保持低程度的集权化，就是为了使职业人员能对问题作出迅速反应；另一方面也因为，人们并不能期望高层管理者拥有作出必要决策所需的各种技能。如表7－1所示：

表7－1　机械式组织与有机式组织的区别

机械式组织	有机式组织
严格的层级关系	合作（纵向和横向）
固定的职责	不断调整的职责
高度的正规化	低度的正规化
稳定的环境	动态的环境
集权的决策	分权的决策

在一定情况下，机械式组织比有机式组织更富有效能，如果任务稳定明确且不随时间改变，则机械式组织较好；但在其他情形下，有机式结构可能发挥更大作用，如环境是动态的，要求组织内部结构频繁变动；任务尚未定型并成为例行性工作；人们寻求自主、开放、多样和变革，寻求开拓新途径的机遇等情况。

第二节　组织的结构形式

组织结构是描述组织的框架体系。人的骨骼结构决定了人的体型，组织亦是由结构决定其形状。组织结构可以被分解为三种成分：复杂化、正规化和集权化。如果将组织结构的三大部分进行结合和匹配，可以创造出各式各样的组织结构形式。

一、基本的组织结构形式

1. 直线型组织

直线型是一种低复杂性、低正规化和高集权式的组织结构形式。其领导关系按垂直系统建立，不设专门的职能机构，自上而下形同直线。如图7－2所示。

图7－2　直线型

直线型结构的优点是：结构简单，指挥系统清晰、统一；责权关系明确；横向联系少，内部协调容易；信息沟通迅速，解决问题及时，管理效率比较高。其缺点是缺乏专业化的管理分工，经营管理事务依赖少数几个人，要求全才，但这是很难做到的。尤其是在企业规模扩大时，管理工作量会超过个人能力所能承受的限度，不利于集中精力研究企业管理的重大问题。因此，直线型的适用范围是有限的，它只适用于那些规模较小或业务活动简单、稳定的企业。

2. 直线职能型组织

直线职能型是一种以直线结构为基础，在经理领导下设置相应的职能部门，实行经理统一指挥与职能部门参谋、指导相结合的组织结构形式。如图 7 – 3 所示。

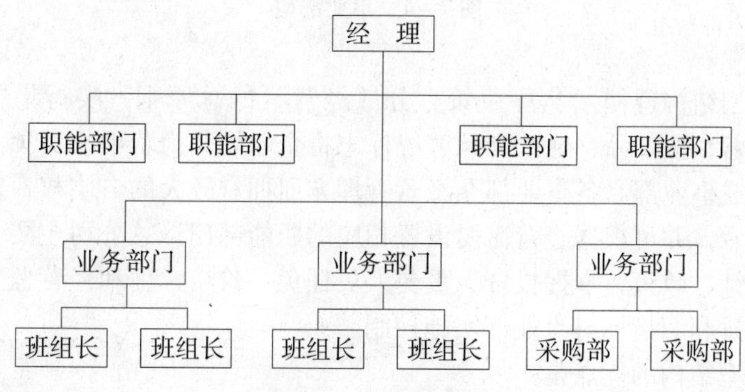

图 7 – 3　直线职能型

直线职能型的特点是：

（1）经理对业务和职能部门均实行垂直式领导，各级直线管理人员在职权范围内对直接下属有指挥和命令权力，并对此承担全部责任。

（2）职能管理部门是经理的参谋和助手，没有直接指挥权，其职责是向上级提供信息和建议，并对业务部门实施指导和监督，因此，它与业务部门的关系只是一种指导关系，而非领导关系。

直线职能型结构的优点是：直线职能型是一种集权和分权相结合的组织结构形式，它在保留直线型统一指挥优点的基础上，引入管理工作专业化的做法。因此，既能保证统一指挥，又可以发挥职能管理部门的参谋指导作用，弥补领导人员在专业管理知识和能力方面的不足，协助领导人员决策。

但是这种组织结构也有如下缺点：权力集中于最高管理层，下级缺乏必要的自主权；部门间缺乏沟通交流，难以集思广益作决策；各职能部门之间的横向联系较差，易产生脱节与矛盾；参谋部与直线指挥部间因目标的不一致，易产生矛盾；信息传递路线长，应变性降低。

直线职能型组织广泛适用于中小型企业。

3. 事业部型组织

事业部型也称分权制结构，是一种在直线职能型基础上演变而成的现代企业组织结构形式。如图 7 - 4 所示。

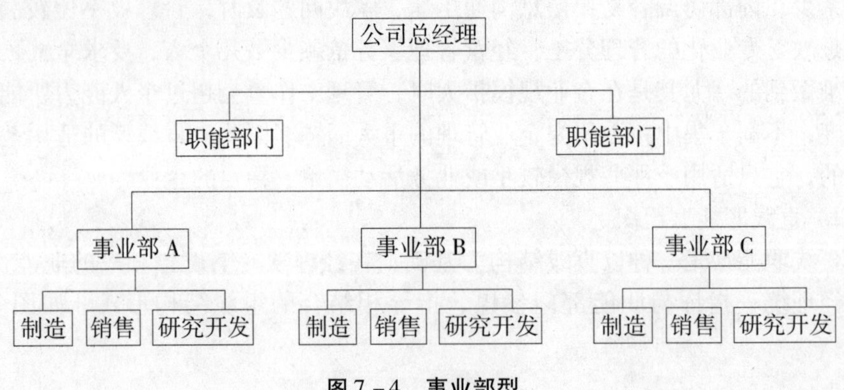

图 7 - 4　事业部型

事业部型结构遵循"集中决策，分散经营"的总原则，实行集中决策指导下的分散经营，按产品、地区和顾客等标志将企业划分为若干相对独立的经营单位，分别组成事业部。各事业部在经营管理方面拥有较大的自主权，实行独立核算、自负盈亏，并可根据经营需要设置相应的职能部门。总公司主要负责研究和制定重大方针、政策，掌握投资、重要人员任免、价格幅度和经营监督等方面的大权，并通过利润指标对事业部实施控制。

事业部型结构的优点是：

（1）权力下放，有利于最高管理层摆脱日常行政事务，集中精力于外部环境的研究，制订长远的全局性的发展战略规划，使其成为强有力的决策中心。

（2）各事业部主管摆脱了事事请示汇报的框框，能自主处理各种日常工作，有助于加强事业部管理者的责任感，发挥他们搞好经营管理的主动性和创造性，提高企业经营适应能力。

（3）各事业部可集中力量从事某一方面的经营活动，实现高度专业化，整个企业可以容纳若干经营特点有很大差别的事业部，形成大型联合企业。

（4）各事业部经营责任和权限明确，物质利益与经营状况紧密挂钩。

主要缺点是：容易造成组织机构重叠，管理人员膨胀现象；各事业部独立性强，考虑问题时容易忽视企业整体利益。

事业部制结构适合那些经营规模大、生产经营业务多样化、市场环境差异大、要求较强适应性的企业采用。

4. 矩阵型组织

矩阵型组织由横纵两个管理系列组成，一个是职能部门系列，另一个是为完成某一临时任务而组建的项目小组系列，纵横两个系列交叉即构成矩阵。如图 7 - 5 所示。

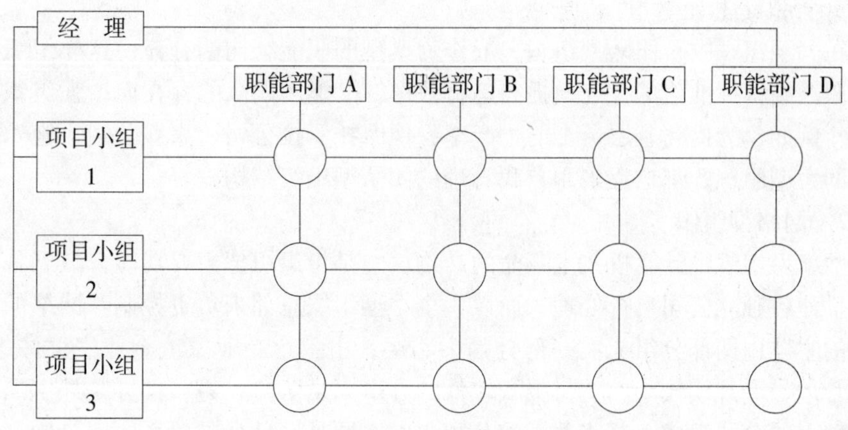

图 7－5　矩阵型

矩阵型组织的最大特点在于其具有双道命令系统，小组成员既要服从小组负责人的指挥，又要受原所在部门的领导，这就突破了一个职工只受一个直接上级领导的传统管理原则。矩阵型组织具有四个方面的优点：

（1）将企业横向联系和纵向联系较好地结合起来，有利于加强各职能部门之间的协作和配合，及时沟通情况，解决问题。

（2）能在不增加机构和人员编制的前提下，将不同部门的专业人员集中在一起，组建方便。

（3）能较好地解决组织机构相对稳定和管理任务多变之间的矛盾，使一些临时性的、跨部门性工作的执行变得不再困难。

（4）为企业综合管理和专业管理的结合提供了组织结构形式。

但是，矩阵型组织关系比较复杂，一旦小组与部门发生矛盾，小组成员的工作就会左右为难。此外，有些小组成员可能会被原有工作分散精力，受临时工作观念影响。

矩阵型组织适合需要对环境变化作出迅速反应而一致行动的企业。如咨询公司、广告代理商。

二、新型的组织结构形式

1．团队型组织

所谓工作团队，就是指一种为了实现某一目标而由相互协作的个体组成的正式群体。当管理人员动用团队作为协调组织活动的主要方式时，其组织结构即为团队型组织。这种结构形式的主要特点是，打破部门界限，可以快速地组合、重组、解散，促进员工之间的合作，提高决策速度和工作绩效，使管理层有时间进行战略性的思考。

在小型公司中，可以把团队型组织作为整个组织形式。例如，有一家 30 人的市场公司，全按团队来组织工作，团队对日常的大多数操作性问题和顾客服务问题负全部责任。

在大型组织中，团队型组织一般作为典型的职能结构的补充，这样组织既能得到职能结构标准化的好处，提高运行效率，又能因团队的存在而增强组织的灵活性。例如，为提高基层员工的生产率，像摩托罗拉公司、惠普公司、施乐公司这样的大型组织，都广泛采用自我管理的团队型组织结构。

2. 网络型组织

网络型组织是计算机技术革命的产物。它是指组织把主要功能分散到各独立公司，让各独立公司自行处理，而以一个小型组织总部来负责控制。网络的组织模式的主体由两部分组成：一部分是中心层，由单个企业家或企业家群体组成，直接管理一个规模较小、支付报酬较低的办事人员队伍；另一部分是外围层，由若干独立的公司组成，这些独立的公司与中心层是一种合同关系，而合同又经常变更，呈现出极大的不稳定性。中心层与外围层之间通过电话、传真机、计算机网络、昼夜交换服务和律师等手段进行联系。因此一家工业公司可以从事制造业而不必有自己的工厂。如图 7 - 6 所示。

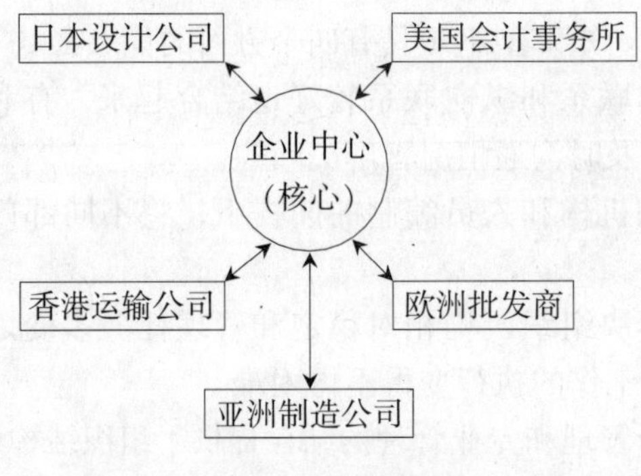

图 7 - 6　网络型

网络型结构对于刚开业的制造业是一种特别有效的手段，它可以使风险和投入大大降低。但是管理当局必须很好地发展和维持与供求双方的关系，如果与之相关的任何一家公司不履约，这家网络型组织就会经营失败。

在国际性营运方面，网络型组织也非常有效。香港就出现了很多与内地合作的公司：香港的写字楼依靠电话、电脑、传真机等作为联络工具；生产方面以合约形式交给国内厂家负责；运输方面与运输公司合作，将货品运输至外国，再与外国总经销商签约，由它负责当地的批发工作。所谓公司，其实是专注接洽工作而非生产及销售的机构。

这种组织类型的最大好处，就是有助于增强企业组织在国际市场上的竞争力。另外，网络组织有助加强企业的灵活性，因为公司可以按需要与不同类型的公司签约，使用其服务，而无须负担沉重的人事及固定开支。同时，组织可以不断变动去迎合新产品及市场机会，因此极具弹性。

网络型组织比较适合玩具和服装制造企业，因为该类企业都需要相当大的灵活性，以便对时尚的变化作出迅速的反应。网络组织也适用于那些需要廉价劳动力的生产企业，这一点可以通过与劳动力低廉国家的供应商签订合同来实现。不过，网络结构的管理者由于对生产活动缺乏控制力，容易出现产品的质量难以保证的问题，而且，其设计创新易被窃取，因为将创新产品交给其他企业生产的同时保证不泄密是很困难的。

随着计算机技术的发展，网络组织与其他组织直接进行交流愈来愈便利，网络型组织结构日益成为一种可行的组织设计形式。

三、组织结构的辩证法

由上述可见，各种组织结构形式都是利弊共存的。每一个企业都必须从实际出发，在综合分析各种因素作用的基础上，选择一种形式或综合几种形式，以形成适合自身特点的组织结构。但是，企业不论选择何种组织结构形式，都会面临一系列客观存在的矛盾冲突，如集权与分权、集中与分散、调和与对立、效率与战略、稳定与革新。

1. 集权与分权

从一定意义上说，组织结构选择就是要对集权和分权作出选择，如事业部型趋向于更多的分权，而直线型则强调更多的集权。但是，集权与分权又是相对的。集权有助于统一指挥、统一行动，分权有助于发挥下级的主动性和创造性，两者各有其可取之处。因此，任何组织都不可能取绝对的集权与分权的度，并在集权与分权之间保持适当的平衡。这是协调组织内部各种矛盾、保持组织与环境平衡的一个重要方面。

2. 集中与分散

分散有助于各部门根据自己所承担的任务自主地、独立地作出决策，把该部门的工作做精做细。但是，组织作为一个有机整体，必须以整体最优为首要标准，而不能仅仅追求局部最优，因而必须有相当程度的集中。但是，集中和分散同样也是很难平衡的。

3. 调和与对立

组织作为一个有机整体，为了创造良好的合作关系，促成组织的一体化，必须注意对各种矛盾、利害冲突的调和。但调和要有一定限度，无限制的调和实质上是妥协，往往以牺牲组织原则为代价，会损害组织的健康。一定程度的矛盾、对立、竞争关系的存在，不仅有利于组织正常履行职能，而且有利于增强企业的整体竞争能力，避免保守与退化，不断创新。调和与对立之间的分寸如何掌握，也是组织工作的一个难题。

4. 效率与战略

战略强调长期的、面向环境的方面，效率则强调短期的、面向组织内部的方面。两者有一致的一面，也有矛盾的一面。能否既满足战略的要求，同时也合乎效率标准，也是管理者面临的一个难题。

5. 稳定与创新

即使在选择时是合理的组织结构形式，也会随内部条件和外部环境的变化而发生相应的变化。组织结构的这种自我调整和完善，不失为一种能动的、长期的平衡方法。

第三节　组织设计

组织设计，一方面体现了存在可以遵循的一般性基本原则，这些原则为企业设计既有效率又有效果的组织提供强有力的指导作用。另一方面体现了组织设计因受企业其他相关因素的影响，并不存在一种唯一的“理想的”组织设计适合于所有的组织，每个企业必须找到适合企业自身情况的理想设计。

一、组织设计的一般原则

1. 目标—任务原则

组织设计以组织战略、目标和任务为依据。根据这一原则，组织设计应当因事设职、因职设人。

2. 分工—协作原则

分工是指将整体功能划分为若干类别的功能单位，分别由相应的人专门从事一项或少数几项功能，使得个人专项技能得以强化和组织整体绩效得以提高。分工原则表明，一个人可以不必什么技能都要去掌握，而只需掌握一项或少数几项技能并使之达到相当熟练的程度，这样在一定分工的基础上加强合作，就可以极大地提高企业经营绩效。分工明晰是指人员对自己所承担工作的责任、权利以及由此带来多少利益的明白了解。分工明晰，一方面对每个员工而言，有助于员工对业务性质、自己所从事工作的职责、所从事工作能获得的收益等都有一个明晰的认识；另一方面对员工团体而言，每一员工的责权利方面的信息都应该成为准公共知识，也即任一员工对其他员工的责权利均有较为明晰的了解。这样，员工就可根据明晰的责权利关系来从事企业中程序化的工作，而不必处于茫然状态，事事都要请示。但组织效应必须依靠协作取得。兼顾分工和协作，这就要求在观念上要有整体的目标和共同奋斗的意识；在制度上应明确分工的责任和协作的义务；在组织形式上，应将分工和协作结合起来，分工协作是使组织协调和具有激励性的保证。

3. 统一领导、分级管理原则

组织的方针大计、重要决策与权力应当集中在高层，而对于日常经营管理，权力则应逐级下放，实行例外管理，即上级只负责处理下级处理不了的、事关整体的问题，凡属下级管辖范围的事情，应由下级全权处理。只有实行统一领导，才能保证组织协调；只有分级管理，才有利于发挥各级组织成员的积极性和创造性，才能保证组织高效、灵活。

4．指挥统一原则

指挥统一原则，是古典学者们的主张，意思是指每个下属应当而且只能向一个上级主管直接负责。其一是一个下属只能接受一个上级的指挥，其二是一个下属只能向一个上级汇报工作。如果出现一个下属同时接受两个甚至更多上级的指挥，就有可能出现下级无所适从的状况。

指挥统一是组织工作中的一条重要原则。组织内部的分工越细、越深入，指挥统一原则对于保证组织目标的实现的作用越重要。只有实行这条原则，才能防止政出多门，遇事互相扯皮、推诿，才能保证有效地统一和协调各方面的力量和各单位的活动。

5．权责对等原则

权责是指职权和职责。职权是指管理职位所具有的发布指令和希望指令得到执行的一种权力。职责是指对应职权应承担的相应责任。每个管理职位都具有某种特定的、内在的权力，任职者可以从该职位的等级或头衔中获得这种权力。因此，职权是与一定的职位相关的，而与担任该职位的具体个人的特性没有关系。明确地说，职权与任职者之间没有任何直接的关系。比如，“国王死了，国王万岁”这句话就很形象地说明了这个意思。任何任职者离开原职位，都表明该任职者已不再享有该职权的任何权力。简单地讲就是，人离开了，但职权仍保留在原职位内。

权责对等原则就是说，一定的职权应当与一定的职责相一致，有权无责必滥用职权；有责无权，必难尽其责。权责相等是发挥组织成员能力的必要条件。

6．精干原则

组织尽可能简单，层次尽可能少，人员尽可能精。这样才能使组织成员有充分施展才能的余地。

7．有效管理幅度

管理幅度（或称管理跨度）是指一名上级领导直接领导下级的人数。管理幅度同管理层次相互联系、相互制约。管理层次是指挥系统分级管理的各个层次。管理幅度与管理层次两者成反比关系，即幅度宽对应层级少，幅度窄对应层级多。

一名领导人员因受其精力、知识、经验等条件的限制，能够有效地领导下级的人数是有限度的。超过一定限度，就不能做到具体有效的领导。在计算机技术广泛应用以前，管理学学者经过调查研究后发现，在组织结构的高层，管理幅度一般为4～8人，低层一般为8～12人。当然也有人认为，低层幅度甚至可达20～30人。管理幅度的宽、窄与管理层级的少、多各有其优缺点。如表7－2所示。

表 7－2　不同管理幅度的优缺点对比

	窄管理幅度	宽管理幅度
优点	指挥协调能力强	迫使上级授权
	严密的控制	必须制定明确的政策
	上下级之间联络迅速	必须谨慎地选择下级人员
缺点	上级往往过多地参与下级的工作	上级负担过重，容易成为决策的“瓶颈”
	管理的多层次及多层次引起的高费用	上级有失控的危险
	最低层与最高层之间距离过长	要求管理人员具备特殊的素质

任何组织都需要解决主管人员直接指挥与监督下属人员的数量问题，但在不同的组织中，每位主管直接管辖的下属数量却往往是不同的。这就需要我们研究影响管理幅度的因素是什么。根据许多管理学家所进行的大量实证研究，影响管理幅度的因素主要有：

（1）主管人员与其下属双方的素质和能力。凡受过良好训练的下属，不但所需的监督比较少，而且不必时时、事事都向上级请示汇报，这样就可以减少与其主管接触的次数，从而增大管理宽度。同样道理，素质和能力均较强的主管人员能够在不降低效率的前提下，比在相同层次担任类似工作的其他主管人员管辖较多的人员而不会感到过分紧张。

（2）面对问题的种类。主管人员若经常面临的是较复杂、困难的问题或涉及方向性、战略性的问题，则直接管辖的人数不宜过多。反之，若主管人员面临的是大量日常事务，已有规定的程序和解决方法，则管辖的人数可以较多一些。

（3）工作任务的协调。工作任务相似及工作中需协调的频次较少，则宽度可加大，组织层次也可减少。

（4）授权。适当的和充分的授权可以减少主管人员与下属之间接触的次数和密度，节约主管人员的时间和精力，以及锻炼下属的工作能力和提高其积极性。所以，在这种情况下，管辖的人数可适当增加。不授权、授权不足、授权不当或授权不明确，都需主管人员进行大量的指导和监督，效率不会高，因而宽度也不会大。

（5）计划的完善程度。事前有良好的计划，使工作人员都能明了各自的目标和任务，可减少主管人员指导及纠正偏差的时间，那么管辖的人数就可以多一些，反之则不然。

（6）组织沟通渠道的状况。组织沟通渠道畅通，信息传递迅速、准确，所运用的控制技术比较有效，对下属的考核制度比较健全，在这种情况下，管理宽度可考虑加大一些。

随着计算机技术的日益成熟和广泛应用，有关组织结构管理幅度与管理层级的理论也发生了革命性的变化，最突出的体现就是组织中的中层功能正逐渐由计算机来处理完成，使得管理幅度变宽和管理层级变少，组织也日益由高耸型走向扁平化。

8. 部门化原则

组织设计，很大一部分是将管理职能部门化。部门是组织的细胞，部门设置直接关系着组织的健康和运作绩效。部门化就是将整个管理系统分解并再分解成若干个相互依存的基本管理单位。一般来说，组织设计中经常关注的部门化原则有：职能部门化、产品部门化、过程部门化、区域部门化、顾客部门化等。

（1）职能部门化是根据业务活动的相似性来设立管理部门。判断某些活动是否相似的标准是活动的业务性质是否相近、从事活动所需的业务技能是否相同、活动的进行对同一目标（或分目标）的实现是否具有密切相关的作用，如财务、制造、行政、人事、营销等被认为是企业的基本职能。如图 7－7 所示。

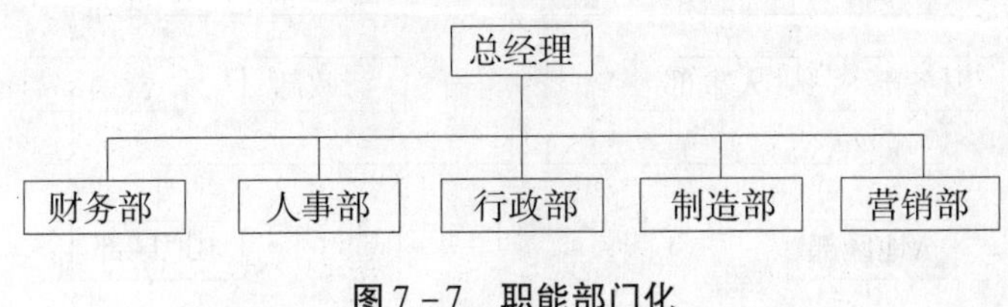

图 7－7 职能部门化

（2）产品部门化是根据企业产品类别不同来设立部门。产品部门化并不是说，企业有多少种产品就设立多少个部门，而是就其主要产品而言的。在产品部门化中，每一产品部都拥有多种职能部门，如 A 产品部，部内设有制造部、营销部、财务部等。如图 7－8 所示。

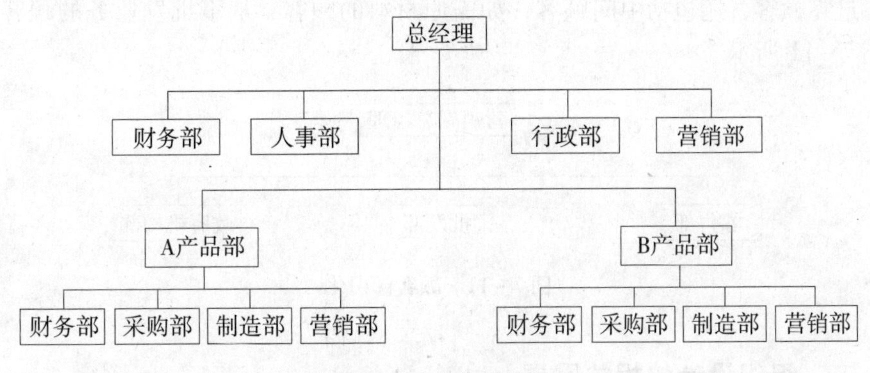

图 7－8 产品部门化

（3）过程部门化是按提供产品或服务的过程来设立管理部门。如图 7－9 所示。

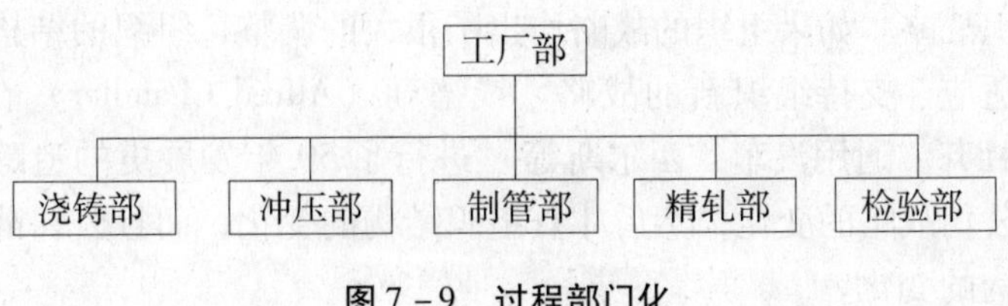

图 7－9 过程部门化

（4）区域部门化是根据地理因素来设立管理部门，把不同地区的经营业务和职责划分给不同部门的管理者。区域部门化的主要原因，曾经是交通不便和信息不灵。随着交通条件的极大改善、电信技术与网络技术的极大发展，这方面条件的限制已经微不足道。相反，原来人们不太关注的人文环境愈来愈上升为主要原因。人文环境的差异，常常导致人们消费习惯、产品要求等方面的不同。因而，根据人文环境的不同来设计产品、安排生产、完善营销等就成为企业跨区域经营的必然要求。如图 7－10 所示。

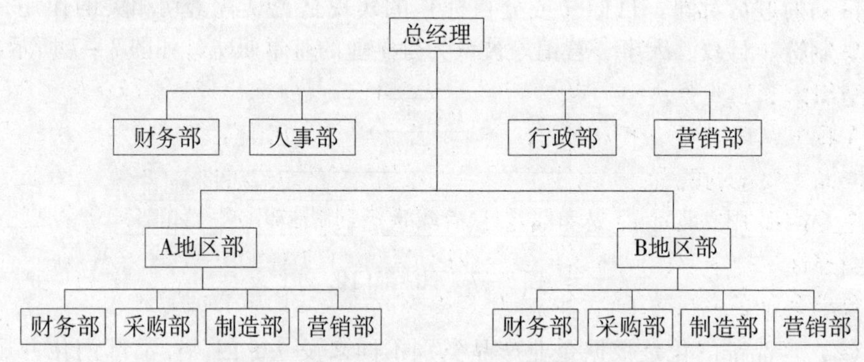

图 7－10　区域部门化

（5）顾客部门化是根据顾客类别不同来划分管理部门。在这里，顾客不单是指最终顾客，还包括中间顾客，如需原材料的顾客、从事批发业务的顾客等。如图 7－11 所示。

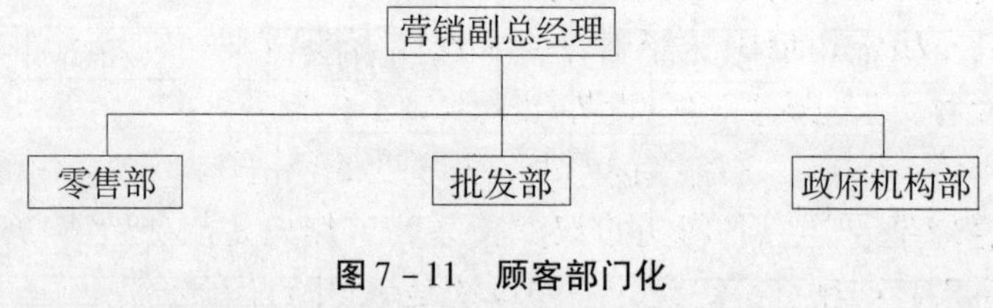

图 7－11　顾客部门化

二、组织设计的相关因素

1. 战略因素

组织结构是帮助管理者实现组织目标的手段，而组织的目标产生于组织的总战略。所以，组织只有让其结构与战略紧密结合才能顺利运行，而且组织结构必须服从于组织战略。如果组织的战略作出了很大的调整，组织的结构就要随之被修改，以便适应、支持组织新的战略。钱德勒（Alfred Chandler）在对美国 100 家大公司（杜邦、通用汽车、西尔斯等）进行了 50 年发展史的追踪调查后得出结论：先有公司战略的变化，然后才有组织结构的变化，而且公司战略的变化导致了组织结构的变化。

战略选择的不同，在两个层次上影响组织结构：不同的战略要求不同的业务活动，从而影响管理职务的设计；战略重点的改变，会引起组织的工作重点以及各部门与职务在组织中重要程度的改变，因此要求各管理职务以及部门之间的关系作相应的调整。

2. 环境因素

任何组织作为社会的一个单位，都存在于一定的环境中，组织外部的环境必然会对内部的结构形式产生一定程度的影响。这种影响主要表现在三个不同的层次上：

（1）对职务和部门设计的影响。组织是社会经济大系统中的一个子系统。组织与外部存在的其他社会子系统之间也存在分工问题。社会分工方式的不同决定了组织内部的工作内容，从而所需完成的任务、所需设立的职务和部门不一样。在我国，在旧的经济体制下，企业的任务仅是利用国家供给的各种生产要素制造产品。要素的配置按国家规定的系统拨给，产品的去向按国家组织的渠道流出。企业内部的机构设置主要偏重于围绕生产过程的组织。随着经济体制的改革，国家逐步把企业推向市场，使企业内部增加了要素供应和市场营销的工作内容，要求企业必须相应地增设或强化资源筹措和产品销售的部门。

（2）对各部门关系的影响。环境不同，使组织中各项工作完成的难易程度以及对组织目标实现的影响程度亦不相同。同样在市场经济的体制中，对产品的需求大于供给时，企业关心的是如何增加产量、扩大生产规模，增加新的生产设备或车间，企业的生产职能、生产部门会显得非常重要，而相对要冷落销售部门和销售人员；一旦市场供过于求，从卖方市场转变为买方市场，则营销职能会得到强化，营销部门会成为组织的中心。

（3）对组织结构总体特征的影响。外部环境是否稳定，对组织结构的要求也是不一样的。稳定环境中的经营，要求设计出被称为“机械式管理系统”的稳固结构，管理部门与人员的职责界限分明，工作内容和程序经过仔细的规定，各部门的权责关系固定，等级结构严密；而多变的环境则要求组织结构灵活（称为“有机的管理系统”），各部门的权责关系和工作内容需要经常作适应性的调整，等级关系不甚严密，组织设计中强调的是部门间的横向沟通而不是纵向的等级控制。

3. 技术因素

任何企业都需要采用某种技术将投入转换为产出，在此转换过程中，企业要使用设备、材料、知识和富有经验的员工，并将这些生产要素组合到一定类型和形式的活动之中。大约40年前，琼·伍德沃德（Joan Woodward）提出组织的结构因技术而变化的观点，她发现：

（1）技术类型和相应的公司结构之间存在着明显的相关性。

（2）组织的绩效与技术和结构之间的“适应度”密切相关。也就是说，组织的技术与组织的结构之间越适应，组织的绩效就越高。比如，随着技术复杂性的提高，组织的纵向层次数目增加。表7－3概括了琼·伍德沃德的发现。

表 7－3　琼·伍德沃德对技术、结构和效能的研究

	单件生产	大量生产	连续生产
结构特征	低度的纵向分化 低度的横向分化 低度的正规化	中度的纵向分化 中度的横向分化 高度的正规化	高度的纵向分化 高度的横向分化 低度的正规化
最有效的结构	有机式	机械式	有机式

这三种类型的企业都有其特定的结构形式，成功的企业是那些根据技术的要求采取合适的结构安排的企业。

琼·伍德沃德的技术分类法有一个最大的缺陷：其结论仅仅适合于制造企业，而制造企业只占全部企业数目的一小半。所以，必须寻找一种更一般化的方式对技术作可操作性的研究，查尔斯·佩罗（Charles Perrow）提供了这样一种研究方案。

查尔斯·佩罗使用“任务多变性”和“问题可分析性”这两维变量，构建了一个 2×2 矩阵，如图 7－12 所示。该矩阵的四个象限分别代表常规技术、工程技术、手艺技术和非常规技术四大类。

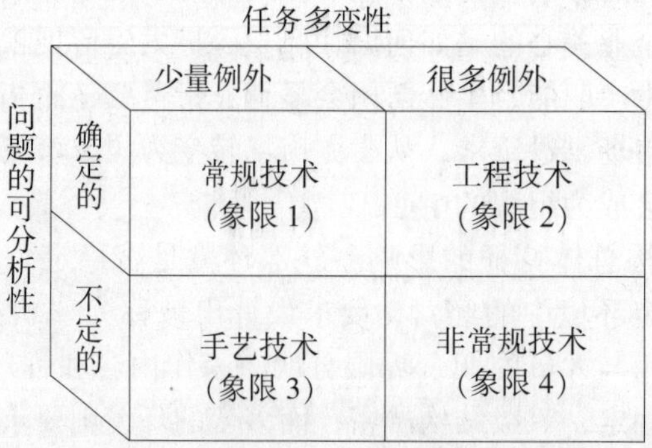

		任务多变性	
		少量例外	很多例外
问题的可分析性	确定的	常规技术 （象限 1）	工程技术 （象限 2）
	不定的	手艺技术 （象限 3）	非常规技术 （象限 4）

图 7－12　查尔斯·佩罗的技术分类

常规技术只有少量的例外，问题易于分析，如钢铁和汽车的大量生产过程就属于这一类。工程技术有大量的例外，但可以用一种理性的、系统的分析进行处理，如桥梁建造。手艺技术处理相对复杂但不会出现太多例外的问题，如修鞋和家具修补。非常规技术则以诸多例外和问题难以分析为特征，如航天技术。查尔斯·佩罗主张，控制和协调因技术类型而异。越是常规的技术，越需要高度结构化的组织；反之，则要求结构更大的灵活性。

通过以上介绍，我们可以得出这样的结论：技术研究中的共同主题是，组织将投入转换为产出所采用的过程或方法，在常规化程度上是各不相同的。一般而言，技术愈是常规，结构就愈标准化；愈是非常规的技术，结构就愈应该是有机式的。

4. 规模因素

规模是影响组织结构的一个不容忽视的因素。它仅适用于在某个区域市场上生产和销售产品的企业组织结构形态，不可能也适用于在国际经济舞台上从事经营活动的巨型跨国公司。组织的规模往往与组织的发展阶段相联系。伴随着组织的发展，组织活动的内容会日趋复杂，人数会逐渐增多，活动的规模会越来越大，组织的结构也需随之而经常调整。

美国学者杰·托马斯·加侬（J. Thomas Cannon）提出了组织发展五阶段的理论，认为组织的发展过程中要经历“创业”“职能发展”“分权”“参谋激增”和“再集权”阶段，指出发展的阶段不同，要求有与之适应的组织结构形态。

（1）创业阶段。在这个阶段，决策主要由高层管理者个人作出，组织结构相当不正规，对协调只有最低限度的要求，组织内部的信息沟通主要建立在非正式的基础上。

（2）职能发展阶段。这时决策越来越多地由其他管理者作出，而最高管理者亲自决策的数量越来越少，组织结构建立在职能专业化的基础上，各职能间的协调需要增加，信息沟通变得更重要，也更困难。

（3）分权阶段。组织采用分权的方法来对付职能结构引起的种种问题，组织结构以产品或地区事业部为基础来建立，目的是在企业内建立“小企业”，使后者按创业阶段的特点来管理。但随之而来出现了新的问题，各“小企业”成了内部的不同利益集团，组织资源转移用于开发新产品的相关活性减少，总公司与“小企业”的许多重复性劳动使费用增加，高层管理者感到对各“小企业”失去了控制。

（4）参谋激增阶段。为了加强对各“小企业”的控制，公司一级的行政主管增加了许多参谋助手。而参谋的增加又会导致他们与直线的矛盾，影响组织中的命令与统一。

（5）再集权阶段。分权与参谋激增阶段所产生的问题可能诱使公司高层主管再度高度集中决策权力。同时，信息处理的计算机化也使再集权成为可能。

随着计算机化及网络时代的来临，企业规模的意义将超越传统的实体组织，组织设计的规模因素将不是实体规模而是虚拟规模。可以说，虚拟规模对组织设计的影响将愈来愈大，虚拟规模与组织设计的关系也将是 21 世纪所必然面对的一大课题。

第四节　组织的变革与发展

企业在发展过程中会面对不断改变的外部环境和内部条件，这一变化往往使得原有的组织不能适应新的环境，组织的效率开始下降。这时，组织为了适应外部环境和内部条件的变化，必须对原有组织进行较大范围的改变和革新，同时运用有实效的组织发展技巧改进组织的效率，即组织变革与发展问题。

一、变革的基本动因

组织变革是多种因素综合作用的结果。组织变革的基本动因可分为内部动因和外部动因。

1. 组织变革的内部动因

（1）组织目标的选择与修正。

（2）组织结构的改变。

（3）组织职能的转变。

（4）组织成员内在动机与需求的变化。

2. 组织变革的外部动因

（1）科学技术的不断进步。

（2）组织环境的变动。

（3）管理现代化的需要。

一般说来，出现这些情况应考虑变革：①决策效率低或经常出现决策失误。②组织沟通渠道阻塞，信息不灵，人际关系混乱，部门协调不力。③组织职能难以正常发挥，如不能实现组织目标，人员素质低下，产品质量下降。④缺乏创新。

二、变革的内容

组织变革的内容大致涉及四个方面：组织的人员，组织的任务、技术，组织的结构和组织的环境等。

（1）以人员为中心的变革。通过对组织成员的知识、技能、行为规范、态度、动机和行为的变革，来达到组织变革的目的。

（2）以任务和技术为中心的变革。通过对组织工作与流程的再设计，对完成组织目标所采用的方法和设备的改变以及组织目标体系的建立，达到组织变革的目标。

（3）以组织结构为中心的变革。通过对组织的目标体系、权责体系的改变，角色关系的调整、沟通，协调体系的有效建立来达到组织变革的目的。

（4）以适应组织环境为中心的变革，即以调节和控制外部环境为中心的组织变革。如开辟新的市场，建立广泛的社会联系，加强同外界的信息交流等。

三、变革的阻力

变革会有阻力吗？回答是肯定的。员工反对变革的原因一般有三个：打破习惯后的不确定性；关心个人得失以及变革不是为了组织的最佳利益。

（1）观念。长期生活在相对稳定的组织环境中，一些人养成了照章办事、按部就班、因循守旧的思想。特别是组织的领导层觉得一动不如一静，存在求稳怕乱、不愿担风险的思想，成为组织变革的巨大阻力。

（2）个人或群体原有的习惯。习惯是长时间形成的，很难轻易改变。即使现状中的很多东西并不令人满意，但至少员工知道其内情，而一旦变革则使这些已知的东西变成模糊不清和不确定的，组织中的员工往往对不确定有一定的厌恶感。例如，在制造厂中引入采用复杂的统计模型的质量控制方法，往往意味着许多质量控制检验员需要学习新的方法。有些检验员可能担心自己学不会，由此对统计控制方法产生敌意的态度，并在要求他们采用这一方法时表现出无效的行为。

（3）担心既得利益的丧失。变革会威胁到人们为取得现状所作的投资，人们对现有体制投入得越多，他们反对变革的阻力就越大。

（4）认为变革不符合组织的目标和最佳利益。要是有的员工相信变革推动者所提倡的新操作程序将造成生产率或产品质量下降，那他就极有可能反对这项变革。如果这个员工能正面地表达他的反对意见（清楚地告诉变革推动者，并提出证据），则这种形式的阻力就可能对组织有益。

四、管理变革的技巧

研究结果显示，以下六种方法可以有效地帮助管理人员应付员工对变革的抗拒：

（1）教育和沟通。沟通能帮助员工了解变革的原因，减少他们对变革的抗拒。推行变革可能需引进大量新技术及知识，使用者对新观念或许不熟悉，这时教育的作用尤为重要。

（2）参与。某人若曾参与制定某项决策，他反对该项决策的机会便大大降低。因此在实行变革前，邀请反对者参与制定决策，一方面他们可能提出有用的意见，另一方面又可减少抗拒。例如，很多半官方机构（如房屋委员会）都会吸纳反对其政策的人成为委员，使他们有机会参与而减少对抗。这种方法的缺点在于较浪费时间，而且不一定成功。

（3）商议。这是一种较正式取得对方合作的方法，通过彼此磋商以减少对抗。通常情况下，机构在推行变革之前，都必须与工会商议，争取员工的理解和支持。

（4）高压政策。这是指直接向抵制者施加压力。管理人员通常在突发事故（如工潮、抗议）出现时才会采用高压政策。管理人员以开除、调职等方法来警告员工，迫使抗拒者接纳变革。通常，这会是管理人员使用的最后武器，因为使用高压手段，肯定有损员工与高层管理人员之间的和谐。

（5）高层的支持。高层管理人员对变革应采取明显的支持态度，这有助于克服机构内对变革的抗拒力量，标志着变革者对机构的重要性。

（6）外界顾问。企业变革经常涉及企业内不同部门及人士的利益，因此专业而中立的第三者较容易说服企业内各人士共同合作推行改革。一些管理顾问遂应运而生，专门为机构进行企业变革计划。

五、组织发展的形式

组织要不断向前发展，就必须致力于改变组织成员的工作态度，充分调动他们的积极性，促使他们广泛交往，协调好他们之间的人际关系，增强群体凝聚力，从而提高组织的效能。

（1）敏感性训练。它是通过无结构小组的相互作用来改变人们行为的一种方法。在训练中，成员处于一个自由奔放的环境中，讨论他们自己以及他们的相互交往过程，并且有专业的行为学家稍加引导，为参与者创造机会，积极探讨他们喜欢的议题，表达自己的观点、信仰和态度。敏感性训练的目标是提高参与者对他人的移情能力、倾听能力、对个体差异的承受能力和改进冲突处理技巧，进而将个人和组织融为一体。

（2）调查反馈。它是对组织成员的态度进行评估，确定其态度和认识中存在的差距，并使用反馈小组中得到的调查信息帮助消除这些差距的一种方法。调查问卷通常分发给组织部门的所有成员填写。问题包括成员对诸如决策制定、沟通效果、部门间的协调、组织的满意度、工作、同事及直接上司等广泛议题的认识与看法。将调查问卷统计处理后得到数据制成表格再分发给有关的员工，使所提供的信息成为人们确定问题和解决问题的一个跳板。

（3）过程咨询。它是指依靠外部咨询者帮助管理者对其必须处理的事件形成认知、理解和行动的能力。这些事件可能包括工作流程、单位成员之间的非正式关系以及正式的沟通渠道等。咨询者帮助管理者更好地认识他的周围以及他和其他人之间正在发生什么事。咨询者不负责解决组织中的具体问题，相反，咨询者只作为教练，帮助管理者诊断哪些过程需要改进。如果管理者在咨询者的帮助下还不能解决问题，咨询者将建议管理者配备一名具有适当技术知识的专家。

（4）团队建设。它是指有意识地在组织中努力开发有效的自我管理的工作小组。它使工作团队的成员在互助中了解其他人是怎么想和怎么做的。通过高强度的互助，团队成员学会相互的信任和坦率真诚。因此建设适用于相互依赖的情况（如足球运动），其目标是改进队员的协作能力，提高团队业绩。团队建设方案中的活动一般包括团队目标的设置，团队成员间人际关系的开发，明确各成员的任务和职责的角色分析以及团队过程分析等。

（5）群体间关系的开发。它致力于改变不同群体间的态度、成见和观念。例如，在一家公司中，工程技术人员认为会计部门是由一群害羞而保守的人组成，人力资源部是由一群“更关注受保护群体的员工感情不受伤害，而不是公司利益的极端自由主义者”构成，很显然，这些成见给部门间的协调活动带来了负面影响。要改善群体间不协调的关系，可以让他们集中到某个地方，让大家一起讨论两部门间的关系。首先，是让这两个部门各自列出困扰本部门的问题，以及他们本人可能困扰对方的问题；然后，双方开诚布公地交换彼此的看法，讨论有什么相似的认识及不同之处，不同点可得到特别的注意；接着两部门考察存在差异的原因，提出解决两部门之间差异和冲突的方法，以改进部门间的关系。像这种

“组际会”之类的组织发展技巧，在现代企业组织变革中日益引起管理者的关注。

（6）组织再造工程。再造工程这个术语源于电子业，意思是将原有的电子产品拆开，设计出更好的版本。将再造工程这个词引入到组织，其含义是，管理人员应该一切从头开始，对组织现在用来进行价值创造和运作的程序、方法重新加以考虑和设计，丢弃那些落后于信息时代的东西。

六、组织发展过程

成功的组织发展包括三个步骤：

（1）解冻现状。它是指组织内参与工作的人能自觉地感受到组织有问题存在，而又愿意作出改变时，便雇用顾问专家为组织作出“诊断”，亦即观察及分析组织存在的问题。专家可以通过问卷、与员工面谈、观察会议过程等来搜集所需资料并作出分析。

（2）改变为新的状态。它是指在工作地方实地试验新的措施或技术，用意是让员工在实际工作中学习这些措施或技术。在改变过程中，我们可运用先前提及的组织发展技巧，如团队建立等。

（3）冻结新的状态，让它保持下去。当员工及管理人员接受了新的措施和技术，建立了新的行为及价值观后，组织便可提供有关资料，让员工明了其工作表现。组织可对在工作方面有改进的员工给予奖励并进行培训，使员工能保持转变后的行为模式。

复习与应用

一、思考题

1. 为什么要重视非正式组织的作用？请结合身边实际举例说明。
2. 为什么虚拟组织在企业经营中的地位越来越重要？
3. 直线型组织、直线职能型组织、矩阵型组织、团队型组织和网络型组织，你最愿意和最不愿意在哪种组织中工作，为什么？
4. 组织设计的基本原则有哪些？组织设计受哪些相关因素的影响？
5. 为什么会发生组织变革？
6. 管理变革有什么技巧？请结合实例讨论。

二、管理实务

某面包公司的组织结构变革

某面包公司于1981年开创时只是一家小面包房，开设一间商店。到1990年因经营得法，又开设了另外八间商店，拥有10辆卡车，可将产品送往全市和近郊各工厂，公司职工达120人。公司老板唐济简直是随心所欲地经营着他的企业，他的妻子和三个子女都被任命为高级职员。他的长子唐文曾经劝他编制组织结构图，明确公司各部门的权责，使管理更有条理。唐济却认为，由于没有组织图，他才可能机动地分配各部门的任务，这正是他取得成功的关键。正式的组织结构图会限制他的经营方式，使他不能适应环境和职员能力方面的变化。后来在1993年，唐文还是按现实情况绘出了一张组织结构图（见图1）。由于感到很不合理，没敢对父亲讲。

1995年唐济突然去世，家人协商由刚从大学毕业的唐文继任总经理，掌握公司大权。唐文首先想到的是改革公司的组织结构，经过反复思考，设计出另一张组织结构图（见图2）。他自认为这一改革有许多好处，对公司发展有利。但又感到也会遇到一些问题，例如将家庭成员从重要职位上调开，可能使他们不满（尽管他了解公司职工对其父原来的安排都有些怨言）。于是他准备逐步实施这项改革，争取用一年左右的时间去完成它。

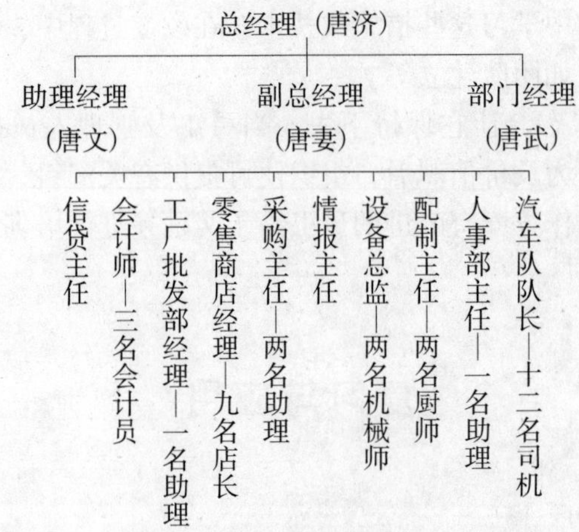

图1　1993年的组织结构图

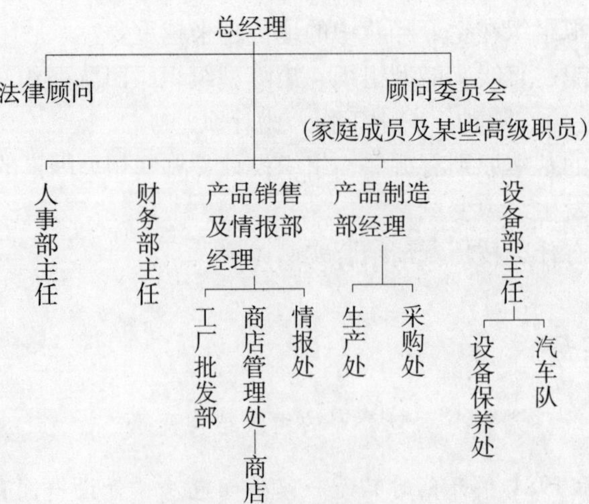

图2　1995年设计的组织结构图

三、案例分析

巴恩斯医院

下面这一事件发生在天气凉爽的10月的某一天，地点在圣路易斯的巴恩斯医院。

黛安娜·波兰斯基给医院的院长戴维斯博士打来电话，要求立即作出一项新的人事安排。从黛安娜急切的声音中，戴维斯能感觉得到发生了什么事。他告诉她马上过来见他。大约5分钟后，波兰斯基走进戴维斯的办公室，递给他一封辞职信。

“戴维斯博士，我再也干不下去了，”她开始申诉，“我在产科当护士长已经四个月了，我简直干不下去了。我怎么干得了这工作呢？我有两个上司，每个人都有不同的要求，都要求优先处理。要知道，我只是一个凡人。我已经尽最大的努力适应这种工作，但看来这是不可能的。让我来举个例子吧。请相信我，这是件平平常常的事。像这样的事情，每天都在发生。”

“昨天早上7:45我来到办公室就发现桌上留了张纸条，是达纳·杰克逊（医院的主任护士）给我的。她告诉我，她上午10点钟需要一份床位利用情况报告，供她下午在董事会作汇报时用。我知道，这样一份报告至少要花一个半小时才能写出来。30分钟以后，乔伊斯（黛安娜的直接主管，基层护士监督员）走进来问我为什么我的两位护士不在班上。我告诉她雷诺兹医生（外科主任）从我这里要走了她们两位，说是急诊外科手术正缺人手，需要借用一下。我告诉她，我也反对过，但雷诺兹坚持说只能这么办。你猜，乔伊斯说什么？她叫我立即让这些护士回到产科部。她还说，一个小时后，她会回来检查我是否把这件事办好了！我跟你说，戴维斯博士，这种事情每天都发生好几次。一家医院只能这样运作吗？”

问题：

1. 这家医院的正式指挥链是怎样的？
2. 有人越权行事吗？
3. 戴维斯博士能做些什么改进现状？
4. “巴恩斯医院的结构并没有问题。问题在于，黛安娜·波兰斯基不是一个有效的监管者。”对此，你是赞同还是不赞同？说出你的理由。

第八章 人力资源管理

人力资源管理是指管理者通过人力资源规划、招聘、选拔、培训、绩效考评、薪酬管理等一系列管理活动，向组织提供合适人选并取得高水平绩效和员工最大满足的过程。当今世界，经济全球化不断深入，科技进步日新月异，人力资源已成为最重要的战略资源，人才在综合国力竞争中越来越具有决定性意义。我们要把人才工作纳入国家经济和社会发展的总体规划当中，大力开发人力资源，把我国由人口大国转化为人力资源强国。

第一节 人力资源规划

人力资源规划是管理者为确保在适当的时候，为适当的职位配备适当数量和类型的工作人员，并使他们能够有效地完成并促进组织实现总体目标的任务的这样一个过程。通过人力资源规划，可以将组织的目标转换为需要哪些人员来实现这些目标。

一、人力资源规划的程序

一个企业、组织必须根据整体发展战略目标和任务来制订它的人力资源计划。一般来说，人力资源规划的编制要经过以下五个步骤，如图 8－1 所示。

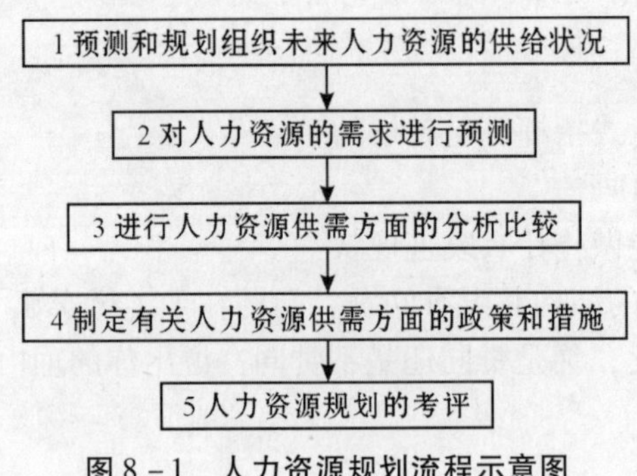

图 8－1　人力资源规划流程示意图

1．预测和规划未来人力资源的供给状况

通过对本组织内部现有各种人力资源的认真测算，并对照本组织在某一定时期内人员流动的情况，即可预测出本组织在未来某一时期里可能提供的各种人力资源状况。

（1）对组织内现有的人力资源状况进行分析。包括各种人员的年龄、性别、知识、技能、潜力、个人发展目标和工作简历等方面的资料；组织内各个工作岗位所需要的知识和技能以及各个时期中人员变动的情况。

（2）分析组织内人力资源流动的情况。

2．对人力资源的需求进行预测

根据组织的目标和战略来预测未来人力资源的需求，对人力资源需求是组织的产品或服务需求状况的一种反应，因此大多数情况下可以根据对营业规模的估计来确定组织需要配备的人力资源数量和质量。

3．进行人力资源供需方面的分析比较

人力资源规划的第三步是把组织人力资源需求与供给进行对比分析。从比较分析中不但可测算出某一时期内人员的短缺或过剩情况，还可以知道需要具有什么知识和技能的员工，这样就可有针对性地物色或培训，并为组织制定有关人力资源的政策和措施提供依据。

4．制定有关人力资源供需方面的政策和措施

在经过人力资源供给和需求分析比较的基础上，组织就可以制定相应的政策和措施。

（1）制定解决人力资源需求的政策与措施。解决人员短缺的政策和措施有：①培训本组织职工；②进行岗位调动；③延长工作时间或增加工作负荷量；④重新设计工作或改进技术以提高工作效率；⑤雇用临时工；⑥制定招聘政策，向组织外进行招聘；⑦调动现有员工的积极性。

（2）制定解决人力资源过剩的办法与措施。这些办法与措施包括：①永久性地裁减或辞退职工；②关闭一些不赢利的分厂或车间；③进行提前退休；④重新培训，调往新的岗位，或适当储备一些人员；⑤减少工作时间；⑥由两个或两个以上人员分担一个工作岗位。

5．人力资源规划的考评

人力资源规划是人力资源管理工作的重要部分。显然，对于成功的人力资源规划的最有说服力的证据，是在一个较长的时期内，企业的人力资源状况始终与经营需求基本保持一致。

二、职务分析

1．职务分析的作用

职务分析对于人力资源管理具有非常重要的作用。全面的和深入的职务分析，可以使组织充分了解工作的具体特点和对工作人员的行为要求，为作出人事决策奠定坚实的基础。在人力资源管理中，几乎每一个方面都涉及到职务分析所

取得的成果。具体地说，职务分析有以下五个方面的作用：

（1）人力资源规划。在制定人力资源规划之前，首先应对当前的各种职务进行分析。

（2）招聘和选拔。职务分析产生的职务说明书和职务规范是招聘和选拔的基础。职务说明书是对任职者需要做什么和怎么做的书面说明，职务规范则指明了任职者必须拥有何种资格条件。

（3）工作报酬。职务分析在制定工作报酬方面具有重要价值。员工所从事的工作难度越大，报酬就应越高。工作分析信息可用来确定工作任务、职责和责任的重要度。

（4）培训。职务分析向员工表明了企业对那些希望承当某项职务的员工的期望是什么。通过与工作要求相对照，员工可以发现自己在哪些方面存在不足，从而可以有针对性地进行培训。

（5）绩效考核。绩效考核是将一个员工应该做些什么与该员工实际做了些什么进行比较，职务分析的结果可以作为绩效考核的标准之一。

2. 工作问卷

工作岗位的特征通常包括工作人员做什么、怎样做和为什么做，工作条件如何，资格条件的要求是什么等几个基本内容。为此，进行职务分析通常要了解下列基本工作要素：

（1）工作岗位的特征。工作岗位的特征包括：①谁做这工作，工作名称是什么？②工作的基本任务是什么？③怎样完成任务，使用什么设备？④为什么执行这些任务，工作中各项任务同其他工作任务之间的关系是什么？⑤任职人员对同事和设备负有什么责任？⑥工作条件（工作时间、噪音、气温、光线等）如何？

（2）圆满完成工作所要求的资格条件。这些资格条件包括：知识、技能（包括经验）、受教育水平、身体条件、智力和能力。

为了保证对所有工作岗位情况能进行系统的搜集，需要准备规范的工作问卷。工作问卷是在对某一工作进行工作分析的过程中发到员工手中的问卷，它通过问题的形式尽可能更多地了解工作情况。

表 8－1　工作问卷样本

工作问卷	部门：
	科室：
岗位名称：	工作地点：
你向谁汇报工作？	你负责管理哪些下属？
这项工作的目的是什么？	这项工作的主要目的是什么？
这项工作处于组织结构图的什么位置？	你定期、半定期和偶尔与哪些人交往？
你怎样描述自己的工作？	你有什么样的职权？
这项工作包含哪些任务和职责？	
如何来执行这些任务与职责？	
这项工作要求达到什么样的工作标准？	
在这项工作中是如何进行监督、测量与评估的？	
从事这项工作需要什么样的技能、知识和经验？	
填表人：	签名：
职务：	日期：

3．职务说明书和职务规范

职务说明书和职务规范是根据岗位分析的各种调查资料，加以整理、分析、判断所得的结论编写成的一种文件，是岗位分析的结果。

职务说明书是对任职者需要做什么、怎么做和为什么要做的书面说明，它通常能反映职务的内容、环境和从业条件。职务规范则指明了任职者要成功开展工作必须拥有何种资格条件，具体包括知识、技术和能力等方面的条件。以下是一份职务说明书样本：

表 8 - 2 职务说明书

工作名称：信息部主任　　直接上级：情报系统经理
工资等级：12 级　　定员：1 人
所辖人员：12 人　　工资水平：14 800 ~ 20 700 元/年
分析日期：1997.6　　分析人：人事部张宏宝
批准人：人事部经理刘冬

工作概要：指导、控制信息处理，设备维修、保养和履行所分配的具体任务和职责

工作职责：1. 下列基本活动：1）独立上机操作
2）定期向上级汇报
3）听取信息使用者的意见
2. 选择、培训、发展人员：1）挑选信息处理人员
2）发展合作精神、增进相互了解
3）保证下属得到必要的培训
4）指导下属工作
3. 计划、指导和控制：1）向下属分配任务
2）详细检查下属的工作
3）指导和解决问题
4. 分析业务、预测发展。
5. 制订部门发展计划。

	因素	细分因素	等级	固定资料
资格要求	知识	教育	5	具备硬件、软件方面的知识 四年制工商管理和信息处理技术方面的证书
		经验	6	5 年以上信息处理和编程的实际经验
		技能	7	必须在信息处理方法、系统设备方面有很高的技能，并有处理人际关系的能力
	解决问题的能力	分析	5	具备分析、评价技术理论方面和人事管理方面的能力
		指导	4	根据下属业务能力状况，把复杂的任务转化为可理解的指令和程序
		通讯	6	具备广泛的通讯能力，能使用简练的语言或术语交流技术和思想。维护本部门和其他部门以及硬件销售单位所建立的联系
	决策能力	人际关系	5	能经常运用正式或非正式的方法指导、辅导、劝说和培养下属，紧密结合下属工作和其他管理人员的活动
		管理方面	4	接受一般监督，在复杂的环境中指导下属履行信息处理系统的技术职能
		财务方面	4	有 50 000 元以下的财产处理权力和 15 000 元以下的现金处理权力，并在此限定下参与计划和控制

第二节 人员的招聘、筛选与录用

一、招聘信息

招聘信息应包括的内容：

（1）工作岗位的名称。

（2）有关工作职责的简单而明确的阐述。

（3）说明完成工作所需的技巧、能力、知识和经验。

（4）工作条件，如地理位置、时间、周工作天数、报酬和福利。

（5）申请时间和地点。

（6）如何申请、是否要寄送简历、填申请表以及面试等。

在准备招聘信息时，注意不要把工作岗位或企业本身说得过好。如果工作岗位的现实难以满足受聘人员初始的期望，那么就可能导致受聘人员的不满和跳槽。当招聘者为吸引某些紧缺人才而与其他招聘者竞争时，常常会采用过分推销的办法。

二、招聘渠道

渠道1：刊登招聘广告

通过报纸、专业杂志、电台、电视和互联网络等媒体刊登招聘广告。

——优点：传播范围广，挑选余地大，可附带做企业形象、产品宣传。

——缺点：初选双方不直接见面，信息失真；广告费用支出较大；录取成功率低。

渠道2：人才招聘会

——优点：双方直接见面，可信程度较高；当时可确定初选意向。

——缺点：时间短，洽谈环境差。

渠道3：职业介绍所与就业服务中心

——优点：介绍速度较快，费用较低。

——缺点：中介服务普遍质量不高。

渠道4：猎头公司

——优点：能找到满意人才，比企业自己招聘质量好，招聘过程隐秘、不事声张。

——缺点：招聘过程较长，招聘费用昂贵，须按年薪的一定比例支付猎头费。

本渠道适用于物色高级人才。

渠道5：大专院校招聘

——优点：双方了解较充分；挑选范围和方向集中，效率较高。

——缺点：仅限于招聘新人。

渠道6：员工内部推荐

——优点：用人较为可靠，招聘费用较低。

——缺点：较难做到客观评价和择优录用，容易形成小团体和裙带关系。

最便宜且传播范围最广的招聘渠道可能就是报纸广告了，下面这则招聘广告是《羊城晚报》2002年8月6日登载的：

广州市建设工程交易中心诚聘

广州市建设工程交易中心系广州市建委直属事业单位，主要为广州市建设工程招投标提供服务。因业务工作需要，需招聘：

软件编程人员（若干名）

1. 大专以上学历
2. 熟悉Powerbuilder语言，熟悉Dephi语言
3. 熟悉Sybase数据库应用开发
4. 工作态度认真，组织纪律性强，具有良好的表达能力和沟通能力
5. 有两年以上的编程经验

有意者请将个人简历及联系电话发至chw0011@21cn.com。

三、甄选手段

1. 申请表

几乎所有的组织都要求应聘者填写一份申请表，通过对申请表中的有关内容的分析可以初步对应聘者进行筛选。

2. 笔试

笔试是考核应聘者学识水平的重要工具。这种方法可以有效地测量应聘者的基本知识、专业知识、管理知识、综合分析能力和文字表达能力等素质及能力。

笔试的优点是一次可以大规模地进行甄选，因此花时间少，效率高，对知识、技能和能力的考核信度和效度都较高。

笔试的缺点主要表现在不能全面地考察应聘者的工作态度、品德修养以及组织管理能力、口头表达能力和操作技能等。因此，笔试虽然有效，但还必须采用其他测评方法，如行为模拟法、心理测验法等，以补其短。一般来说，在企业组织的招聘中，笔试作为应聘者的初次竞争，成绩合格者才能继续参加下一轮测试。

3. 面试

面试是通过主试与被试双方面对面的观察、交谈等双向沟通方式，了解应试人员素质状况、能力特征及求职应聘动机的一种方法。这种方法不仅可以评价出应试者的学识水平，还能评价出应试者的能力、才智及个性心理特征等。

面试的重点内容包括：

（1）仪表风度。这是指应试者的体格外貌、穿着举止以及精神状态等。

（2）求职动机与工作期望。了解应聘者为何希望来本单位工作，对哪种职位最感兴趣，在工作中追求什么，判断本单位所能提供的职位或工作条件能否满足其工作要求和期望。

（3）专业知识与特长。了解应聘者掌握专业知识的深度和广度，其专业知识与特长是否符合所要录用职位的专业要求。

（4）工作经验。这是面试过程中所要考察的重点内容。此项内容，是通过了解应聘者的工作经历来查询其过去工作的有关情况，以考察其所具有的实践经验和程度。通过考察工作经验，主试人还可考察出应聘者的责任感、主动精神、思维能力以及遇到紧急情况的处理能力。

（5）工作态度。

（6）人际交往倾向及与人相处的技巧。在面试中，通过询问应聘者经常参与哪些社团活动，喜欢和什么类型的人打交道，在各种社交场所扮演的角色，可以了解其人际倾向及与人相处的技巧。

（7）综合分析能力。面试中被试者是否能对主试所提的问题能够通过分析抓住事物本质，并且说理透彻、分析全面、条理清晰。

（8）反应能力，即头脑的机敏程度。面试时，应聘者对主试人所提问题能否迅速、准确地理解并尽快作出相应的回答而且答案简练、贴切，可以反映出他头脑的机敏程度的高低。

（9）兴趣与爱好。通过询问应聘者休闲时间爱好哪种活动，喜欢阅读哪些书籍以及喜欢什么样的电视节目，有什么样的嗜好等，可以了解一个人的兴趣与爱好，这对录用后的职位安排同样也是有益的。

表 8－3 列举了一份面试评价表。

4. 情景模拟

所谓情景模拟就是指根据被试者可能担任的职务，编制一套与该职务实际情况相似的测试项目，将被试者安排在模拟的、逼真的工作环境中，要求被试者处理可能出现的各种问题，用多种方法来测评其心理素质、潜在能力的一系列方法。它是一种行为测试手段。情景模拟可以包括许多内容，但它主要的内容有公文处理、与人谈话、无领导小组讨论和角色扮演等。

5. 测评中心

测评中心是通常由直线主管人员、监督人员和心理学专家组成。测评中心模拟性地设计出实际工作中可能面对的一些现实问题，让应聘者经受 2～4 天的测试，从中评价其管理能力。一般采用多种测验方法进行混合评价，这些方法包括面试、角色实习或任务模拟、无领导小组讨论和经营决策博弈等。

表 8－3　面试评价表

<table>
<tr><td>编号</td><td></td><td>姓名</td><td></td><td>出生年月</td><td></td><td>性别</td><td></td></tr>
<tr><td>报考岗位</td><td colspan="7"></td></tr>
<tr><td rowspan="2">面试项目</td><td rowspan="2">所占比重</td><td colspan="6">评分标准</td></tr>
<tr><td>具体指标</td><td>优秀
100%～90%</td><td>较好
90%～80%</td><td>一般
80%～70%</td><td>较差
70%～60%</td><td>很差
60%以下</td></tr>
<tr><td rowspan="4">性格方面</td><td rowspan="4">20</td><td>工作热情 6</td><td></td><td></td><td></td><td></td><td></td></tr>
<tr><td>自信心 6</td><td></td><td></td><td></td><td></td><td></td></tr>
<tr><td>开放型 4</td><td></td><td></td><td></td><td></td><td></td></tr>
<tr><td>态度 4</td><td></td><td></td><td></td><td></td><td></td></tr>
<tr><td rowspan="5">能力方面</td><td rowspan="5">40</td><td>社交能力 10</td><td></td><td></td><td></td><td></td><td></td></tr>
<tr><td>口头表达能力 10</td><td></td><td></td><td></td><td></td><td></td></tr>
<tr><td>应变能力 8</td><td></td><td></td><td></td><td></td><td></td></tr>
<tr><td>创新能力 6</td><td></td><td></td><td></td><td></td><td></td></tr>
<tr><td>处理难题能力 6</td><td></td><td></td><td></td><td></td><td></td></tr>
<tr><td rowspan="4">知识经验</td><td rowspan="4">20</td><td>知识水平 5</td><td></td><td></td><td></td><td></td><td></td></tr>
<tr><td>实际经验 5</td><td></td><td></td><td></td><td></td><td></td></tr>
<tr><td>职业道德 5</td><td></td><td></td><td></td><td></td><td></td></tr>
<tr><td>专业知识 5</td><td></td><td></td><td></td><td></td><td></td></tr>
<tr><td rowspan="2">身体外貌</td><td rowspan="2">20</td><td>健康程度 10</td><td></td><td></td><td></td><td></td><td></td></tr>
<tr><td>气质 10</td><td></td><td></td><td></td><td></td><td></td></tr>
<tr><td>小计</td><td></td><td></td><td></td><td></td><td></td><td></td><td></td></tr>
<tr><td>综合评语</td><td>级别标准</td><td>95～100</td><td>90～95</td><td>80～90</td><td>70～80</td><td>60～70</td><td>60 以下</td></tr>
<tr><td colspan="2">主试评价意见</td><td colspan="6"></td></tr>
<tr><td colspan="2" rowspan="2">评委评价意见</td><td>评委甲</td><td colspan="5"></td></tr>
<tr><td>评委乙</td><td colspan="5"></td></tr>
<tr><td colspan="2">录取与否的决定</td><td colspan="6"></td></tr>
</table>

6. 压力面试

压力面试是指有意制造紧张，以了解应聘者将如何面对工作压力。面试人通过提出生硬的、不礼貌的问题故意使应聘者感到不舒服，针对某一事项或问题做一连串的发问，打破沙锅问到底，直至无法回答。其目的是确定求职者对压力的承受能力，在压力面前的应变能力和人际关系能力。

7. 背景调查

所谓背景调查就是企业通过打电话或要求工作申请人提供推荐信等方式对应聘者的个人资料进行验证。背景调查的强度取决于招聘职位的重要程度。

第三节 培训与绩效考评

培训是指组织为了提高劳动生产率和个人对职业的满足程度，直接有效地为组织生产经营服务，从而采取各种方法，对组织各类人员进行的教育培训投资活动。

美国经济学家、诺贝尔经济学奖得主舒尔茨发现，单纯从自然资源、实物资本和劳动力的角度，不能解释生产力提高的全部原因，作为资本和财富的转换形态的人的知识和能力是社会进步的决定性原因。但是它的取得不是无代价的，它需要通过投资才能形成，组织培训就是这种投资中一种重要的形式。

一、培训的目的

培训的出发点和归宿是“企业的生存与发展”，其目的具体如下：

（1）适应企业生存和发展的需要。企业的生存和发展离不开人的作用，具体可落实到如何提高员工素质、调动员工的积极性和发挥员工的创造力上。

（2）满足员工自我成长的需要。员工希望学习新的知识和技能，希望接受具有挑战性的任务，希望晋升，这些都离不开培训。因此，通过培训可增强员工的满足感。

（3）提高绩效。员工通过培训，可在工作中减少失误，降低因失误造成的损失，提高工作质量和工作效率，提高企业效益。

（4）提高企业素质。员工通过培训，知识和技能都得到提高，这仅仅是培训的目的之一。培训的另一个重要目的是使具有不同价值观、信念，不同工作作风及习惯的人，按照时代及企业经营要求进行教育，以便形成统一、和谐的工作集体，使劳动生产率得到提高。要提高企业竞争力，企业一定要重视教育培训和文化建设，充分发挥由此铸就的企业文化的巨大作用。

二、培训的类型

按时间期限划分，培训可以分为长期培训和短期培训，长期培训一般计划性较强，有较强的目的性；按培训方式划分，可分为在职培训和脱产培训两种；按培训体系划分，可分为组织内培训体系和组织外培训体系两种。

三、培训需求调查与预测

通常企业可以选择以下各种方法，对培训需求作出调查与预测。

（1）自我申报。自我申报是指设立“自我申报参加培训制度”，让职工申诉参加培训的理由与依据。

（2）人事考核。人事考核即是指依靠人事管理的考核结果，诸如工作成绩、能力和态度考核结果，分析、确定培训的对象和内容。

（3）人事档案。即利用人事档案，对人员情况及历史状况作出调查，确定培训的需求。

（4）人员素质测评。即用一套标准的统计分析量表，对各类人员的素质进行评估。根据评估结果，确定培训对象与内容。

四、培训计划的制订

培训计划必须从企业战略出发，满足组织及员工两方面的要求，考虑企业资源条件与员工素质基础，考虑人才培养的超前性，确定培训的目标，选择培训内容及培训方式。

（1）落实负责人或负责单位。培训计划的制订和实施，关键是落实负责人或负责单位。要建立责任制，明确分工，以确保培训计划的实施。

（2）确定培训的目标和内容。可以通过组织分析、工作分析、个体分析进行。组织分析就是对整个机构的目标、计划、条件等进行分析，以决定培训重点所在。工作分析主要是分析工作人员怎样才能胜任工作，应具备哪些必要的知识和技能，以决定培训目标。个体分析就是对每个人员的具体情况进行分析，并找出与工作要求之间的差距，以决定培训内容。

（3）选择适当的培训方法。

（4）选择学员和教师。除普遍轮训之外，参加培训的学员必须经过适当的挑选。因为培训要花钱，这笔钱应当用在有一定潜力的人员身上。选择教师对于培训的顺利进行也非常重要。国外一些企业的经验表明，聘请各级管理人员当培训教师是一种有效办法。因为管理人员掌握了培训方法就会更加关心职工，与他们共同工作，帮助他们进步，从而获得他们的信任和拥护。当然也可以聘请专职教师。

（5）制订培训计划表。制订培训计划的目的是明确培训的内容、时间、地点、方式、要求等，使人一目了然。同时也便于安排企业其他工作。

五、培训的实施阶段

这是培训工作的主要阶段。实施培训的目标和计划，并根据目标和计划，对培训过程中出现的问题及时作出调整，控制整个过程的顺利实施。

人才主要有三大类，即党政人才、企业经营管理人才和专业技术人才。不同的人才有不同的绩效考核标准，要树立科学的人才观。只要具有一定的知识或技能，能够进行创造性劳动，为推进社会主义物质文明、政治文明、精神文明建设，在建设有中国特色社会主义伟大事业中作出积极贡献的人，都是党和国家需要的人才。要坚持德才兼备原则，把品德、知识、能力和业绩标准作为衡量人才的主要标准，不唯学历、不唯职称、不唯资历、不唯身份，不拘一格选人才。

人才的产生需要通过绩效考评，下面主要介绍对企业员工的绩效考评，它是企业管理强有力的手段之一。绩效考评的目的是通过考核提高每个个体的效率，最终实现企业的目标。

六、绩效考评的原则

1. 公开的原则

应该最大限度地减少考核者和被考核者双方对考评工作的神秘感，绩效标准和水平的制定可以通过协商来进行，考核结果要公开。

2. 客观性原则

进行客观考核，即用事实说话，切忌主观武断。按标准进行考核，引导成员改进工作，避免人与人之间的攀比，破坏团结精神。

3. 重视反馈的原则

在绩效考评之后，进行绩效面谈，把结果反馈给被考核者，同时听取被考核者的意见及自我评价情况，存在问题不要紧，应加以改进，达到互相信赖的关系。

4. 以工作为重点的考评原则

绩效考评是针对工作的考评，不可将与工作无关的因素带入考评工作中。

5. 重视时效性原则

绩效考评是对考核期内的所有成果形成综合的评价，而不是将本考核期之前的行为强加于当期的考评结果中，也不能取近期的业绩或比较突出的一两个来代替整个考核期的绩效进行评估，这就要求绩效数据与考核时段相吻合。

七、绩效考评的程序

1. 绩效考评的基础工作

（1）制定工作要项。工作要项是根据各职位的工作要求（包括工作内容及职责），列出有代表性的项目，如果组织尚未建立工作说明系统，则需要主管和下属共同讨论。

（2）确定绩效标准。绩效标准说明的是工作要达到的程度，只有将要项和标准相结合起来才能完整解释工作的要求情况。

2. 绩效考评过程

（1）搜集资料。搜集与绩效考评有关的资料，使得考评过程有据可依。这些资料包括：①工作表现的记录，如生产数量、质量，工作质量，是否按时完工，安全情况，预算成本与实际成本比较，考勤情况，顾客或同事抱怨次数等。②其他与被考评者有业务关系的人，包括主管、同事和该人员服务对象等的情况反映。③关键事件的记录，对职工表现特别优劣事件的记录。

（2）设计考评的指标体系和权重。绩效考评结果客观与否的首要问题是要建立与考核项目相适应的评价指标体系和相应的权重体系，正确反映工作的要求以及各项工作的相对重要性。例如，科学研究人员的绩效考核，可以通过以下指标体系来进行：

表 8－4 科学研究人员绩效考核的指标体系和权重体系

序号	指标体系	权重体系
1	知识总量	0.15
2	研究能力	0.30
3	创造能力	0.15
4	分析能力	0.15
5	概括能力	0.10
6	实际动手能力	0.15

（3）业绩的综合评价。把搜集到的有关资料，通过指标体系加以综合的分析，得到综合评价的结果。

（4）考核面谈讨论过程。面谈是绩效考评结果的反馈手段。主管将考评结果和下属进行讨论，在讨论过程中，需正确掌握谈话技巧，巧用一些心理学原理，则能使得考评工作起到激励作用。否则，整个考评工作难以达到预期的目的。因此，作为主管应慎重对待。

（5）制订绩效改进计划。在面谈取得对业绩统一的看法后，双方就工作的弱项进行讨论，提出相应的措施，即改进计划。改进计划是指采取一系列具体行动来改进下属的工作。改进计划要求具有实际性、时间性、具体性的特征。

（6）绩效改进辅导。制订详细的绩效改进计划书，实施计划过程当中，主管应采取积极的态度对下属加以辅导。

八、绩效考评的方法

绩效评估的方法很多，下面介绍几种主要的方法。

1．评语法

评语法是以一篇简短的书面评语来进行考评的方法。考评的内容、格式、篇幅、重点等均没有固定的要求，完全由考评者自己掌握。通常会涉及被考评者的优点与缺点、潜在能力、改进的建议及培养方法等方面。评语法几乎全是定性化描述，没有量化数据，但由于它简便易行，目前仍受到一定的欢迎。

2．关键事件法

所谓关键事件法是负责评价的主管人员把员工在完成工作任务时所表现出来的特别有效的行为和特别无效的行为记录下来，形成一份书面报告，根据记录的特殊事件来讨论后者的工作绩效。需要注意的是，所记载的事件必须是较突出的、与工作绩效直接相关的事（即关键事件），而不是一般的、琐碎的、生活细节方面的事；所记载的应是具体的事件与行为，不是对某种品质的评判（如“此人是认真负责的”）。关键事件法一般与其他考评方法结合起来使用，作为其他方法的一种很好的补充。

3. 量表评定法

在量表评定法下，要求考评者就量表中列出的各项指标对被考评者进行评定，评定一般分为5个等级，如：评价员工与人相处的能力是好、较好、平均、较差、差，也可以让评定者在0到9分的连续分值上为员工打分。使用量表评定法，事先要规定好指标评定等级的意义及指标的定义。当尺度（等级）和标准被精确定义后，主观偏见产生的可能性就会大大降低。

4. 两两对比法

这是一种相对考评的方法，其基本步骤是：①事先规定好考评的具体项目；②将同一级人员编成一组；③按事先规定的考评项目，两两比较，优者得1分，劣者得零分；④计算每个人的得分数；⑤按优劣顺序排出名次。

表8－5描述了这种对比法。表中有五个被考评者，他们在分别与另外四人相比较时的得分如表8－5所示。由此我们可得出，在这个项目的对比中，按照每个人的总得分数其优劣顺序为，C：4，D：3，A：2，B：1，E：0。如果要比较的项目不是一个而是若干个，那就要分别通过这种对比，得出相应的分数，然后再把每个人员的若干项得分加权，得出他们的总分数，最后再排出其优劣的顺序来。

表8－5　两两对比法

	A	B	C	D	E	得分
A		1	0	0	1	2
B	0		0	0	1	1
C	1	1		1	1	4
D	1	1	0		1	3
E	0	0	0	0		0

5. 目标管理法

这种方法首先根据组织目标制定出每个被考评者的个人绩效目标，然后针对目标的完成情况，对被考评者的工作绩效进行评估。如：某一主管人员通过对下属员工发放统一成绩考核卡的形式，实施目标管理评估法。如表8－6所示。

表8－6　月份成绩考核卡

单位：	姓名：		职务：		时间：	
项　　目						
工作目标						
完成情况						
与上年同期相比						
本月主要工作：						
存在哪些主要问题：						

6. 自我考评法

美国管理学家丹尼尔斯（John D. Daniels）提出了自我考评的 8 项尺度，称之为自我考评法。自我考评法列举了 8 个考评要素，每个要素又按优劣程度分成 8 等，1 表示最优，8 表示最劣。每个自评者可以为自己在这8 个等级中，选择一个合适的等级。如表 8 - 7 所示。

表 8 - 7　自我考评法

工作质量	1	2	3	4	5	6	7	8
工作数量	1	2	3	4	5	6	7	8
创 造 性	1	2	3	4	5	6	7	8
独 立 性	1	2	3	4	5	6	7	8
工作态度	1	2	3	4	5	6	7	8
业务知识	1	2	3	4	5	6	7	8
交际能力	1	2	3	4	5	6	7	8
表达技巧	1	2	3	4	5	6	7	8

7. 强制分布法

假设员工的工作行为和工作绩效整体呈正态分布，那么按照状态分布的规律，员工的考核结果好、中、差的分布存在一定的比例关系，中的员工应该最多，好、差的极少。然后，按照每个人绩效的相对优劣程度，强制列入其中的一定等级。采用这种方法，可以避免传统考评中大多数都是良好，至少也过得去的情况发生。当然，如果员工的能力分布呈偏态分布，在总体偏优或偏劣的情况下，该方法就不合适了。

第四节　薪酬管理

一、工资

在美国，（蓝领）工人的报酬称为工资（Wage），一般按小时计算；（白领）职员的报酬称为薪金（Salary），一般按周、月、年计算。

1. 影响工资的因素

影响工资的因素分为外部因素和内部因素两种。

（1）内在因素。所谓影响工资的内在因素，是指与劳动者所承担的工作或职务的特性及其状况有关的因素，主要有七种：①劳动者的劳动。②职务的高低。③技术水平。原则上，技术水平越高则工资越高。这份较高的工资不仅有报酬的含义，还有积极的激励作用，即促使劳动者愿意不断地学习新技术，提高劳动生产水平，并从事更为复杂和技术要求更高的工作。④工作的时间性。⑤工作

的危险性。有些工作具有危险性，妨害人体健康，甚至危及人的生命，还有些工作具有比较恶劣的工作环境，这样他们的工资就应当比在舒适安全的工作环境中工作的人的工资要高。⑥福利及优惠权利。有些企业办有种种福利或给予职工若干优惠待遇，作为职工工资收入的补充，而没有福利或优惠的企业，则需在工资方面给予适当的弥补，方能维持企业人员的稳定。⑦年龄与工龄。

（2）外在因素。所谓影响工资的外在因素，是指与工作的状况、特性无关，但对工资的确定构成重大影响的一些经济因素。主要有：①生活费用与物价水平。②企业负担能力。③地区和行业间的工资水平。④劳动力市场的供求状况。

2．计时工资制

计时工资是根据员工的实际工作时间和劳动者的工资等级以及工资标准核算来支付劳动报酬的工资形式。计时工资受岗位评价影响，注重工作本身的价值，而不是员工在此岗位上表现出的技能和能力的价值，或是业绩的质量或数量。

3．计件工资制

计件工资是直接以一定质量的产品数量和计件单位计算员工劳动报酬的一种工资形式，是计时工资的一种转化形式，只是在工资表现形式和计算方法上有所不同。

4．职务工资制

所谓职务工资制，是首先对职务本身的价值作出客观的评估，然后根据这种评估的结果赋予担任这一职务的从业人员与其职务价值相当的工资的这样一种工资制度。这种工资体系建立在职务评价基础上，职务的差别是决定基本工资差别的最主要因素。

5．岗位技能工资制

岗位技能工资制是一种以劳动技能、劳动责任、劳动强度、劳动条件等基本劳动要素为评价依据，以岗位或职务工资和技能工资为主要单元，根据劳动者的实际劳动质量和数量确定报酬的工资类型。

6．技术等级工资制

技术等级工资制是一种将技术复杂程度以及劳动熟练程度等因素划分成不同的等级，并规定相应的工资标准，然后再对雇员所达到的技术水平、熟练程度进行评定，确定其工资水平的一种工资制度。

技术等级工资是一种能力工资制度。它的优点是能够引导企业雇员钻研技术，提高个人的技术水平；缺陷是不能把劳动者的工资与其劳动绩效直接联系在一起。

7．结构工资制

结构工资制是按照薪酬的各种职能将其分为相应的几个组成部分，分别确定薪酬额的一种薪酬制度。通常包括基本工资、年功工资、职位工资和绩效工资等。

8．经营者年薪制

年薪是指以企业会计年度为时间单位计发的工资收入，主要用于公司经理、企业高级职员的收入发放，所以被称为经营者年薪制。年薪制是一种风险工资制度，依靠激励和约束相互制衡的机制，把经营者的责任和利益、成果和所得紧密结合起来，以保护出资者的利益，促进企业的发展。

年薪由基薪和风险收入两部分构成。基薪的确定因素包括两部分，一部分是企业的经济效益，另一部分是企业（资产）经营规模、利税水平、职工人数、当地物价和本企业职工的平均工资水平等。风险收入部分则依据经营者的经营业绩来确定，包括短期激励报酬（年终奖金与分红）和长期激励报酬（股票期权）。

9. 年功序列工资制

年功序列工资制起源于第二次世界大战，20 世纪 50 年代在日本广为流行。年功序列工资制显著的优点就是最大限度地稳定了企业雇员，增强雇员对企业的认同感和归属感，这对于战后日本的经济复苏和企业发展是至关重要的。

随着社会的进步和经济的发展，年功序列工资制的弊端日益显露，主要是工资收入不能反映雇员的实际工作能力和工作绩效，也不能充分反映职务或岗位的特点。近年来，日本许多企业也开始对年功序列工资制实行全面改革。

10. 保密工资制

保密工资制是灵活反映企业经营状况和劳务市场供求状况，并对员工的工资收入实行保密的一种工资制度。

二、奖金制度

奖金是对雇员超额劳动所支付的一种报酬形式，是企业薪酬体系的重要组成部分。

1. 个人奖金计划

个人奖金计划是以员工个人作为计算奖金的单位的一种奖励计划。它直接将个人奖金与绩效挂钩。个人奖金计划包括计件制、佣金制、红利以及绩效工资。

2. 集体奖金计划

我们往往会发现企业效益的提高不只是某个人的功劳，而是集体的努力成果。因此还应当实施集体奖金计划，做到个人奖励和集体奖励的有机结合。这样可以促进企业员工之间的合作精神，但它不容易激发个别员工的积极性，助长了平均主义和吃大锅饭的现象。集体奖金计划主要有利润分享计划、增益分享计划和员工持股计划三类。

三、福利

福利是组织整体报酬体系的一部分，是企业通过举办福利设施和建立各种补贴，为员工生活提供方便，减轻员工经济负担的一种非直接支付。福利与工资和奖金不同，它的提供与员工的工作绩效及贡献无关。

福利的形式多种多样，既有货币形式的，又有实物形式的。在实践上，几乎没有一个企业能为其员工提供所有形式的福利，一般是从中挑选一些适合本企业的福利形式。此外，不少企业对不同性质的员工（如正式工、临时工、合同工等）提供不同形式的福利。但应注意，无论采用哪种形式的福利，都必须以公平、合理，能平衡员工的心理要求和推动组织的发展为前提。

福利的形式主要有：

（1）安全福利。

（2）保险福利。保险主要包括：养老保险、工伤保险、失业保险、生育保险和医疗保险等。

（3）各种津贴。津贴主要包括：交通津贴、洗理津贴、服装津贴、节日津贴或实物、住房津贴、购物补助、子女入托补助、困难补助等。

（4）带薪节假日。

（5）其他福利。如班车、体育锻炼设施、文化娱乐设施、集体旅游、礼物馈赠、食堂与卫生设施等。

总之，我国人力资源丰富，要充分挖掘人力资源，要树立强烈的人才意识，善于发现人才、培养人才、集聚人才、服务人才，做到知人善任、唯才是举、广纳群贤。要用事业造就人才，用环境凝聚人才，用机制激励人才，用法制保障人才，把全社会人才的积极性和创造性引导好、保护好、发挥好。努力把人才优势转化为知识优势、科技优势和产业优势，使一切劳动、知识、技术、管理和资本的活力竞相迸发，使一切创造社会财富的源泉充分涌流。

复习与应用

一、思考题

1. 你认为人力资源管理在管理当中应处于什么位置，起什么作用？
2. 请关注你周围的某一项工作，并为其设计职务说明和职务规范。
3. 比较内部选拔与外部招聘各有什么优缺点。
4. 招聘的方法有哪些，对各种招聘方法进行比较分析。
5. 结合你熟悉的企业，为其员工制定适宜的绩效评估办法。
6. 以某个企业或事业单位为案例对象，研究分析它的薪酬制度的优劣之处，并提出改善建议。

二、管理实务

面试的技巧

面试是用人单位安排的对求职者的当面考核，在很大程度上决定求职者能否被录用，是人才求职过程的一个重要环节，也是人力资源管理的重要内容。下面设计了面试可能遇到的17个问题，每个问题设计5种可能答案。

1. 如何进行自我介绍

问题：请简要进行一下自我介绍，好吗？

答案：A. 针对所聘职位要求，重点突出、简要介绍自己；B. 过于炫耀自己的学历、能力或业绩；C. 欠准备，不全面或重点不突出，缺乏针对性；D. 过分谦虚，甚至自我贬低；E. 如果时间允许，我想详细介绍一下。

评价：A 答案符合考官的提问，因为面试的时间通常很紧，抓紧时间突出重点，有针对性地简要介绍非常必要；E 答案如果得到考官的同意也未尝不可，但应注意掌握时间的长度；B、C 答案缺乏对自我的辩证认识，往往得不到考官的认同；D 答案表现为求职者可能缺乏诚恳、强烈的求职意愿。

2. 考查应聘动机

问题：你为何应聘我单位？

答案：A. 贵单位在某一方面存在问题，我愿意帮助解决；B. 我还没有认真思考过，请问下一个问题好吗？C. 贵单位收入较高，或本人性格内向，贵单位工作相对稳定；D. 从该职位的社会功能，本人的专业特长，特别是对该工作的兴趣和热情等方面回答；E. 因为看到了贵单位的招聘启事，而且，贵单位离我家很近，或专业比较对口等。

评价：这是很多单位必问的一个问题，应聘者应认真做好充分准备。D 答案容易得到考官的认同，因为你既有专业特长，又有工作兴趣和热情；A 答案好像一副“救世主”的样子；B 答案回避问题不可取；C、E 答案仅仅是收入高，或工作稳定，或离家近，或专业对口等，理由不够充分，缺乏对应聘职位的兴趣和热情。

3. 你了解招聘单位吗

问题：你对我单位有何了解？

答案：A. 我做过一些调查，较详细地了解了贵单位的发展战略、奋斗目标、工作成就及工作作风等，例如…… B. 没有多少了解，但我相信工作一段时间后会加强认识；C. 我了解到贵单位工作条件和效益都很好，自己来了以后可以充分发挥特长；D. 有一些了解，但不全面，例如贵单位的主要产品是……贵单位的广告是…… E. 贵单位有住房，还有出国进修的机会，有利于实现自己的远大理想。

评价：这个问题的实质是在考查你求职是否有诚意。A 答案间接地表现出对所聘职位的渴求，给人“未进某某门，便是某某人”的感觉，容易引起考官的关注和好感；C、E 答案容易给人“单向索取”的不良印象，但不排除确有真才实学的人才对自我价值的肯定和实现职业理想安心工作的意愿；D 答案表现为准备不足；B 答案则显得求职诚意不足。

4. 你有什么特长

问题：欢迎你应聘会计职位，你有何优点和特长吗？

答案：A. 本人的优点是好静、稳重、办事认真，特长是计算机操作能力较强；B. 我是会计专业毕业生，专业学习成绩较好；C. 我的特长是英语口语较好，优点是热情开朗，喜欢和人打交道，喜欢旅游和运动；D. 特长谈不上，优点是心直口快，待人热情；E. 我比较注重专业能力的培养和提高，无论在实习期间还是在日常工作中都在不断钻研业务。

评价：A 答案符合会计工作的性格要求，而且较强的计算机操作能力是会计工作的潜在的实力；E 答案强调自己的专业能力强，表现出从事会计工作的长远打算，A、E 答案都容易引起考官的关注和好感；B 答案强调自己专业对口，成绩较好，是典型的“学生腔调”，但也具有会计工作的发展潜力；C、D 答案则是答非所问，甚至与会计工作的内在要求相违背，热情开朗、心直口快可能引起用人单位的疑虑和担心。

5. 称职的教师有何标准

问题：你认为当好人民教师，哪些素质最重要？

答案：A. 首先要有爱岗敬业精神，热爱学生，热爱学科；B. 专业水平高，具有甘当人梯、甘当蜡烛的精神；C. 表达能力十分重要，我曾经多次在大学生演讲比赛和大学生辩论赛中获奖；D. 科研和创新能力最重要，只有刻苦钻研业务、不断创新、努力提高自身素质，才能全面实施素质教育；E. 最重要的素质是德智体全面发展，思想品德高尚、专业能力强、身体心理都很健康才能当好人民教师。

评价：上面每种答案都有所欠缺。比较而言，A、E 答案更像师范“科班”出身，但 E 答案有些空泛；B、C 答案紧密联系当前教育改革的特点，很有创见，但有失偏颇。希望应聘教师职位的求职者综合上述答案并结合自身的实际全面、认真地回答。

6. 如何认识自己的缺点和不足

问题：你有何缺点和不足?

答案：A. 我的适应性较差，不善于处理人际关系；B. 我的缺点很多，如对自己要求不太严格，纪律性较差，等等；C. 缺乏实践经验，而且在知识结构上还需要进一步充实完善；D. 我的性格外向，办事急于求成，有时忽略细节，或我的性格内向，办事过于求稳，有时效率不高；E. 我觉得我很适应这项工作，如果有缺点和不足，希望您能提醒一下好吗?

评价：这是每位应聘者难以回答而又必须回答的问题。因为当考官问及这一问题时，一般说来都是对你产生了兴趣和关注，所谓“褒贬是买主”，作为应聘者则应做到“人贵有自知之明”，正确认识自己的不足，有改进的愿望和行动。C 答案比较符合这一要求；D 答案则比较客观地分析了自己，前者坦诚自己有时脾气急躁，但隐含热情高、办事效率高的优点，后者则含办事认真、一丝不苟的工作作风；A、B 两种答案直率坦诚，但对某些职位来讲可能是致命的缺点，绝对不能录用；E 答案闪烁其词，大有“外交家”的风度，但缺乏自知之明，忘记了“金无足赤、人无完人”的道理。

因此，职业指导专家提醒求职者在面试前要正确地认识自己，既要认真总结优点和长处，也要客观地认识自己的缺点和不足，并提出改进的措施；还要针对职位要求，有的放矢地回答，这就需要求职者事先的调查研究，不但要正确认识，还要深入了解用人单位的要求。

7. 你有工作计划吗

问题：如果我单位录取你，你打算怎样开展工作？

答案：A. 希望录用以后再详细谈，好吗？B. 还没有考虑，希望给我一段时间认真考虑一下；C. 服从分配、努力工作；D. 贵单位有很多优势，但也存在一些不足，我愿对此加以改进；E. 有准备地说明做好某些工作的初步打算或详细计划。

评价：E 答案表现出对某项工作的热情和追求这一职位的强烈愿望，容易得到考官的赞同，这一点来自事先的认真准备；C 答案直接表达上述愿望，但明显准备不足；D 答案如果事先有准备，直言不讳，有可能引起用人单位的好奇和关注，但更大的可能是引起反感；B 答案显得求职诚意不足，但也给人留下办事老成的印象；A 答案则给人以“自视清高，待价而沽”的印象。

8. 有何担心或顾虑

问题：你来我单位求职最担心的是什么？

答案：A. 没有什么可担心的；B. 主要担心你们不录用我，别的没有什么了；C. 来之前担心能否被录用，现在担心能否有学习进修的机会，或能否解决住房问题；D. 来之前担心能否被录用，现在担心能否干好这份工作；E. 我有自信做好这份工作，如果说担心的话，那就是能否在今后的工作中充分施展自己的才能，为企业创造更大的效益。

评价：这是一个很婉转的问题，主要是考核求职者的自信心和工作热情。E 答案比较符合要求，显得很有自信和热情；D 答案有热情但缺乏自信；C 答案考虑己方太多，而没有考虑能否为单位作出应有的贡献；A 答案有些“自负”；B 答案则显得自信心不足或求职诚意不足。

9. 你对单位有什么要求

问题：如果我们录用你，你有何要求？

答案：A. 没有什么要求；B. 我家在外地，希望解决住处；C. 我还没有考虑好，不过要求婚后解决住房问题，工资和福利待遇较为合理；D. 自己目前没有家庭负担，如果谈要求的话，希望给予更多的任务，在工作中不断提高自己的实际能力；E. 希望有较好的工作条件，以便发挥自己的专业特长。

评价：求职择业是一种“双向选择”的过程，应当满足双方的客观需要。A 答案显得缺乏自信，不合实际；B、E 答案实事求是地提出自己的要求，无可厚非；而 D 答案则更容易得到用人单位的认同；C 答案虽然也无可厚非，但解决婚后住房问题，有些强人所难，住房制度的改革，往往使用人单位不敢贸然允诺。

10. 你要求的薪酬水平

问题：如果公司录用你，你希望月薪多少？

答案：A. 我是某某专业毕业生，因此每月工资应在 3 000 元以上；B. 公司无论开多少工资，我都能接受；C. 希望公司按国家有关规定或公司的惯例发工资；

D. 至少不能低于 2 000 元；E. 具体工资多少我不在意，只是希望公司以后能按工作成绩或工作效率合理发放工资。

评价：求职者的薪金待遇是“双向选择”中一个必不可少的话题。C、E 答案显然有所考虑，比较理智回答了这一“难以启齿”的问题，其中 E 答案更是具有挑战性，既表现了干好这一工作的自信心，也表现出维护自身权益的意识；相比之下，A、B、D 答案则显得有些欠考虑甚至轻率。如果公司正在创业时期，总经理才拿 3 000 元月薪，你张口 4 000 元，可能把人吓一跳；假如公司兴旺发达，蒸蒸日上，你只要 1 500 元，显得有些“掉价”，缺乏自信；B 答案也是如此，如果其他人月薪都是 2 000 元以上，给你 1 000 元，你能接受吗？

11. 怎样评价他人

问题：你刚才参加了其他人的面试，请你简要评价一下前几位考生的表现，好吗？

答案：A. 刚才我只考虑自己的问题了，没有认真注意别人的表现；B. 我个人认为第一位考生回答得不太好，第二位还凑合，第三位有些夸夸其谈，不切实际…… C. 他们的表现都非常出色，例如…… D. 我认为他们都有很多长处值得我学习，例如第一位的材料准备得充分，第二位机智灵活，第三位……但我认为干好这项工作更重要的是自信和热诚；E. 每个人都有长处和不足，我也不例外。

评价：这是一道难度较大的问题，如果一味夸奖别人很出色，都比自己强，是否意味着退出竞争呢？如 C 答案；如果贬低别人，突出自己，也会给人一种不善于处理人际关系、不能客观对待别人的感觉，如 B 答案；A 答案不足取，等于放弃了表现自己分辨能力的机会；D、E 答案可以借鉴，其中 D 答案表现出虚心的态度，同时还强调了自身的态度和优势。

12. 如何面对失误

问题：如果你的工作出现失误，给本公司造成经济损失，你认为该怎么办？

答案：A. 如果是我的责任，我甘愿受罚，咎由自取；B. 我本意是为公司努力工作，如果造成经济损失，我无能力负责，希望公司帮助解决；C. 我办事一向谨慎、认真，我想不会出现失误吧；D. 我想首先的问题是分清责任，各负其责；E. 我认为首要的问题是想方设法去弥补或挽回经济损失，其次才是责任问题。

评价：这是一个具有挑战性的问题。A 答案坦诚接受处罚；B 答案企图逃避责任，但是如果损失重大，A 答案无法承担，B 答案也逃脱不了；C 答案则认为自己不会出现这种情况，是一种不切实际的回避；D 答案理智地提出分清责任，各负其责；E 答案态度较可取，先尽力挽回损失，表现出较强的责任心。

13. 你有过求职的经历吗

问题：在此之前你去过什么单位求职，结果如何？

答案：A. 我这是第一次求职，结果还不知道；B. 来此之前我报考过国家公务员和申请过留校工作，公务员录用工作还没开始，留校任教需要硕士以上学历，所以我到贵单位求职；C. 我去过两家单位求职，一家是某某公司，另一家是某某公司，都认为我不错，准备录用我；D. 我去过一些单位求职，都没成功，原因是双向的，但主要是我不愿意去；E. 我曾在某公司实习过，担任过某职位，干得也不错，他们也想让我留下，但我觉得贵单位更能发挥我的特长，所以我没答应他们。

评价：这是面试比较深入以后涉及的问题，用以了解求职者在人才市场中的经历。E 答案表示了“人往高处走”的愿望；B 答案则是“脚踏两只船”；C 答案是把自己“吊起来”卖：我很受欢迎，已经有两家单位准备要我，你们想要不想要？这是一个不明智甚至愚蠢的做法，极易引起用人单位的反感；D 答案说出自己在人才市场的境遇，可能工作更安心些，但表白“自己不愿去”有些画蛇添足。

14. 如何面对专业不对口的问题

问题：你所学的专业和我们招聘的广告策划人员并不对口，你是不是不太适合这项工作呢？

答案：A. 是这样。但是我所在的学校近几年不断深化改革，为了完善大学生的知识结构，开设了许多选修课，例如…… B. 此事说来话长，长话短说吧，我从小就喜欢绘画、摄影等，而且在大学期间注意提高这方面的能力；C. 因为对此项工作有很浓厚的兴趣，而且注意在实践中不断提高自己，这是我画的水粉画、油画，还有我发表的一些“豆腐块”文章；D. 我知道自己的专业与应聘的职位不太相符，我就是想试一试；E. 我认为实践出真知，我有很强的自学能力，我能够边干边学。

评价：A、B 答案从知识结构和实际能力方面强调自身的实力，有一定的说服力；C 答案用精心准备的“实物”来展示自己的能力，可谓用心良苦；D、E 答案的回答相比之下缺乏说服力。

15. 难题巧答

问题：你受过挫折吗？若有，请告知具体是什么事，又是如何渡过难关的？

答案：A. 有。我在大学三年级参加四级英语考试时，只考了 47 分，我很羞愧、伤心。后来我认真总结英语考试的教训，奋发努力，在大四时，我终于考了 75 分；B. 也许我很幸运，至今还没失败过；C. 我大学三年级有过不成功的恋爱经历，很快就没事了；D. 大二时，我父亲不幸去世，家里无法支付我的学费，但我在老师和同学的热情帮助下，靠勤工助学完成了学业；E. 在大一暑假回家的路上，我的钱包丢了，在中途转车时，我打了 3 天工，凑齐了路费才回家。

评价：D 答案很能感动考官，说明他是自立自强的人；A、E 答案也能得到考官的认同；C 答案不足取；B 答案不能令人信服。

16. 如何处理公事和私事的冲突

问题：假如你晚上要去送一个出国的同学去机场，可单位临时有事非你办不可，你怎么办？

答案：A. 向领导说明情况，送完同学后再处理公务；B. 如果有时间，提前去送同学，晚上赶回单位处理公务；C. 工作要紧，晚上我就不去机场了；D. 我的事情非常重要，希望领导谅解；E. 向领导说明情况，要求别人代办或改日再办。

评价：这实际上是让你在情谊和工作之间作出选择。而这个问题的答案，同样具有非同一性的特点，也就是说，你如果回答只以工作为重，则可能会被认为是缺乏生活的基本情趣；可如果你回答要以情谊为重，则可能被认为是个以玩乐为主的人。因此，面对这类问题，最好是能将情境具体化，作出几种备选方案，以供选择，而不要贸然决断。

17. 如何处理客户的咨询

问题：你在与客户接触的过程中，客户向你提出了一个你回答不了的技术问题，你当时又无法与其他人联系，你怎么办？

答案：A. 对不起，我不清楚，不过最晚明天我就可以告诉你；B. 胡乱回答，应付搪塞；C. 我的业务水平很高，我想不会出现这种情况；D. 夸奖对方的提问，约定时间回答；E. 我刚刚参加工作不久，这个问题我不太清楚。

评价：这也是考查你的应变能力。为客户提供令其满意的服务，是公司的起码要求。你回答不了客户问题，说明你的基本功有欠缺。可现在的技术发展日新月异，又很难说谁就能够满足客户的所有需求。因此，实事求是地说明自己的情况，保证平时加强基本功训练，尽量少出现这种局面，并向客户承诺在其能允许的最短时间里将其问题做出圆满答复是可取的。因此，D、A 答案可参考，B、C、E 答案应避免。

三、案例分析

“美的”的人才理念与实践

1980 年注册时的“美的”，仅是一个由 23 名街道居民集资 5 000 元组建的街道小厂，经过 17 年的奋斗，“美的”产品畅销全球几十个国家和地区，1996 年美的品牌价值达到 26.54 亿元，跻身于中国名牌之列。

美的集团的成功，是实施企业总体战略的成功，更是美的营造企业文化的成功。企业的成败在于人，企业文化的核心是人，营造适宜于人的才能发挥的企业文化，是企业经营管理中最重要的工作。美的集团在十几年的生存、发展、壮大过程中，创立了自己独特的人事管理文化，是美的取得成功的关键。

人才是企业的财富

企业是由人组成的集合体，企业无“人”则“止”。美的集团以人为本，把人的因素放在中心位置。公司总裁何享健有一句口头禅：“我宁可放弃可赚 100 万元利润的生意，也不放弃一个有能力的人。”

以何享健为核心的美的集团领导人深深懂得：人才和金钱相比，人才是第一位的，钱是靠人挣来的，钱又毕竟是有数的，而人的创造力则是无可限量的。在这样的共识下，美的确立了“人才是企业的财富”的人才理念，这是美的企业文化的核心。

在企业人才理论的指导下，美的制定了《美的集团人力资源管理实施办法》，实行了总裁领导下，人事部长和产品经营单位负责人双重领导、共同负责的人事管理体制；制定了“引得进、用得上、留得住”的人才工作宗旨和“因需定量、稳定规模、优化结构、提高素质”的人才工作目标。人才工作宗旨和人才工作目标是美的用人的方针，是贯彻“人才是企业的财富”的人才理念的保证。十几年来，美的从小到大，从弱到强，人才储备从少到多，通过引进、培养、选拔，一大批专业技术人才和管理人才走上中高层管理岗位，成为美的的中坚力量。

美的集团的人才理念，已深入基层，深入人心。根据这个人才理念各分公司都把选拔人才、培训人才、用好人才、管好人才放在首位。如美的风扇公司始终如一地坚持“以高素质人才为本”作为公司人事工作的指导思想，视人才如企业的生命，形成了“尊重知识，尊重人才，不拘一格起用人才”的良好氛围。1997年风扇公司提拔了8名有能力的、年轻的专业技术管理干部，充实到中层管理岗位和专业技术骨干队伍。绝大部分大中专毕业生进入美的后最深的感受就是：“美的为我们年轻人提供了展现自我才华、实现自我价值的宽松环境；成功对我们每一个年轻人来说都永远充满着诱惑力。”

“美的”用人之道

美的从一个手工作坊式的生产组合发展成为今天这样一个产品多样化、产业多元化、管理科学化的大型集团公司，最关键的原因就是重视人才，视人才是企业的财富，制定了“人尽其才，才尽其用；任人唯贤，杜绝任人唯亲”的用人宗旨。十几年来，美的始终如一地贯彻执行这个宗旨。让员工、专业技术人员、管理人员放开手脚尽情发挥，让他们在美的舞台上全身心投入；能者上、平者下，和何享健一起创业的元老中，善于接受新知识、新观念、新事物的，遂成为企业将才，而原地踏步的，至今许多人仍在看仓库、开电梯、搞卫生等。目前，美的70%以上的中层干部是外聘人员，还有两位外聘人员进入集团董事会。

美的全面深入贯彻用人宗旨，是重视人才的表现，更是留住人才的重要“招数”。

时至今日，美的已有员工近万名，拥有各类人才二千一百多人，其中大专以上学历的近千人，有博士、硕士五十多人。这些投奔美的的人才大部分都是来自内地，他们在美的确实感受到了对知识的重视、对人才的重用，感受到了自身的价值。

健全“激励、竞争、约束”的用人机制

美的集团总裁何享健在“1996年总结暨1997年计划大会”上指出：“1996年是外部环境非常恶劣、市场疲软、行业竞争激烈的一年，美的在这样的情况下，还是取得了可喜的成绩，充分说明我们美的集团的员工是经得起任何困难考验的，也使我们一大批中高层人才得到锻炼成长，并让公司吸纳储备了更多的人

才，这也说明美的的用人机制功不可没。”

何享健总裁所称的用人机制包括激励机制、竞争机制、约束机制三个组成部分。

1. 激励机制

美的的激励机制主要有以下3种类型：

（1）物质激励。主要包括：“四新项目”（新技术、新产品、新工艺、新材料）奖、质量奖、重奖销售大户、增资、年终大抽奖、提供优厚的住房。另外美的每年有10%左右的工资增幅，保证美的的工资水平在顺德乃至整个珠江三角洲地区处于领先地位。

（2）精神激励。精神激励的主要措施有：表彰先进集体和个人；通报表扬好人好事；职务、职称晋升；宣传、报道先进事迹和先进典型；主要领导与员工座谈交流；通过《美的报》等媒体发表员工作品；对新职工、年轻职工的表扬、勉励等。

（3）知识激励。知识激励的办法有：入厂教育；岗前培训；技能、技术训练；选送优秀员工到大学深造；组织员工到外地考察、参观、学习；选派骨干出国培训；开设专题讲座；召开员工与专家、学者的研讨会等。

2. 竞争机制

美的实行“能者上、平者下、庸者裁”等竞争机制，每年按员工总数裁员5%。由于按照优胜劣汰规律办事，使每个员工都有一种责任心、使命感、危机感，促进了员工的上进和企业的发展。

另外，从1994年起，每年生产旺季，都要开展劳动竞赛，以促进车间管理，提高产品质量，确保生产任务的完成。通过全员竞赛，形成“比、学、赶、帮、超”的良好风气，对表现出色的个人和作出贡献的集体予以奖励。

3. 约束机制

美的确立了“开放、和谐、创新、追求完善”的企业精神和“爱岗敬业、诚实守信、办事公道、服务社会”的员工职业道德。以“企业精神”引导职工自觉地调整自己的行为，主动适应企业和社会的需要，以“员工职业道德”要求来规范员工的言行和事业观。

同时，美的建立了严格高效的考核制度，把考核对象分为高层干部、中层干部、管理人员、技术人员、工人等5类，分别制定了考核办法，按定量和定性方式进行考核。通过考核，客观、公正地评价每位员工的学识水平、工作能力、工作成绩，员工改进工作方法，提高工作质量，将作为确定考核对象报酬、使用、奖惩的依据；实行了聘用合同和任期目标管理，与主管及工程师以上或特殊岗位的专业人才签订聘用合同，对经济责任人及高层管理人员实行目标管理；制定了《广东美的集团股份有限公司中高级干部管理办法》《下属企业第一负责人行为规范》《职员行为规范》《项目经理负责制》等管理制度；采取了“资产确认制”和“经济责任制”，即由集团总裁和责任制单位负责人签订“资产确认书”和“经济责任书”，保证资产的保值、增值，确保经营目标的实现。

“美的”的“输血”“造血”工程

1996年3月，人事部部长梁洁银在新员工上岗、入厂前培训班座谈会上指出：“我们做人事工作的，不仅要提供一个人才成长的和谐宽松环境，还要广招天下有识之士，不断培训、培养自己的人才，实行培养和招聘两条腿走路，要建设一支适应美的事业发展和驾驭激烈市场竞争的人才队伍。”随着经济发展的日趋平衡，美的人才流动在一定程度上已相对稳定。针对这一情况，美的的人才策略作出相应的调整：由最早的以招聘为主培训为辅，到后来的招、培并重，实行两条腿走路，再到现行的以培养为主、招培结合的人才政策。

人才招聘犹如给企业“输血”，这是美的实施的“引智工程”，其重点突出新产品开发、国内外营销策划、经营管理等人才的引进。人才的培养是美的的“造血”工程，比“输血”更重要。所以，美的把人才的培训、塑造摆在美的人才工作的首位，实施强制性、指令性措施，保证人力资源培训工作的开展。

(1) 加强对管理干部的培训考核，制定干部培训规划。干部的选拔与任用，必须依据培训考核的成绩，对未完成按规定应参加培训任务的绝不晋升录用；制定各级领导的教育培训责任制，要求每一位干部都要认真地培养后备接班人。即使工作成绩优秀的干部，如果后备接班人没有培养好，就不能提拔。

(2) 加强科技管理人员的后继教育，制定人才工程建设规划和继续教育工程规划。根据集团的发展方向，制定相应的人才培训规划；要求科技管理人员必须制订个人培训计划，每人每年至少要有一周以上的学习时间；加强对英语和计算机课程的强化培训，不断完善专业技术队伍的知识结构；强化激励和约束机制，把继续教育与对专业技术人员的考核、职务评聘、职称资格申报、工作岗位转换等有机地结合起来。

(3) 切实加强工人的岗位教育，制定岗位培训规划。对新员工着重加强美的企业文化方面的培训；对从事基层技术工作的人员实行技术等级制管理，并与工资系数挂钩。

人才是企业的创业之本，发展之源。美的总裁何享健以“宁失百万利润，不失一个人才”的崇高境界，营造了一个“以人为本”的企业氛围，经过二十多年的奋斗，逐步形成了独特的美的人事管理文化，凝聚和培养了一大批人才，靠人才创造了美的的辉煌，人才也将创造美的美好的明天。

问题：

1. “美的”树立了一种什么样的人才理论？
2. 总裁何享健的用人机制包括哪些内容？
3. “美的”是如何进行人才培训的？

第九章

领　导

领导是管理过程的一个重要组成部分，在整个管理过程中，领导这一职能是连接计划、组织、控制等管理职能的纽带，是实现组织目标的关键。因此，对领导行为的研究，是所有管理者都应关注的问题。

第一节　领导与权力

一、什么是领导

汉语中的“领导”可以作名词用，即领导者，也可以作动词用，即一种行为过程，管理学研究的领导是后者。管理学界对“领导”下过许多定义，他们各有长处与特点。美国管理学家孔茨、奥唐奈和韦里奇给领导下的定义为：领导是一种影响力，是对人们施加影响的艺术或过程，从而使人们情愿地、热心地为实现组织或群体目标而努力。

这个定义包括下面三要点：

（1）领导的本质是影响力。正是靠着影响力，组织成员才心甘情愿地追随领导者，从而使领导者实施领导行为。因此拥有影响力的人才称得上是一位真正的领导者。

（2）领导是一个过程也是一种艺术。领导者面临千变万化的组织的内外环境，面对着各种各样的人，要想人们情愿地、热心地为实现组织或群体目标而努力，必须要有很高的领导艺术。

（3）领导的目的是使人们情愿地、热心地为实现组织或群体目标而努力。

为了更加明晰地把握领导的内涵，有必要明确以下几个概念，即领导和领导者，领导和管理。

在日常生活中，人们常常混淆领导和领导者。领导和领导者是两个不同的概念。领导是指一种活动过程，即影响下属实现组织目标的活动过程；领导者是担任某项职务、扮演某种领导角色并实现领导过程的个人或集团。领导者的作用是通过其领导行为而实现的。

领导不等同于管理。领导是管理的一个方面，属于管理活动的范畴，但是除了领导管理还包括其他内容，如计划、组织、控制等。领导者不一定是管理者，管理者也并不一定是领导者。领导从根本上来讲是一种影响力，是一种追随关系，因此领导者既存在于组织中，也存在于非正式组织中。管理者是组织中有一定的职位并负有责任的人，它只存在于正式组织中。因此，当一个人仅仅利用职权采用强制手段命令下属工作时，充其量只是管理者，而不是领导者；有的人虽然没有正式职权，却能以个人的影响力与魅力去影响他人，他就是一位领导者。显然，卓越的领导才能是成为有效的管理者的重要条件之一。

二、领导的内容

领导者的工作内容主要包括五个方面：先行、沟通、指导、浇灌和奖惩。

1. 先行

领导者不是站在群体的背后推动群体前进，而是站在群体之前，鼓舞、引导群体，使群体追随领导者，齐心协力去实现组织目标。领导者要鼓舞、引导群体，自己就得先行。

2. 沟通

没有人与人之间的沟通就不可能实行领导。领导者只有通过向下属传达感受、意见和决定才能对其施加影响；下属也只有通过沟通才能使领导者正确评估自己的领导活动，并使领导者关注下属的感受与问题。

要想使沟通取得好的效果，领导者做到认真倾听和正确表达是至关重要的。

(1) 认真倾听。领导者为了更多更全面地从下属处获得信息与感受，必须学会倾听。许多领导喜欢在交谈的一开始就向下属说出自己的看法，这样往往会得到迎合的结果。

(2) 正确表达。正确表达包含两方面内容：一是领导者必须清楚地把自己的意思表达出来，从而使别人真正理解自己的意思；二是领导者注重表达的效果，要设法让别人接受自己的想法。

3. 指导

为了使下属执行好组织的决策，领导者的指导工作显得格外重要。在组织中经常使用的一种正式的指导方式是命令。命令对一个组织的指导工作来说是不可缺少的，即使在以人际关系为导向的民主组织中也是如此。

为了使指导工作有效，领导者下达的命令应该符合三个条件：第一是完整，第二是清晰，第三是可执行。这些要求看起来似乎简单，但令人吃惊的是在许多情况下，领导者下的命令常常达不到这些要求。

4. 浇灌

所谓浇灌，就是领导者创造出一种下属自动合作的情感反应。一个下属追随领导者的计划通常不会经过太多的考虑，而只是觉得与他信任的领导者合作是一种令人满意的行动，可以从领导者那里得到需要的满足。但这种自动合作的情感是需要长期浇灌的，领导者必须以自己的行动日复一日、年复一年地培育他们的自动合作精神。一般应遵守以下一些原则：

(1) 注重友谊和信任。

(2) 力求公平与一贯。

(3) 强调积极面。

(4) 支持下属。

(5) 让下属参与决策。

(6) 及时与下属沟通信息。

5. 奖惩

奖赏权和惩罚权是职位权力的主要组成部分，组织中奖励和惩罚的任务是由领导者承担和实施的。通过奖励，增强领导者的影响力，达到组织预定的目标，因此，奖励和惩罚是领导工作的重要组成部分。

三、领导与权力

领导过程中影响他人的基础是权力，也是领导者发挥功能的基本条件。因此有必要对权力作一研究。

组织中的权力可分为职位权力和非职位权力两大类。如图 9－1 所示：

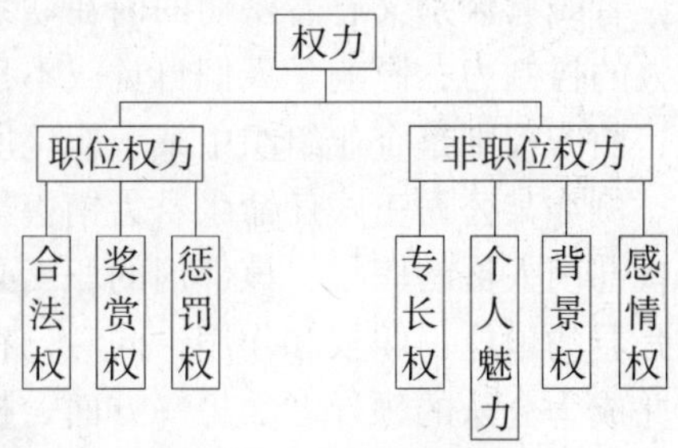

图 9－1　权力的类型

1. 职位权力

(1) 合法权。这是企业内各等级领导职位所具有的正式权力。通常由企业组织按照一定程序和形式赋予领导者。法定权力的作用基础是职位的权威性，凡是处于某一职位上的领导者都拥有一定的法定权力。但是，法定权力不一定必须由领导者本人来实施，通过制定有关政策和规章制度也可以达到行使法定权力的目的。

(2) 奖赏权。这是决定给予还是取消奖励、报酬的权力。奖酬的范围包括增加工资和奖金、提升职务、表扬、提供培训机会、分配理想工作、改善工作条件等。奖赏权建立在利益性遵从的基础上，当下属认识到服从领导者的意愿能带来更多的物质或非物质利益的满足时，就会自觉接受其领导，领导者也因此享有相应的权力。在企业组织中，领导者对奖酬的控制力越大，他的奖赏权力就越大。

(3) 惩罚权。这是一种对下属在精神或物质上施加威胁，强迫其服从的权力。这种权力建立在惧怕惩罚的基础上，实质上是一种惩罚性权力。当下属意识到违背上级的指示或意愿会导致某种惩罚，如降薪、扣发奖金、分配不称心的工作、降低待遇、免职等，就会被动地遵从其领导。但是研究表明，领导者对下属采用的强制性权力越大，强制性措施越严厉，下属人员对他的不满和敌意会越强烈。

2. 非职位权力

(1) 专长权。这是由于具有某种专门知识、技能而获得的权力，这种权力以敬佩和理性崇拜为基础。领导者本人学识渊博、精通本行业务，或具有某一领域的高级专门知识与技能，即获得一定的专长权。专长权的大小取决于领导者的受教育程度、掌握运用知识的能力以及实践经验的丰富程度。领导者拥有的专长权越丰富，越容易赢得下属的尊敬和主动服从。

(2) 个人魅力。它是建立在个人素质之上的，这种素质吸引了欣赏它、希望拥有它的追随者，从而激起人们的忠诚和极大的热忱。

(3) 背景权。背景权是指个体由于以往的经历而获得的权力。

(4) 感情权。感情权是指个体由于和被影响者感情较融洽而获得的权力。

3. 权力、影响和职权三者的联系和区别

权力、影响和职权三者既有区别又有着密切的内在联系。所谓权力，是指个人所具有的并施加于别人的控制力；影响是人们自觉或不自觉地运用权力对别人施加作用的过程和结果；而职权则是企业组织中某一职位所具有的权力。三者之间具有密切的内在联系。例如某公司正式任命张君为销售部门的负责人，那么他就被授予指挥和管理销售部门人员的职权，该部门的职工必须在本部门活动范围内确认和接受公司赋予张君的地位、职权和作用；同时，在销售部门内，张君就具有权力和影响作用，并成为公认的领导者。另一方面，权力、影响和职权之间又非绝对相关。倘若张君不具备领导者的素质和能力，不被职工接受和认可，那么即使被公司授予相应职权，也无法有效地行使领导职能。相反的情况是，非正式群体的领导者经常不具有某种正式职权。

第二节　领导理论

西方国家有很多学者从不同角度研究了关于领导的理论。有研究领导者个性特征的，有研究领导行为的，也有研究领导环境对领导方式的作用的。大体上来说，现有的有关领导理论可以分为三大类：领导特性理论、领导行为理论和领导权变理论。

一、领导特性理论

领导特性理论是研究领导者的个人性格品质特征与领导效能之间关系的理论。这种理论重点研究领导者与非领导者之间个人性格品质的差别。

特质理论的研究者发现领导者有六项特质不同于非领导者，即进取心、领导愿望、正直与诚实、自信、智慧和工作相关知识。

表9-1　区分领导者与非领导者的六项特质

1	进取心	领导者表现出高敬业水平，拥有较高的成就渴望，他们进取心强，精力充沛，对自己所从事的活动坚持不懈，并有高度的主动精神
2	领导愿望	领导者有强烈的愿望去影响和领导别人，表现为乐于承担责任
3	正直与诚实	领导者通过真诚与无欺以及言行高度一致，在他们与下属之间建立相互信赖的关系
4	自信	领导者为了使下属相信他的目标和决策的正确性，必须表现出高度的自信
5	智慧	领导者需要具备足够的智慧来收集、整理和解释大量信息；并能够确立目标、解决问题和作出正确的决策
6	工作相关知识	有效的领导者对于公司、行业和技术事项拥有较高的知识水平。广博的知识能够使他们作出富有远见的决策，并能理解这种决策的意义

事实上，特性理论所涉及的身体特征、才智和个性对管理成功的影响不是绝对的。很多的领导者并无天赋的个性特征，很多有上述个性特征的人也并不一定都能成为有效的领导者。这种利用领导者个人性格或个性特征来解释或预测领导效能的理论，有一定指导意义，但也有不少缺陷：①它们忽略了被领导者的地位和影响作用。事实上，一个领导者能否发挥其领导效能，会因被领导者的不同而不同；②领导者的性格特征内容过于繁杂，且随不同情况而变化，难以寻求由此获得成功的真正因素；③难以探索领导者所有性格特征的相对重要性；④忽视了情景因素。具备恰当的特质只能使个体更有可能成为有效的领导者，但他还需要采取正确的行动。

二、领导行为理论

由于特性理论不能预测出成功的领导行为，研究者转而致力于研究领导者偏好的行为风格，希望了解有效领导者的行为是否有独特之处。与特性理论不同，行为理论不认为领导者本身的天赋和品性是领导过程有成效的决定因素，而认为领导者做什么和怎样做才是决定因素。

领导行为理论主要研究领导方式与领导作风对组织行为及其成果的影响。这种理论模式很多，下面主要介绍几种有代表性的行为理论。

1. 利克特的四种管理方式

美国密执安大学伦西斯·利克特教授和他的同事，经过长期的企业领导方式研究，提出了领导的四种基本方式：

（1）专制—权威式。采用这种领导方式的领导者非常专制，决策权仅限于最高层，对下属很少信任，激励也主要是采取惩罚的方法，沟通采取自上而下的方式。

（2）开明一权威式。采用这种方式的领导者对下属有一定的信任和信心，采取奖赏与惩罚并用的激励方法，有一定程度的自下而上的沟通，也向下属授予一定的决策权，但自己仍牢牢掌握控制权。

（3）协商式。采用这种方式的领导者对下属抱有相当大但并不是完全的信任，主要采用奖赏的方式来进行激励，沟通方式是上下双向的，在制定总体决策和主要政策的同时，允许下属部门作出具体问题决策，并在某些情况下进行协商。

（4）群体参与式。采用这种方式的领导者对下属在一切事务上都抱有充分的信心与责任，积极采纳下属的意见，更多地从事上下级之间以及同事间的沟通。鼓励各级组织作出决策。

利克特等人发现应用第四种管理方式的主管人员都是取得最大成就的领导者，这种领导者方式在设置和实现目标方面是最有效率的，通常也是最富有成果的。根据广泛的调查，利克特发现实行群体参与式领导体制的企业，其生产效率要比一般企业高出10%~40%。他把这些归因于员工参与管理的程度以及在实践中相互支持的程度。

2. 管理方格理论

美国管理学家罗伯特·布莱克和简·穆顿于1964年设计了一个巧妙的管理方格图，如图9-2所示。图中横坐标表示领导者对生产的关心程度，纵坐标表示领导者对人的关心程度，每一种关心都分成9种由低到高的程度，因此每一方格就表示了一种特定对生产关心程度和对人关心程度的组合。

尽管在管理方格中存在81种类型，但布莱克和穆顿主要阐述了五种最具代表性的类型。①1.1贫乏型：领导者对职工漠不关心，领导者本人也只以最低限度的努力来完成必须做的工作。②9.1任务型：领导者的注意力集中于任务的效率，但不关心人的因素，对下属的士气和发展很少注意。③1.9乡村俱乐部型：领导者集中注意对职工的支持与体谅，但对任务效率和规章制度、指挥监督等则很少关心。④5.5中间型：领导者对人的关心度和对生产的关心度能够保持平衡，追求正常的效率和令人满意的士气。⑤9.9战斗集体型：对职工、对生产都极为关心，努力使个人和组织目标最有效地结合。在这些研究中，布莱克和穆顿得出结论：9.9风格的管理者工作最佳。遗憾的是，管理方格论并未对如何培养管理者提供答案，只是为领导风格的概念化提供了框架。并且，也没有实质性的证据支持在所有情境下，9.9风格都是最有效的方式。

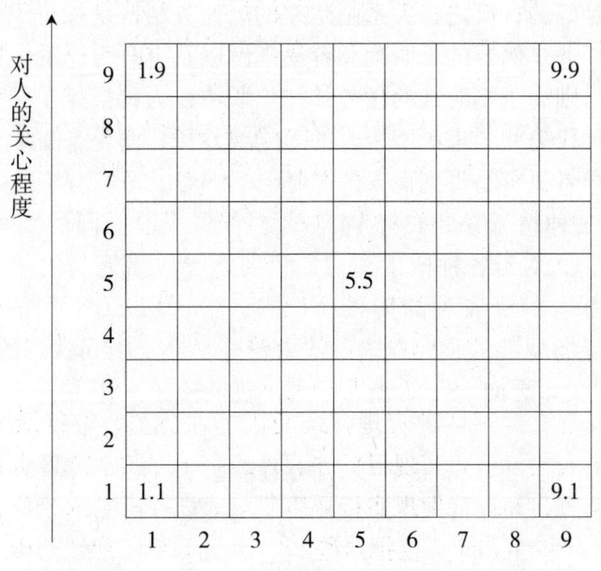

图9-2 管理方格图

三、领导权变理论

领导权变理论认为：不存在一种普遍适用的领导方式，领导方式的有效性不单纯取决于领导者的个人行为，它是领导者、被领导者和环境三要素有效结合的结果，即领导者必须按照不同的被领导者和不同的环境，适时调整领导行为，才能取得好的领导效果。这个观点可用公式表示如下：

领导 $=f$（领导者、被领导者、环境）

领导权变理论目前已成为领导理论研究的主流，下面介绍三种最具代表性的理论。

1. 菲德勒理论

弗莱德·菲德勒是第一个全面考虑领导过程三要素对领导有效性的综合影响的心理学家。菲德勒的权变模型指出，有效的群体绩效取决于与下属相互作用的领导者的风格，以及情境对领导者的控制与影响程度之间的合理匹配。为了监测领导者的基本领导风格，菲德勒设计了最难共事者（least-preferred co-worker, LPC）问卷。在问卷中，菲德勒要求问题的回答者在与自己共过事的同事中找出一位最难共事者，然后对挑出的最难共事者进行评价。如果回答者大多用含敌意的词句评价自己的同事，则该人的领导方式趋向于任务导向型；如果评价多用善意的词句，则该人的领导方式趋向于关系导向型。

菲德勒把领导的环境具体化为三种情景因素，包括领导者与被领导者的关系、工作任务的结构及领导者所处职位的固有权力。领导者与被领导者的关系是指领导者与其组织成员的关系。如果双方高度信任、互相尊重、互相支持和友好，则相互关系是好的；反之，关系则是差的。任务结构是指组织任务中规定的明确程度。如果任务是例行的、明确和容易理解以及有章可循的，则任务结构属于明确的；反之，则属于不明确的任务结构。职位权力是指赋予领导者与职务相关联的权力。这种权力并非来源于个人的影响或专长，而是来自职位权力，也就是职位较高的领导者更容易得到他人的追随。

菲德勒根据三种情景条件的不同组合，形成八种不同的类型环境，如表9－2所示。他认为，对于各种情景来说，只要领导风格能与之相适应，都能取得良好的领导效果。处于有利的情景（1、2、3）及最为不利的情景（7、8）时，采用"任务导向型"的领导方式，效果较好；处于中间状态的情景（4、5、6）时，则采用"关系导向型"的领导方式，效果较好。

表9－2　菲德勒模型

类　型	1	2	3	4	5	6	7	8
上下级关系	好	好	好	好	差	差	差	差
任务结构	高	高	低	低	高	高	低	低
职位权力	强	弱	强	弱	强	弱	强	弱
环　境	有　利			中　等			不　利	
领导目标	高			不明确			低	
有效领导方式	以工作为中心			以人际关系为中心			以工作为中心	

根据菲德勒模型，各种领导方式的效果应以领导环境的适应性加以判断，不能说某一种领导方式就绝对好或绝对不可取；要提高领导的有效性，或改变领导者的领导方式以适应特定环境，或改变领导环境以适应领导者的领导方式。因此，领导者的选择应视环境因素而定。

2. 领导生命周期理论

由科曼首先提出，后由赫西和布兰查德予以发展的领导生命周期理论认为：依据下属的成熟度水平选择正确的领导风格会取得领导的成功。成熟度是指个人对自己的直接行为负责任的能力和意愿。它包括工作成熟度和心理成熟度两项要素。工作成熟度是指一个人的知识和技能。工作成熟度高的个人由于拥有足够的知识、能力和经验，能完成其工作任务而不需要别人的指导。而心理成熟度是指一个人做事的意愿和动机。心理成熟度高的个人不需要太多的外部鼓励，他们主要靠自我的内部动力激励。领导者的行为应当随着下属"成熟度"的不同而相应调整，这样才能进行有效的领导。领导生命周期理论表示出工作行为、关系行为与成熟度之间的关系，如图9－3所示。图中的四个象限代表四种领导方式：

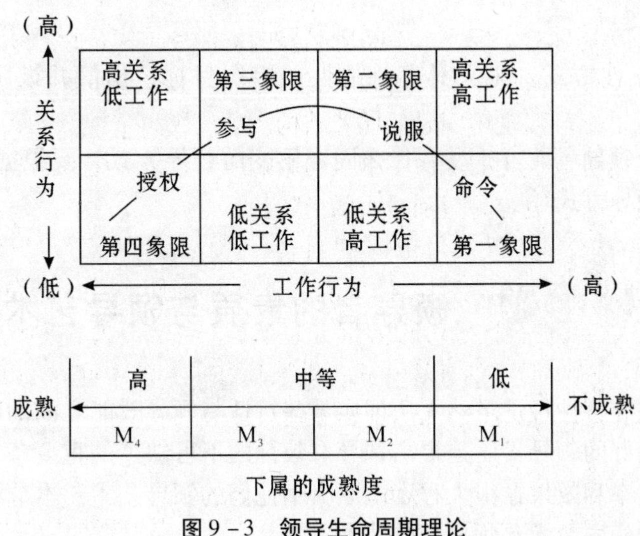

图9－3　领导生命周期理论

第一象限（S1，高工作低关系），命令型。适用于低成熟度的下属。他们既不愿意也不能够承担工作责任，领导者可以采取单向沟通形式，明确地向下属规定任务和工作规程。

第二象限（S2，高关系高工作），说服型。适用于较不成熟的下属。他们愿意担负起工作责任，但他们因缺乏工作的技巧而不能胜任。这时领导者应以双向沟通信息的方式直接进行指导，同时从心理上增强他们的工作意愿和热情。

第三象限（S3，高关系低工作），参与型。适用于比较成熟的下属。他们能够胜任工作，但却不满意领导者有过多的指示和约束。这时，领导者应该通过双向沟通和悉心倾听的方式和下属进行信息交流，支持下属发挥他们的能力。

第四象限（S4，低工作低关系），授权型。适用于高度成熟的下属。他们具有较高的自信心、能力和愿望来承担工作责任。这时，领导者可赋予下属权力，让下属“自行其是”，领导者只起监督作用。

3．路径—目标理论

路径—目标理论是罗伯特·豪斯（Robert House）开发的一种领导权变模型，它是建立在激励的期望理论及多种领导理论的基础上的。该理论认为，领导者是使下属获得更好的激励、更高的满意程度和工作成效的关键人物，提出领导的主要职能是为下属在工作中提供获得满足需求的机会，并使下属清楚哪些行为能导致目标的实现并获得价值（即奖励），简而言之，领导者应为下属指明达到目标的途径。

豪斯认为，领导方式一般有四种：

（1）指导性方式。要给下属提出要求，指明方向；要给下属提供他们所希望得到的指导和帮助，指导下属按照工作程序去完成自己的任务目标。

（2）支持性方式。对下属友好，平易近人，关心下属的生活福利。

（3）参与性方式。与下属商量，吸取下属的意见，尽量让下属参与决策和管理。

（4）成就性方式。树立具有挑战性的组织目标，相信并鼓励下属去实现目标。

对于一个领导者而言，没有什么固定不变的领导方式，要根据不同的环境，选用不同的领导方式。

第三节 领导者的素质与领导艺术

早期的领导特性理论虽然无法证实某些特性与领导效能之间的必然联系，但不可否认，良好的领导素质是提高领导有效性的不可缺少的重要条件。再说，领导者的工作效率和效果在很大程度上取决于他们的领导艺术。本节将阐述领导者的基本素质、领导艺术和领导的有效性。

一、领导者的基本素质

在现代市场经济条件下，企业面临的内外环境日益复杂，对领导者的要求也不断提高。在一定意义上，是否有卓越的领导者或领导集团，直接决定了企业的经营成效。所以，现代企业领导职能客观上要求领导者必须具备相应的良好素质。

一般而言，一个卓有成效的企业领导者要具备如下基本素质：

（1）品德高尚。领导者要公正无私，襟怀坦荡，富于牺牲精神，严于律己，宽以待人。

（2）个性完善。领导者应性格开朗，豁达大度，意志坚强，自信，有自知之明，对事物具有广泛的兴趣和热情。

（3）富于进取心和创新意识。领导者通常有较强的事业心和成就需要，希望通过事业的成功体现自身价值，有魄力和独创精神，勇于积极开拓新的活动领域。

（4）博学多识。领导者应具有较完备的知识结构，不仅通晓与企业领导工作有关的现代管理科学知识，同时精通与本部门活动性质有关的专业知识。

（5）多谋善断。决策是领导的主要职能之一，企业领导者应善于发现问题，提出多种解决方案，从中选优决策；能够根据情况的变化，随机应变地进行跟踪决策和适时处理。

（6）知人善任。领导的核心是用人，有效的领导者应当善于观察人，了解人，用人之长，唯才是举，充分发挥每个成员的潜力和积极性。

（7）沟通协调能力强。现代企业领导者应具有较强的人际交往能力，善于与下属及外部公众建立良好的沟通关系；能够协调种种复杂关系，促进企业内外关系的协调发展。

（8）具有世界眼光。随着世界经济一体化，国际交往越来越频繁，要求现代领导者具有世界眼光，高屋建瓴。

除上述基本素质外，企业领导者还应具备一定的领导风格。领导风格是领导者个性气质、性格、能力、思想方法、价值观念及行为习惯的综合体现。鲜明、独特的领导风格可以增强领导者的魅力和感召力，也是领导者获取成功的重要条件之一。

二、领导艺术

领导艺术，是一些成功领导者身上和行为所表现出来的那些行之有效的领导特色。领导艺术的内容丰富，几乎每一位成功领导者都有自己的领导技艺与诀窍，归纳总结主要有如下一些方面：

（1）决策的艺术。决策的艺术，并不仅仅是指领导者去作出一个正确的决策，还在于领导者能不能把自己的决策化为群众的共识并使下级努力为实现上级决策而努力工作。

（2）用人的艺术。用人的艺术主要是知人善任，并做到个人的正确使用与群体的最佳配合。作为上级，让下级听话很容易，但如果能让下级心甘情愿、死心塌地地为组织效力，是需要点用人艺术的。对领导者来说，如果会用人，下属的缺点也可转化为财富。比如某学生用功，但做事过分拘谨和死板，不宜搞文学，却适合做化学实验。又比如，在法国一家涂料公司，按每个人的缺点来编排岗位：比如让爱吹毛求疵的当质检员，让争强好胜的去抓生产，让好出风头的去搞市场公关，让斤斤计较的去管仓库等。

（3）权力运作的艺术。权力如同货币一样，只有在运用中才显出它的魅力。权力运作的艺术包括集权、分权与授权。权力运作不仅仅是玩弄权术，而是为了做好领导工作，达到组织目标，对领导权力进行良好使用。

（4）激励的艺术。鼓舞和调动下属的积极性、创造性，是领导者根本的工作。一个成功的领导者并不在于自己能干什么和干了什么，重要在于他如何引导下级和让下级干什么。如诸葛亮打仗从不冲锋陷阵、身先士卒，但他能激励他的将士英勇奋战。

（5）集中精力抓主要工作和关键环节的艺术。作为一个成功的领导者，不能整天泡在会议中和埋头在日常事务中，他应高瞻远瞩，善于识别轻重缓急，并把主要精力放在组织的重要工作和关键环节上。

（6）处理矛盾和应对变革的艺术。组织中总是难免发生这样那样的矛盾与冲突，如何去处理和化解冲突需要领导艺术。再就是组织总是处于变革、变化之中，如何应对，适时策动组织内部的变革并把变革引向坦途，则是领导艺术中的艺术了。

下面具体介绍一下授权的艺术：

（1）将什么授权。

①你不想做的事。如果能将自己不想做的事委派他人去做，那将十分幸运。如果没有助手或下属可以直接委派的话，也不必灰心！可考虑与同事或朋友交换

任务，通过交换任务可能实现各取所得。

②你没时间做的事。如果忙得不可开交，可考虑将部分任务委托他人去做，这样可以集中精力做最重要的事情。

③别人能做得更好的事。有时，我们会抓住一项任务不放，尽管他人可能会做得更好或更快，这种做法不利于提高管理效能。将任务转交给他人并非承认能力或智慧不足，相反，可能通过取长补短，把各项工作做得更好。

④你喜欢做或能做好，但未能充分发挥你的才能的事。在职业生涯中，不要将自己局限于某种工作上。如果有可能，应当将自己的部分工作委托出去，而自己去做更能发挥自己才能的事情。

⑤他人为了积累专业经验而必须做的事。尽管你会比下属或助理干得更快更好，但为了让下属或助理提高专业水平，可能要将工作交由他们去做。尽管你一直做着某一项具体工作（而且做得相当不错），抽出时间教会别人，长期来看，这是值得的。

（2）如何授权。

①详述你想要什么。要向被授权人讲清任务的要求，必要时可以将想法形成书面文字。要确定明确的完成期限，但最好不要说“到……时候这件事要完成”，应当试着说“你能在什么时候完成呢?”这样可以给受委派人一定选择。如果受委派人定的期限较迟，你可以提出：“可不可以快点完成呢?”让受委派人继续有权选择。然而，这样的询问效果可能比你定的期限更早。

②提供权力、条件和支持。委派的不应当仅仅是任务还应当有执行任务的权力。应当告诉有关部门和人员，受委派者有权在这个项目上代表你，并要求他人给予必要的合作。同时，还应当提供必要的工作条件，并给予全力支持。

③评估结果，而非过程。不同的方法可以达到同一目标，他人的思路与你的不同，但可能能够达到同一目标。对他人采用的方法不必过分地限制，而重点是评估结果。当然，在发现方法上有明显的错误时，应当提出自己的意见。

④确保你随时准备跟进。对委派的任务要进行必要的监督检查，这样可以增加被委派者的认真负责程度。如果任务委派后便不再过问，这可能会降低你的信誉和增加他人不将你的要求认真对待的机会，从而使任务流于形式。任务虽然被委派出去，但该任务的完成情况最后应当得到你的首肯。

三、可供借鉴的某些准则

前苏联《经济与生活》月刊曾刊载一篇题为《管理的艺术》的文章，对领导艺术提出了一些准则，可供我们借鉴，下面列举其中的一些基本准则：

（1）要理解与人为善的艺术，善良是力量的特征。

（2）在任何时候都不要伤害工作人员的自尊心。

（3）要永远放弃两面派的行为：对下级一副面孔，对长官又是另一副面孔。

（4）永远要以“您”称呼下级，别忘记说“请”字。

（5）别惧怕新事物，如果做什么事都用20年前的老办法，那么这个事实本身就说明，他在某种程度上是个保守派。

（6）查处任何过失时，在采取某些措施之前，要尽量耐心地听取犯错误人的解释。

（7）请记住，不善于听取意见是受挫领导者的职业缺点。因此，要学会听取意见，甚至不要用诸如“简短些”这样刺激性的话打断话多的员工。

（8）请相信那些值得信任的人，如果一个人认真地完成受托的事情，不要用过多的提醒和指示使他难为情。请让他有机会安安静静地、不受“干扰”地工作。

（9）对干得好的，不要舍不得致谢。那些认为“催促”可起推动作用，表扬会使人头脑发昏，并导致自我安慰和骄傲自满的领导者是大错特错了。领导者的好话过去是，现在仍然是刺激人们工作尽力和勤奋的最有效因素。

（10）如果由于差错而必须申斥谁的话，请你单独地找他面谈。绝大多数人都很忌讳在自己同事面前受到责备，完全不允许在他的同事和下级在场的情况下申斥他。

（11）无论如何不要断然把下级人员划分为“坏的”和“好的”。请你遵循这样一条原则：每个人身上的优良品质比不良品质总是多得多的，需要的只是善于激励前者，抑制后者。

（12）要及时地向下级通报自己的设想和计划。这会在集体中建立共同努力、信任的气氛，有助于集体高高兴兴地去实现你的设想。

四、领导有效性的衡量

良好的领导素质和领导艺术最终都体现为领导的有效性，有效性是领导水平的总体反映。在企业管理中，领导有效性是一个综合性概念，它指通过领导活动实现企业预定目标的程度。由于不同企业组织或同一企业不同职位的领导活动内容复杂、形式多样，因而难以用固定、机械的同一标准衡量有效性的高低。就一般意义而言，一个企业或群体的领导是否有效，可以从以下几方面反映出来：

（1）下级的支持。下级员工主动而非被迫地支持领导者，不论这种支持是出自感情还是利益上的考虑。

（2）相互关系。领导与下级员工之间保持密切、和谐的交往关系，并鼓励群体成员之间发展亲密的、相互满意的关系，使企业内部关系处于协调状态。

（3）员工的评价。绝大多数员工都能高度评价所在企业或群体，并以成为该企业或群体的一员而感到自豪。

（4）激励程度。员工因自身需要获得满足而焕发出较高的工作热情和积极性，个人的潜能得到充分利用。

（5）沟通的效果。领导者与下级员工之间能够及时、顺畅地沟通信息，并以此作为调整领导方式、协调相互关系的依据。

（6）工作效率。在领导者的引导、指挥和率领下，企业的各项资源得到合理配置，生产经营活动得以高效率地进行。

（7）目标的实现。领导活动的效能或效果最终要通过是否实现企业的预定目标以及实现的程度反映出来，其中既包括经济效益目标，也包括社会效益目标。

复习与应用

一、思考题

1. 什么是领导？你认为领导的实质是什么？
2. 结合实例讨论领导者是否应具备某些个人特点？
3. 领导行为理论和领导权变理论的实质是什么？
4. 什么是管理方格理论？其中最有效的领导方式是哪种？
5. 各种领导理论各有什么长处和不足之处？
6. 如何衡量领导的有效性？

二、管理实务

如何获取权力

领导以权力为基础，在工商企业中，组织目标是共同的，但每个成员的个体目标常常是不同的，为了使大量个体齐心协力为实现组织目标而努力，一定要借助权力。在组织中，领导者必须运用一定的政治手段与策略来实现组织目标和合理的个人目标。在这个过程中，领导者拥有相应的权力是必备条件。成功的领导者应该是，也必须是一个有远见卓识的、熟谙获取权力之道的政治家。

当一个组织建立之后，总有人通过努力成为领导者，有志于实现组织目标的人获取权力是正当的行为。在实践中，人们总结了多种获取权力的策略。

1. 同有权势的人结成联盟

这样可以使自己更快更多地得到核心信息，得到更多表现自己的机会。在提拔任用人时，有权势的人的影响力是最大的，有他们的支持就具有了巨大的优势。通常的优势联盟有三种：与上层领导者结成的联盟，与其他重要部门的领导者结成的联盟，或是与离权力中心很近看似并无实权的人（如总经理秘书、总经理的至亲好友）结成的联盟。

2. 施惠

追求权力者应该尽量给更多的人以帮助，这样他人欠下人情债，就好像追求权力者发出“借条”，当他请求对方付出时，对方会根据“借条”给予相应的回报。

3. 不激怒别人

追求权力者除了利益完全对立的人之外，应该争取任何一个人，不激怒他们，这样就可以慢慢获得别人的信任与合作，自己的地位也会越来越巩固，不断地扩大自己的权力。这是一种见效虽慢但十分有效的策略。

4. 从危机中获益

在正常情况下，希望迅速获得权力，“坐直升机”的可能性是很小的，但是危机之中，原来的权力架构十分容易打破，如果能够挺身而出，带领组织走出危机，就能迅速取得权力。危机意味着机会，追求权力者必须在动荡与危机之时全力以赴。

5. 谨慎地寻求顾问

再聪明的人也只能洞悉事情的一部分，如果能够找合适的行家里手，就会有很大帮助，因此选择合适的顾问是一个关键性问题。对顾问的意见要进行分析采纳，但又不能对顾问产生依赖性。

6. 争取最关键的工作

对于本单位发展至关重要、被上级领导最看重的工作，如本人可以胜任，则应尽快进行构思和计划，并显示给相关的人。一旦得到积极的反馈，就可以进一步设法实现这种构思和计划，在这一过程中展示自我扩大的权力。

7. 不断地提高自己

最重要也是最关键的，就是要不断地通过学习、实践，提高自己的知识水准，增强自己的工作能力，从而获取专长权。如果说职位权力是与组织内的职位联系在一起并来自于组织的授予，那么非职位权力一般都不与职位联系在一起，它来自于自身能力与修养的提高。作为一个追求权力者，眼光不能只盯住职位权力，而应更多地注重非职位权力。通过自己的努力，不断提高自己，获取非职位权力。

现实中的环境千变万化，获取权力的策略也林林总总，这里仅列举了几种策略。在实践中，追求权力者必须依照实际情况，灵活地、创造性地使用数种策略。孙子说：“故兵无常形，水无常势，能因敌变化而取胜者，谓之神。”不管策略如何变化，如何巧妙，追求权力者必须以实现积极的组织目标为导向，洞悉人性，熟谙权力，这些是追求权力者获得成功的基础。即使制定了合理巧妙的策略，追求权力者也必须有能力和技巧将它在实践中加以运用，因此追求权力者必须具备以下一些素质：①充满信心和自信心强；②具有灵活性；③善于协商；④有雄心壮志；⑤善于协调关系；⑥不传播无谓的小道消息；⑦不参与非原则性的争论。

三、案例分析

这里员工流失率为何是零

在来东莞市长安镇品质电子制造厂采访之前，记者就“道听途说”了不少关于这家厂的“奇闻”：虽是工厂，但更像是福利园，厂里的网吧、影吧、咖啡厅工人们都可以免费享用……

记者步入厂区，看到了喷泉、瀑布、绿茵、雪白的休闲桌椅、健身单车，还听到了悠扬的琴声。

负责接待记者的员工小钟指着健身器材说："这是公司老总去深圳大学参观后让人'克隆'的，游泳池过段时间也能用了！"

来到300平方米的视听吧，超大型银幕前，员工们正埋在舒适的沙发椅中津津有味地免费欣赏节目。

图书阅览室有5 000多本藏书及近百种报刊。200平方米的网吧有80台液晶显示器，里面挤满了免费上网的员工。

美容美发室里，理发师傅正在为一名员工焗油。理发室未见价目表，找不到一瓶洗发水。小钟对记者说道："别找了！打工妹都是自带洗发水互相洗头，由师傅剪、电、焗，所有的美发项目都免费！"

近千平方米的咖啡厅，米黄色的沙发错落有致，面包蛋糕炉散发出阵阵香味。咖啡厅内，正在对弈的两位老人是员工的家属。原来厂里规定：员工们一年可申请家属来探亲两次，每次半个月，食宿由厂里"埋单"！

小钟笑着说："厂里每天补助12元饭费。食堂每天供应四顿自助餐，3元一餐，任吃！吃不完的饭票还可以拿到厂里的超市换食品和日用品。"

我们迫不及待地来到被东莞市卫生局评为卫生A级的食堂探个究竟。

这间星级食堂窗明几净，漂亮的玻璃餐台上摆着装有热茶的茶壶、茶杯和各种调料。在准备晚餐的工作人员忙着往凉菜盘里添小菜：油炸花生米、四川榨菜、东北泡菜、湖南剁椒、麻辣豆角……小黑板上写着中午的主菜：萝卜玉米煲龙骨汤、土豆炒肉片、回锅肉、油菜，主食有米饭、荷叶饭、煲仔饭可供选择。工作人员告诉记者："平时正餐是3个主菜、6个小菜、1个青菜、1个汤，早餐每天不一样，馒头、汤粉、炒面、豆浆、稀饭都有。"

员工说："我们这里，老板、普通员工都在一个桌上吃一样的饭菜。我们好多建议和意见都是在饭桌上向他反映的！"

饭后，记者再探员工宿舍。四座员工宿舍外墙分别是紫、红、绿、蓝四色，每座宿舍都根据颜色的不同配上一个富有诗意的名字："紫气东来""软红香土""绿野仙踪""筚路蓝缕"。

我们随意来到"软红香土"的412房。20平方米的宿舍里写字台、大衣柜、空调、冰箱、24小时热水，阳台、冲凉房、洗手间一应俱全，里面住着4名员工。

"老板对我们可花了不少心思啊。"员工们七嘴八舌地向我们说。

——情人节这天，厂里一千多名女工下班回到宿舍后惊喜地发现，床头多了一枝红玫瑰和女士小提包。逢年过节，全厂两千多员工都能在食堂门口拿到一枝老板送的鲜花。

——为了一解两千多名外来员工的乡愁，老板李同乐可是费了一番苦心。谁说众口难调？他请来擅长烹饪几大菜系的师傅，做出地道的川、湘、粤菜。谁说乡音难觅？他多次亲自跑到邮局订了《湖南日报》《湖北日报》《河南日报》《四川日报》《大河报》等二十多种地方报纸。谁说相思难述？逢年过节，李同乐都会给员工们买回贺卡，让员工们写上祝福的话语寄回家。

——去年一位江西籍员工被检查出可能有传染性疾病后自动辞职了。李同乐知道后多方联系，终于找到这位员工。厂里转送他至广州最好的医院治疗，并为其报销所有的医疗费。

“我们经常给李总写信、写邮件、谈心。他再忙也坚持每信必复！”一旁的员工自豪地告诉记者。

品质厂在业界可是出了名！不少前来“取经”的同行们纷纷竖起大拇指：“品质厂真像所大学！”也有同行不解，老李拿出这么多钱，图个啥呢？

“对员工好，回报更好！”李同乐说，“这个企业共投资10个亿，我为员工建娱乐设施只用了600万元。员工对这个企业有了归属感和认同感，就会更努力工作。这个投资太值了！”“我的目标是把工厂办成‘超级社会大学’。”

眼下，珠三角不少企业出现招工难、“民工荒”，但品质电子厂员工的流失率几乎为零！去年该厂欲招100名工人，结果应聘的一下子来了两千多人。

春节前夕，省委宣传部、省文明办在这里隆重举行仪式，将“爱国、守法、诚信、知礼”现代公民教育活动示范点的牌子挂在了厂部。

问题：

1. 以人为本的理念是怎样在该企业中得到体现的？
2. 该企业领导者的领导方式与领导艺术有什么创新之处？

第十章

沟　通

当今社会，我们被信息的洪流包围着，社会、经济、政治活动等正常有序的展开有赖于良好的信息沟通体系。领导者的意图要得到贯彻，员工相互之间工作要协调，都离不开沟通。沟通是工作的润滑剂，是企业管理中不可或缺的一项活动，在管理工作中占有非常重要的位置。

第一节　沟通过程

一、什么是沟通

对于沟通的概念，可以说是众说纷纭，莫衷一是。

《大英百科全书》认为，沟通是："用任何方法，彼此交换信息。即指一个人与另一个人之间用视觉、符号、电话、电报、收音机、电视或其他工具为媒介，所从事之交换信息的方法。"

西蒙认为，沟通就是"可视为任何一种程序，借此程序，组织中某一成员，将其思想或信息，传送给其他成员"。

从以上对"沟通"的解释可以知道，沟通既可以是通讯工具之间，人与机器之间，也可以是组织之间，甚至是组织与个人、个人与个人之间的信息交流。因此不同学科如通讯科学技术领域、工程心理学、社会科学与社会心理学等不同的学科有不同的理解。本章主要从管理学的角度去考察与研究组织内部的信息沟通。这是组织与领导工作的重要组成部分。

沟通是指为了设定的目标，凭借一定的符号载体，在个人与群体间传递思想，交流情感与互通信息的过程。一般来说，沟通在管理中具有以下几方面的重要意义：

（1）沟通可提供充分而确定的材料，是正确决策的前提和基础。任何组织机构的决策过程，都是把情报信息转变为行动的过程。因此准确可靠而迅速地收集、处理、传递和使用组织内外的信息，是决策过程的重要环节。

（2）沟通是组织成员统一思想和行动的工具。在实现组织目标的过程中，有必要使组织成员认清形势，了解组织的决策和政策。要做到这一点就有必要消除由于人们所处位置不同、利益不同、掌握信息的多寡、知识经验不同而产生的对组织决策和政策的态度的不同，这就必须进行充分而有效的沟通，如交换意见、统一思想、明确任务等。

一个人从被招聘到某一岗位（或职位）开始到退休，都要进行有效的沟通。在招聘过程中，进行沟通可以使未来的职工相信本组织就是他们想要去的组织，能满足其需要。良好的沟通还能使职工充分了解组织的目标、宗旨、发展战略、规章制度，使其能自觉地规范自己的行为，从而保证组织的统一性。

（3）沟通是在组织成员之间，特别是领导者和被领导者之间建立良好的人际关系的关键。组织内的人际关系如何，主要是由沟通的水平、态度和方式决定的。只有通过不断的信息沟通，才能使组织内的成员彼此了解、互相有感情、配合默契。一个领导者作风好，虚心听取大家意见，关心职工疾苦，就能赢得人们的信任和支持。在个人考评方面，上级主管人员评价其下属对组织所作的贡献，并将此评价传达给下级是十分重要的，这有利于下级了解自己的地位、了解上级对他们完成任务的看法、了解他们如何改进自己对组织的贡献，了解他们未来的前途等。这种沟通将会大大激发职工的士气。

二、信息沟通过程的基本模式

从沟通的定义可以看出，沟通过程中涉及沟通主体（传送者和接收者）和沟通客体（信息）的关系。沟通的起始点是某个人，是信息传送者；终结点也是某个人，是信息的接收者；当终结点上的人反馈自己的想法、意见时，终结点上的人又成为施体，最初的起始点上的人又成为受体。沟通还包含信息发送者为影响接收者而使用的言语或非言语的行为。信息以怎样的方式被传送，又是如何传递给接收者，接收者如何解读信息，信息最终以怎样的方式被理解，这都与沟通过程中主体的语言行为息息相关。图 10－1 很好地反映了沟通的过程模式。

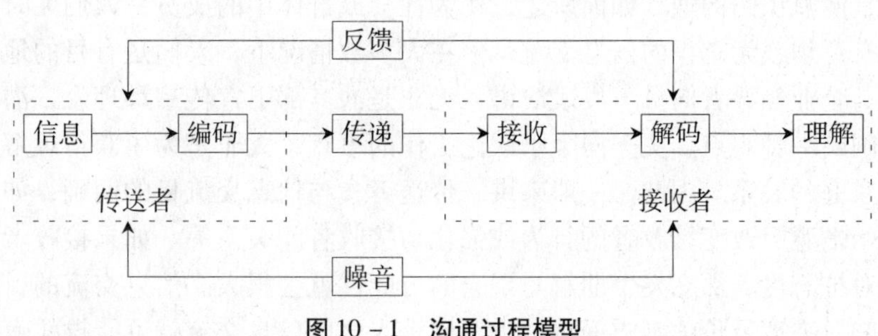

图 10－1　沟通过程模型

在图 10－1 描述的人与人之间信息交流过程的基本模型中，标示了促使信息交流得以发生所必需的要素和子过程。具体来讲，信息沟通过程涉及传送者与接收者、传送器与接收器、通道与噪音、反馈等要素，以及两个黑箱操作过程：一个是传送者对信息的编码过程，另一个则是信息接收者对信息的解码过程。这两个子过程之所以被视为黑箱过程，是因为我们无法监测而且难以控制这两个过程，这是人脑的思维和理解过程。前者是反映事实、事件的数据和信息如何经过传送者的大脑处理、理解并加工成双方共知的语言的过程，而后者是接收方如何就接收到表述数据和信息的语言经过搜索大脑中已有的知识并与之相匹配，从而将其理解、还原成事实或事件等的过程。

因此，貌似简单的沟通过程事实上存在很多环节，这些环节都有可能产生问题和麻烦，从而影响沟通的游说、交流、了解和密切关系等目的的实现。两个人或更多的人之间准确的信息交流，只有在双方共享或分享经验、感知、思想、事实或感情时才会发生。个人内部和外部存在的某些因素，往往会产生不准确的感知，并导致不尽如人意的信息交流。但是，这并不一定需要双方的观点、意见完全一致，只要这些对立的观点是按照原来打算表达的含义被传递、接收和理解了，就会发生准确的个人之间的信息交流。

如图 10 - 1 所示，沟通模型包括传送者和接收者；编码和解码；传送器和接收器；通道和噪音以及反馈等基本要素或子过程。

1. 传送者与接收者

个人之间的信息交流显然需要有两个或两个以上的人参加。图 10 - 1 表示的只有两个人参加的信息交流过程。由于个人之间的信息交流往往包含人们相互间一系列的互换与互动、沟通与交流，所以把一个人定义为发送者，而把另一人定义为接收者，这只是相对而言。这两种身份可能发生转换，取决于我们处于信息沟通模型中的某一个位置。

在信息交流过程中，传送者的功能是产生、提供用于交流的信息，是沟通的初始者，具有主动地位。而接收者则被告知事实、观点或被迫改变自己的立场、行为等，所以处于被动的位置。传送者和接收者这种地位对比的特点对于信息交流的过程有着重大影响。

根据沟通的目的是否明显，可以将沟通分成两种：一种是目的明确的沟通；另一种是潜意识的沟通。如前所述，作为社会或群体中的成员，人们无时无刻不在进行有意识或无意识的信息交流。但在大多数情况下，人们是有目的地传递各种信息。企业领导者向员工发表演讲，无非是向其部下宣传一种理念，灌输一种思想或阐明一种观点。丈夫向妻子谈论工作的事宜，无非是为了获得理解、支持和增强家庭的关系。因此，一般来讲，传送者参与信息交流目的明确，如表达观点、阐明情感、改变接收者的行为或强化与接收者的关系等。如果接收者对这些目的持对抗态度，那么发生曲解与误会的可能性就会很大。信息交流的目的与双方的感知、态度及价值观方面越一致，则个人之间信息交流就可能越准确。

另一类信息交流是介于有意识或无意识之间，许多情景中则属于下意识的，这就是所谓的“自我发泄”。妻子由于每天的家务烦琐所累，会突如其来地摔打杂物；公司的员工因为日积月累的工作压力，会朝着顾客大发雷霆等。要想长期提高与某些对象的沟通效果，增进与对方的了解，不可忽视这种“自我发泄”的沟通形式，并随时给以关注、引导和控制。

2. 编码与解码

信息交流过程是传送者表达自己思想、观点、情感的过程，所传送的信息已不是我们原来的思想，而是那种思想、观点、情感的一个代码符号。我们希望这些信息跟我们头脑中原有的思想、观点、情感要尽可能地接近。你是否感觉到把自己“内心的”思想、观点、情感真实而又全面地表达出来是何等艰难，或者是根本办不到的事？你的思想、观点、情感与所传送的信息以任何符号、代码被沟通，直接影响沟通目的是否得以实现。沟通的编码和解码这两个过程是沟通成败的关键。

编码是发送者把自己的思想、观点、情感等信息根据一定的语言、语义规则翻译成可以传送的信号。解码就是把所接收到的信号翻译、还原为原来的含义。在剖析沟通的过程中，我们不会怀疑编码和解码的关键作用，但在实际沟通中，我们却常常意识不到其重要性。因为成年的沟通主体基本都能很娴熟地驾驭编码和解码的过程，因此这两个过程发生时速度很快，很多情况下，人们意识不到这两个过程的发生。但请试想你与一个正在咿呀学语阶段的孩童的对话的经历。你会看到大多数学语阶段的孩童在表述一句话前总会显出努力思考的样子，他们在干吗？这时他们正在大脑中进行搜索、匹配，在努力选择合适的词语来表达自己的意思。用沟通的术语来讲，他们在进行编码。可见，编码是信息交流和人际沟通及交往极其关键的一环。若此环出现脱节的话，那么整个信息交流过程则会变得混乱不堪。毫无疑问，我们所拥有的语言水平、表达能力和知识结构，对于我们将自己的思想、观点、感情等进行编码的能力，起着至关重要的作用。

评价传送者的编码能力有三个标准：首先是认知，即“对不对”的问题；其次是逻辑，即“通不通”的问题；再次是修辞，即“美不美”的问题。

通过一种共同语言，人们就可以把许多信息加以解码，使所传送的含义与所接收到的含义相当接近。传送者的思想、观点、情感与接收者的思想、观点、情感完全一致，只是个人之间信息交流的“理想”状态。事实是，沟通中这种理想状态通常很难达到。但为了提高交流和沟通的准确度，我们必须尽可能使编码和解码得到的含义接近。我们认为，当所传送的事实信息不具威胁性时，交流很容易接近理想状态。但是，这种“理想”状态并非经常出现。

由于每一个人都具有自己的特征，完全相同的两个人是不存在的。个人之间的差异存在于不同的个性、需要、感知、动机、学习、智商、情商、态度、价值和决策过程等因素中。然而，当代社会的发展表明，无论在一个群体内部或在群体之间，人们的相互依赖程度增加了，人们对个体之间差异的宽容明显增强，人们不时会选择与自己观点大相径庭的人交流信息，甚至与自己思想迥然不同的人交朋友。

3. 传送器与接收器

传送器与接收器仅指信息传递及接收时所使用的工具和媒质而言。在个人之间信息交流时，信息传递的工具通常是人的感官，即视觉、听觉、触觉、嗅觉和味觉。传送是通过言语性的或非言语性的媒质进行的。传送器一旦工作，则传递过程就开始发生，而且不再受传送者的控制。信息一经传送，犹如“覆水难收”。

信息经过通道到达接收者的接收器。接收器主要有两类：首先是接收者的感官，即视觉、听觉、触觉、嗅觉和味觉；其次是借助于高新技术诸如电脑、电话、通讯卫星、Internet 等“人造器官”来强化接收效果。

4. 通道与噪音

通道是信息得以从传送者传递到接收者所凭借的手段。一般常用的信息通道有言语和非言语通道。比如，可以面对面地交谈，也可以由电话线来传送，甚至借助于 Internet 等。对于某些重要的信息如中层管理人员的绩效评估与奖励，管理者往往采取多种通道包括书面报告、小组评议和直接沟通等形式，以免信息传递过程中的噪音干扰和信息“失真”。

噪音则是指通道中除了所要传递的那些信息之外的任何干扰。在个人之间的信息交流过程中，沟通要素产生的噪音会干扰信息的正常交流。主要噪音来源有：①情绪状态于环境情景对正确发送或接收信息形成的障碍；②双方个性特点如气质、性格、能力等会影响沟通顺利进行；③价值标准与认知水平的不同导致无法理解双方的真正意思；④地位、级别所造成的心理落差和沟通距离；⑤编码和解码时采用的信息符合系统的差异；⑥信息通道本身的物理性问题。

总之，噪音作为一种干扰源，无论产生于交流过程中的哪一层次、哪一环节，无论有意或无意为之，其本身也是一种信息。只不过这种信息通常增加信息编码和解码中的不确定性，导致信号传送和接收时的模糊与失真，并将进一步干扰个人之间的信息交流。一般可以借助于重复传递信息或增加信息的强度（如提高音量）来克服。

5. 反馈

个人之间信息交流模型的最后一个要素就是反馈。反馈就是接收者对于传送者传来的信息所作出的反应。如果接收者能充分解码，并使信息正确融入信息交流过程中的话，则会产生反馈。反馈使得传送者可以发现信息是否被接收。通过反馈，个人之间的信息交流变成一种双向或多向的动态过程。

反馈可以检验信息传递的程度、速度和质量。获得反馈的方式有很多种。直接向接收者提问，或者通过观察接收者的面部表情以获得其对传递信息的反馈。但光凭借观察来获得反馈，还不能确保沟通的效果。观察接收者的反馈的方法必须结合直接提问法，才能获得可靠的反馈信息。

三、沟通障碍与克服障碍的方法

1. 沟通障碍

在沟通过程中我们可以发现，这个过程中很多时候会受到干扰，因而对沟通造成障碍，影响沟通的效果。以前，沟通的困难在于速度和准确性，尤其在多次口头传达后，把信息过滤和曲解，因而产生很多问题。现今科技发达，运用电子通讯系统，如图文传真、人造卫星、无线电话、视像会议等，速度和准确性的问题已不大，故此，沟通的问题主要落在人的本身。沟通障碍可能由以下几方面引起：

（1）沟通目的不明，信息表达不清。若传送者对自己将要传递的信息内容、交流的目的缺乏真正的理解，即不清楚自己到底要向对方倾诉什么或阐明什么，那么，信息沟通的第一步便碰到了无法逾越的障碍。因此，传送者在信息交流之前必须有一个明确的目的和清楚的概念，即“我要通过什么道、向谁传递什么信息、并达到什么目的”。

(2) 语言障碍，产生理解差异。由于人们语言修养上的差异，虽然使用同一种语言，但对同一信息的理解却会产生差异，这或许是因为发送信息者表达欠清晰，或者是因为接受者未能正确解释信息的含义。有时虽然对词语的意义没有发生错误的理解，但由于脱离了沟通时的语言情境，也不能正确理解信息的意义。例如，一些行业的专门术语，外行人往往无法了解，或者所理解到的是另一种意思，因而造成沟通障碍。如“电脑病毒”便不是生物学上的病毒，而是以程序方法输入电脑的。

(3) 地位与心理障碍，妨碍交流。一般来说，地位高的人对地位低的人的沟通是无所顾忌，而下级对上级沟通时往往有所顾忌，这样就使一个领导者不容易得到真实充分的信息。特别是领导者不愿意听取不同意见时必然堵塞言路，使下级保持沉默。

接收者在人际沟通或信息交流过程中曾经受到过伤害和不良的情感体验，造成“一朝遭蛇咬，十年怕井绳”的心理定势，对传送者心存疑惑、怀有敌意，或由于内心恐惧、忐忑不安，就会拒绝接受所传递的信息甚至抵制参与信息交流。

(4) 主观的过滤。人往往把自己喜欢听的话接收，而对不利和不认同的信息充耳不闻。多数人都会从个人的角度去理解事物，或者以个人经验和习惯去作出判断，这个过滤过程虽然有助于更快理解及判断事物，但也会变成“先入为主”，使接收者从主观角度去理解信息。例如，经理欲鼓励员工在业余时间进修，但下属可能错误理解为自己不胜任工作。同样在企业里，由部下向上司所进行的上行沟通，某些部下“投其所好”，报喜不报忧，所传递的信息往往经过层层“过滤”后或变得支离破碎，或变得完美无缺。而由决策层和执行层所进行的下行沟通，经过逐级领会而“添枝加叶”，使得所传递的信息或断章取义，或面目全非，从而导致信息的模糊或失真。

(5) 形式不当。当我们使用言语即文字或口语和非言语即形体语言（如手势、表情、体姿等）表达同样的信息时，一定要相互协调，否则会使人如“丈二和尚摸不着头脑”；当我们传递一些十万火急的信息，若不采用电话、传真或者 Internet 等现代化的快速通道，而通过邮递寄信的方式，那么接收者收到的信息往往由于时过境迁而成为一纸空文。

(6) 个人情绪的影响。“人是有感情的动物”，在心情愉快的情况下，比较容易沟通，而在极度兴奋、悲伤、恐惧、注意力不集中等情况下，都会对沟通造成一定的障碍。

(7) 环节过多，引起信息损耗。信息从一个人传到另一个人的一系列过程中会越来越失真，一般每经过一个中间环节，就会丢失 30% 的信息。这是由于人的性别、年龄、文化程度不同，信仰、观点、态度不同，思维、记忆、想象也不同，从而造成一个人的感觉和知觉不一样以及接受水平上的差异。

2. 克服障碍的方法

尽管存在上述那么多的沟通障碍，然而沟通现状并非那么令人绝望。只要认识到沟通障碍的存在，就给我们妥善处理并排除沟通障碍带来了希望。研究表明，沟通是科学与艺术问题。因而，解决沟通中的思路、理念上的问题和障碍以及沟通中的方法、手段等技术问题就显得非常重要。

（1）使用恰当的沟通通路。“条条大道通罗马”，说的正是达成目标的多种途径的意思。面对不同的沟通对象，或面临不同的情形，应该采取不同的沟通通路，这样方能事半功倍，否则可能造成严重的后果。如在一个刚组建的项目团队，团队成员彼此会小心翼翼，相互独立，若此时采取快速沟通与参与决策的方式，可能会导致失败；一旦一个团队或组织营造了学习的文化氛围，即组建了学习型组织时，可以导入深度会谈、脑力激荡等开放式的沟通方式。

（2）考虑接收者的观点和立场。有效的沟通者必须具有“同理心”，能够感同身受，换位思考，站在接收者的立场，以接收者的观点和视野来考虑问题。若接收者拒绝其观点与意思的话，那么传送者必须耐心、持续地做工作来改变接收者的想法，传送者甚至可以反思：我自己的观点是否正确？

（3）充分利用反馈机制。进行沟通时，要避免出现“只传递而没有反馈”的状况。一个完整的沟通过程，要包括信息接收者对信息作出反应，只有确认接收者接收并理解了传送者所发送的信息，沟通才算完整与完成。要检验沟通是否达到目标，传送者只有通过获得接收者的反馈才能确定，如提问、聆听、观察、感受等方式。

（4）以行动强化言语。中国人历来倡导“言行一致”，言语上说明意图，只不过是沟通的开始，只有化为行动，才能真正提高沟通的效果，达到沟通的目的。如果说的一套，做的又是一套，“言行不一致”，这种所谓的沟通的结果是可怕的。家长要求子女要努力、上进，养成积极向上的人生观，而自己却沉湎于赌博、搓麻将，请问这种开导式的沟通有效果吗？在企业中，沟通政策、命令、规范之前，管理者最好确定是否能真正将其化为行动。树立了以行动支持言语的信誉后，管理沟通才能真正达到交流的目的，才能在公司内部建立一种良好的相互信任的文化氛围，并使公司的愿景、价值观、使命、战略目标付诸实施。ISO 9000（国际质量认证标准）中有这样一句话，“说你能做的，做你所说的”，说的正是这个道理。

（5）避免一味说教。有效沟通是彼此之间的人际交往与心灵交流。仅仅试图用说教的方式与人交往则违背了这个原则。当传送者一味打算全面传达其信息时，很难对接收者的感受、反响作出反应，当其越投入、越专注自己要表达的意思，越会忽略接收者暗示的动作或情绪、情感方面的反应，其结果会引发接收者对其反感从而“敬而远之”。

第二节 沟通方式

一、沟通方式

组织的沟通方式多种多样，最普遍使用的沟通方式有书面沟通、口头沟通和非语言沟通。沟通方式的选择主要是基于信息的接受者、信息的性质和信息传递的成本费用，如图 10－2 所示。

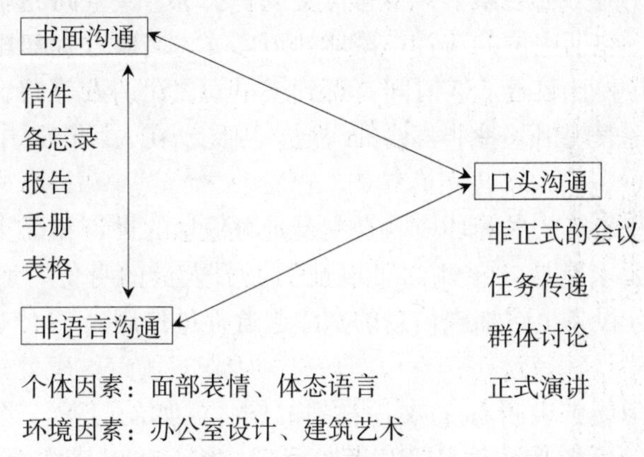

图 10－2 沟通方式

1. 书面沟通

书面沟通包括信件、备忘录、报告、手册、表格以及其他任何传递书面文字或符号的手段。书面沟通具有持久、有形和可以核实的特点。一般情况下，发送者与接受者双方都拥有沟通记录，沟通的信息可以长期保存。如果对信息的内容有所疑问，事后还可以全面查询。同时，书面沟通可以使许多人同时了解信息，提高信息传递速度和扩大信息传递范围。书面沟通虽然较为精确，但也存在许多缺点，如耗费时间太长，导致沟通费用增加，难以得到对方真实的反馈意见等。

2. 口头沟通

口头沟通是人际沟通中最普遍的方式。人们借助于口头语言的表达和交流，彼此传递着不同的信息、情感、思想和意志行为。口头沟通缩短了人际沟通的距离，使沟通双方处于同一的沟通状态中，在传递沟通内容的同时，及时地反馈，增强了沟通的理解和接受过程。口头沟通的优点是费时较少且传递迅速，能够在最短的时间内得到接受者的回复，同时发送者和接受者都可从对方的表情、声音和语言特征上了解对方的真实感情。但口头沟通也有其缺点，如在传递的过程中容易导致信息失真，缺乏记录和容易被遗忘等。

3. 非语言沟通

除了书面沟通和口头沟通之外，人们还借助于一些其他形式的沟通方式，如面部表情和办公环境等，这些沟通方式被称为非语言沟通。

非语言沟通包括个体因素和环境因素两个方面。与个体因素相关的是面部表情和体态语言，包括：①身体动作。主要包括手势、面部表情、眼神、触摸手臂以及身体其他部位的动作。除了演员、政治家和演说家们会通过训练使自己有意识地利用一些手势来加强语气外，在一般的人际沟通过程中，许多身体动作都是无意识的。例如把手指放在嘴唇前要求安静等。②个人身体特点。主要包括体形、体格、体味、头发颜色及肤色等，这些都将体现出个人的身体特点。③副语言。一般包括音质、音量、语速、语调、大笑或打哈欠等，例如，当对方不断地在打哈欠时，说明对方已经累了，不想再交谈下去了。④空间利用。人们利用和理解空间的方式，包括座位的布置、谈话的距离等。当双方相互比较亲密时，谈话的距离可能会拉得比较近。⑤时间。迟到或早到、让别人等候、文化差异对时间的不同理解等都表现出某种非言语的沟通，因此，在人际沟通中要特别注意时间的把握。

办公室设计和建筑艺术等环境因素主要是对信息的肯定和证实，如宽敞的办公室和豪华的办公家具从一个侧面可以证明办公人员的身份、地位和权力，同时，高智能的办公设备也对加强信息的交流起着促进作用。

4. 图像语言

图像语言是指能够被目标接收者看到的图像。如幻灯片、照片、图画、漫画、录像、商标等，图像语言因其生动地传达着有意识或无意识的信息而被使用。

5. 多媒体

多媒体是以上多种方式的结合，经常涉及到信息技术的运用，如电视、因特网、内联网、广播等，当媒体具有交互性时，就会显得尤其有用，媒体的使用越专业，就可能越有效。

二、沟通网络

在人际交往中，沟通起着连接个体和群体的作用。在一个组织中，与工作任务相联系的沟通有助于员工对任务的正确理解。沟通网络主要包括小群体的沟通网络和较大组织的沟通网络，并以群体的组织结构和功能特性为基础。

1. 小群体网络

在一个小群体中，人际沟通主要存在于工作的实施过程和信息的交流过程。小群体的沟通网络主要有以下四种形式，如图 10－3 所示。

（1）轮式沟通网络。沟通层次较少，并形成一个沟通网络的中心，是典型的群体沟通网络。位于沟通中心的个体表现出较强的权力特征，通常为群体的管理人员。轮式网络沟通的沟通速度较快且准确，充分展示领导核心的权威性，信息传递比较集中。

（2）链式沟通网络。突出了沟通的层次性，保证了沟通传递的单一或直线特点。链式网络是一种典型的等级式沟通网络，强调沟通过程中的权力特性，为命令式的信息沟通方式。

（3）圆周式沟通网络。基于沟通网络中成员的平等属性。这种沟通常常以实施任务的成员为基础，其优势在于参与沟通的成员和群体满意度较高。

（4）全方位式沟通网络。这是最为民主、最为畅通的沟通形式，其特点是沟通与所有成员相关。这种沟通通常存在于不具备正式组织结构、领导或实施任务的非正式群体之中。

沟通网络是在沟通的过程中自然形成的，但由于任务变化、成员相互作用的变化和成员结构的变化等不确定因素，某一种沟通网络很少能够长期存在。群体沟通网络的方式和特点由下列因素所决定，如表10－1所示。

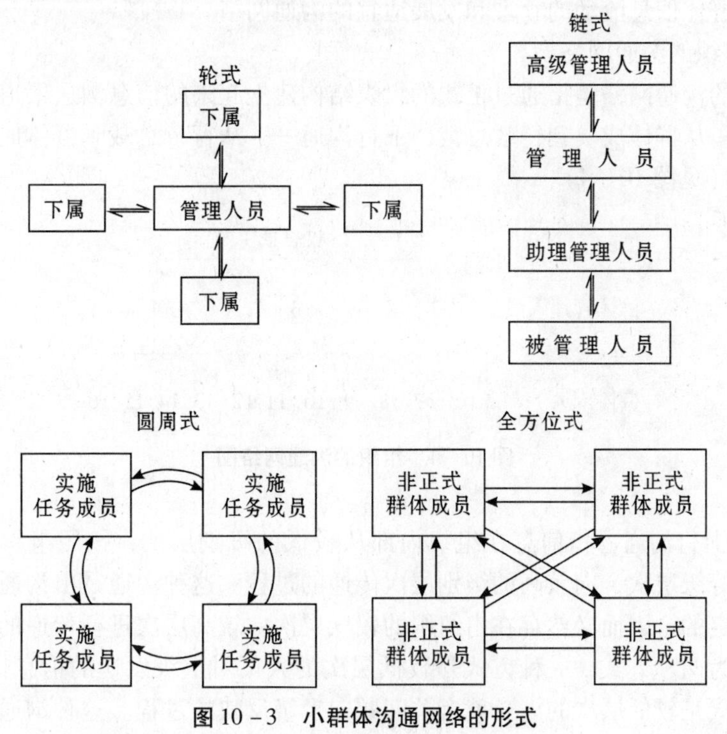

图10－3　小群体沟通网络的形式

表10－1　决定群体沟通网络的因素

因　素	案　例
任务	决策、产品生产
环境	房间的类型、桌椅板凳的放置、成员的分散性
个体特征	专门知识、外向性格、演讲能力、成员间的熟悉程度
群体绩效因素	构成、规模、标准、内聚力

任务是决定沟通网络方式的关键因素。如果群体的首要任务是决策，那么，对决策方案的选择和评估就需要大量的信息，因此应选择全方位网络；如果群体的任务是进行产品生产，那么沟通的主要目的是对员工进行激励和促进，因此，应选择轮式或链式网络。

环境因素（如面对面交流的会议室的设置）影响着成员间相互作用的频繁程度和类型。如一个组织的绝大多数成员都在同一个楼层办公，那么他们与在另一个楼层办公的少数成员几乎就没有什么交流，而那部分成员则可能成为与群体大多数成员分开的网络。

个体特征也影响着沟通网络的发展，包括个体的专门知识、外向性格、演讲能力、与其他成员的熟悉程度等。例如，当群体涉及高新技术问题时，权威的专业技术人员就可能成为信息的中心点。

群体绩效因素如群体的构成、规模、标准和聚合力也对沟通网络产生影响。

总之，群体成员相互之间的协调和沟通将影响群体的绩效，因此，管理人员应注重对群体信息流动的管理和发展适宜的沟通网络。

2．组织的沟通网络

组织的沟通网络是指通过正式的组织结构建立起来的信息沟通渠道，包括上行沟通——从群体成员到行政总裁，下行沟通——从行政总裁到群体成员，以及平行沟通（见图10－4）。

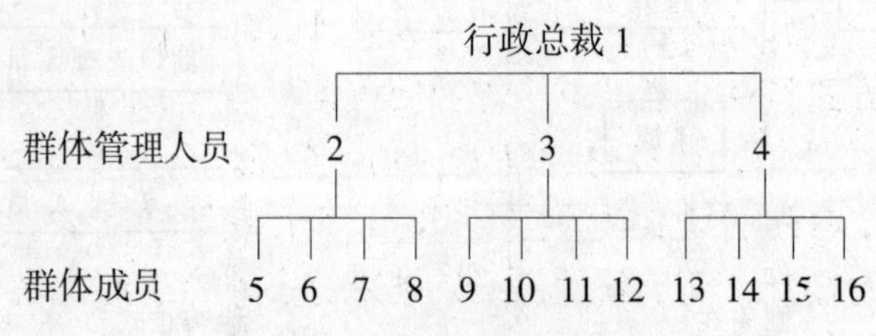

图10－4　组织的沟通网络图

（1）上行沟通。指信息在组织内部从较低的级别层次，按照组织的上下隶属关系和等级层次，向较高的级别层次传递的过程。这种沟通是由沟通具有双向的特征决定的，因而必然存在由组织的较低层次向较高层次进行传递的过程。它通常表现为两种方式，一种方式是较低层次的人员对上级发送的信息作出反馈，另一种方式是较低层次的人员就有关问题向上级反映的过程。这种沟通往往带有民主性、积极性和主动性的特征，是较高层次的管理人员掌握下属动态和愿望的必要手段。

（2）下行沟通。指信息在组织内部从较高的级别层次，按照组织的上下隶属关系和等级层次，向较低的级别层次传递的过程。这种沟通往往带有指令性、法定性、权威性和强迫性，容易引起重视，其行为结果是使公司成为一个运行一致的整体。组织和组织中各个层次的管理人员利用自上而下的沟通网络传递必要的管理和工作信息，并增加对下属了解的机会。

（3）平行沟通。是发生在组织内部同级层次成员之间的信息沟通，是组织中更为大众化的沟通形式。这种沟通带有非命令性和双向性的特点，加强了群体间和群体内部的交流，有利于各种关系的平衡和协调。

三、信息社会条件下的信息沟通的主要方式

随着新技术革命和信息产业革命的不断发展，特别是互联网在世界范围内迅猛发展，人们在分享现代信息革命成果的同时，开始用各种新型的信息沟通方式来开展工作、生活和学习。信息沟通方式主要有以下几种：

1. 电子邮件

电子邮件是通过计算机网络与其他用户进行联络的现代信息沟通手段。电子邮件是互联网上使用最广泛的一种工具，它具有传递信息快速、功能丰富、高效和廉价等特点。简单地说，电子邮件就是用电子手段传递的信件。发送电子邮件的过程非常简单，用户只需敲入收信人的地址，加上介绍信件主要内容的主题语，按一下发送按钮，信件便可以很快发送出去。收信人可能是一幢大楼的邻居，也可能是上千千米以外的其他国家的人。用户不仅可以将电子信件发给某个人，还可以将同一信件同时发送给多个收件人，电子邮件系统会自动将用户的信件通过网站一站一站地送达目的地。对于普通的文字内容，发送的过程只需要几秒钟。当信件送达目的地以后，信件便进入收件人的电子邮箱。收件人只要随时以计算机联机的方式打开自己的电子邮箱便可读取自己的邮件，读取后还可对收到的信息作相应的处理，如存储、马上回信、删除等。由于收发邮件是存储转发，用户可以不受时间、地点及收信人当时是否在现场等限制来收发电子邮件。

随着互联网的普及，电子邮件已开始越来越多地渗透到人们的工作与生活之中，比起互联网的其他应用来，电子邮件更容易被理解和接受。因为基本上任何人，不管他对计算机的了解有多少，都能够理解电子邮件的作用和含义，这是因为它与常规邮件从本质上来说是非常相似的。

2. 网上论坛

向一小部分人传递信息时，使用电子邮件是一种不错的方式。但如果要向许多人传递信息，这种方法就变得很糟了。一方面，保存一张包括几千人地址的大清单本身就是一项很大的工作；另一方面，要向成千上万的地址传递信息内容，会使送出信息的系统负担过重。因此，网上论坛便成为一种大众化的传递信息的有效方式。简单地说，网上论坛就是一个世界范围的电子公告牌，是一个多人参加、多向交流的网络大论坛，它把世界上具有共同兴趣的人们联结在一起，互相交流自己的看法；像普通公告牌一样，允许任何人张贴或发布任何观点以供他人阅读；像报纸一样，将每条信息都分发给许多用户；允许每个人倾听别人的交谈，提问题，不时插入简短评论，或者发表长篇大论。网上论坛覆盖的话题非常广泛，凡是可以想象得出的主题诸如政治、经济、文化、股市、文学艺术、电影、幽默、烹饪等都可能成为一个专题论坛。网上论坛的建立也是非常容易的。某个小组建立一个电子公告牌开始某个讨论后，其他对此话题感兴趣的互联网点不可避免地要加入到讨论中来，假定某人在关于足球的讲座中提及足球俱乐部的管理机制的意见，而其他人阅读到了这一信息，并且发表他们对于足球俱乐部的体制的意见，那么就会诞生一个新的关于管理体制的讨论。如讨论继续扩大、流

行，那么参加者可以建立一个新的电子公告牌并且将关于管理体制的讨论移到新的电子公告牌中进行。这就如同社交聚会中人们自动形成多个谈话圈子一样，同时有多个组进行交变，但又互不干扰。

网上论坛的社会作用在于，它们提供了一种让全世界的人交换不同观点的机会。传统的交流方式一般局限于居住得很近、可以见面和面对面交谈的人群，而网上论坛跨越了地理界限，让以往那些囿于一定范围的讨论可扩展到来自许多国家的不同人群之中。

3. 文件传输

在互联网上使用频率仅次于电子邮件的是文件传输协议。互联网的最大优点是信息共享，而文件传输就是信息共享的重要文件之一。简单地说，文件传输就是在网络上为文件制作拷贝，通过文件传输协议，能使人们从散布在互联网各个角落的计算机上复制文件，而这些文件包含了各种各样能够存储在计算机中的信息。我们知道 Internet 几乎是一个电脑博览会，各种不同的计算机可能运行着不同的操作系统，而各种操作要建立一个统一的文件传输协议，用户在遵守同一种协议的应用程序之下，就可以把自己的文件传送给别人，或者从其他的用户环境中获得文件。可以说通过文件传输获取的信息量和信息种类是非常惊人的，它提供了进入有史以来最大图书馆的途径，这一图书馆包罗万象，永不闭馆，并且还在不断扩大。

4. 远程登录

互联网的另一个服务项目是远程登录。使用远程登录以共享计算机资源，获取相当的信息。简单地说，远程登录就是将你的互联网主机变成另一主机的终端程序。远程登录不仅为用户打开传送文件的通道，而且还允许用户作为远程机器上的主人进行登录，并运行该机器提供的远程互联网程序。当许多计算机联成网络后，一处的用户就能够经常访问别的机器上的资源，但由于某些用户机器内存容量过小，处理器档次太低等原因无法运行该程序，有时候也许因为用户需要使用别的机器上的一个巨型数据文件，而它又无法移装到用户自己机器上等原因，这时远程登录就发挥作用了。要登录到远程计算机上，一般来说用户要事先成为远程系统上的合法用户，并拥有自己的账户和口令。一旦登录成功，用户就可以适时访问远程计算机上对外开放的全部资源，访问远程机器资源对用户是透明的，用户就好像是在使用自己的机器一样。远程登录经常用于科研、商业或公共目的，允许远程用户检索大型数据库，为用户提供了具有深度和广度的巨大信息资源，只是要求用户具有更大的耐心和更执著的追求去运用和开发信息。

5. 网络即时通讯

网络即时通讯工具，如 msn、QQ 等。以 QQ 为例，人们只要在网上申请一个 QQ 号码，再装上视频设备，就可与你的亲朋好友聊天，不管距离远近，对方如同在你的身边。这样既省了电话费，又解决了你思念亲朋好友的痛苦。QQ 视频聊天，几乎成了许多人沟通感情的主要方式，使有的人离开了电脑就很不自在，上网成了人们生活的必需。

四、促进有效的组织沟通

1. 采取有效的沟通手段

在组织结构方面可以采取一些有效的沟通手段，以改进信息沟通。

（1）减少噪声。减少噪声指减少一切干扰传递信息的其他信息。噪声是有效进行信息沟通的主要障碍。在组织中，噪声的一种普遍形式是“谣言葡萄藤”。“谣言葡萄藤”是组织与正式沟通系统交织在一起的一种非正式的沟通系统。由于“谣言葡萄藤”传递的信息既快又缺乏准确性，因此对正式沟通系统内的信息有很大的干扰作用。管理者可以采用控制“谣言葡萄藤”的成长或改变其性质降低噪声。

（2）改变组织结构。减少组织结构层次，使组织扁平化，这将有利于信息的畅通。

（3）开发一种平衡的信息沟通系统。如有些企业开始运用一种“视员”系统，直接由人来获取信息；有些企业推广一种“开门”政策，鼓励员工直接与管理者沟通；有些企业采用“接待日”方法，使管理者与员工有一个固定的直接沟通渠道。这些方法都是为了开发一种平衡的信息沟通系统，使企业内部的信息沟通更加有效。

2. 克服不良习惯，实现有效沟通

尼柯斯认为，沟通不良有10种表现：①对对方所谈的主题没有兴趣；②被对方的姿态所吸引，而忽略了对方所讲的内容；③当听到与自己意见不同的地方就过分激动，以致不愿再听下去，把其他的信息也都抹杀了；④仅注意事实而不注意原则和推理；⑤过分重视条理性，而对欠条理的人讲话不够重视；⑥过多注意造作掩饰，装腔作势而不重视真情实感；⑦分心干别的事情，心不在焉；⑧对较难的语言不求甚解；⑨当对方的语言带有感情时，则听力分散；⑩在听别人讲话时思考别的问题，顾此失彼。

美国管理协会曾提出一些沟通应注意的事项，被称为“良好沟通十诫”：一诫沟通前概念不清；二诫沟通目的不明；三诫忽视沟通环境；四诫沟通内容不完整；五诫沟通手段不恰当；六诫沟通信息繁杂无用；七诫沟通后不跟踪不督促；八诫沟通后不注意后果；九诫言行不一致；十诫我行我素。这10条事项无疑是改善沟通效果的有效办法。

3. 运用沟通技巧

（1）改进沟通。沟通要有认真的准备和明确的目的性；沟通的内容要确切；沟通要有诚意；提倡平行沟通和直接沟通；设计固定沟通渠道，形成沟通常规。

（2）理解身体语言。身体语言是一系列无意识的躯体动作，它可以促进沟通，也可以把沟通推向绝境。即使一动不动地坐着，你仍会在不知不觉中流露出自己的真实感情。第一，必须领悟身体语言，对身体语言的大致了解有助于你了解他人的真实想法。例如，当人们因撒谎而感到内心不安时，其笨拙的身体语言会将它表露无遗。第二，必须克服紧张情绪，在进行演讲和参加面试之前，人们往往会感到紧张，这是大脑通过神经系统为行动做准备，这时，如果运用身体语言，有意识地微笑，同时放松两臂，就会显得自信一些。第三，要保持一定距离，为他人留出一定的私人空间，是身体语言的一部分，这种空间的大小随环境的改变而有所不同，但应时时注意不要侵入他人的私人空间，以免激起防范性或敌对性的反应。第四，树立良好的第一印象，第一印象总是至关重要的，据研究表明，任何首次会面的前五秒钟要比接下来的五分钟要重要得多。

（3）正确理解和运用手势。手势同姿势和面部表情等非语言沟通手段一起，成为身体语言的一个重要组成部分，无论是在面对大众的讲台上还是在面对面的会谈中，了解如何有效地运用手势，都可以帮助更有效地传达信息。

（4）学会聆听。沟通的双向性使得双方能够互相理解，这一点常常被忽略。聆听本身就在向对方传递着信息，它有助于交流获得成功，因此，聆听技巧显得格外重要。

（5）提问。提问方式对于建立良好的沟通基础十分重要。“为什么”“什么”“怎么样”“什么时候”等词是很有力的，凭借这些词可以从自身或他人那里探寻进行有效沟通的途径，但应尽量使语气自然，以创造热情的氛围。

4. 做好外部沟通

当今社会，组织者们面临的挑战是如何利用各种媒介有效地对公众施加影响，拓宽沟通渠道，争取更有效地沟通，实现组织目标。

（1）组织形象的设计。组织形象有助于公众和企事业单位识别一个组织，有助于组织确立它在市场上的地位。在经济条件允许的情况下，应寻求设计人员或顾问的帮助来设计组织形象。选择什么样的组织形象，这决定着他人怎样理解本组织。设计得成功的形象，可以引导观众从对本组织有利的角度去理解，而形象不佳则会向员工和公众传达不利信息，因为视觉形象是有效沟通的关键性因素，组织形象应具有强烈的视觉效果，可能要有引人注目的公司标志并运用各种色彩，更重要的是应考虑把怎样的形象展现给公众，还应确保此想法得到同事的支持和认可。

（2）注重公关艺术。公关是指组织与公众间相互沟通及信息交流的方式，所有管理者都得考虑他们的所作所为对公众的影响。所以，组织者必须利用内部人员或聘用外部专家处理好公共关系，运用公关手段为组织形象所作的宣传有助于增强公众对组织的理解，增强公众对组织的认识，达到成功沟通的目的。

（3）广告宣传。在通过各种媒介进行广告宣传活动时，富有创意的想法和设计总是与清晰的、可衡量的目标紧密相连的。不管是进行耗资巨大的长期广告宣传，还是想在一家报纸上刊登一则小广告，都应精心设计，因为所有广告都向公众传递着关于组织的信息。广告媒体的选择要依产品性质和预算状况而定，可以选择电视、广播、报纸、杂志、海报、因特网和直邮等。如果使用的媒介不止一种，各种媒介所传递的信息会相互影响，宣传效果将更为显著。进行大型广告宣传时，最好聘用专门的广告代理商。

第三节 人际沟通的技巧

人际沟通是人与人之间的信息和情感的相互传递过程，人际沟通使人们的才能得以发挥，使人们获得赞扬和尊敬。人际沟通还关系到提升甚至是职业生涯。人际沟通是人们生活的一部分，是企业沟通的基础。一切团队的沟通、组织的沟通都是以人际沟通为基础的。因此如何搞好人际沟通也是人们最关心的问题。要营造良好的人际关系，我们应当遵循互利原则、诚信原则和相容原则，同时还要掌握一定的人际沟通的技巧。

一、学会倾听

所谓倾听，就是用耳聆听，用眼观察，用嘴提问，用脑思考，用心灵感受。倾听是沟通过程中的一个重要方面，它与计划、组织、领导及控制等管理环节密切相关。要使口头沟通融洽有效，学会倾听是非常必要的。尤其是作为管理者更要学会倾听，并且还要善于倾听，借以时刻了解员工的观点、意见及建议等。擅长倾听的管理者往往通过倾听，在同上级、同事、下属以及顾客的交谈中获得有价值的、最新的信息，进而对这些信息进行思考和评价。因此，是否具备或掌握倾听技能将直接关系到管理者决策水平、管理成效和人际关系的改进。

1. 倾听的类型

归纳起来，倾听可分为三种类型：全神贯注的、专心的和随意的倾听。

全神贯注的倾听通常被称作批评的倾听，它所强调的是集中思想、综合分析以及评价。全神贯注的倾听不仅仅指仔细地倾听，而且还要正确理解并将复杂纷乱的内容变成有意义的信息。这一类倾听者注重所听信息的重要内容以及重要细节。需要运用这一倾听方式的信息有：合同、进度报告、财务信息等。

专心的倾听与第一类倾听相似，因为它也注重信息的主要内容及细节，但所涉及的信息内容没那么复杂或抽象。相反，信息往往属于娱乐性或趣味性，如业余爱好的东西。

随意的倾听又称为社交性倾听。随意的倾听很普遍，因为它是倾听中最不费劲的一类，不需要任何评价技巧。这一类信息包括：与体育有关的信息、贺词等，随意倾听的人们往往是为了愉悦或消磨时间。

2. 倾听障碍

研究表明，就所占时间比例而言，倾听是沟通活动中最主要的一个方面。遗憾的是一些管理者并不具备作为倾听者应有的能力，其不良的倾听习惯会导致误解甚至曲解。显然，倾听技能的改善将有助于管理绩效的提高。要想提高倾听技能，首先应该了解对倾听能力有影响的各种因素及障碍，进而对自己的倾听习惯作出自我评价。影响有效倾听的因素多种多样，有些与倾听的环境有关，有些则与倾听者本身有关。

（1）讲话速度与思考速度的差异。有效倾听主要障碍之一源于这么一个事实，即人们的思维远比讲话的速度快，讲话的低速度和思维的高速度之间的差异给不熟练的倾听者带来麻烦。当演讲者缓慢地叙述着，而听讲者的思绪可能走向不同的方向，例如，开始考虑周六的足球赛、家庭、朋友及个人问题等而不再注意发言的内容。

（2）思想不集中。思想不集中可由内在和外在因素造成，有时倾听者要么受到内部的分心，要么受到外部的干扰，而通常情况下内部和外部干扰同时出现。内在因素主要包括偏见、思想僵化、缺乏信任、身体不佳以及年龄等，而外在因素的干扰就无所不在了。

（3）假专心。在许多情况下，大多数人都曾假装在听讲，虽然他们通过双眼盯着讲话者、脸上露出微笑并不时点头示意，给人以倾听的印象，事实上他们的思绪都在千里之外。假专心式的倾听者在沟通过程中不作任何努力，因此所获信息毫无价值。假专心既是坏习惯，也浪费时间。当然，只要倾听者自己努力，这一坏习惯是可以得到纠正的。

（4）措辞难懂。词语是沟通与思维的工具，那些有多种意思的单词是有效倾听的潜在障碍。对讲话者来说这个词是这个意思，而对倾听者来说都可能是另外一个意思。比如说，贸易方面的专门词汇对于从事贸易的人来说很清楚，但外行人就不一定清楚。

3. 克服倾听障碍的策略

为了使倾听有效，就必须克服倾听障碍，因此，掌握必要的倾听策略就显得格外重要。

（1）有效反馈。反馈是有效倾听的一个重要组成部分，如果只是“倾听”而毫无反馈，对于信息提供者来讲，就好比是“对牛弹琴”。有效反馈是有效倾听的体现，管理者通过倾听获得大量信息并及时作出有效反馈，这对于激发员工的工作热情，提升工作绩效具有重要作用。在倾听过程中，有效反馈还可以起到激励和调节作用。当然，要使反馈有效，首先，沟通双方应建立起相互信任的关系，创造良好的沟通氛围；其次，反馈必须适度，因为不适当的反馈会让对方感到窘迫甚至产生反感。

（2）有效提问。有效提问是积极倾听的一种重要方式，通过有效提问能使我们获得更多更新的信息。首先，要明确有哪些提问方式；其次，要了解通过这些提问方式会获得什么样的反应，这一点尤其重要，只有掌握了这一点，才能以适当的提问方式，去激发别人“倾诉”的热情，从而获得良好的倾听效果。

二、做个会说话的人

会说话的人的一个关键就是使他人高兴。当然，在现实生活中人们很难做到这一点，原因是不可能保证所说的每句话对方都爱听。既然如此，不妨将标准改为：会说话的关键是让对方愿意跟自己沟通下去。下面是说话应注意的几个方面：

1. 态度要诚恳

如果你要求谈话合作和坦诚，那么首先你要有合作和坦诚的态度，这样别人才会有诚意。所以，沟通之前，所要做的就是决定你想要别人如何对待自己，然后，用这种方式去对待他们。如果想得到对方的尊重，那么自己首先要尊重对方。

2. 多谈对方感兴趣的事情

人们常常对自己及自己的事情非常注意，比如自己所缺乏的东西，与自己有关的一切问题，以及与自己的经验有关的种种事情。因此，在与别人谈话的时候，不能一个劲地只谈“我如何如何”，这只会使对方反感和厌烦。最明智的做法就是提些对方感兴趣的问题，多让对方谈谈自己。美国发明家贝尔就是一个很健谈的人，别人都爱和他说话，因为他的谈话，常是围绕着别人的兴趣和经验，再穿插以自己的东西，因而他能够使他所谈的事情跟看戏一样有趣。与别人谈话，多说“您”，对自己并没有什么损失，相反，它却会帮自己获得对方的好感，使自己左右逢源。

3. 重视每一个人

人们在与众多人的谈话中，常常只跟自己谈得来的人说话，有少数人却搭不上几句话就被无情地冷落。这种冷落别人的举动是极不明智的，“如同宴会上赶走客人一样荒唐和不礼貌”。假如被冷落的恰巧是来日对你事业前途起关键作用的人物，那么你就可能要为你现在的举动付出代价。因此，在谈话时，千万不要冷落了任何人，留心每一个人的面部表情和对你谈话的反应，让每个人都有被重视和受尊重的感觉，即使他/她的言谈举止是多么令人生厌。

4. 学会使用万能语

所谓“万能语”，一般具有以下几个特征：①使对方觉得你很有礼貌；②听起来平易近人，用起来简单方便；③给人一种舒心的感觉；④富有弹性。

那么，“万能语”有哪些呢？几个最常见的例子是：噢，是的，是的；真是太不好意思了；托您的福；请多多包涵；哪里，哪里，实不敢当；真是太感谢你了；请多指教；拜托，拜托等。“万能语”是人际关系的润滑剂，巧妙地使用，能起到意想不到的效果。

5. 注意“停顿”

说话时的“停顿”其实也是一种艺术。巧妙地运用停顿，不仅使讲话层次分明，还能突出讲话的重点，吸引听话人的注意力；适当的停顿，能够使听话人更加明白所讲的内容。适当的停顿能够让别人觉得你讲话有逻辑性。如果不懂得停顿，滔滔不绝地一直讲下去，势必使对方产生一种急促感，从此怕再听你说话。

那么在何时需要停顿呢？当转换语气，承上启下，或提示重点，总结中心思想的时候，就需要停顿。停顿的时间按具体的情况而定。有的两三秒钟，有的八九秒钟。

此外，如果想表达出蕴藏在内心的激情，讲话还应该抑扬顿挫，在语调上下一番工夫。

6. 谈话十忌

以下是跟别人谈话时常犯的毛病，要尽量避免：①打断对方的谈话或抢对方的话。②说话没头没脑，让对方一头雾水。③心不在焉，重复别人说过的话。④连续发问，让对方觉得你过分热心和要求太高，难以应付。⑤随便解释某种现象，轻率地下断语，借以表示自己是内行。⑥避实就虚，含而不露，让人迷惑不解。⑦对待他人的提问漫不经心，让人感到你不愿意为对方的困难助一臂之力。⑧不恰当地强调某些与主题风马牛不相及的细枝末节，使人生厌。⑨当别人对某话题兴趣不减时，你却感到不耐烦，立即将话题转到自己感兴趣的方面。⑩将正确的观点、中肯的劝告称为错误的和不适当的，使对方怀疑你话中有戏谑之意。

三、赢得人心的技巧

许多人可能会被一个问题长期困扰，那就是自己该怎样做才能赢得别人的心，让周围的人喜欢自己。以下就是一些赢得人心的技巧：

1. 记住对方的名字

在谈话中，特别是与交往不多的人谈话，如果能够在见面时叫出对方的名字，往往能够让对方产生一种被重视的感觉。在交往中，多叫几次对方的名字，可以增进彼此的感情。要记住对方的名字其实并不难，首先要做的是把对方的名字听准。将这个名字与主人的外貌或行为特征作夸张的视觉想象，在心中默记片刻，事后再多次提醒自己记住这个名字便可。

2. 赞美的力量

恰到好处的赞扬是一种赢得人心的有效方法，它可以提高别人的自尊，从而获得别人的善意协助。很多成功人士，几乎都是善于使用这一策略的高手。

不分男女，无论贵贱，都有优点，如果你能够发现这些优点，并加以赞美，有时会起到金石为开的效果。当然，在赞扬别人的时候，要恰到好处。称赞不当，犹如明珠夜投，更有甚者，激起疑虑和反感。要使赞扬得当，只要掌握各人性格的不同之处，区别对待，找出对方不易为人所知的优点并加以赞美即可。这种选择，往往能给他们加倍的成就感和自信感。

3. 倾听是你能给予的礼物

在沟通中，在适当的场合说适当的话是十分重要的。但是还有一件跟说话同样重要的事情，那就是聆听。在别人说话时，心不在焉，哈欠连天，时常看表，只能使讲话者意兴阑珊，索然寡味。积极地聆听要用心、用眼睛、用耳朵去听，“真正的倾听是暂时忘记自己的思想、期待、成见和愿望，全神贯注地理解讲话者的内容，与讲话者一起亲身感悟和经历整个过程”。

4. 关心别人须从小事做起

做一些不起眼的小事，最能够体现你对别人的关心，也最能帮你赢得人心。这些小事包括：①记住对方说过的话，然后向对方表示：您曾经说过……接受您的建议……②记住对方的兴趣、爱好：我记得你比较喜欢吃鱼。③分别后，打个电话询问一下是否安全到家。④指出对方在服饰上的变化：你的头发变了……这条领带配你的西装还不错等。⑤记住对方特别的日子，并送些小礼物，写张贺卡，打个电话表示问候。每个人都希望被人关心，并且对关心他的人自然地产生好感。虽然这些是不起眼的小事，做出来却往往会让别人高兴，得到意想不到的效果。

四、得人善待的技巧

（1）助人者助己。你在对待每一个人和情况时，都要寻找良好的一面，好好地对待每一个人，并在别人需要帮助的时候，帮他/她一把。你帮的人越多，你以后得到的帮助也就越多。因为曾经得到过你帮助的人，说不定就是你危难之中的救星，这就是所谓的助人者助己的道理。

（2）主动发现别人的需求。

（3）把荣誉留给别人。

五、正确使用非言语沟通

非言语沟通指的是除言语沟通以外的各种人际沟通方式，它包括身体语言、副语言、空间利用以及沟通环境等。非言语沟通在实际沟通活动中起着非常重要的作用，甚至比通过言语表达的信息更为重要。

1．身体语言的沟通

众所周知，身体语言在个人沟通中非常重要，如面部表情、肢体语、体触语等。我们可将眼睛比作心灵的窗户，同样，我们也毫不夸张地说身体语言是我们心理活动的晴雨表，内心活动的变化会在身体语言中有意无意地流露出来。

（1）态度信息。一方面，身体语言可以帮助我们传递或强化由言语表达的信息；另一方面，身体语言更能生动地反映出信息传播者对他人的态度。

（2）心理信息。不可否认，身体语言可以有效地提供确切的个人心理状态的信息。它不仅能表明我们是否自信，而且还能暗示出我们的自信度。

（3）情绪信息。我们的脸能非常准确地传递特定的情感信息，而肢体语、体触语则显示我们情绪的变化水平和紧张程度。

（4）相关信息。形体暗示还能揭示许多其他重要的相关信息，例如，个人偏好、权力地位以及情绪变化等。显然，如果我们不熟悉手势和姿势所提供的相关信息，在人际沟通过程中就容易产生误解甚至引起不必要的冲突。

2．空间沟通

在沟通中，不同的沟通方式表达了不同的含义。通过控制交际双方的空间距离进行沟通，称为空间沟通。人们交谈中掌握距离的方式表达了他们的信仰、价值观以及他们的文化内涵。例如，德国文化崇尚秩序井然和等级森严，所以德国人倾向于划分出界线分明的私领地，从而明明白白表露了他们保留个人隐私的需要。

使用空间的方式以及我们对他人使用空间方式的反应，会给他人留下很深的印象。人们会得到这样的判断，如友好程度、亲密程度、霸道程度、诚实程度以及同情程度，我们发现，面试的成功、销售的成功、跨文化的沟通都与我们掌握空间的方式密切相关。简而言之，作为代表个人和企业形象的管理者必须知道在不同场合中什么样的空间行为是合适的，什么样的空间行为是不合适的，因为这些行为举止在形象管理中是十分重要的。

六、正确处理冲突

1. 冲突的定义

一般来说，冲突可以描述为个体或组织在达到目标或所关心的事物中察觉或经历挫折时的过程。

2. 冲突的类型

无论冲突表现形式如何，都可以简单地归纳为以个人为主体的内心冲突、人际冲突及组织冲突。

（1）内心冲突。内心冲突发生在个人本身，而且常常涉及目标和认识冲突，当个人的行为导致产生与众不同的包括积极的或消极的结果时，当个人的行为与所产生的效果互不相容或具有不一致的成分时，就导致了目标冲突。如有的工作收入比较高，但危险性比较大；或个人利益与公司利益不一致等。

（2）人际冲突。人际冲突指的是人与人之间在认识、行为、态度及价值观等方面存在着分歧。

（3）组织冲突。组织不仅比个人的概念大而且不同于个人。同样，组织内的冲突也不同于个人内心的和人际间的冲突。组织冲突指的是组织内的成员相互间发生碰撞，这种碰撞常常影响组织的工作效率。如家族企业尤其容易产生严重的组织内冲突。与人际冲突的情形相似，组织中的冲突可以通过冲突中的行为和冲突最后的结果来观察。

3. 人际冲突处理

个人对待人际冲突大致有五种不同的态度，即回避、对抗、妥协、迎合以及合作。在处理人际冲突过程中采取何种态度，主要取决于冲突中个人本身的需求或目标。

（1）回避。有些人在为实现既定目标的过程中，遇到即将出现的冲突时往往采取回避的方式。冲突使他们感到不舒服或非常害怕，尽管回避者确实想实现自己的目标，然而他们并不能以一种积极的方式来对待冲突。这一冲突处理态度属于没有自信心且缺乏合作精神的行为。

（2）对抗。有些人在面对冲突时采取针锋相对的态度。他们往往看重自己的目标或需求，并不考虑冲突中其他人的目标或需求，这一冲突处理态度属于有自信心但缺乏合作精神的行为，它是人际冲突中的“赢—输”处理模式。

（3）妥协。妥协者倾向于将人们对任务的不同观点加以平衡，同时采用对谈判有利的“给予—获取”的方法来解决冲突。在妥协过程中，由于各方可以将他们的损失减少到最低程度，同时又能够有所收获，因而妥协方法能奏效。通常，许多组织鼓励采取折中的办法，而且在许多决策群体中这已经成为一种倾向。这一冲突处理策略属于基本合作和自信行为，它涉及谈判和让步。妥协在解决冲突中被广泛运用。

（4）迎合。许多希望被他人喜欢并有较高合群需要的人以及那些真正关心他人需要的人宁愿采取迎合方式来解决冲突，这种策略的特点就是牺牲个人目标以保持友谊。这种迎合态度能够为已作出困难决定的组织提供重要的支持，这一冲突处理态度属于合作的但不自信的行为。

（5）合作。以合作的姿态来处理冲突是一种十分理想的冲突处理方式。但是相对于其他冲突处理模式，合作在应用中都是最为困难的。对于倾向于合作的人，只有在其他人也采取合作态度并且拥有足够的为完成任务所必需的信息时才能采用合作态度。这一冲突处理态度属于很有合作精神和自信心的行为，它是人际冲突中一种"双赢"的冲突处理模式。

复习与应用

一、思考题

1. 在组织管理中最普遍使用的沟通方式有哪些？
2. 有效沟通的障碍有哪些？如何克服？
3. 解释企业中的沟通网络。
4. 如何改进人际沟通？

二、管理实务

盛田昭夫与西方人沟通的理念和技巧

盛田昭夫——日本索尼公司的创始人，作为20世纪七八十年代日本最抢眼、最富魅力的首席执行官，靠什么在日本企业界树立了以往任何一位日本企业家从未有过的威望，并创造了索尼今天的辉煌？约翰·内森的《索尼：私生活》一书披露了盛田昭夫性格上突出的一面，那就是善于同西方人打交道。

盛田昭夫的老朋友，投资银行家、索尼公司的董事会成员彼得森说，每当盛田昭夫在美国做生意时，无论是搞合资企业，还是许可证生产或其他什么形式，他都可以拿起电话就与几乎任何美国商人轻松地交谈起来，无须再问对方"请问是哪一位"或做更多不必要的解释。盛田昭夫不仅了解这些人，而且与他们私交甚笃。由于文化上的差异，许多美国商人觉得和日本生意人相处不自在，不了解他们的为人，沟通起来很困难。但他们了解盛田昭夫，因此盛田昭夫说话时他们会洗耳恭听。尽管盛田昭夫是个坚定的日本观念的捍卫者，但他能够以一种非日本人的方式同西方人交流。

在那些与盛田昭夫有过长期交往的美国人和欧洲人看来，盛田昭夫和他们在生意场上遇到的典型的日本商人形成了鲜明的对比。盛田昭夫既非沉默寡言，又不过分张扬，既不冷漠无情，也非高深莫测。他喜爱社交，热情主动，幽默风趣，魅力无穷，很喜欢同西方人交往。然而盛田昭夫是在一个传统的日本家庭长大的，在这个家里，对任何事的理解都很含蓄，彼此之间的交流总是模棱两可，从不直截了当。一个在这种家庭环境下成长起来的人，以坦率直言和正面交锋为主导的美国经营作风自然不会是他与生俱来的。他又怎么可能天生适应美国人通常的社交方式呢？盛田昭夫作为标准的日本传统主义者，到底是像他表现出来的那样，能够轻松自如地融入西方文化，还是他在模仿西方人的做法？日本著名评论家城山三郎曾就此问题对盛田昭夫进行过电视采访，盛田昭夫在谈到与西方人沟通的理念与技巧时说："与语法和发音相比，采用同西方人思维相对路的方式表达自己的观点更为重要。西方人思考问题的方法与我们截然不同，你必须改变自己作为日本人看待事物的方式，否则他们将永远不会理解你在说什么。在谈话中最重要的是，他们希望马上就听到结论——因为在英语的句型结构中，最先出现的就是结论。我们的一位前首相在首次访问美国之前征求我的意见时，我告诉他，最关键的是说话要用 YES 或 NO 开头，然后再作一下简要的解释。也就是说，要用美国人听习惯的英语语法结构来表达你的意思。西方人提问题或表述一种观点时，他们最希望马上知道对方是同意还是反对，所以在英语里，YES 或 NO 都放在句子开头，而我们日本人则喜欢把'是'和'不是'放在句尾，特别是当我们的回答是'不是'时，我们会尽可能迟缓地说出这个词，而西方人觉得这一点简直令他们难以接受。"

在西方人的印象中盛田昭夫已经是他们中的一员了，这说明盛田昭夫颇受处于另一文化背景下的西方人的赞赏，他通过自己的艰苦努力消除了实现东西方成功交流的障碍。盛田昭夫意识到，如果他想在国际交流上取得成功，就无法避开由于两种文化的不同而造成的矛盾，一种是与生俱来的，另一种则是不得不接受或至少必须模仿的。1971 年，他决定创建一个由日本企业界和金融界颇有建树的企业首脑及崭露头角的新秀加盟的男士俱乐部，他希望这个俱乐部成为各类企业领导人对日本经济畅所欲言的中心场所。这是一种较为前卫的想法，因为当时甚至在如今，日本企业普遍都是严格组织起来的，而盛田昭夫却把这种来自西方的创意变成了现实。对于这位商业社会学家来说，他的私人俱乐部是一个孕育发明创造的宝地。在俱乐部酒吧墙壁上有一块黄铜纪念牌，上面写着这样一句话："我们日本商人必须是'两栖动物'，我们必须学会在水里和陆地上都能生存。"盛田昭夫的这席话显然不仅仅是指商业运作周期中的顶峰和低谷，在把日本企业领导人描绘成两栖动物时，他心中那种难以协调的氛围肯定一方面指的是日本——来源于当地传统的文化价值与习俗，而另一方面指的是西方——一个完全由各种价值观念与传统理念构成的世界。

三、案例分析

沟通、交流也是生产力

每周二下午1:10—2:50，前驻法大使、现外交学院院长吴建民都要给外交学院学生上《交流学》一课。作为院长亲自讲课，讲授一门在我国尚是空白的学问，吴建民说这是中国走向世界的需要。

吴建民举例说：很多商务代表团招商引资时竟仿照国家领导人出访讲话。如首讲如何在春光明媚的季节来到美丽的塞纳河畔，再讲勤劳智慧的法国人民如何具有光荣的革命传统，三讲中法友好，四讲华夏有五千年文明，有长城、故宫、兵马俑等。招商内容却置于末尾，匆匆带过。本末倒置的讲话，法国人听得既不解渴又生反感。还有的代表团在交流中照稿宣读："我们正在贯彻邓小平理论和'三个代表'重要思想，在全面建设小康社会的道路上阔步前进；我市是一块投资的热土，商机无限。我们会采取平等互利原则，实现双赢。我们工业门类齐全，人力资源雄厚。我们的对外开放是全方位、多层次、宽领域的，我们欢迎大家到我市投资……"听得法国人云山雾罩。"三个代表"是什么？热土含义？商机怎样无限？平等互利内容？双赢目标？这些东西他们都不知道。如此没有共鸣的交流等同无效交流。

交流中最常见的还有礼仪上的丢分。法国某大企业总裁曾对吴建民发牢骚："你们的领导是接见我们，还是接见你们的翻译？我再不想见你们这位团长了。"原来，"我们的领导"与对方交流时自始至终眼盯翻译，甚至两次握手也眼盯别处。没有目光交流的会谈使该总裁受到从未有过的伤害。还有一次，国内一女市长出访荷兰时，欲与某城市结好。为促成此事，吴建民在大使官邸宴请双方。餐后，女市长竟在餐桌上手无遮拦地用牙签剔牙，不仅如此，还将剔出物连"呸"四下吐进盘子。荷兰市长斜睨她之表情，女市长视而不见。细节决定成败，其结果可想而知。吴建民回忆说，1997年10月江泽民访美，克林顿在白宫南草坪致欢迎词。他讲话毕，弯腰，加上一块垫脚板，以使江泽民刚好够到话筒。无言的细密周至的交流为克林顿赢分不少。

吴建民曾在联合国工作10年（1971—1981），一年见几十位外长。他发现"会说的国家，不会说的国家，效果确实不同"。会说的，会下必有人趋前与之交流。如此，国家形象及影响便应"说"而生。

2003年7月，吴建民从置身42年的外交舞台转至教育，就任外交学院院长一职。面对学生，吴建民敏感地意识到，"独生子女＋应试教育，会使国人不善于交流的欠缺变本加厉"。就学生们喜爱网上聊天、人机对话、短信交流而言，足见他们天地之小、心路之狭、视野之窄。其他的一些事印证了吴建民的忧虑感及危机感。如北京某高校一北京籍学生走丢了，因怯于问路，致使一件普通事演变为笑谈。一些求职学生常在面试时失败，吴建民分析部分败因——"源自交流的失败。如自我介绍重点不突出，没给考官留下鲜明印象；与考官没有目光交流；面试过程中接听手机；回答问题不着边际；急于表现自己；薪酬要求脱离实际；临走不说谢谢……”

吴建民知道，1970年巴黎政治大学就设立了交流学，1990年，复杂的国际形势又使其增设了危机时期的交流学。讲演课是每所学校考核学生能力的课程之一。为填补我国在交流学领域的空白，吴建民边写边讲，边讲边写。2004年年底，吴建民主编的《交流学十四讲》被国务院新闻办指定为中国政府新闻发言人培训班参考书。

吴建民授课对象不仅限于学生，还有外交官。一次，他给准外交官上课。出题“大使赴任第一天讲话”。32个人陆续上台，轻者头上冒汗，词不达意，不断嘟囔“没准备，没准备”，重者身体哆嗦，目光游离……吴建民在教诲中强调：“作为外交官，要知己知彼，要琢磨透交流对象，要时刻准备着交流。”他举例说，就目前形势，相当多欧洲人认为，欧洲市场的就业机会被中国人抢跑了。如何说服他们？吴建民建议“让事实说话”。他说：“中国有一生产积木玩具的工厂，法国投资。该玩具售价27欧元，成本1.2欧元，手工费0.8欧元。这个工厂不仅给中国人创造了就业机会，也给法方带来就业机会及利润。”此事，如果按国人惯有思维，自然开讲大道理：“我们是平等互利的，实现双赢的。”但这会令对方无动于衷或心生反感。俗话说，摆事实，讲道理，吴建民直言“我们轻摆重讲”。讲的过程中忌讳虚话、套话、空话、假话、卖弄。相反，信任感、好感必来自“两实”（朴实、诚实）。

不苟言笑、生硬内敛、造作拘谨、摆官架子——吴建民期待交流学中的幽默改变官场表象。一日，他从广播中听到就举报赌博电话一事，主持人与公安部某官员的对话：主持人请官员说出举报电话，官员没有像听众期待的那样脱口即出，而是说：“这个号码我们已经公布多次了，为了教育赌博者，为了群众举报方便，为了净化社会环境，我再一次公布，请大家牢记……”吴建民点评该官员“不懂得把时间用在刀刃上，与其啰唆套话，不如重申三遍号码更有效”。他举例说明幽默之良效：邓小平会见一美国国会代表团，他们不仅身份显赫，身体亦健壮，邓小平一语双关：“看来，你们都很有‘分量’。”会谈帷幕在轻松中拉开。另一例，俄罗斯人请法国人吃饭。饭后甜点，俄罗斯人用刀切蛋糕，不均匀，但并非有意。法国人打趣请客者给自己少的一块：“幸亏是蛋糕，如果是地图，那就太糟糕了。”

“人活在世上就要与人打交道，打交道就要懂得交流学。”吴建民以讲课、讲演、著书之交流方式填补交流学空白，缩短中国与世界的距离。

问题：

1. 通过本案例，你认为沟通、交流有什么技巧？
2. 你认为沟通、交流是生产力吗？

激　励

企业管理人员在管理及领导下属的过程中，不难发现一个有趣现象，就是：才智与能力相近的员工，在工作态度上可能有天渊之别，这可能与工作的动机及在工作中所获取的满足感有关。因此，研究工作的动机及相应的激励方法，对于改善员工的工作效率有很大帮助。激励是管理中最难掌握，但又是最关键、最为重要的理论。激励是管理学近几年研究最热门的主题之一，是管理学研究的核心问题。它贯穿于个体心理与行为研究、群体心理与行为研究、领导心理与行为研究和整个组织心理与行为研究的全过程之中。为了有效地实现既定目标，不仅个体需要激励，群体、领导者和组织都需要激励。既需要自我激励，更需要来自他人、群体、领导和组织方面的帮助。

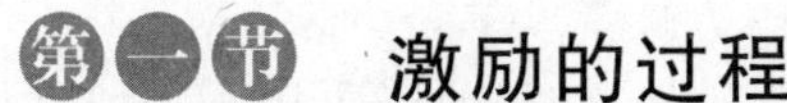

第一节　激励的过程

一、激励的概念

“激励”一词按中文字面上来说，就是激发、鼓励的意思，而从心理学角度就是指激发人的动机的心理过程。具体地讲激励就是使外部精神或物质的刺激内化为个人的自觉行为的心理过程。从广义上讲，激励就是调动人的积极性；从狭义上讲，激励就是一种刺激，是诱导行为的手段。作为管理学的术语，激励是指激发人的动机，诱导人的行为，使其发挥内在潜力，为实现所追求的目标而努力的心理过程。

激励可以从以下三个要素去理解：

（1）人的行为是由什么激发并赋予活力的（激励物或刺激物）。

（2）是什么因素把人们已被激活的行为引导到一定方向上去的（目标、目的）。

（3）这些行为如何能保持与延续（内驱力强度、目标的可及性、外在因素对行为的反应）。可见激励的本质就是激发人的动机的过程，所谓动机就是引起维持并且指引某种行为去实现一定目标的欲望、愿望、信念等心理因素。因此，要理解激励的本质，即激发动机的过程，就必须研究上述三个因素（要素、问题）。实践证明，如何回答上述三个问题对于深刻而全面地理解人的实际工作行为至关重要。

激发人的动机的心理过程的模式可以表示为：需要引起动机、动机支配行为、行为指向目标。需要、动机、行为、目标这四者之间的关系可用图 11－1 来表示：

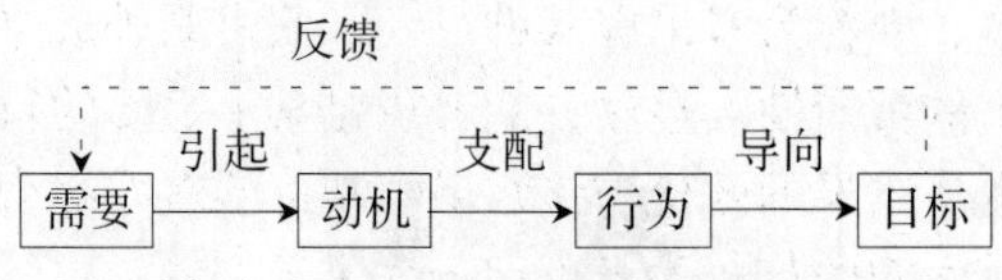

图 11－1　激发人的动机的心理过程

这说明，人的行为由动机支配，而动机则是在需要的基础上产生的。人的行为都是在某种动机的驱动下为了达到某个目标的有目的的活动。

激励作为刺激他人或自身完成一个预期的目标过程而采取的行为，它是建立在满足个人某种需求期望的基础上的。不同人的需求期望是不相同的，就是同一个人在不同时期的需求期望也是不相同的。如果一个人已经没有任何需求期望，那么，任何刺激因素对他都是无用的。因此，在激励过程中，运用激励手段，应针对不同个体、不同需要，灵活地运用不同的刺激物。

二、激励的性质与过程

1．激励与行为

心理学家一般认为，人的一切行动都是由某种动机引起的。动机是人类的一种精神状态，它对人的行动起激发、推动、加强的作用，因此称之为激励。人类的有目的的行为都是出于对某种需要的追求。未得到的需要是产生激励的起点，进而导致某种行为。行为的结果，可能使需要得到满足，之后再发生对新需要的追求；行为的结果也可能是遭受挫折，追求的需求未得到满足，由此而产生消极的或积极的行为。这种激励过程可用图 11－2 来描述。

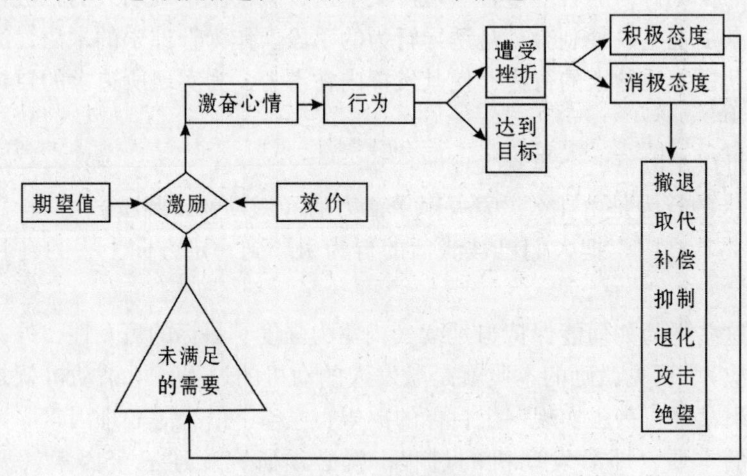

图 11－2　激励过程

从图 11－2 中可以看出，未满足的需要对人的激励作用的大小，取决于某一行动的效价和期望值。所谓效价是指个人对达到某种预期成果的偏爱程度，或某种预期成果可能给行为者个人带来的满足程度；期望值则是某一具体行动可带来某种预期成果的概率，即行为者采取某种行动，获得某种成果，从而带来某种心理上或生理上的满足的可能性。显然，能够满足某一需要的行动对特定个人的激励力是该行动可能带来结果的效价与该结果实现可能性的综合作用的结果。激励力、效价以及期望值之间的相互关系可用下式表示：

激励力 = 某一行动结果的效价 × 期望值

2. 内因与外因

激励理论是建立在对人的运动规律的认识基础之上的。人的运动形式主要分两大类：生命运动和思维运动。生命运动，包括人体的、机械的、物理的、化学的、生物的变化规律；思维运动，包括思维、实践、知识、技能等活动形式。人的生命运动是思维运动的物质基础。当人的生命运动结束时，思维运动也必然随之而终止。同时，思维运动又对生命运动有着能动的反馈作用。例如人的活动是通过思维活动来安排的。所以，人的生命运动与思维运动乃是辩证的统一。人的运动的形式和特点如图 11 - 3 所示。

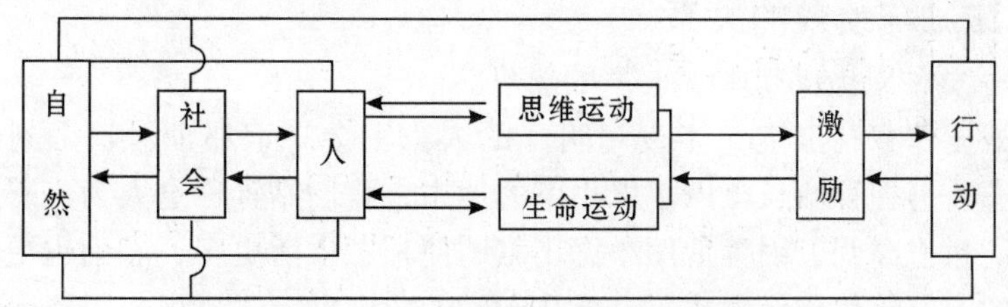

图 11 - 3　生命运动与思维运动的关系

人不是孤立存在的，而是生活于特定的环境之中。这个环境包括气候、水土、阳光、空气等自然环境和社会制度、劳动条件、经济地位、文化条件等社会环境。外界环境对人的影响是客观存在的。人和外界环境的关系也是辩证统一的关系。外因是事物变化的条件，内因是事物变化的根据，外因通过内因起作用。人的运动也是如此。外界环境是人运动的条件，自身条件是人运动的根据，外界环境对人的运动有影响作用，但必须通过人的自身条件才能起作用。所以，积极采取措施改善外部环境是必要的，但更为重要的是要提高人的自身素质，增强适应环境、改造环境的能力。根据这个观点，可以把人的行为（B）看成是其自身特点（P）及其所处环境（E）的函数，即

$$B = f(P, E)$$

因此，为了引导人的行为达到激励的目的，领导者既可在了解人的需要的基础上，创造条件促进这些需要的满足，也可通过采取措施，改变个人行动的环境。这个环境就是卢因研究的人的行动的“力场”。库尔特·卢因（Kurt Lewin）把人看做是在一个力场上活动的，且力场内并存着驱动力和遏制力，人的行为便是场内诸力作用的产物，其模式如图 11 - 4 所示。

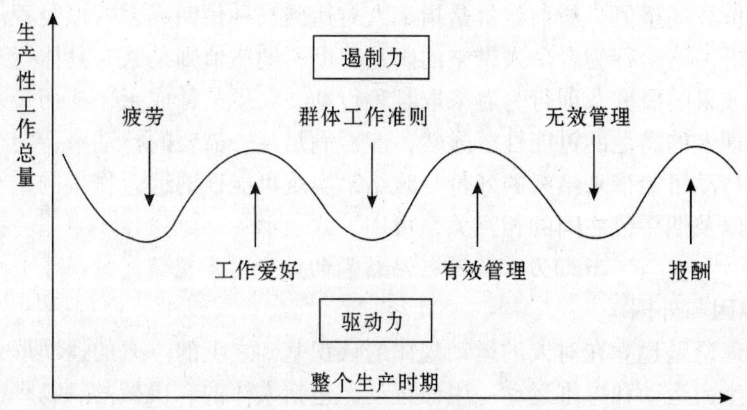

图 11-4　卢因的力场理论

领导者对在“力场”中活动的员工行为的引导，就是要借助各种激励方式，减少遏制力，增强驱动力，提高员工的工作效果，从而改善企业经营的效率。

三、激励与绩效的关系

先讲一个“周扒皮与王善人”的故事。

读过战士作家高玉宝《半夜鸡叫》的人都不会忘记那个对长工刻薄的地主周扒皮，还有另一种给长工以小恩小惠的地主，我们姑且称这人为王善人，其实王善人比周扒皮高明，因为他用小恩小惠诱使长工干活更多，剥削也更深。今天阶级斗争的火红年代已经过去了，但从激励的角度看，周扒皮与王善人的所作所为说明了效率工资的作用。

假设周扒皮与王善人各有 100 亩小麦，每亩产量 100 公斤，共计 10 000 公斤，每公斤小麦 4 毛钱，总计为 4 000 元。在收割小麦时，每人雇用 5 名短工。再假设当时短工的市场均衡工资是每天 1 元，同时负责吃住。周扒皮支付每天 1 元的市场均衡工资。同时吃住很差，每人每天仅 2 毛钱。王善人支付高于市场均衡水平的工资，比如说每天每人 1.5 元，同时吃住较好，每天 3 毛钱。这样周扒皮雇用的短工的实际工资为 1.2 元，王善人则为 1.8 元。从表面上看，当然是王善人的劳动成本高，但实际情况如何呢?

王善人支付的实际工资高，短工当然愿给王善人干活，王善人则可以选到最好的短工。而且，在高工资的刺激下，短工工作勤奋、认真。这样，12 天就高质量地完成了收割工作，且没有损失，共计支付实际劳动成本 108 元（1.8×5×12）。周扒皮支付的实际工资低，只能从王善人招剩的短工中选，当然素质低。尽管每晚靠学鸡叫让短工早上工，但短工发觉后，多劳不能多得。所以出工不出力，收割不认真，结果 15 天才干完，且产量损失 2%。周扒皮的实际劳动成本包括短工实际工资 90 元（1.2×5×15），产量损失 2%，即 4 000×2% =80（元）。总计为 170 元。谁的实际劳动成本高一目了然。

为什么王善人支付的工资高，反而劳动成本低呢? 用现代经济学的术语说，是因为王善人支付了效率工资。效率工资是企业为提高工人生产率而支付的高于平均水平的工资。效率工资能提高生产率降低劳动成本的原因主要有两个：

第一，可以招到高素质的工人。由于信息的不对称性，企业并不了解工人的素质，但在支付高工资时，高素质的工人会来应聘，从应聘者中选出高素质工人的概率就高。相反，支付低工资时，高素质工人不会来应聘，所选的工人素质当然低。这就是身强力壮的短工都给王善人干活，找不到活的老弱病残才给周扒皮干活的原因。"一分钱一分货"，劳动市场也是这样。工作努力，效率高，给王善人打工的人无论出于感恩也好，还是怕失去这份活也好（偷懒就要被解雇)。不用半夜鸡叫也干得勤快而认真。给周扒皮干活的人，只要监督不到就要偷懒，工人流动性小。在现代企业中，培训过的工人效率高，培训是有成本的。稳定工人队伍有利于提高效率，减少培训成本，尽管割麦子所需培训很少，但给王善人干活的人不会见异思迁，而给周扒皮干活的人，一有机会就会另谋高就，这会影响效率。

第二，工人会更健康。给王善人干活，吃住都好，干活当然有劲，周扒皮的工人晚上睡不好，白天吃不饱，哪有力气干活?

效率工资是企业激励机制的一个重要组成部分。那种认为支付低工资可以降低劳动成本的想法（如周扒皮者)，实际上适得其反。

周扒皮、王善人的故事是一个虚构，但在美国20世纪初就出现了王善人这样的企业家。这就是汽车大王亨利·福特。1914年，福特决定给工人支付每天5美元的工资，这是当时市场平均工资的2倍多。当时有人说福特仁慈，有人断言福特要破产。但福特在装配线上使用了当时最好的工人，不仅没有破产，反而源源不断生产出价格一直下降的T型汽车，利润也滚滚而来。福特称5美元工资是"我们所作出的最成功的降低成本的努力之一"。这是效率工资最成功的运用。

从这个故事我们可以看出激励与绩效是成正比的。作为一个组织来讲，管理的目的是充分利用组织所拥有的各种资源并进行合理配置，使资源在运作过程中充分发挥其作用来达到实现组织的目标。而在组织所拥有的资源中，人力资源是核心，其他资源都是通过人力资源而发挥其作用的。可以这样说，一个一流的企业必须拥有一流的人才，但仅是拥有还不够，关键在于能否充分调动他们的积极性，合理地使用他们。管理学就是一门研究个体心理与行为，并运用激励的理论与方法来调动个体积极性的学科。因为个体的绩效是组织绩效的基础，个体的绩效取决于多种因素，在管理学中用"绩效函数"来表示。

下面我们给出一个个体绩效（P）与积极性（M，激励水平)、工作能力（A）和环境（E）四个关键因素的公式：

$$P=f\ (M\times A\times E)$$

可见要提高绩效，就必须建立和完善激励机制，提高管理者的激励水平和能力。而要做到这一点，就需要学习更多的激励知识，掌握更多的激励理论与方法，才能在激励过程中运用自如，游刃有余。

第二节 激励理论

根据激励性质的介绍，我们可以知道，激励就是通过影响员工个人需要的实现来提高他们的工作积极性、引导他们在企业经营中的行为。因此，激励理论的研究大多是围绕着人的需要实现及其特点的识别，以及如何根据需要类型和特点的不同来采取措施，影响他们的行为而展开的。我们在这里主要介绍马斯洛的需要层次理论、赫兹伯格的双因素理论、波特等人的激励模式理论、亚当斯的公平论、斯金纳的强化理论及奥尔德福的 ERG 理论。

一、需要层次理论

行为科学认为，人的各种行为都是由一定动机引起的，而动机又产生于人们本身存在的需要。人们为了满足自己的需要，就要确定自己行为的目标。人都是为达到一定目标而行动的。这种从一定的需要出发，为达到某一目标而采取行动，进而得到需要的满足，而在此基础上产生新的需要，引发新的目标行为，便是周而复始、不断循环的人的行为过程。需要既是这个过程的起点，也是这个过程的终点，这是人的行为的基础。当代的许多心理学家认为，金钱虽是重要的激励因素，但人们希望满足的不仅仅是经济需要。至于应该是些什么需要，需要之间的关系怎样，至今仍是众说纷纭。下面介绍西方管理学界广为流传的美国心理学家马斯洛的需要层次理论。马斯洛的需要层次理论有两个基本论点。一个基本论点是：人是有需要的动物，其需要取决于它已经得到了什么，还缺少什么，只有尚未满足的需要能够影响行为。换言之，已经得到满足的需要不再能起激励作用。另一个基本论点是：人的需要都有轻重缓急，某一层需要得到满足后，另一层需要才出现。马斯洛认为，在特定的时刻，人的一切需要如果都未能得到满足，那么满足最主要的需要就比满足其他需要更迫切。只有排在前面的那些需要得到了满足，才能产生更高一级的需要。而且只有当前面的需要得到充分的满足后，后面的需要才显出其激励作用。马斯洛将需要划分为五级：生理的需要、安全的需要、社交的需要、尊重的需要、自我实现的需要。

1. 生理的需要

任何动物都有这种需要，但不同的动物，其需要的表现形式是不同的。就人类而言，人们为了能够继续生存，首先必须满足基本的生活要求，如衣、食、住、行等。马斯洛认为，这是人类最基本的需要。人类的这些需要得不到满足就无法生存，也就谈不上其他需要。所以在经济不发达的社会，必须首先研究并满足这方面的需要。

2. 安全的需要

基本生活条件具备以后，生理需要就不再是推动人们工作的最强烈力量，取而代之的是安全的需要。这种需要又可分为两小类：一类是现在的安全的需要，另一类是对未来的安全的需要。对现在的安全需要，就是要求自己现在的社会生活的各个方面均能有所保证：如就业安全、生产过程中的劳动安全、社会生活中的人身安全等；对未来的安全需要，就是希望未来生活能有保障。未来总是不确定的，而不确定的东西总是令人担忧的，所以人们都追求未来的安全：如病、老、伤、残后的生活保障等。

3. 社交的需要

马斯洛认为，人是一种社会动物，人们的生活和工作都不是独立地进行的。因此，人们常希望在一种被接受或属于的情况下工作，也就是说，人们希望在社会生活中受到别人的注意、接纳、关心、友爱和同情，在感情上有所归属，属于某一个群体，而不希望在社会中成为离群的孤雁。人们的这种需要多半是在非正式组织中得到满足的。比如在企业里，一般员工都有自己的小圈子。这个圈子里的人一般意气相投、观点相同、利益一致。一人有了困难，圈子里的其他成员会在不同程度上以不同方式给予同情、安慰和帮助。社交的需要比生理的需要和安全的需要来得细致。需要的程度也因每个人的性格、经历、受教育程度不同而有异。

4. 尊重的需要

“不落后别人，如有可能要胜别人一筹。”这也是一种心理上的需要，包括自尊和受别人尊重。自尊是指在自己取得成功时有一种自豪感；受别人尊重，是指当自己作出贡献时，能得到他人的承认，如领导和同事们的较好的评价与赞扬等。自尊和受人尊重，这两者是联系在一起的。要得到别人的尊重，首先自己要有被别人尊重的条件。自己要先有自尊心：对工作有足够的自信心；对知识的掌握不愿落他人之后，别人懂得的，自己不能不懂，别人不懂的，自己也要知道。只有这样才有可能受到别人的尊重。

自尊心是驱使人们奋发向上的推动力，自尊心人人皆有。领导者要注意研究员工在自尊方面的需要和特点，要设法满足他们的自尊需要，更不能任意伤害他们的自尊心，只有这样，才能激发他们在工作中的主动性和积极性。

5. 自我实现的需要

这是更高层次的需要。这种需要就是希望在工作上有所成就，在事业上有所建树，实现自己的理想或抱负。有人认为这种需要只存在于那些事业心极强的科学家身上。其实这种看法是很片面的，同自尊的需要一样，自我实现的需要几乎在任何人身上都有不同程度的表现。自我实现的需要通常表现在两个方面：

（1）胜任感方面：有这种需要的人力图控制事物或环境，不是等事情被动地发生和发展，而是希望在自己控制下进行。比如在企业生产中，青年工人开始时在师傅的指导下工作，后来掌握了一定的技术后，就会萌发独立操作的想法，在此基础上，他们不愿再机械地去重复、去从事、去完成工作，而是利用掌握的知识积极地、主动地去分析和研究工作，去改进和完善工作。

（2）成就感方面：与物理的“充分负荷”原理相似，人们在工作中常为自己设置一些既有一定困难，但经过努力又可以达到的目标。他们进行的工作既不保守，但也不是冒险，他们是在认为自己有能力影响事情结果的前提下工作的。对这些人来说，工作的乐趣在于成果或成功。有成就感的人往往需要知道自己工作的结果，因为他们觉得成功后的喜悦要远比其他任何报酬都重要。

上面介绍的马斯洛的需要理论只是需要分类的理论之一。这种分类方法是否科学虽然有待于进一步讨论，但它为我们提供了一个研究人类各种需要的参照样本。根据对这个样本的研究，我们认为人类需要具有多样性、层次性、潜在性和可变性等特征。

(1) 需要的多样性。人类的需要是多种多样的，一个人在不同的时期可有多种不同的需要；即使在同一时期，也可存在着好几种程度不同、作用不同的需要。

(2) 需要的层次性。马斯洛认为，支配人们行为的需要是由低级向高级发展的，当低一层次的需要得到满足以后就会产生高一级的需要。根据马斯洛的观点，五种需要的高低层次的排列如图 11 - 5 所示。

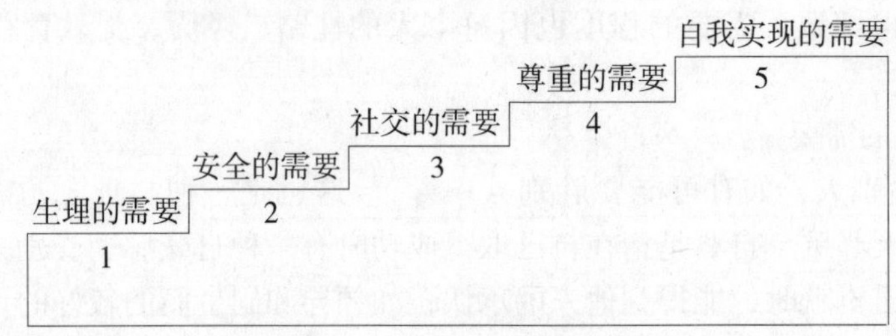

图 11 - 5　需要的层次性

但是我们认为，研究需要的目的是指导我们如何改变人们的行为。我们对需要的研究是从如何影响人的行为这个角度来进行的，而决定人的行为的又是人们感觉最迫切的需要，因此，需要的层次应该是由其迫切性来决定的。这就是说，人虽然有多种需要，但这些需要并不是在同时以同样的迫切程度来影响人们的行为的。在一定时期，只有那些表现最强烈、感觉最迫切的需要才能引发人们的动机，影响人们的行为。对于不同的人在同一时期，或对于同一人在不同时期，感受到最强烈的需要类型是不一样的。因此，有多少种类型的需要，就有多少种层次不同的需要结构。如按马斯洛的方法，把需要分成五类，就可以存在下述五种（如图 11 - 6）不同的层次结构。

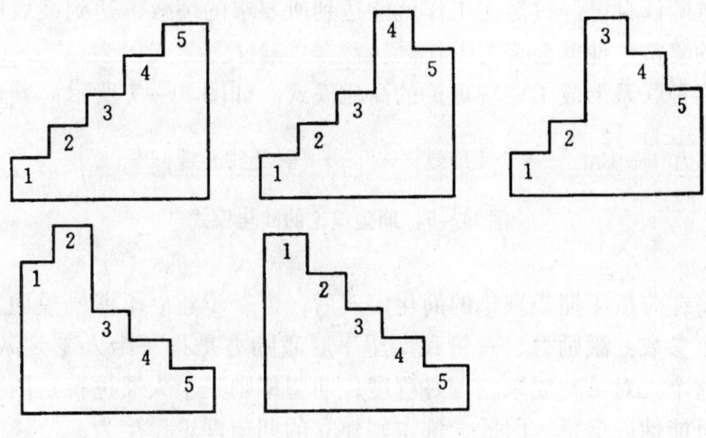

图 11－6　需要的层次结构

（3）需要的潜在性。需要的潜在性是决定需要是否迫切的原因之一。人们在一生中可能存在多种需要，但这些需要并非随时随刻全部被他们的主体所感知、所认识。有许多需要是以潜在的形式存在着的。只是到了一定时刻，由于客观环境和主观条件发生了变化，人们才发现，才感觉到这些需要。

（4）需要的可变性。需要的可变性是指需要的迫切性，从而需要的层次结构是可以改变的。改变的原因可以有两个：一是原来迫切的需要，通过某种活动已在一定程度上得到满足，紧张已经得到消除，需要的迫切性也随之消除；二是由于外界环境有意识或者无意识的影响，改变了人们对自己的各种需要得到满足的迫切性的认识，使一些原来迫切的需要现在"退居二线"，而一些原来不很迫切的需要现在成为影响人们行为的迫切需要了。只有在认识到了需要的类型及其特征的基础上，领导者才能根据不同下属的不同需要进行有效的激励。

二、期望理论

V. 佛鲁姆（Victor Vroom）的期望理论认为：只有当人们预期到某一行为能给个人带来有吸引力的结果时，个人才会采取这一特定行为。根据这一理论的研究，人们对待工作的态度取决于对下述三种联系的判断：

（1）努力—绩效的联系。需要付出多大努力才能达到某一绩效水平？我是否真能达到这一绩效水平？概率有多大？

（2）绩效—奖赏的联系。当我达到这一绩效水平后，会得到什么奖赏？

（3）奖赏—个人目标的联系。这一奖赏能否满足个人的目标？吸引力有多大？

期望理论的基础是自我利益，它认为每一员工都在寻求获得最大的自我满足。期望理论的核心是双向期望，管理者期望员工的行为，员工期望管理者的奖赏。期望理论的假设是管理者知道什么对员工最有吸引力。期望理论的员工判断依据是员工个人的知觉，而与实际情况不相关。不管实际情况如何，只要员工以自己的知觉确认自己经过努力工作就能达到所要求的绩效，达到绩效后能得到具有吸引力的奖赏，他就会努力工作。

以上三种联系形成了期望理论的简化模式。如图 11 －7 所示：

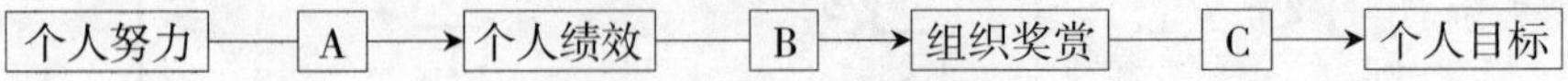

个人努力 —— A → 个人绩效 —— B → 组织奖赏 —— C → 个人目标

图 11 －7　期望理论的简化模式

佛鲁姆在分析了期望理论的简化模式后，进一步建立了激励模型。在模型中引入了 3 个参数：激励力、效价和期望率。激励力是指一个人受到激励的强度；效价是指这个人对某种成果的偏好程度；期望率则是个人通过特定的努力达到预期成果的可能性或概率。因此，佛鲁姆建立的期望理论模型为：

激励力 = 效价 × 期望率

这一模型表明，激励力乃是个人寄托在一个目标的预期价值（效价）与他对实现这一目标的可能性（概率）的乘积。如果其中一个变量为零（毫无意义或毫无可能），激发力量也就等于零。这就说明了为什么非常有吸引力的目标也会无人问津。

有一个心理实验证明这样一个事实，当实现的可能性为零时，就会导致欲望的丧失。这个实验是：在一个水缸里放进梭鱼和小鱼，贪婪的梭鱼就养成了吞食小鱼的习惯。过一段时间后，在水缸中间插一块玻璃，把梭鱼和小鱼分开，梭鱼肚子一饿就想吃小鱼，可是每次进攻都在事先设置好的玻璃板面前碰了壁，让梭鱼在这种近乎“画饼充饥”的环境下生活了一段时间后，突然一天拿掉玻璃板，按理梭鱼一定会扑上去饱餐一顿，可事实恰恰相反，梭鱼居然面对小鱼提不起食欲，就这样日渐消瘦，以致力衰而死。从这个实验可以看出，欲望不足的状态持续一段时间，就会使欲望本身衰退下去。因此，作为领导者，必须给下属指出一个使他们相信通过努力而能够获得的灿烂前景，让他们有所寄托和追求。

拿高考来说也是这样，一次没考上你可能会认为努力不够，两次没考上你可能会认为还没有全力以赴，三次没考上你就不会认为是努力不够，而是能力不够了，你可能就会放弃高考，另谋出路了。正如《曹刿论战》：“一鼓作气，再而衰，三而竭，彼竭我盈，故克之。”

三、赫兹伯格的双因素理论

双因素理论是“激励因素/保健因素”理论的简称。这一理论是美国著名心理学家、行为学家赫兹伯格在他 1959 年出版的专著《工作的激励因素》中提出的。20 世纪 50 年代末期赫兹伯格等人在美国匹兹堡地区对两百多名工程师和会计师进行了工作满意程度的调查和访谈。他设计了许多问题，如什么时候你对工作特别满意，什么时候你对工作特别不满意等，通过对调查结果的分析研究，提出了激励的双因素理论。

1．满意程度的两种因素和四种状态

赫兹伯格认为，传统的满意的对立面就是不满意的观点是不确切的，他提出了表示满意程度的四种状态，即满意的对立面应当是没有满意，不满意的对立面应该是没有不满意。如图 11－8 所示：

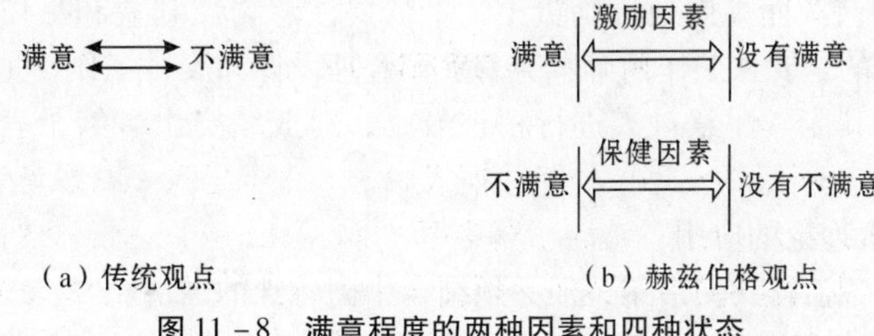

图 11－8　满意程度的两种因素和四种状态

赫兹伯格发现，使员工感到满意与不满意的因素是大不相同的，使员工感到不满意的因素往往是由外界的工作环境引起的，使员工感到满意的因素通常是由工作本身产生的。赫兹伯格发现造成员工不满意的主要原因有：公司政策与行政管理、监督、工作条件、人际关系（三点：上级、下级、同事）、地位、安全和生活条件等因素，这些因素改善了，只能消除员工的不满、怠工与对抗，但不能使员工变得非常满意，也不能激发他们的工作积极性。赫兹伯格将这一类因素称为保健因素。赫兹伯格还发现使员工感到满意的原因有：工作富有成就感、工作成绩得到认可、工作本身具有挑战性、负有较大的责任、能发挥自己的特长、在事业上能得到发展等因素。这类因素的改善，能够对员工产生直接的激励作用和提高生产效率，因而称之为激励因素。

2．赫兹伯格的双因素理论和马斯洛需要层次理论的比较

赫兹伯格的双因素理论和马斯洛的需要层次理论是兼容并蓄的。只不过马斯洛的理论是针对需要和动机而言的，而赫氏理论是针对满足这些需要的目标和诱因而言的。两者的关系如图 11－9 所示：

马氏理论		赫氏理论		
自我实现	←→	工作的挑战性 成长	成就 责任	激励因素
尊重	←→	晋升 地位	褒奖	
社交	←→	人际关系 管理	公司政策 公司的素质	保健因素
安全	←→	上司的素质 工作安全	工作环境	
生理	←→	薪金	个人生活	

图 11－9　赫兹伯格的双因素理论和马斯洛需要层次理论的关系

3. 双因素理论的贡献

（1）满足各种需要所引起的激励深度和效果是不一样的。物质需要的满足是必要的，没有它会导致不满，但是即使获得满足，它的作用往往是很有限的，不能持久的。

（2）若想持久而高效地激励员工，不仅要注意物质利益和工作条件等外在因素，更重要的是要从工作内容本身着手，合理设计和安排工作，量才录用，各得其所，各尽其能。注意对人进行精神鼓励，对成绩突出者给予表扬、晋升的机会。

4. 双因素理论的应用

双因素理论值得我们借鉴，但必须结合中国特殊的国情。

（1）我们在实施激励时，应注意区别保健因素和激励因素，前者的满足可以消除不满，后者的满足可以产生满意。

（2）双因素理论诞生在温饱问题已经解决的美国，在当前，中国的温饱问题尚未完全解决，因此，工资和奖金并不仅仅是保健因素，如果运用恰当，也可以表现出显著的积极作用。关键在于工资和奖金的发放办法，如果发放方法不当（如搞大锅饭，平均主义），那么最多是一种保健因素。如果工资和奖金的发放与个人工作绩效挂钩，就会产生激励作用，变为激励因素。

（3）应注意激励深度问题。领导的赏识，荣誉感和成就感的满足，能使当事人得到深刻的激励，因为它来自工作本身，被称为内在激励。而工作环境、条件、个人生活、薪金、福利及人际关系等的改善，属于工作的外部条件的改进，即使有一定的激励作用，也缺乏深度，持续时间也短暂，被称为外在激励。

（4）随着温饱问题的解决，内在激励的重要性越来越明显。如何增加工作本身的吸引力，如何使员工在工作中感受到无穷乐趣，如何使工作更具挑战性，使工作有更大的成就感，其中最重要的应用是“工作丰富化”，这些内容将成为激励的关键因素。

四、公平理论

公平理论是美国心理学家亚当斯（J. S. Adams）于20世纪60年代首先提出的，也称为社会比较理论。这种激励理论主要讨论报酬的公平性对人们工作积极性的影响。人们将通过两个方面的比较来判断其所获报酬的公平性，即横向比较和纵向比较。所谓横向比较，就是将“自己”与“别人”相比较来判断自己所获报酬的公平性，从而对此作出相对应的反应，我们以下列公式来说明：

若：$\frac{Q_p}{I_p} = \frac{Q_x}{I_x}$

其中，Q_p：自己对所获报酬的感觉；

Q_x：自己对别人所获报酬的感觉；

I_p：自己对所投入量的感觉；

I_x：自己对别人所投入量的感觉。

当等式成立时，表示此人觉得报酬是公平的，他可能会因此而保持工作的积极性和努力程度。这里需要说明的问题是：

(1) 投入量包括个人所受到的教育、能力、努力程度、时间等因素，报酬包括精神和物质奖励以及工作安排等因素。

(2)“别人”包括本组织中的其他人以及别的组织中与自己能力相当的同类人。

如果 $\frac{Q_p}{I_p} > \frac{Q_x}{I_x}$，则说明此人得到了过高的报酬或付出的努力较少。在这种情况下，一般来讲他不会要求减少报酬，而有可能会自觉地增加投入量。但过一段时间他就会因重新过高估计自己的投入而对高报酬心安理得，于是其产出又会恢复到原先的水平。

如果 $\frac{Q_p}{I_p} < \frac{Q_x}{I_x}$，则说明此人对组织的激励措施感到不公平。此时他可能会要求增加报酬，或者自动地减少投入以达到心理上的平衡。当然，他甚至有可能离职。管理人员对此应特别引起注意。

除了“自己”与“别人”的横向比较外，还存在着自己的目前与过去的比较。如以 Q_{pp}代表自己目前所获报酬，Q_{pl}代表自己过去所获报酬，I_{pp}代表自己目前的投入量，I_{pl}代表自己过去的投入量，则比较的结果也有三种：

(1) $\frac{Q_{pp}}{I_{pp}} = \frac{Q_{pl}}{I_{pl}}$，此人认为激励措施基本公平，积极性和努力程度可能会保持不变。

(2) $\frac{Q_{pp}}{I_{pp}} > \frac{Q_{pl}}{I_{pl}}$，一般来讲此人不会觉得所获报酬过高，因为他可能会认为自己的能力和经验有了进一步的提高，其工作积极性不会因此而提高多少。

(3) $\frac{Q_{pp}}{I_{pp}} < \frac{Q_{pl}}{I_{pl}}$，此人觉得很不公平，工作积极性会下降，除非管理者给他增加报酬。

尽管公平理论的基本观点是普遍存在的，但是在实际运用中很难把握。个人的主观判断对此有很大的影响，因为人们总是倾向于过高估计自己的投入量，而过低估计自己所得到的报酬，对别人的投入量及所得报酬的估计则与此相反。因此管理者在运用该理论时应当更多地注意实际工作绩效与报酬之间的合理性。当然，对于某些具有特殊才能的人，或对完成某些复杂工作的人，应更多地考虑到其心理的平衡。

五、强化理论

强化理论是由美国心理学家斯金纳（B. F. Skinner）首先提出的。该理论认为人的行为是对其所获刺激的函数。如果这种刺激对他有利，则这种行为不会重复出现；若对他不利，则这种行为就会减弱直至消失。因此管理者要采取各种强化方式，以使人们的行为符合组织的目标。根据强化的性质和目的，强化可以分为两大类型。

1. 正强化

所谓正强化，就是奖励那些符合组织目标的行为，使这些行为得到进一步加强，从而有利于组织目标的实现。正强化的刺激物不仅仅包含奖金等物质奖励，还包含表扬、提升、改善工作关系等精神奖励。为了使强化能达到预期的效果，还必须注意实施不同的强化方式。有的正强化是连续的、固定的正强化，譬如对每一次符合组织目标的行为都给予强化，或每隔一固定的时间都给予一定数量的强化。尽管这种强化有及时刺激、立竿见影的效果，但久而久之，人们就会对这种正强化有越来越高的期望，或者认为这种正强化是理所应当的。管理者要么不断加强这种正强化，否则其作用会减弱甚至不再起到刺激行为的作用。另一种正强化的方式是间断的、时间和数量都不固定的正强化，亦即管理者根据组织的需要和个人行为在工作中的反映，不定期、不定量实施强化，使每一次强化都能起到较大的效果。实践证明，后一种正强化更有利于组织目标的实现。

2. 负强化

所谓负强化，就是惩罚那些不符合组织目标的行为，使这些行为削弱直至消失，从而保证组织目标的实现不受干扰。实际上，不进行正强化也是一种负强化。譬如，过去对某种行为进行正强化，现在组织不再需要这种行为，但基于这种行为并不妨碍组织目标的实现，这时就可以取消正强化，使行为较少或不再重复出现。同样，负强化也包含着减少奖酬或罚款、批评、降级等。实现负强化的方式与正强化有所差异，应以连续负强化为主，即对每一次不符合组织的行为都应及时予以负强化，消除人们的侥幸心理，减少直至完全避免这种行为重复出现的可能性。

六、ERG 理论

在激励的需要理论中，ERG 理论非常重要，它是由耶鲁大学的心理学家奥尔德福提出的。尽管 ERG 理论与马斯洛的需要等级层次理论有很多实质性的区别，但在很多方面，ERG 理论是对需要的等级层次理论的丰富和发展。字母 E、R 和 G 分别代表生存（Existence）、关系（Relatedness）和成长（Growth）三词。生存的需要包括一切物质和生理上的欲望，它和马斯洛的需要等级层次理论中的生理及安全的需要相对应；关系需要主要强调了人们和社会环境的关系，它包含了马斯洛的需要等级层次理论中的社交的需要和尊重的需要；最高层次的成长需要主要指所有努力改善自身及环境的需要，它包含了尊重的需要和自我实现的需要。

与需要的明显性理论一样，ERG 理论提出了几种需要，诸如关系需要和成长需要能够同时激励个体的观点。ERG 理论和马斯洛的需要等级层次理论最大的区别在于，ERG 理论中同时包括了气馁性回归概念和需要遵循一定的等级层次概念。

需要遵循一定的等级层次概念是指个体在一定需要层次获得满足后，就会上升到更高层次的需要，在这一点上，ERG 理论和马斯洛的需要等级层次理论是相同的。但同时 ERG 理论认为，如果上一层次的需要一直得不到满足的话，个体就会感到沮丧，然后回归到对低层次需要的追求。例如，管理人员在满足了他的基本关系需要后，他就会极力去满足他的成长需要，但如果他的成长需要在相当长一段时间始终不能获得满足，他便因气馁而回归到关系需要的追求。与前述各种理论比较，ERG 理论相对有效地解释了组织中的激励问题，如图 11 - 10 所示：

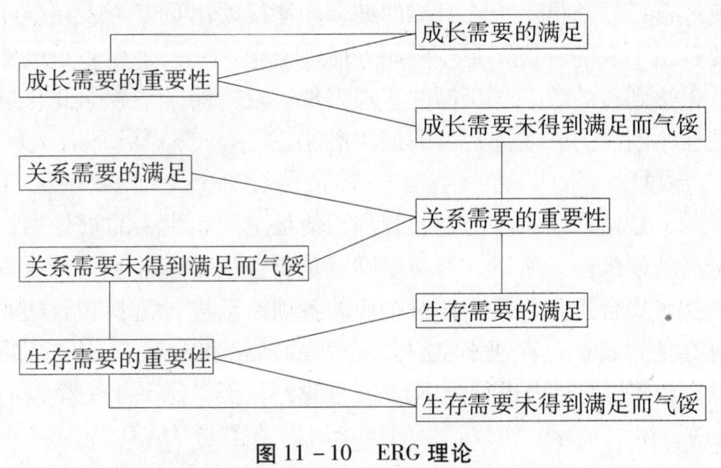

图 11 - 10　ERG 理论

第二节　激励实务

一、激励方式

在讨论了激励的各种理论之后，人们可能会问：这些理论对管理者有何重大意义？应如何去激励员工呢？对这些问题的回答并不简单，因为激励理论多种多样，企业的实际情况也比较复杂，无法用一个统一的方式去激励员工。金钱常常是许多管理者用来激励员工的重要手段，因为人的许多需要都必须通过金钱去实现。人对金钱的追求具有普遍性，而且人对金钱的追求没有止境，所以管理者可以将金钱作为长期的激励手段。但是金钱作为激励手段也有其缺陷：其一，金钱作为激励手段会助长人的自私的心理，以自我利益为中心，唯利是图。长期的金钱激励，有可能会掩盖其需要向自我实现需要的发展。其二，长期把金钱作为激励手段，会产生单位金钱激励效果递减的现象。例如，当以前从来没有奖金时，增加 50 元奖金可以对员工产生很大的激励作用，如果两年后奖金还是 50 元，可能产生不了任何激励作用。因为随着时间的推移，人们将 50 元奖金视为自己固有的一部分，要取得更大的激励效果必须增加奖金金额。

由此看来，我们不能把金钱作为唯一的激励方式，管理者必须采用多样化的激励方式。

1．目标激励

目标激励，是指给员工确定一定的目标，以目标为诱因驱使员工去努力工作，以实现自己的目标。任何企业的发展都需要有自己的经营目标，目标激励必须以企业的经营目标为基础。任何个人在自己需要驱使下也会具有个人目标，目标激励要求把企业的经营目标与员工的个人目标结合起来，使企业目标和员工目标相一致。其原因有三方面：其一，在员工实现目标的过程中，可以满足个人需要。所以，员工从满足个人需要出发，会自觉地努力工作，从而实现企业目标。其二，企业经营目标与员工个人目标的结合，能反映出员工个人在企业中的地位和作用，使员工个人的价值在企业中充分体现出来。其三，大多数员工个人目标代表自己从未达到过的状态，目标的实现表现为自身的升华，为此，员工为追求目标的实现会不断努力，发挥自己的最大潜能。

2．参与激励

参与激励，是指让员工参与企业管理，使员工产生主人翁责任感，从而激励员工发挥自己的积极性。所以，参与激励就是要让员工经常参与企业重大问题的决策，让员工多提合理化建议，并对企业的各项活动进行监督和管理。这样，员工就会亲身感受到自己是企业的主人，企业的前途和命运就是自己的前途和命运，个人只有依附或归属于企业才能发展自我，从而激励员工把全身心投入到企业的事业中来。

3．领导者激励

领导者激励，主要指领导者的品行给企业员工带来的激励效果。企业领导者是企业核心，是员工的表率，是员工行为的指示器。如果领导者清正廉洁，对物质的诱惑不动心；吃苦在前，享乐在后；严于律己，要求员工做的，自己先行；虚怀若谷，谦虚、民主，不计前嫌，这样的领导者本身对员工就是莫大的鼓舞，从而激发员工的士气。如果领导者还具有较强的业务能力，能给企业带来较高的经济效益，有助于员工的需要满足和价值实现，那么，会对员工产生巨大的激励作用。

4．关心激励

关心激励，是指企业领导者通过对员工的关心而产生的对员工的激励作用。企业的员工，以企业为其主要的生存空间，把企业当做自己的归属。如果领导人时时关心员工疾苦，了解员工的具体困难，并帮助其解决，就会使员工产生很强的归属感，会对员工产生激励效果。现在很多企业领导者给员工赠送生日礼品，举行生日派对，解决住房困难，解决员工小孩入托难等，都属于关心激励的范畴。

5．公平激励

公平激励，是指企业领导者在企业的各种待遇上，对每一员工公平对待所产生的激励作用。只要员工等量劳动成果给予等量待遇，多劳多得，少劳少得，企业就会形成一个公平合理的环境。员工要享受更多的待遇（包括工资、奖金、福利、晋升、工作环境等），不能通过讲人情、走后门等不正当的手段，只有靠扎扎实实地努力工作。因此企业可以利用员工追求高待遇的心理，激励员工更有效地工作。如果企业环境不公平，少劳者可以多得，则员工不会通过正当的手段去获得高待遇，因而不会激励员工积极投入以实现最大的劳动成果。

6. 认同激励

认同激励，是指企业领导者对员工的劳动成果或工作成绩表示认同而对员工产生的激励作用。虽然有一些人愿意做无名英雄，但那毕竟是少数，绝大多数人都不愿意默默无闻地工作。当他取得了一定的成绩后，需要得到大家的承认，尤其是得到领导者的承认。所以当企业的某个员工取得了一定的成绩以后，领导者只需要向其表示已经知道其已取得的成绩，或再加上几句表扬的话，就可以对其产生很大的激励。这种激励既不必花费很大的代价，效果又好，因而是一种很有价值的激励方式。但是这种激励方式需要企业领导者及时发现员工的工作成绩，并及时表示认同。不及时的认同产生不了激励。

7. 奖励激励

奖励激励，是指企业以奖励作为诱因，驱使员工采取最有效、最合理的行为。奖励激励通常是从正面对员工进行引导。企业首先根据企业经营的需要，规定员工的行为如果符合一定的行为规范，员工就可以获得一定的奖励。员工对奖励追求的欲望，促使他的行为必须符合行为规范，同时给企业带来有益的劳动成果。奖励激励手段包括物质的和精神的两方面。物质激励就是以物质利益（包括工资、奖金、福利、晋级和各种实物等）为诱因对员工产生激励。精神激励是以精神鼓励为诱因对员工产生的激励，它包括评选劳动模范、先进工作者及授予各种荣誉称号等。员工通过对物质利益和荣誉称号的追求而产生符合企业需要的行为，为企业创造出佳绩。

8. 惩罚激励

惩罚激励，是指企业利用惩罚手段，诱导员工采取符合企业需要的行为的一种激励。在惩罚激励中，企业要制定一系列的员工行为规范，并规定若逾越了这一行为规范，根据不同的逾越程度，会受到不同程度的惩罚。惩罚手段包括：①物质的手段，如扣发工资或奖金、罚款、赔偿等；②精神的手段，如批评、降级、降职、各级党政处分以及刑事处罚等。人们避免惩罚的需求和愿望促使其行为符合特定的规范。再则，通过对违规员工的处罚，激励未违规的员工自觉、积极地遵守规范。

总之，激励员工的方式多种多样，每一种方式都是从各个不同的侧面对员工进行激励。企业管理人员要善于分析具体情况；灵活运用各种激励方式，有效激励员工。

二、分析激励因素

不论是个人还是团体，要激励他们工作，最好的办法是调动他们内在的自我激励因素。

1. 自我激励

用说服和影响来鼓励人们自我激励。自我激励是一件长远而持久的事，鼓励员工做到自我激励，比起信任他们，让他们去主动工作，或鼓励他们承担工作的责任来，则是一个更高层次的要求。对那些态度消极的员工，用哪些方法才能把他们的积极性调动起来？在充满竞争的商界中，对一个有创新精神的组织来说，被高度激励的员工是决定其命运的关键。

2. 识别需要

研究表明，人在工作和私生活中往往受各种需要的激励，所以识别并满足这些需要将使管理者获益匪浅。第一，确定并尽力满足员工的需要；第二，作为管理人员，应认识到刺激物或激励力量是什么，很多激励理论支持这样一种设想：假如能给予机会和适当的刺激，员工会尽力改善工作表现；第三，平衡组织需要，作为组织的一分子，个人的需要不同于组织的需要，但是，认识到个人需要与组织的需要保持一致性，对个人来说尤为重要，比如，让员工知道，如果组织的主要目标满足了，那么个人的需要也可以被满足；第四，业余激励，工作之外，体育及一些娱乐活动也是满足个体激励需要的一种积极方式，设法让员工把这种努力投入工作中，使工作尽可能轻松愉快，鼓励员工多参与团队的业余活动，从而改善协作技能，是一条机敏的激励策略。

3. 理解行为表现

了解真实的行为表现和了解表现背后的动机同等重要。多数情况下，了解员工受激励程度的唯一途径就是通过他们的行为表现，包括他们说话的内容、姿势、表情以及态度等。理解行为表现有助于我们看到员工的热情，防止员工积极性降低。同时也有助于发现员工的消极信号等。

三、完善激励机制

在员工接受你的激励管理方法之前，须确保工作环境能满足人们的各种重要的需求，完善和加强激励机制。

1. 确保员工明白自身在单位里的职责及其重要性

让员工抓住每一次机会尽显才干，同时，运用合作管理方式，改善工作秩序和监控问题。

2. 利用激励产生动力

激励有赖于由良好的管理方式所得出清晰而明确的目标。因为激励是针对个人的，所以应努力使员工的个人动力与公司的总目标、部门的具体目标保持一致。

3. 改进问题

不与员工沟通本身就传递着强烈的不良信息。无论怎样勤于沟通都不为过，但要注意信息的内容及传递信息的方式，以便使沟通起到激发信息接受者积极性的作用。采用多种沟通方式来突出你的信息，使公司内部的信息沟通尽可能快捷，同时，鼓励你的员工参与决策。这个问题在前一章已详细阐述。

4. 营造“无怨氛围”

任何担负着责任的人都必须面对失败。但是，为了有效地提高积极性，必须营造一个不会因为失败而动辄受罚的氛围。应及时发现错误，并让这些错误为未来的成功服务，从错误中吸取教训，用严格而公正的态度对待错误，而不是逃避，从而营造出一个良好的“无怨氛围”。

5. 鼓励创新

衡量积极性高低的一个标准就是“创新”的多少。创新有赖于组织的“授权”和一种可以承认员工们的贡献的氛围，对他们的期望越高，对他们的支持越长久，他们的成绩就越好。只要有机会，就让员工充分发挥他们的创新精神。一旦有了创新的勇气，又有了目标，工作表现必然会有所进步。

四、奖励业绩

如果用奖赏来激励员工，就要确保通过承认个人取得的成就，给予表现突出者适当的认可，来鼓励员工间的竞争，以提高工作的效率，激发出员工的最大潜能。

1. 认识卓越

在现今以业绩为导向的商业模式中，个人的突出贡献会促进事业发展并赢得奖赏。然而，任何奖赏都必须具有激励作用，对任何会使组织真正受益的贡献都应予以适当奖励，尽早提拔员工中有卓越贡献、能力强的年轻人。

2. 通过变革激励员工

变革是获取更高成就的好途径，没有什么能比成功的变革更能提高员工的士气。提高的方式有两种：一种是渐进式的，另一种是激进式的。渐进式能敦促所有员工不断设法改进自己工作中的各个细节，并使员工相信：没有最好，只有更好；而激进式是对组织的整体业务作重新定义，同时还考虑到变革的终极目标，检查各个环节对实现终极目标的贡献，在考虑如何迅速改进这些环节的同时，剔除那些在整个过程中不起作用的环节。

3. 奖励突出贡献

员工们按他们的工作取得报酬，但是领导者必须就那些有突出表现的员工制定奖励机制。比如可以选择因降低成本、提高质量、革新技术或是提高顾客的满意度等表现进行奖励。奖励必须是可以提高他们的积极性，因而还必须有监督奖励机制，确保机制起作用。奖励机制包括经济性奖励和非经济性奖励。

4. 保持高度激励水平

一旦成功地激发起员工的积极性，那么使之保持下去是很重要的。因此，必须时刻保持高度激励水平，使组织充满朝气和活力。

五、几条行之有效的奖励准则

出于激励，各机关、企事业单位总是要奖励一些干部职工。怎样奖励？什么样的人可受奖？管理者不妨学学美国管理学界提出的七大奖励准则：

(1) 奖励那些提出和解决具体问题的人，而非就事论事议论一番的人。
(2) 奖励甘冒风险者，而非胆小怕事者。
(3) 奖励创新者，而非墨守成规者。
(4) 奖励处置果断，而非犹豫不决的人。
(5) 奖励工作有成果，而非忙忙碌碌者。
(6) 奖励简单，而非无谓的复杂化。
(7) 奖励多做少说，而非多说少做者。

复习与应用

一、思考题

1. 说明激励的过程及其动因。
2. 产生行为的原因是什么?
3. 对于人们的各种需要应采取什么样的措施?
4. 如何加强对员工的激励机制?

二、管理实务

那是你的油田

曾是美国首富的石油大亨保罗·盖蒂，年轻时家境并不富裕，只有一片收成很差的旱田。后来，在田里挖水井的时候，田里冒出一些黑乎乎的石油。于是水井变成了油井，旱田变成了油田，保罗·盖蒂看到了致富之路。他开始雇工开采起石油来。

保罗·盖蒂很用心地经营自己的事业，没事便到各油田去巡视。可是，他每次都能发现有人浪费原料，而且有闲人游逛。他把工头找来，要求工头们消除浪费和清除闲人。然而，他下次再去的时候，一切依然如故。保罗百思不得其解。为何我一去就能看得出浪费和闲人，而那些工头天天在此，却视而不见？后来，一位管理学家一句话点醒了保罗，他说："那是你的油田。"

保罗立即召来各工头，向他们宣布："从今天起油田交给各位负责经营，效益的25%由各位全权支配。"从此，保罗再巡视油田时，发现不仅浪费现象消失，闲人也绝迹，而且产量大幅增加。

三、案例分析

花钱的秘密

一位经济学家和一位心理学家出国归来谈感想。

心理学家说：我发现，别看老外比我们挣得多，富得多，却比我们抠门儿得多。比如，他们请客，除了一杯酒，没有两个菜，所以只好端着酒杯走来走去。

经济学家说：我经过一番对比考察，发现这花钱是有规律的——花自己的钱办自己的事，既讲节约又讲效果；花自己的钱办别人的事，只讲节约不讲效果；花别人的钱办自己的事，不讲节约只讲效果；花别人的钱办别人的事，既不讲节约又不讲效果。

心理学家一听，点点头：有道理。难怪我们浪费那么大，敢情是有些人花公家的钱办公家的事、花公家的钱办自己的事，就使劲花！一个小工程，预算了那么多钱，到了后来还超支一大堆；公款吃喝，一年多得惊人！老外都是花自己的钱办自己的事，所以要节约，要抠门儿。

经济学家说：我们这次出国，当地的两个副总裁请我们吃饭，却一反常规，没几个人，一下要了十几个菜，而且专挑价格高的。最后剩了不少，全让他俩打包带回去给太太了。我一打听，原来这顿饭是他俩出面，由总裁买单！

问题：

1. 该案例对管理有什么启示？
2. 要想不浪费，应该采取什么激励机制？

我奋斗了18年才和你一起喝咖啡

我的白领朋友们，如果我是一个初中没毕业就来沪打工的民工，你会和我坐在“星巴克”一起喝咖啡吗？不会，肯定不会。比较我们的成长历程，你会发现，为了一些在你看来唾手可得的东西，我却需要付出巨大的努力。

从我出生的那一刻起，我的身份就与你有了天壤之别，因为我只能报农村户口，而你是城市户口。如果我长大以后一直保持农村户口，那么我就无法在城市中找到一份正式工作，无法享受养老保险、医疗保险。你可能会问我：“为什么非要到城市来？农村不很好吗？空气新鲜，又不像城市这么拥挤。”可是农村没有好的医疗条件，物质供应也不丰富，因为农民挣的钱少，贵一点儿的东西就买不起，所以商贩也不会进太多货。春节联欢晚会的小品中买得起等离子彩电的农民毕竟是个别现象，绝大多数农民还在为基本的生存而奋斗。

考上大学是我跳出农门的唯一机会。我要刻苦学习，小学升初中，初中升高中，高中考大学，我在独木桥上奋勇搏杀，眼看着周围的同学一批批落马，前面的道路越来越窄，我这个佼佼者心里不知是喜是忧。除了学习功课，我无暇顾及业余爱好，学校也没有这些发展个人特长的课程。进入高中的第一天，校长就告诉我们这三年只有一个目标——高考。于是我披星戴月，早上5:30起床，晚上11:00睡觉，就连中秋节的晚上，我还在路灯下背政治题。

而你的升学压力要小得多，因为即使那所三流大学我可能也要考到很高的分数才能进去，因为留给上海本地的名额很多。我们的考卷一样，我们的分数线却不一样，但是我们的学费是一样的。对于一个农村的家庭，这简直是一辈子的积蓄。我的家乡在东部沿海开放省份，相比西部内陆省份应该说经济水平还算比较好，但我所要交的6.6万元上大学的费用意味着全家22年的积蓄！前提是任何一个家庭成员都不能生大病。我东拼西凑加上助学贷款终于交齐了第一年的学费，看着那些握着录取通知书愁苦不堪，全家几近绝望的同学，我的心中真的不是滋味。

来到上海这个大都市，我发现与我的同学相比我真是土得掉渣。我不会作画，不会演奏乐器，不认识港台明星，没看过武侠小说，不认得MP3，为了弄明白营销管理课上讲的"仓储式超市"的概念，我在"麦德隆"好奇地看了一天，我从来没见过如此丰富的商品。我没摸过计算机，为此我花了半年时间泡在学校机房里学习你在中学里就学会的基础知识和操作技能。我的英语发音中国人和外国人都听不懂，我们家乡没有外教，老师自己都读不准，怎么可能教会学生如何正确发音？基础没打好，我只能再花一年时间矫正我的发音。

终于毕业了，能幸运地在上海找到工作的应届本科生只有每月2 000元左右的工资水平，可我还要租房，还要交水电、煤气、电话费，还要还助学贷款，还想给家里寄点钱让弟妹继续读书，剩下的钱只够我每顿吃盖浇饭！

如今的我在上海读完了硕士，现在有一份年薪七八万元的工作。我奋斗了18年，现在终于可以与你坐在一起喝咖啡。可是我无法忘记奋斗历程中那些艰苦的岁月，无法忘记那些曾经的同学和他们永远无法实现的夙愿。

这个世界上公平是相对的，这并不可怕，但是对不公平视而不见是非常可怕的。我在上海读硕士的时候，曾经讨论过一个维达纸业的营销案例。我的一位当时曾有三年工作经验，现任一家中外合资公司人事行政经理的同学，提出一个方案：应该让维达纸业开发高档面巾纸产品推向9亿农民市场。我惊讶于她提出这个方案的勇气，当时我问她是否知道农民兄弟吃过饭后如何处理面部油腻，她疑惑地看着我，我用手背在两侧嘴角抹了两下，对如此不雅的动作她投以鄙夷神色。

在一次宏观经济学课上，我的另一同学大肆批判下岗工人和辍学务工务农的少年："80%是由于他们自己不努力，年轻的时候不学会一门专长，所以现在下岗活该！那些学生可以一边读书一边打工嘛，据说有很多学生一个暑假就能赚几千元，学费还用愁吗？"我的这位同学太不了解贫困地区农村了。

我是70年代中期出生的人，我的同龄人正在逐渐成为社会的中流砥柱，我们的行为将影响社会和经济的发展。为了这个世界更公平些，我们应该做些力所能及的事情，让社会责任感驻留我们的头脑。

问题：

你认为是什么激励理论使他不断取得成功的？

控 制

一个组织的管理活动需要根据组织的目标进行。但在组织的实际活动中难免出现偏离组织目标与计划的情况，这就需要分析产生偏差的原因，通过采取恰当的控制来保证组织的活动按照目标和计划顺利实现。控制是管理学当中一项重要的管理职能。

第一节 控制的定义与特性

一、控制的含义及其必要性

所谓控制，就是根据既定的目标与各种标准，监督检查计划的执行情况，发现偏差，找出原因，采取措施，进行纠正，并根据已变化的情况对原有的设想、打算进行调整，以确保组织目标的实现。

控制对一个组织来说之所以必要，主要是由以下因素决定的：

1．外部环境的变化

计划从构思、制定到执行一般都要经历较长的时间。在这段时间内，组织的外部环境必然会发生变化，从而影响到已定的计划和目标。为了适应变化的环境，组织必须有一个有效的控制系统，根据变化的环境采取相应的对策。计划的时间跨度越大，控制就越显重要。

2．组织内部的变化

受到组织内外部因素的影响，组织成员的思想、组织的结构、产品结构和组织的业务范围都有可能发生变化。计划的变化对计划的执行也会产生影响。

3．组织成员的素质

计划要靠人去执行、实现，而人有不同的才能、动机和工作态度，人们对计划的理解也不相同，因而，人的素质对计划的执行的影响也很大。

上述因素的存在，使计划的执行过程充满了不确定性，为了保证计划不偏离正确的方向并实现组织的目标，就必须将控制工作穿插其中。控制工作不仅能衡量计划的执行进度，发现偏差并采取纠正措施，在许多情况下，它还可以导致确立新的目标、提出新的计划，甚至改变组织结构、改变人员配置以及在领导方法上作出重大改变。

二、控制的类型

管理系统作为一种控制系统，由于管理对象不同，管理目标不同，系统状态不同，所运用的控制方式也不同，就形成了不同的管理类型。

1. 根据时机、对象和目的的不同，可以把控制划分为预先控制、现场控制和成果控制三种类型

（1）预先控制。预先控制是在企业生产经营活动开始之前进行的控制。控制的内容包括检查资源的筹备情况和预测其利用效果两个方面。为了保证经营过程的顺利进行，管理人员必须在经营开始以前就检查企业是否已经或能够筹措到在质和量上符合计划要求的各类经营资源。如果预测的结果符合企业需要，那么企业活动就可以按原定的程序进行；如果不符合，则需要改变企业经营的运行过程及其投入。预先控制位于受控活动的开始点，是在活动开始之前实施控制，所以预先控制都是预防性控制。但是，预防性控制并不都是预先控制，有些过程控制也属于预防性控制。预先控制的实例很多，例如进厂材料和设备的检查、验收，工厂的招工考核，干部的选拔等。

（2）现场控制。现场控制亦称过程控制，是指企业经营过程开始以后，对活动中的人和事进行指导和监督，以保证活动按规定的政策、程序和方法进行。现场控制一般都在现场进行。通过现场检查和监督，可以使管理者随时发现下属在活动中与计划要求相偏离的现象，从而可以将经营问题消灭在萌芽状态，或者避免已经产生的经营问题对企业不利影响的扩散。现场控制是在活动的进行过程中实施的控制。例如，生产制造活动的生产进度控制、每日情况的统计报表等都属于现场控制。控制的内容应该和被控制对象的工作特点相适应。例如，对简单重复的体力劳动可以实行严格的监督，而对创造性劳动，则应为其创造宽松的工作环境。

（3）成果控制。成果控制亦称事后控制，是指在一个时期的生产经营活动已经结束以后，对本企业的资源利用状况及其结果进行总结。成果控制是历史最久的控制类型，传统的控制办法几乎都是属于这个类型。例如，只针对成品的质量检查就是典型的事后控制。这种控制位于活动的终点，把好这最后一关，可以使错误的态势不致扩大，有助于保证系统外部处于正常状态。成果控制的主要作用，甚至可以说是唯一的作用，是通过总结过去的经验和教训，为未来计划的制定和活动的安排提供借鉴。但是其有一致命的缺陷，即由于整个活动已告结束，活动中出现的偏差已在系统中造成损害。

2. 根据控制源的不同，可划分为正式组织控制、群体控制和自我控制三种类型

（1）正式组织控制。正式组织控制是由管理人员设计和建立起来的一些机构、人员或规定来进行控制，像规划、预算、审计和质量部门都是正式组织控制的典型例子。

（2）群体控制。群体控制是由非正式组织基于群体的价值观念和行为准则来

加以维持的，通过非正式组织来左右人们的行为。非正式组织有自己的一套行为规范，虽然这些规范往往是不成文的，但对其成员却有很大的约束力。处理得好则有利于达成组织的目标，如果处理得不好将会给组织带来很大危害，所以要对其加以引导。

（3）自我控制。自我控制是指个人有意识地去按某一行为规范进行活动。自我控制的能力取决于个人本身的素质，具有良好修养的人一般自我控制力较强，顾全大局的人比看重自己局部利益的人有较强的自我控制能力，具有高层次需求的人比具有低层次需求的人有较强的控制能力。这种控制成本低、效果好。当然，它对人员有一定的要求，同时要求上级给下级以充分的信任和授权，还要把个人活动与成果报酬联系起来。相比之下，正式组织控制、群体控制乃由个人以外的力量实施控制，也叫做外部控制。

以上三种控制有时是一致的，有时又是相互抵触的，这取决于一个组织的文化。有效的管理控制系统应该综合利用这三种控制类型并使它们尽可能和谐，避免它们互相冲突。

3. 根据控制信息的性质不同，可划分为反馈控制和前馈控制两种类型

（1）反馈控制。反馈控制是根据反馈原理对系统进行调节的一种方式，是指施控系统根据信息反馈，通过调节受控系统的输入来实现控制目的。它用过去的情况来知道现在和预测将来。对管理控制系统而言，为了对控制对象进行调节和纠正偏差，必须对控制对象进行有效的再控制，即不断从控制对象获得运行结果的信息。控制机构向控制对象发出再控制信息，这样才能进行有效的控制。例如，汽车的自动调速装置是一个物理反馈运动的过程；人的体温、血压、细胞数量之所以能维持正常水平，也是借助于生物方面的反馈控制过程来实现。即使是人类社会这样一个巨大的系统，也是在不断地分析过去的信息来知道将来的发展进程。

（2）前馈控制。前馈控制又可称为指导将来的控制，是指充分利用各方面的信息，来预测由于外部干扰和输入变量之间的相互作用对系统行为的影响，以及这种影响使系统在运行过程中可能产生的偏差，并据此对系统的输入作出相应的调整以实现控制。前馈控制是在系统产生偏差之前进行，因此，可以使系统更快地接近目标。这种控制利用的不是系统的输出信息，而是系统的输入信息及主要扰动信息。司机开汽车的情形可以较好地说明前馈控制的概念：当司机要使汽车保持在一个基本恒定的速度时，他往往不是等到上坡后汽车实际慢下来时才加速，而是在上坡前就预测到汽车速度将要下降，因而提前加速，以使汽车速度保持稳定。又比如，一个企业的销售预测表明：下个月的销售量同所希望的销售量相比降低很多。这时，企业就可以采取新的广告措施、推销办法或引进新产品，以便改进实际销售量。

反馈控制有一个很大的缺陷就是存在时滞问题，即从发现偏差到采取纠正措施之间可能有时间延迟现象，并且，它只是一种事后控制。而前馈控制不仅克服了时滞问题，它所采用的措施还往往是预防性的，所以，前馈控制得到了日益广

泛的应用。

4. 根据控制的手段不同，可划分为直接控制和预防性控制两种类型

（1）直接控制。直接控制是指人们没有察觉到哪些将要出现的问题，因而未能及时采取适当的纠正或预防措施，往往是根据计划和标准，对比和考核实际结果，追查出现偏差的原因和责任，然后才去进行纠正的控制过程。直接控制是以人们常常会犯错误这一事实为依据的。运用直接控制帮助纠正，可以提高管理人员的经验和知识，使他们总结经验教训，提高他们的管理水平。

（2）预防性控制。预防性控制是相对于直接控制而言的，它是通过管理人员的素质进行控制工作的。预防性控制就是指管理人员能熟练地运用管理概念、原理和技术，能以系统的观点来进行管理工作，这样管理人员能觉察到正在形成的问题，能及时地采取纠正措施，实施控制。

三、有效控制的特性

要使控制系统发挥作用，取得预期的成效，控制系统应具备以下特性：

1. 客观准确性

客观准确性就是要求控制标准客观，分析准确，采取的纠偏措施客观准确，尽量避免主观臆断。在实施管理的过程中，难免有许多主观因素影响管理人员的判断和评价，但如果有一套严密的客观的控制系统，则其效果更好，同时，由于标准准确客观，操作人员也有明确的目标和行为准则。

2. 经济性

经济性就是要求控制所支出的费用应是合理的、最经济的。也就是说，控制必须讲究经济效益。由于控制效果的一个限定因素是相对的经济效益，因而就在很大程度上决定了管理人员只能在他认为是重要的方面选择某些关键问题来进行控制。因此可以断定，如果控制技术和方法能够以最小的费用或代价来实施，那么它就是有效的，也是经济的。

3. 灵活多变性

灵活多变性就是要求控制工作在面临未预见到的情况或计划本身有问题时，也应该能够发挥作用。也就是说，要使控制工作在突变情况下仍然有效，仍然具有灵活应变能力。

4. 全局性

全局性要求控制不仅仅要考虑各部门的局部利益，更应该有全局的观念。在组织结构中，各个部门及其成员都在为实现个别的或局部的目标而努力，但这时要注意部门目标和整体目标的关系，不要一味追求部门目标而忽视整体目标，要有全局观念，有时甚至要牺牲一些局部利益。所以，有效的控制要使各部门的利益协调一致，统筹兼顾。

5. 针对性

针对性要求控制系统要符合有关管理人员的特性，有些具体的设计必须满足个性特定的要求，让他们能够理解。也就是说，要根据不同人的不同喜好，在设

计控制系统时，既要考虑组织结构的要求，也要考虑具体的管理人员的个性特点，有针对性地设计不同的控制方法和手段。

6. 预见性

预见性要求控制系统尽可能地使用预先控制，使一切尽在掌握之中，避免不必要的损失，这也是真正有效的管理控制系统必备的功能。

第二节 控制过程与模式

一、控制过程

尽管控制的类型多种多样，但控制工作的基本过程是相同的。不论控制的对象是新技术的研究与开发，还是产品的加工制造，或是市场营销宣传；是企业的人力条件，还是物质要素，或是财务资源，控制的过程都包括三个基本环节的工作，即确立控制标准、衡量实际成效、纠正执行中的偏差。

1. 确立控制标准

标准是人们检查和衡量工作及其结果的规范。确立标准是进行控制的基础，没有一套完整的标准，衡量实际绩效或纠正偏差就失去了客观依据。在实际工作中，每个组织都有一个总体策略计划，而组织内各部门亦有部门目标。比如香港震雄集团的策略计划是“对产品不断追求完美质量”。根据这个目标，部门便可以订立一个绩效标准。从产品设计、生产工序，直至销售前后的服务等各方面，均需符合全面及严格的检定标准，以确保每件产品品质优良。因此，确定具体的控制标准势在必行。

绩效标准可分为四种：

（1）时间标准。如生产线的节拍、生产周期、交货期、维修间隔等。再具体一点可表达为：如 7 人工作小组可在一天内生产 200 只手表，或每辆汽车的装配时间是 100 分钟等。

（2）成本标准。如每个工作单位的直接生产费用和间接费用及每个部门管理人员的应酬费用预算，或企业中的产品质量、单位台时定额、单位产品工艺消耗定额等。

（3）素质标准。如手表每月的准确性不可快或慢超过一秒，管理人员可以利用随机抽样方法对部分产品进行详细的品质检验。

（4）综合标准，如劳动生产部、废品部、市场占有率、投资回报率等。

无论采用哪种绩效标准，理想及有效的标准需具备以下条件：

（1）标准不能订得太高或太低，应该切合实际情况，使员工觉得可以达到，同时要能给员工一些新的工作挑战，以激发出员工的最大潜能。

（2）标准的要求应配合实际的需要及价值，所以要经过客观及合理的制订过程。

（3）标准应精简，使员工容易了解及掌握工作要求，同时，管理人员应该协调各部门上下关系，使之能共同完成工作目标。

2. 衡量实际成效

绩效的衡量可用每日、每星期及每月等标准来进行。虽然大部分绩效均可用数量来表示，但有一些目标，管理人员需通过观察的方式来作出“度量”。例如以个案形式的方法，以观察者的身份一同参与工作，了解员工实际的工作环境，作出工作质量的评估。该步骤的主要内容是将实际工作成绩和控制标准相比较，对工作作出客观的评价，从中发现两者的偏差，为进一步采取控制措施提供全面准确的信息。

为了能够及时、正确地提供能够反映偏差的信息，同时又符合控制工作在其他方面的要求，管理者在衡量工作成效的过程中应注意以下几个问题：

(1) 通过衡量成效，检验标准的客观性和有效性。检验标准的客观性和有效性，是要分析通过对标准执行情况的测量能否取得符合控制需要的信息。在为控制对象确定标准的时候，人们不能只考虑一些次要的因素，或只重视一些表面的因素。因此，利用既定的标准去检查人们的工作，有时并不能达到有效控制的目的。衡量过程中的检验就是要辨别并剔除这些不能为有效控制提供必要信息、容易产生误导作用的不适宜标准。

(2) 确定适宜的衡量频度。控制过多或不足都会影响控制的有效性，这不仅体现在控制对象或标准数目的选择上，而且表现在对同一标准的衡量次数或频度上。以什么样的频度，在什么时候对某种活动的绩效进行衡量，这取决于被控制活动的性质。需要控制的对象可能发生重大变化的时间间隔，是确定适宜的衡量频度所需考虑的主要因素。

(3) 建立信息反馈系统。建立有效的信息反馈网络，使反映实际工作情况的信息适时地传递给适当的管理人员，使之能与预定标准相比较，及时发现问题。这不仅更有利于保证预定计划的实施，而且能防止基层工作人员把衡量和控制视为上级检查工作或进行惩罚的手段，从而避免产生抵触情绪。

3. 纠正执行中的偏差

利用科学的方法，依据客观的标准，对工作绩效的衡量，可以发现计划执行中出现的偏差。一般造成偏差的原因有三大类：计划操作原因、外部环境发生重大变化原因和计划不合理原因。

(1) 计划操作原因。当由于计划执行者的自身原因使偏差发生时，如工作不认真、没有责任心，或能力不够、不能胜任工作等，这时可采取以下措施：重申规章制度，明确责任，明确激励措施，按规定处罚有关人员；调整工作人员，加强员工培训，改组领导班子等。

(2) 外部环境发生重大变化原因。因外部环境发生重大变化产生偏差，如国家政策法规发生变化，国际政治风云突变，自然界不可抗拒灾害等。由于这些因素往往是不可控的，只能在仔细分析的基础上采取补救措施，以尽量消除不良影响，然后改变策略，避开锋芒，或变换目标，另辟蹊径。

(3) 计划不合理原因。有时制订计划时不切实际，好高骛远，盲目乐观，把目标定得过高，根本达不到。这时应根据具体情况，及时调整目标，使之有合理的水平；也有在制定目标时过于保守，低估自己的实力，把目标定得太低，不能起到激励作用，这时也应进行调整，以便采取补救措施。

二、控制模式

前面我们分析了控制过程的三个步骤。控制的目标在于保证措施实行后的效果符合既定的目标与计划。控制具有测量、检讨及修正工作进行状况的功用，有助于防止问题发生。若发现问题则加以改善，或寻求更佳方法去完成工作目标，其工作模式如图 12－1 所示。

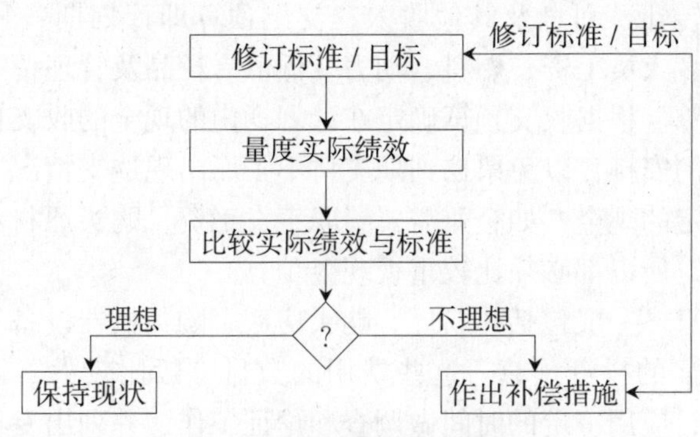

图 12－1　管理控制工作模式

图 12－1 所描述的控制工作模式实质上是一个信息反馈系统。通过信息反馈，揭示管理活动中的不足之处，促进系统进行不断调节和改进，以逐渐趋于稳定、完善，直至达到优化的状态。这种反馈系统，由于既要反映产品的生产过程，以使信息系统能起到控制产品生产过程和产品的价值形成过程的作用，又要适应管理决策的需要，使信息系统能起到为各级管理服务的作用，使信息的活动符合管理决策的需要，使信息系统成为进行科学管理和严格执行计划的有力工具。

对管理来说，控制工作的目的不仅是要使一个组织按照原定计划维持其正常活动，以实现既定目标，而且还要力求使组织的活动有所前进，有所创新，以达到新的高度，提出和实现新的目标。如全面质量管理中推行的 PDCA 工作法，实际上就是体现了这个特点。

第三节　控制方法

企业管理实践中运用着多种控制方法。管理人员除了利用现场巡查、监督或分析各种工作报告等手段进行控制外，还必须借助预算控制、审计控制、作业控制、信息网络控制及综合控制等方法。

一、预算控制

预算是数字化了的计划，是用数字来表示预计的结果。预算既是一种计划技术，也是一种控制技术。它把预算指标作为控制标准，用来衡量其计划的执行情况。

1. 预算的种类

预算的种类很多，但是就一个企业来说可以把各种预算归纳为五类：

（1）收支预算。这是最常用的预算，其包括收入预算和支出预算。收入预算主要是在某个计划期的有关收益及其来源，通常包括产品销售收入、外加工收入、租金、专利转让、利息及其他收入；支出预算即计划期各种费用支出的预算，包括材料费、人员工资、燃料、动力、低值易耗品及管理费等。

（2）现金预算。根据收支预算确定在计划期内的现金的收支情况，对现金的实际收支作预先的安排，以免票据到期支付不了而出现透支情况。由于任何组织的运营都需要一定的现金，如企业需要给职工发工资，购买原材料，缴纳各种费用及临时开支等，所以都必须比较重视现金预算。

（3）投资预算。一般包括建新厂、购买房产、购买机器设备等扩大固定资产投资以及其他方面的投资预算。这些费用的数目一般比较大，且短期内难以收回，需慎重对待，应用一定的时间做调查和论证工作，并列出专项预算。

（4）实物预算。是以实物为计量单位的预算，其预算范围较广，如产量预算、人工预算、原材料消耗预算、燃料消耗预算、库存预算等。

（5）综合预算。这是考虑各种因素的多项内容的预算，它的单位可以是货币，也可以是实物。如资产负债表预算、预计收益表等。

2. 预算的方法

由于预算的结果常被用作控制标准，故预算方法的选定非常重要。一般预算采用固定预算，而且多为根据基期数据调整。这里采用弹性预算和零基预算的方法可以更有效、更准确地作出预算。

（1）弹性预算。又称可变预算，其基本方法是按固定费用和变动费用分别编制固定预算和可变预算，以确保预算的灵活性。在编制可变预算时，应根据具体情况研究各种费用的变动程度，以确定各种换算系数，这样更有利于预算的合理性、准确性，减少预算变动的频繁程度。

（2）零基预算。针对传统编制方法存在的问题，美国得克萨斯仪器公司的彼德·菲尔于1970年提出了“零基预算法”的概念。零基预算要求每个项目的预算费用以零为基数，通过仔细分析各项费用开支的合理性，并在“成本—效益”分析的基础上确定预算。在编制预算时，必须对每项费用都予以重新核查，要以目前的要求和发展趋势作为核查基准。这样更有利于对整个组织作全面的审核，有利于克服组织内部各种随意性的支出，也有利于提高主管人员计划、预算、控制与决策的水平。但其不足之处是，零基预算工作量很大，成本比较高，而且在费用估计时有一定的主观性。

3. 预算的优越性

预算是一种有效的控制工具，它有许多优点：一是比较明确，各项工作成果均数字化，使人一目了然；二是控制很方便，用数量形式的预算标准来对照企业活动的实际效果，大大方便了控制过程中的绩效衡量工作，也使之更加客观可靠；三是便于授权，同时又保证不会失去控制，凡预算内批准的项目，均可授权下级处理。由于这些优越性，使预算手段在组织管理中得到了广泛的运用。

4. 预算的局限性

在预算的编制和执行中，也暴露了一些局限性。主要表现在：一是预算只能帮助企业控制那些可以计量的，特别是可以用货币单位计量的业务活动，而不能促使企业对那些不能计量的企业文化、企业形象、企业活力的改善予以足够的重视；二是预算缺乏灵活性，在计划执行过程中，有时一些因素发生的变化出乎预测，会使一个刚制定的预算很快过时，如果在这种情况下还受预算的约束，可能造成一定的损失；三是编制预算时通常参照上期的预算项目和标准，从而会忽视本期活动的实际需要，因而导致上期有的而本期不需的项目仍然沿用，而本期必需上期没有的项目会因缺乏先例而不能增设。

二、审计控制

审计是常用的一种控制方法，它包括财务审计与管理审计两大类。

1. 财务审计

所谓财务审计，是以财务活动为中心内容，以检查并核实账目、凭证、财物、债务以及结算关系等客观事物为手段，判断财务报表中所列出的综合的会计事项是否正确无误，报表本身是否可以信赖为目的的控制方法。财务审计是企业经营控制的一个重要手段，其重要作用表现在：

(1) 财务审计提供了检查现有控制程序和方法能否有效地保证达成既定目标和执行既定政策的手段。

(2) 根据对现有控制系统有效性的检查，审计人员可以提供有关改进公司政策、工作程序和方法的对策建设，以促使公司政策符合实际，工作程序更加合理，作业方法、财务收支更准确，从而更有效地实现组织目标。

(3) 财务审计有助于推行分权化管理，从财务角度评价各部门工作是否符合既定规则和程序的方法，加强了对下属的控制，似乎更倾向于集权化管理。但实际上，企业的控制系统越完善，控制手段越合理，越有利于分权化管理。

虽然财务审计为经营控制提供了大量的有用信息，但在使用中也存在一定的局限性。主要表现在：财务审计可能需要很多的费用；财务审计不仅要搜集事实，而且需要解释事实，并指出事实与计划的偏差所在；审计人员在审计工作中会使许多员工在心理上产生抵触情绪等。

2. 管理审计

管理审计的对象和范围较广，它是一种对企业所有管理工作及其绩效进行全面系统的评价和鉴定的方法。其方法是利用公开记录的信息，从反映企业管理绩效及其影响因素的若干方面，将企业与同行业其他企业或其他行业的著名企业进行比较，以判断企业经营与管理的健康程度，从而进行审计控制的一种有效控制方法。其审计的主要内容包括：

（1）企业组织结构。分析企业组织结构是否能有效地达成企业经营目标。

（2）企业赢利功能。根据经营的数量和质量来判断企业赢利状况。

（3）研究开发能力，评价企业研究与发展部门的工作是否为企业的未来进行了必要的新技术和新产品的准备。

（4）生产效率。保证在适当的时候提供符合质量要求的必要数量的产品，这对于维持企业的竞争能力是相当重要的。因此，要对企业生产制造系统在数量和质量的保证程度以及资源利用的有效性等方面进行评估。

（5）销售能力。销售能力影响企业产品能否在市场上顺利售出。

（6）财务政策。评价企业的财务结构是否健全合理，企业是否有效地运用财务政策和控制来达到短期和长期目标。

三、作业控制

作业控制是为了保证各项作业计划的顺利进行而做的一系列工作。作业控制一般包括成本控制、质量控制、库存控制等。

1. 成本控制

成本控制是在对系统的所有工作详细分析后，层层分解成本指标，以其作为衡量控制标准。也就是说，以成本为控制主线，确保在预定成本下获得预期目标利润。其主要特点是：一是以市场为导向，以降低成本、增加效益为核心，全面强化企业内部管理；二是以强化分级经济核算为手段，充分挖掘各环节的潜力；三是以层层分解指标，实行重奖重罚的利益机制为动力，充分调动广大职工当家理财的积极性。

2. 质量控制

质量是企业的生命，质量控制历来是企业管理控制的重点。质量控制经历了事后检验、统计抽样检验、全面质量管理等阶段。从质量管理的发展过程可以看出，质量控制从事后检查产品或服务，转变为控制工作质量，即从间接控制发展为直接控制，变事后控制为事先控制及现场控制。控制重点越来越“靠前”，控制方法越来越科学，控制范围越来越全面，而且形成了完整系统的质量保证体系。

3. 库存控制

企业的生产要正常连续地进行，供应流不能断，需要一定的库存。但库存占用了大量的流动资金，有时还会造成极大的浪费，所以库存的控制是非常重要的。库存控制一般通过 ABC 分类法、要库存和不要库存、有补充库存和无补充库存、订货点法、经济批量法等方法进行控制。具体方法这里不再赘述。

四、信息网络控制

随着信息时代的到来，信息在管理控制中发挥的作用越来越大，利用现代技术方法和计算机网络，建立有效的管理信息系统，提供各种作业、管理和决策信息的集成化的人—机系统。它能准确、迅速地提供各种管理部门所需的信息。

信息网络管理系统是计算机技术和管理技术的集成，是根据组织的业务流程和信息需要综合构成的。它以解决组织中面临的问题为目的，使基层办公人员提高工作效率，并能向各级管理部门提供所需的信息，据此作出决策，增强管理人员的决策水平和快速反应能力。信息网络管理系统不仅具有许多优势，也使管理者的工作发生了很大变化：首先，信息的获得渠道有了变化，可以在信息网络上直接获得大量的第一手资料，根据这些信息能够快速作出决策或改变计划，使组织应变能力增强，控制反馈速度提高，组织结构可以向扁平化发展，使管理层次减少，管理幅度加大，同时控制力度却不会削弱。另外，管理者和下属的信息交流也多了通道，他们不必事事面对面地交流，汇报和指令都可以通过该系统双向传送，尤其在双方远隔千山万水时，可以节省大量的时间和金钱。当然，建立一个信息网络系统需要一笔不小的投资，对管理者及职员的计算机操作水平也有一定的要求。

五、综合控制

综合控制就是能够控制整个组织工作绩效的方法，使主管人员对组织管理中的工作成效进行总的而不是部门衡量和评价。综合控制首先要解决的问题是确定衡量全部绩效的标准。衡量一个组织全部工作绩效的综合标准和最终标准应是经济方面的指标。因此，一般来说，综合控制主要是财务方面的控制，也就是说从财务的角度控制那些直接影响经济指标大小的因素。如投资、收入、支出、负债等，最常用的综合控制方法有：全面预算控制方法、损失控制法、投资报酬控制法等。有些前面已介绍过，这里就不再一一赘述。

复习与应用

一、思考题

1. 造成偏差的原因有哪些？应采取哪些补救措施？
2. 预算控制的优越性和局限性各表现在哪些方面？
3. 现代信息网络控制给管理工作带来了哪些变化？

二、管理实务

失控的几种表现

控制是管理工作的最后一项职能，也是很重要的职能。即使计划得再好，决策得很正确，组织得很到位，指挥协调都不错，如果没有控制，都将功亏一篑。下面列举了失控的几种表现：

(1) 控制缺乏制度设计。比如反腐败，说某某干部跑官要官，抓到一个处理一个。如果不从制度上设计完善，不解决干部任用机制的问题，就不能杜绝官场上跑官要官的风气。

(2) 有制度不执行。有些单位不能说没有规章制度，但有些干部觉得这些东西碍手碍脚，不带头执行，使得制度成了一纸空文。比如公款吃喝、公费旅游等问题，尽管中央三令五申，但许多地方还是我行我素，几乎到了失控的局面。

(3) 工作有布置不检查。有些干部认为工作就是开会，任务好像是布置下去了，但不去检查落实，结果下面敷衍塞责，哄骗上级，蒙混过关，心里还说上级是傻瓜。

(4) 过程控制不到位。许多耗费巨资兴建的建筑，如果在施工过程中加强监管，就不至于出现危楼，以至于建好以后又来炸掉。由此可以得出一个结论：纠正过程比纠正结果更加重要。

(5) 缺乏预先控制。某高校有一年出台一项政策：凡教职工子女大学毕业都可安排到学校工作。以后的年份又没有办法安排，弄得意见很大。实际上该大学是不可能把教职工子女的就业问题包下来的，政策没有连续性，缺乏预先控制，人为地制造了矛盾。

以上说明，控制不是一项可有可无的工作，管理是一个过程，是一个系统工程。他山之石，可以攻玉。我们要从中吸取教训，在管理过程中把每一个环节的工作做好，去实现组织的预定目标。

三、案例分析

扁鹊的医术

魏文王问名医扁鹊说：你们家三兄弟都精于医术，到底哪个最好呢？

扁鹊答：长兄最好，中兄次之，我最差。

文王再问：那么为什么你最出名呢？

扁鹊答到：我长兄治病，是治病于病情发作之前。由于一般人不知道他事先能铲除病因，所以他的名气无法传出去，只有我们家的人才知道。我中兄治病，是治病与病情初起之时。一般人以为他只能治轻微的病，所以他的名气只及于本乡里。而我扁鹊治病，是治于病情严重之时。一般人都看到我在经脉上穿针管来放血，在皮肤上敷药等大手术，所以以为我的医术高明，名气因此响遍全国。

问题：

1. 从这个案例中你可得到什么启示？
2. 事前控制与事中控制和事后控制相比，效果有何不同？

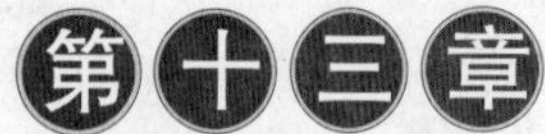

管理变革理论

自20世纪90年代以来，经济全球化进程加速，科学技术快速发展，使企业处于快速发展和动荡不安的经营环境之中，企业的生存和发展受到了前所未有的严峻挑战。企业的生存和发展能力完全取决于企业对快速变化的环境的快速反应能力和适应能力。在这种背景下，管理变革理论便应运而生。管理变革理论主要有：学习型组织理论、核心能力理论、流程再造理论和知识管理理论等。本章将分别介绍学习型组织理论、核心能力理论、流程再造理论和知识管理理论。

第一节 学习型组织理论

一、学习型组织的概念

当今时代，知识更新速度越来越快。最近30年产生的知识总量等于过去两千年产生的知识量的总和；到2020年，知识的总量是现在的3至4倍；到2050年，目前的知识占届时的知识总量的1%。这说明，一个现代企业如果不注意学习更新，就很容易被淘汰。

从20世纪90年代开始，在企业界和管理理论界，推广和研究学习型组织的热潮，汹涌澎湃，风靡全球。

美国的杜邦、英特尔、苹果电脑、联邦快递，加拿大皇家石油、汉诺威保险公司等世界一流企业，纷纷对外宣布，立志建立学习型组织的企业。据初步统计，美国排名前25名的企业中，已有20家按照学习型组织的模式改造自己。在世界排名前100名的企业中，已有40%按“学习型组织”的模式进行彻底改造。著名的微软公司，一定程度上已经成为时代的标志。美国麻省理工学院两位教授在《微软的秘密》中指出，微软成功的秘诀之一就是这个公司倾心创建学习型组织。

就在企业界大力推行学习型组织的时候，管理思想界也对学习型组织开展了多方面的研究，并对其寄予很高的期望。有的学者称学习型组织是“21世纪的金矿”，是新世纪管理新模式的理念，有的学者认为建立学习型组织就是“未来企业的应变之道”，凡此种种，不一而足。

学习型组织是由美国麻省理工学院教授、著名管理学者彼得·圣吉（Peter M. Senge）提出来的，他于1990年出版了名为《第五项修炼》的著作。他认为，未来唯一持久的优势，是有能力比你的竞争对手学习得更快。所谓学习型组织，是指通过培养弥漫于整个组织的学习气氛，充分发挥员工的创造性思维能力而建立起来的一种有机的、高度柔性的、扁平化的、符合人性的、能持续发展的组织。它是由信息社会、知识经济时代催生的，反过来又是信息社会、知识经济时代的支撑基石。这种组织具有持续学习的能力，具有高于个人绩效总和的综合绩效。学习型组织有如下六大要素：①拥有终身学习的理念和机制；②建有多元回馈和开放的学习系统；③形成学习共享与互动的组织氛围；④具有实现共同愿景的不断增长的学习能力；⑤工作学习化使成员活出生活的意义；⑥学习工作化使组织不断创新发展。

二、五项修炼的内容

彼得·圣吉提出了学习型组织的五项修炼，认为这五项修炼是学习型组织的技能。

1. 自我超越

自我超越是指不断突破自己的成就、目标、愿望，给定自己以新目标、愿望。能够自我超越的人并不很多，这种人首先要有自己的目标、愿望或愿景，然而他还必须有不满足现状、永远追求新目标的动力，只有这样，这种人才具备了自我超越的前提。一般而言，能够自我超越的人往往是那些永不停止学习的人，因为只有通过不断地学习，不断接受新鲜事物，才能发现自己原来的想法、目标和愿望的不足，才能发现自己各方面的缺陷，也只有这样，才能不断提出自己新的目标和愿望。人一旦停止了学习；他也停止了向更新、更高目标追求的可能。企业员工要形成自我超越的内在动力，首先在于不断地学习。在学习型组织中，工作过程实际上是一种修炼过程，而企业成了修炼的场所。

2. 改善心智模式

所谓心智模式是指由于过去的经历、习惯、知识素养、价值观等形成的基本固定的思维认识方式和行为习惯。心智模式一旦形成，将使人自觉或不自觉地从某个固定的角度去认识和思考所发生的问题，并用习惯的方式予以解决。任何一个人都有自己特殊的心智模式，这既是教育的功劳也是此人在特定生活工作环境中逐步形成的。由于心智模式影响人们所采取的行动，当周围环境发生变化后，建立在以往旧式的环境上所形成的心智模式可能并未改变，所以往往导致行动的失败。改善心智模式就是改变我们的思考方式，它是一个不断检验隐藏在我们所有行为背后的基本假设是什么，以及这些假设是否正确的过程。

当今各种环境因素和条件变化极快，导致了现在及未来中某些方面及某些事与以前相比有了很大的变化，而且还产生了许多过去未遇见过的新事。此时，如果仍然用传统的心智模式去认识和判断这些事，就有可能出现认识上的偏差和行为上的错误。因此，改善心智模式，是建立学习型组织的重要内容。

3. 建立共同愿景

所谓共同愿景，是指组织中所有成员共同发自内心的意愿，这种意愿不是一种抽象的东西，而是具体的能够激发所有成员为组织这一愿景而奉献的使命感，它能够形成巨大的凝聚力。共同愿景并不是遥不可及的，也不是具体的行动方案，而是经过努力可以实现的共同目标，为了实现这个目标，所有员工都有一种使命感。共同愿景可以由外在环境刺激而造成，也可以是组织内部被唤醒的建立新事物的创造力和热情而形成，前者被称为是外生的，后者则被称为是内生的。组织内生的共同愿景不仅改变了组织与成员的关系，而且改变了组织中成员与成员的关系。因此，共同愿景的存在使组织内部成员放弃固有的心智模式，勇于承认个人和组织的缺点，因而能够激发新的思考和行动方式。

共同愿景有如下作用：①孕育无限的创造力。由于现代企业愿景是企业全体员工发自内心的愿望，并由此产生了对全体员工长久的激励，企业的成员真正把这一共同愿望当做自己努力的方向，唯有此时，企业的成员才会真正产生无限的创造力。②激发强大的驱动力。无数的事实可以证明这么一个道理：如果没有一个强大的引力推动人们追求真正想要实现的目标，维持现状的力量将牢不可破。事实上，一个共同愿景通常建立一个高远而又可逐步实现的目标，它引导人们一步步排除干扰，沿着正确的方向到达成功的彼岸。美好的愿景一旦出现，大家就会舍弃琐碎之事。此外，共同愿景还会培育出承担风险与务实的精神，会激励人们一步步地接近目标。③创造未来的机会。共同愿景是全体员工发自内心的未来想实现的愿望或景象。这种具有未来特性的愿望与景象实际上为企业未来发展提供了机会。事实表明，许多短期不错的对策或策略，可能会产生长期的恶果，而采取消除企业近期不良症状的对策，可能会导致人们舍本逐末的倾向。现代企业的共同愿景实际上是要给定组织一个长远的、经得起推敲的未来，使员工不满足于现状，不断开拓进取，路越走越宽。

4. 团队学习

韦伯设计的传统的官僚行政组织显得越来越不适应，管理组织正向网络化、扁平化、柔性化方向发展，团队组织、团队学习应运而生。团队学习是发挥团体成员整体搭配与实现共同目标能力的过程。整体搭配是指团队能够良好地发挥整体运作的功能。团队学习建立在“自我超越”和“共同愿景”的基础之上，通过运用“深度汇谈”和“讨论”两种方式，使组织成员注意到思维的集体性本质，人们可以相互帮助，使成员对思维的不一致更敏感并减少对不一致的不安，通过学习使集体思维变得愈来愈默契。

进行团队学习，要注意三个问题：一是当需要深思复杂的问题时，团队必须学习如何萃取出高于个人智力的团队智力。这说起来容易，但由于在组织中常有一些抵消和磨损力量，造成团体的智慧倾向小于个别成员的智慧之和，而这些力量有许多却是团队成员能够加以控制的。二是当需要具有创新性而又协调一致的行动时，团队能创造出一种“运作上的默契”。如在一流的球队和爵士乐队中，乐队成员既有自我发挥的空间又能协调一致。在组织中，杰出团队也会发展出同样“运作上默契”的关系。每一位团队成员都非常留意其他成员，而且相信人人都会采取互相配合、协调一致的方式。三是当团队中的成员与其他团队发生作用时，能增减团队之相互配合的能力。组织不能忽视团队成员在其他团队中所扮演的角色和影响。譬如高层管理团队大部分的行动，实际上需要通过其他团队加以实现。因而，一个学习型的团队，可以通过向其他团队提供学习的方法与技巧，不断培养其他的学习型团队。

5．系统思考

五项修炼的核心是系统思考。许多事情都是处于缓慢渐变的过程，极不易察觉，即使察觉了，不是为时已晚，就是不知如何有效处理。想想看，交通是突然拥挤的吗？健康是突然变差的吗？杰出的企业是突然变弱的吗？全球生态是突然恶化的吗？……系统思考作为一种概念虽然非常浅显，但运用于管理实践不仅能够使管理者面临的问题得到令人信服的解释，而且使管理者看清问题的关键（杠杆点），因此小而专注的行动能产生持续的重大改善。系统思考是“看见整体”的一项修炼，它使人看清隐藏在复杂现象后面的结构，并且能够敏锐地感觉到属于整体的各个互不相关的因素之间的联系；系统思考的精髓在于转换思考方式，它是一种用丰富的语言，来描述不同的环状互动关系及其变化形态，熟悉、掌握并能够运用“系统基模”则是将系统观点运用于实践的第一步。

系统思考要求人们在考虑问题时，要把问题放在它所处的系统中来思考，它是一种心灵的转变：从将自己看做与世界分开，转变为与世界联结；从将问题看作是由“外面”某些人或事引起，转变为看到自己的行动如何造成问题。系统思考除训练人们扩大思考的时间和空间以适当界定问题所处的系统范围外，还提供了一些思考方法和工具，帮助人们了解系统发生变化背后的整体互动关系，这种整体互动关系被称之为“结构”。通过对结构的了解与不断改善，组织内各部门之间、发展战略与实际能力之间、现在的行动与未来的资源之间，都可以获得较长远而紧密的搭配。

三、学习型组织与传统组织的区别

（1）从管理的主体来看，传统组织把人看做是管理的客体，对员工的管理是制度加控制，对人的假设是“经济人”假设，调动员工积极性主要是靠物质手段；学习型组织把人既看做是管理的主体，又看做是管理的客体。对人的假设是“学习人”假设，员工有共同愿景，有使命感，善于不断学习，这种学习强调“终身学习”“全员学习”“全过程学习”“团体学习”。只有上下级都学，才能有良好的沟通；只有不间断地学，才能适应不断变化的形势和要求。

（2）从组织结构来看，传统组织是大而全、纵向层次多、金字塔式、等级森严的权力结构。这种组织机构重叠，效率不高，且容易产生官僚主义，上下级之间不能互相学习，不利于建立“整体互动思考模式”，不能使企业协调地、高效地运转；学习型组织纵向层次少，是扁平式、网络式、团队式结构。这种结构从最上面的决策层到最下面的操作层，中间相隔层次少，容易互通信息，上下沟通，互相理解，互相学习，互相协调，整体运作效率高。

（3）从决策机制来看，传统组织是官僚式、集权式、命令式，事无巨细领导说了算，领导有现成答案，员工只需服从，不用思考，更谈不上创新；而学习型组织是管理重心下移的分权式，领导和员工上下参与，员工“主人翁”意识比较强烈。

(4) 从激励机制来看，传统组织主要是靠提高员工的经济收入，或者让员工购买本企业股票来调动员工工作积极性；而学习型组织是学习加激励，使人更聪明地工作，鼓励员工自我实现，满足员工高层次需要。

(5) 从接收信息的渠道来看，传统组织是从上到下的纵向传递，层次多，速度慢，领导意图搞得很神秘，员工只要带着耳朵听就行；学习型组织能做到信息共享，使信息资源得到最大限度利用，且传播速度快，员工共同思考，共同进步。

(6) 从控制手段来看，传统组织是上级对下级考核评估，导致干部只对上级负责，不对群众负责；学习型组织环境比较宽松，强调自我管理，自我控制，群体协调。员工比较有主动性、创造性，把命运掌握在自己手里。

以上我们从六个方面比较了传统组织与学习型组织的不同特点，归纳起来如表 13 -1 所示：

表 13 -1　学习型组织与传统组织的区别

比较的内容	传统组织	学习型组织
管理主体	“经济人”假设	“学习人”假设
组织结构	金字塔式	扁平式
决策机制	集权式	分权式
激励机制	经济手段	自我实现
信息传递	纵向传递	信息共享
控制手段	上级对下级考核评估	自我控制

未来的竞争，无论是国家、企业还是个人，既不是取决于过去有多少资产、财富，也不是取决于过去的资历、学历，而是取决于现在和将来有没有不断学习的能力。学习能力是将来最重要的竞争力。

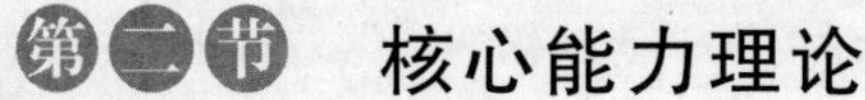

第二节　核心能力理论

我们面临的是一个动态的、剧变的环境。在这样的环境中，为什么有的企业能长盛不衰，有的只能成功一时，有的企业却连一点成功的机会都没有？研究者一直为这些问题所困惑。这些问题很难简单地从企业所处的行业、企业所有制结构、企业的组织形式、企业的规模、企业管理和员工的努力程度等方面为其找出明确的答案。我们认为，企业要保持发展后劲，必须有持久的竞争力，这种持久竞争力就是核心能力，核心能力理论是解决这些问题的一把钥匙。

一、核心能力及其特征

从现象来看，企业的竞争是市场地位之争，具体表现在市场占有率的高低，产品利润的大小，企业寿命的长短等。其实，这些竞争的背后实质上是企业能力的竞争。

美国学者哈默尔（Gary Hamel）和普拉哈拉德（C. K. Prahalad）在其《竞争大未来》一书中，比较系统地阐述了“核心能力”概念。企业本质上是一个能力集合体。企业能力可以区分为一般能力和核心能力。一般能力企业都容易具备，如模仿某种产品生产，企业有这种能力可以获利于一时，但不能持久。核心能力是指提供企业竞争能力和竞争优势基础的多方面技术、技能和知识的有机组合。它一般以企业的核心技术能力为基础，通过企业战略决策、生产制造、市场营销、内部组织协调管理的交互作用而获得使企业保持持续竞争优势的能力，是企业在其发展过程中建立与发展起来的一种资产与知识的互补体系，是企业其他能力的统领。同时企业核心能力的强弱在很大程度上受企业所面临的产业技术和市场动态特性的影响。

核心能力又可分为内部能力和外部能力。内部能力是企业的组织资本，即组织中的积累性知识，特别是关于如何协调不同的生产技能和有机结合多种技术流派的知识。外部能力是企业的社会资本，它包括企业环境、企业文化、发挥能力的对象等。与企业外部条件相比，企业内部条件对于企业占据市场竞争优势具有决定性作用。企业内部能力、资源和知识的积累是解释企业获得超额收益和保持企业竞争优势的关键性概念。表面看来，企业的基本构成要素包括有形的物质资源（厂房、设备、存货、劳动力等）和无形的规则资源（法律、法规、内部的规章制度、企业伦理、道德、文化等），这都只是企业表面的载体性质的构成要素。唯有蕴藏在这些要素之后的看不见摸不着却又能让大家感受到的能力，才是企业活的本质。核心能力是企业长期积累和学习的结果，和企业的初始要素投入、追加要素投入、企业的经历等密切相关，具有突出的路径依赖性。美国著名学者普拉哈拉德提出了一个非常形象的“树型”理论。它认为，多元化公司就像一棵大树，树干和主枝是核心产品，分枝是业务单元，树叶、花朵和果实是最终产品，提供养分、维系生命、稳固树身的根就是核心能力。

核心能力具有如下特征：第一，价值优越性。核心能力应当有利于企业效率的提高，能够使企业在创造价值和降低成本方面比竞争对手更优秀，能为顾客带来长期的关键性利益，能为企业创造长期的竞争主动权。第二，异质性。一个企业拥有的核心能力应该是企业独一无二的，是企业成功的关键因素，具有相对于竞争对手的竞争强势，核心能力的异质性决定了企业之间的效率差异。第三，不可复制性。核心能力在企业长期的生产经营活动过程中积累形成，深深地印上了企业特殊组成、特殊经历的烙印，其他企业难以复制。第四，不可交易性。核心能力与特定的企业相伴而生，虽然可以为人们感受到，但无法像其他生产要素一样通过市场交易进行买卖。第五，难于替代性。和其他企业资源相比，核心能力受到替代品的威胁相对较小。

企业有效“管理”核心能力的前提是企业经理首先要对现有核心能力有清晰的认识。首先，要明确企业是否存在核心能力，进而决定下一步努力的方向。其次，对于已经获得竞争优势的企业，识别核心能力的过程实际上就是全面深入理解企业获得当前成功的技巧的过程，是拨开当前市场的迷雾发现新业务的过程。核心能力的成功识别，为主动管理企业共同拥有的这种最有价值的资源奠定了基础。

从识别标准上看，核心能力至少要满足三方面的测试：第一，它是否是竞争差异化的有效来源？它是否使企业具有独特的竞争性质而难以为竞争对手模仿？第二，它是否存在顾客可感知的价值？如索尼公司的微型化或苹果公司的用户友好设计。核心能力应能使顾客感受到末端产品对其利益的买点或卖点。以上两者是对竞争能力的判断根据。第三，它是否实现了范围经济？表现在是否覆盖了多个部门或产品？是否提供了潜在的进入市场的方法？核心与否，这是最关键的。

二、影响核心能力形成的主要因素

核心能力的形成有一个过程，构成核心能力的因素非常复杂，主要有：

1. 组织成员的素质

一是企业决策者、管理者有无产业先见，有无创新意识以及管理者的思想品质、决策能力都是企业核心能力形成的关键。缺乏精明强干的决策者和组织管理者的企业，不可能组织协调好各个方面的技术力量进行创新活动。二是企业工程技术人员、管理人员和一线工人的素质也直接影响企业的核心能力。诚然，企业成员的个人素质高并不能代表企业的核心能力就强，但是，强大的核心能力必须要以高素质的人力资本为基础。企业中的工程技术人员是技术活动的主体，是企业中新技术扩散的传播者；管理人员是将新知识、技术运用于生产，转化为产品和生产力的参与者；而一线工人是一切技术活动和生产活动的参与者，工人的群体技术素质对于技术活动的实施和生产体系的有效运转有着直接影响。

2. 企业的经济实力（即物质条件和资金）

显然，企业的R&D（研究和开发）必须要有资金作为保障。企业财力雄厚，容易筹措资金，进行大规模的研究开发活动。世界上一些著名的大公司每年投入几亿美元的资金用于R&D，占到整个销售收入的10%。如佳能公司每年的R&D经费都占全部销售收入的10%以上，1997年投入15亿美元用于R&D，这在其他国家的企业是无法做到的。

3. 企业的技术力量

企业的核心能力主要是以知识为基础的技术能力，即企业获取和利用新技术及对新技术、新产品进行创新的能力。技术能力的大小取决于企业技术力量的强弱。缺少专业技术人员和市场开发、管理运作方面的人员，是制约核心能力形成的一个主要原因。要克服这一瓶颈，一方面要加快高等教育改革与发展的步伐，培养高素质的人才；另一方面，企业要重视智力开发，加强职业技术培训，提高企业全员技能和素质。

4. 企业创新机制

创新思想和创新能力的形成，需要有一个有利于创新的客观环境和一整套机制，包括人才获取机制、人才成长环境与激励机制、企业R&D环境、内部民主及沟通渠道、知识管理机制、企业组织机构充满生机和活力等等。特别是企业的R&D活动不同于生产经营活动，它对组织特性的要求在不同发展阶段有不同侧重，如在研究开发阶段，强调分散的创造性活动和多种形式的自由沟通交流，要求组织形式较为分散灵活；在技术成果进入商业化阶段，则强调统一和人员集中稳定，需要一定的组织性来保证。科研的组织形式对科研的绩效有直接影响。

5. 企业凝聚力

企业凝聚力是其成员对于企业目标的认同感和企业文化的具体体现。当企业目标和企业文化被成员共同认可之后，就会成为一种黏合剂，形成一种巨大的向心力和凝聚力，使企业成员关心支持企业发展，积极参与企业事务，这是企业生存和发展的根本所在。相反，凝聚力的弱化会带来企业成员对企业变革的信心和支持降低，甚至抵触。

三、建立和发展核心能力

核心能力理论的基本逻辑是：企业将资源和资产充分开发出来，然后通过组织内部特定的管理过程，把这些资源或资产组合起来，形成一定的产品和服务，以满足顾客的需求。一个企业要想在竞争中超过对手，就必须建立和发展核心能力。或集中企业资源从事某一领域的专业化经营，逐步形成自己在经营管理、技术、产品销售、服务等诸多方面与同行的差异；或从竞争对手和市场空间中寻找机会，建立自己的比较优势。具体来说，包括以下内容：

(1) 寻找自己潜在的优势。了解同行，了解自己，寻找自己潜在的优势，这是培育核心能力的前提。现在国内很多企业不了解自己真正的资源实力和技术能力，不能给自己进行很好的定位，往往是“碰运气”，“撞一撞”，结果进入了很多不熟悉或竞争十分激烈的领域，不适应发展或者成本过高，最终铩羽而归。所以一定要分析自己的潜在优势，并下工夫培养，这是一种十分有效的方法。

(2) 提高对各种资源的整合能力。企业有人力资源、金融资源、信息资源、关系资源等。作为管理者，就是要对组织内外的各种资源进行有效配置和整合。以人力资源来说，一个组织有各种性格、各种专长、各种层次的人，如何兼收并蓄，把每一个人的积极性调动起来，使之形成合力，这要有高超的管理艺术。如同坚固的钢筋混凝土结构是由水泥、钢筋、沙石按一定比例组合而成，组织的核心能力也是多种资源、多方面技术和知识的有机整合。企业有无核心能力，并不取决于人数、设备的多少，关键是有没有对各种资源进行有效整合的能力。

(3) 核心能力的巩固。企业组织经过长期努力所形成的核心能力也会丧失，这需要领导者高度警惕，始终对其给予保护和加强。这种需要源于两方面的原因：一是客观上随着时间的推移，核心能力往往会演化成一般的能力，经过长期培育起来的企业核心能力也会丧失；二是由于主观方面的原因，如果企业领导缺乏对其核心能力的专门管理，部门之间的沟通不畅或缺乏必要的资助，均会导致企业核心能力的丧失。企业核心能力的客观演变不可逆转，但主观上必须提高警惕，关注企业核心能力的健康发展，巩固企业的核心能力。

（4）核心能力的创新。企业核心能力本身具有动态特性，因此，在发展企业核心能力的同时，要努力防止企业核心能力的刚性，即抗拒变化的惰性。企业战略应根据产业发展、管理方式及企业资源的变化预期，有效地定位与配置企业的核心资源，并通过有效的组织管理促进广泛的组织学习，努力创新，开发项目，不断发展新的能力且实施有效的整合，适时实现企业核心能力的跃升，扩充企业核心能力的内涵与外延。

我国的许多企业对培育核心能力还重视不够，有些企业一直热衷于购买其他企业的核心产品，在简单组装和初加工基础上，致全力于最佳产品市场的开拓，而不考虑如何尽快建立自己的核心能力和提供核心产品，虽然这些企业在市场的扩张期可以得到一些权益，但由于没有自己的发展基础，没有“根”，所以注定是“短命”的。我国不少 VCD 生产企业和部分高科技企业就是如此。由于没有别的出路，这些企业只能在最终产品市场上死打硬拼，得利的则是那些提供核心产品的厂家。如何尽快建立自己的核心专长，形成自己的核心产品，是这些企业生存发展的生命线。在这方面，不少从加工组装国外产品起家的企业，如上海的大众汽车公司，已经迈出了成功的一步。

对那些已经拥有重要技术专长的企业来说，更应该注意核心产品市场的开发。不少企业认为，把核心产品出售给其他企业，会培养最终产品市场上的竞争对手。其实，只要企业能以核心产品在市场获得较大收益，能有更多的资源培养和发展已有的核心专长，企业就能始终掌握市场的主动权，占据竞争的优势地位。另外，这种开放性的战略取向还有助于制约竞争对手开发核心技术的激励，这对企业长远发展来说也是十分有利的。目前，不少来华投资的大型跨国企业就是采取这种表面上很慷慨的策略来制约民族企业发展的。国内大企业的发展更应注意这方面的问题。

第三节　流程再造理论

一、流程再造理论的提出

组织目标与任务并不能一蹴而就，需要逐步工作才能最终完成，这种工作活动间的顺序及其路径就是组织的工作流程。工作流程可确保目标任务的完成，但这种流程又是当时技术、分工、人员素质等因素相互作用的产物。当这些因素发生变化时，流程就需要改造，需要创新。

传统的国有企业组织结构是按照职能和科层来设计的，各职能部门各自为政，业务流程被分割得支离破碎，使企业员工在生产经营活动中“见树不见林”。如果说在工业经济时代中，在比较稳定市场环境中，在产品供不应求，企业员工作为“经济人”而存在，企业强调规模经济的情况下，流程片断化的危害性还不是很明显，或者说这种工作方式还算有效，那么，随着知识经济时代的到来，市场环境日趋不确定，顾客的要求越来越多样化，企业员工更加注重自我实现。在企业不仅追求规模经济更强调速度经济的情况下，以这种片断化的企业流程为基础的企业组织也就越来越难以满足多方面的要求。这意味着，这种工作方式越来越不能适应新时代的要求。

流程再造理论反其道而行之，它借助信息技术，以重整业务流程为突破口，将原先被分割得支离破碎的业务流程再合理地“组装”回去。美国学者迈克尔·哈默（Michael Hammer）和詹姆斯·钱辟（James Champy）于1994年出版了一本书，名为《公司再造》。该书一出版便引起管理学界和企业界的高度重视。根据哈默和钱辟的定义，流程再造是从根本上对原有的基本信念和业务流程进行重新考虑和重新设计，以期在成本、质量、服务和效率等衡量绩效的重要指标上，获得显著的改变。他们认为流程再造的关键在于挑战基本信念，即对长期以来企业在经营中所遵循的基本信念（如分工思想、规模经营、标准化生产和科层制等）进行重新思考，这就需要破除原有的思维定势，进行创造性思维。同时，他们强调流程再造的彻底性。流程再造不是对企业管理进行修修补补。只在管理制度和组织形式方面进行小改小革对根除企业管理的顽疾无济于事，企业需要从头做起，彻底改造，以寻求显著改善。哈默和钱辟还为“显著改善”制定了一个目标：周期缩短70%，成本降低40%，顾客满意度和企业效益提高40%，市场份额增长25%。

二、流程的特性

流程作为完成一种工作或一项任务、一件事的全过程，它有如下一些特性：

1. 逻辑性

逻辑性是指流程的全过程包含诸多工作环节和步骤，其内在逻辑性是很强的。因为，如果不是按照这么一个工作顺序一环一环进行的话，这个工作或任务的有效完成将成问题。事实上，这种逻辑性也是人们多年在完成同样工作或任务中逐步摸索逐步总结得到的，故流程带有一定的经验总结和行为习惯的含义。但是这种总结、习惯唯有与完成工作或任务的效率要求、费用要求、时间要求相吻合，且不违背科学的规范时，才会成为人们普遍遵守的规范。

尽管流程存在内在逻辑性，但并不意味着一个流程中所有的工作环节就缺一不可。在不同的条件下，流程中的工作环节与步骤可能不一定相同，但多一环节或少一环节并不影响其先后顺序和整个流程的内在逻辑。

2. 变动性

流程的变动特性当然应该从组织目标、战略措施、组织变动等方面来说明。因为当组织目标、战略、组织机构等发生变动时，实现目标的诸多大大小小的任务必然发生变动，与完成任务相关的流程自然也要发生变化，否则新的组织目标与战略也就不可能实现。也正是如此，才有组织流程改造一说。组织流程的变动特性从其内部来看也存在，即流程内部的工作环节、工作步骤的变动也是经常的，当然变动的前提是并不违背工作流程的内在逻辑。

流程内部的变动性是由专业分工的深化带来的。例如，亚当·斯密曾在其《国富论》中举了个大头针制造的流程。这个制造过程原本由一个人完成，但效率较低，后来将流程分解为两个部分：拉出至切断，削尖至装盒。于是流程变成了两个工作环节或工作步骤。随着制造技术的提高，分工深化，结果便形成了如图 13－1 所示的具有许多工作环节或工作步骤的工作流程。在这个变动中，效率提高了，工作者的技能要求相对简单了，产品质量得到了更大的保证。

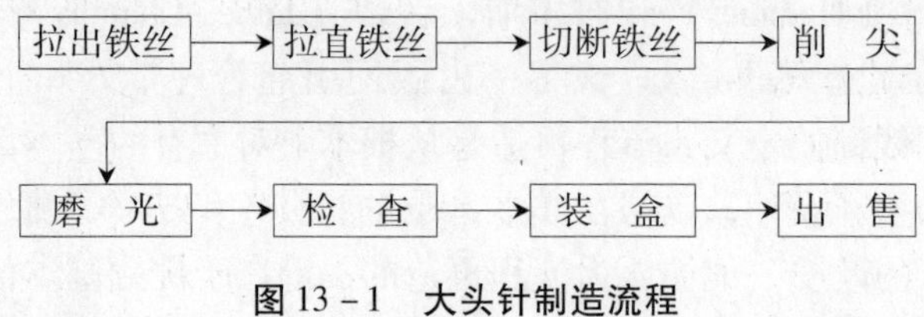

图 13－1　大头针制造流程

从这个例子，我们可以看到，工业化进步使得原本由一人完成的流程，分解为多人只需分别完成其中一部分，最终完成全部的流程，其结果是生产效率大大提高，这样的变动并未违背完成整个工作的内在逻辑。从这里，我们可以认识到流程的变动与技术进步、环境变化等密切相关。

3．可分解性

从以上特性中可以看到，流程可以按照工作顺序、工作步骤将一些基本的工作环节分解开来，独立成为一个个可由其他人来做的工作或应完成的任务。分解环节的多少则视专业化要求及技术上的可行性而定。因此，当专业化分工的设想、专业分工的技术条件等不一样时，同样一个流程在不同的组织中，其分解的方法和分解的结果是不同的，这决定了各个组织不同的生产效率和管理水平不同的基本方面。

流程的具体分解会受到分解的设想或理念、技术条件、人员素质等一系列因素的影响。可以这么说，有什么样的理念或设想，便会有什么样的流程内工作环节或步骤的分解、增加或减少。例如，前文所述的审核顾客信用这一工作环节放入流程之中，是外部环境的要求，如顾客无信用的话，产品生产后卖不掉，或发了货顾客不给钱。为了防范此风险，在市场经济条件下就要有这一工作环节，并一定要放在发订单生产之前完成。而制造大头针的流程分解成图 13－1 这个样子，则与生产设备的专门化、人员技能的专门化相一致。第三，否则，流程分解了，每个环节上均有人工作，但其中一个人总不能把铁丝削尖，那么可能连一个合格的大头针都生产不出来，还不如由一个熟练的工人一个人从头做到尾。

三、基本流程的构造

现代企业组织内基本流程结构可从纵、横两个方面来看，组织结构就是构造的结果。

1. 纵向构造

现代企业内的基本流程从纵向即从行政指挥至执行操作的过程来看，实际上包含了下述4个基本流程：

（1）生产指挥流程。即从企业负责生产指挥的领导出发，经生产管理部、生产车间、生产班组至生产工人的这么一个流程，其基本功能是让企业的投入产出过程能够有效地运作起来。

（2）人事管理流程。即从企业负责人力资源开发的领导人出发，经人事培训部、生产车间人事考核、生产班组或职能部门这么一个流程，其基本功能是为企业运作准备人力资源，开发人力资源，并在工作中评价、考核员工，调动其工作的积极性，防止差错。

（3）资金核算流程。即从生产工人或职能部门员工出发，至班组、生产车间或职能部门、会计部门、总会计师这么一个流程，其基本功能主要是对生产经营过程中的成本费用、资金占用等进行核定，了解其真实情况，达到控制的目的。

（4）计划决策流程。即从企业最高领导出发，至董事会、总经理、计划部门、执行售货员的这么一个流程，其基本功能是确定企业长远发展的目标、投资方向、重大投资项目以及如何实施，如何执行，确保企业明确自己未来的共同理想。

2. 横向构造

横向构造是指企业从投入到产出总过程相关的一系列基本流程。主要包括：

（1）生产作业流程。即接单、采购原料、发单生产、生产检验、发货、收货款等这么一个基本的投入产出流程。这一流程是企业最基本的流程，其基本功能是确保投入产出的有效进行，使得生产成本低，资源配置效率高，产出尽量多，从而产生良好的经济效益。

（2）营销流程。在市场经济条件下，企业没有营销就没有生存的机会。营销流程主要是指宣传推广、渠道设置、当场买卖、售后服务等这么一个全过程，其目的是要让顾客了解、信任企业的产品与服务，并能够长期地、不断地购买本企业的产品和服务。

（3）信息收集流程。即指企业的信息管理部门如何到外界各部门各方面收集、处理、汇总、传递信息的全过程。其功能是为企业的运作收集必要信息，以便企业能更好地适应环境，更好地决策，采取有效行动。信息对于一个企业而言，非常重要。

（4）资金筹措流程。即企业到资本市场上进行信用融资、权益融资的全过程，其具体工作环节由企业自己决定。这一流程的功能是为企业很好地筹措经营运作所需要的长期资金和短期资金，保证企业资金的正常周转运作。

以上所列举的纵向与横向的基本流程，都是现代企业中最基本的流程，将其一一列举并不困难，困难的是将纵向和横向的基本流程在企业中形成纵横交错的流程网描绘出来。纵向流程更多的是以一种行政管理为主的流程，而横向流程则多为一种作业性的流程。作业性的流程有作业本身的内在逻辑，但作业的有序展开则受到行政管理流程的指挥与控制。反过来，作业流程内在的逻辑关系又是指挥控制时不得不注意和重视的，否则就是外行指挥内行，从而决定了行政管理流程的路径与工作环节的确定。组织基本流程就是成为如此一个结构，这个结构在某种意义上又与机构、制度等有密切的关系。也正是如此，组织的创新离不开流程的改造。

四、流程再造的主要内容

流程再造过程中的指导思想坚持以下三个中心：

（1）以顾客为中心。过去以标准化产品满足顾客需要的生产经营之道，在顾客需求日益个性化和多样化的情况下再也不能坚持了。因此流程再造需要彻底摧毁制造标准化产品的装配线。另一方面，由于信息技术的广泛应用，时空性质发生了根本变化，时间和空间都是企业可利用的资源。新技术的发展为以顾客需求为导向的生产和服务赋予了新的内涵。

（2）以员工为中心。个人目标与组织目标的融合是流程再造追求的境界，以员工为中心是有效途径。流程再造的倡导者们认为，在流程再造过程中以员工为中心的管理思想有了较好的实现形式——组建自我管理小组，员工个人进行自我管理。在流程再造中，管理者把企业组织系统的上下级关系颠倒过来，把和顾客直接打交道的第一线员工放在企业的主导地位上，在这种颠倒的组织系统图上，企业其他方面的人员转而为第一线员工服务。

（3）以效率和效益为中心。效率和效益是企业活力的最终体现，流程再造的成果最终要在效率和效益上反映出来。

业务流程是企业再造的核心领域，企业再造的关键技术就是重整业务流程。所谓业务流程，是指企业以输入各种原料和顾客需求为起点，以创造出对顾客有价值的产品和服务为终点的一系列活动。企业在准备进行业务流程改造之前，必须对原业务流程进行诊断。流程诊断可从下面三个问题着手：第一，流程的主要问题是什么？第二，管理流程与经营流程是否一致？第三，企业在查清流程中的问题之后，还要对流程的重要性、问题的严重性和改造的可行性进行分析论证，以便安排流程再造的先后次序。一般来说，限于企业的人力、物力和财力，企业不可能对所有的流程进行同时改造。优先改造的是对顾客利益影响最大的流程，比如直接影响产品成本、交货期限和产品特色等的流程，以及与这些流程相关的其他流程。

业务流程改造的基本原则是：执行流程时，插手的人越少越好；在流程服务对象（顾客）看来，越简单越好。根据这一原则，企业对业务流程进行改造可以采取以下策略：

一是将几道工序合并。企业可以凭借信息技术的支持，将被分割成许多工序的流程或工作按其自然形态组装回去。

二是将完成几道工序的人员组合成小组或团队来共同工作，重新构造新流程。通过这种策略可以简化交接手续，共享信息，因此可以大幅度提高效率。

三是将连续和平行式流程改为同步工程。所谓连续式流程，是指流程中某一道工序中只有在前一道工序完成的情况下才能进行，即所有工序均按先后顺序进行。而平行式流程则是将流程中所有的供应分开，同时独立地进行，最后将各工序的半成品或部件进行汇总和组装。这两种流程的共同特点是运转速度慢、流程周期长。实行同步工程，则是将多道工序在互动的情况下同时进行，各工序之间随时可以进行交流，从而能够大幅度提高流程运行效率，缩短运行周期。

下面以福特公司的财务革新为例。福特公司应付账款部原来的大致工作程序如图 13－2 所示：

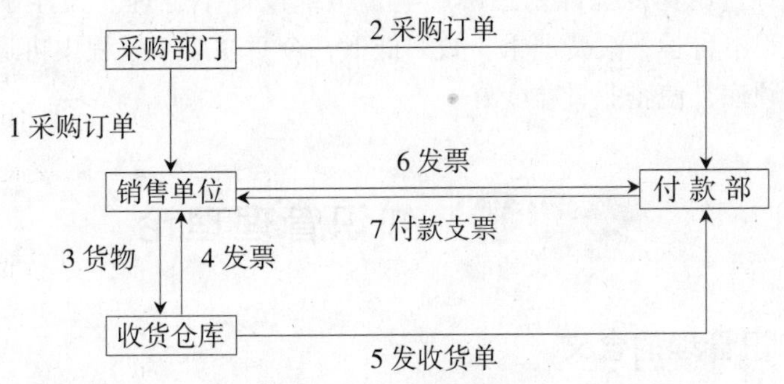

图 13－2　再造前的流程

由图 13－2 的箭头和标号的顺序可以看出原来的工作流程：公司要订货，先得由采购部门将订单送交销售单位，同时将另一联订单送付款部；销售单位依订单发货到仓库；仓库收到发票后发收货单给付款部；销售单位再拿从仓库收回的一联发票到付款部，核对三张单证一致，付款部付款给销售单位。在此过程中，繁多的单证流转查核占用了大量的人力，所以尽管该公司实行了办公自动化，也只能从原来的 500 人精简到 400 人。从流程管理的角度来考虑，其实整个流程的主要内容是订货和付款，其目的是核对。为此，该公司采用了新程序，如图 13－3 所示。现在不必进行单证流转，三个部门的信息通过联网的信息系统沟通核对，取消了大量单证，节省了劳动，付款部工作人员由原来的 500 人减少到 125 人。该公司还认为，将来甚至可以只留 5% 的人员处理意外情况。

再造流程实际上是将构成流程的基本工作环节、工作单位或工作步骤加以判认并分析出逻辑关系。此外，对时间耗费、可否并行等也需要进行分析研究，需要大胆创意并构想出能够最佳地完成同一工作任务或目标的一系列工作或环节的过程，这个过程就是流程。当然，这么做的前提是已明了企业的目标及流程再造的目标任务等。

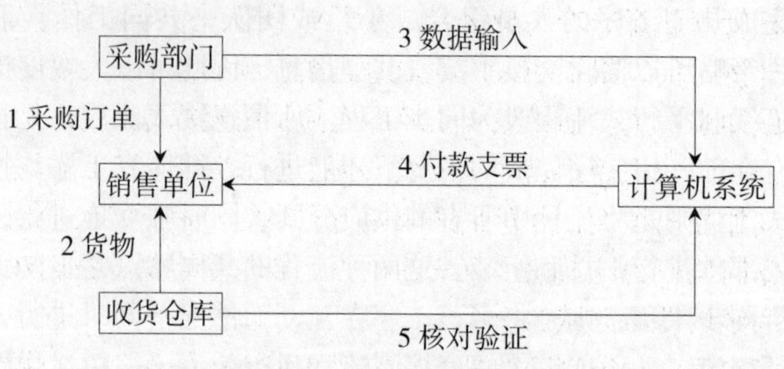

图 13－3　再造后的流程

我国国有企业受传统计划经济影响，组织设计不合理。人浮于事的现象普遍，工作流程不科学，浪费严重，效率低下，今后在改革过程中可通过流程再造来治理这些顽症，使企业日益变好。

第四节　知识管理理论

一、知识管理的含义

从经济角度来看，人类历史大致经历了三个阶段：农业经济时代，时间大概是10 000年；工业经济时代，时间大概是300年；现在，人类即将迈向知识经济时代。在知识经济时代，重要的资源是知识，知识的重要性决定了知识管理的重要性，只有管理好知识，管理好知识资产，建立好知识生产、流通使用的机制，发挥与知识共存的作用，才能创造更高的价值，提高竞争能力。

从某种意义上说，知识管理就是从知识具有的基本作用的角度重新审视社会经济生活的各个方面。知识管理的目标是促进知识生产和流动，使知识在使用中实现价值。具体地说，要鼓励分享知识以发挥知识工作者的最大潜力，使知识发挥最佳效用；要更新组织结构、改变行为方式，为知识使用和生产创造最佳环境；要关注知识资产以加强核心能力，创造最大价值。

知识管理涉及知识、人才、组织结构等广泛客体。一方面，知识管理是20世纪80年代以来管理新知识的一部分；另一方面，这些管理新知识（包括学习型组织、企业流程再造、供应链管理、基准管理等）又构成知识管理理论的重要组成部分。从不同层面上看，知识管理所针对的内容有所不同。例如，对于国家而言的知识管理包括科技政策、大学、科学基金会等；对于企业来说包括专利、培训等；而对个人则包括资格证书、培训机会等。在实施知识管理的过程中，关键是遵循“积累、交流、共享”的原则；在此基础上，可以采用一系列的方法和手段，例如，知识编码化、建立知识仓库、基准管理、使用信息技术等。

知识管理不仅适用于企业，它对整个人类、各个国家、地区组织、个人都一样重要，并且正在渗透到企业、个人、政府运作、社会管理的各个层面。对于个人来说，知识管理就意味着终身学习，在干中学习；意味着与别人交流、共享知识。在知识经济时代，组织和人们顽强地联系、顽强地结网。个人知识既包括书本知识、实践知识，更包括见识——经历或独特的巅峰体验等。

对区域而言，知识管理就是要研究区域内（却不仅仅是区域内）知识资产的价值，使其加强根植性，并重视区域创新网络的发育，将鼓励创业和提供高增值的知识工作岗位作为区域发展政策的核心。知识管理要求我们在全球化的视角下理解经济的区域性与区域的个性。

对于国家来说，知识管理就是重新审视知识资产的作用、布局与定位，重视知识资源的网络价值；加快教育、科研的市场化改革，使教育、研究与开发的供给满足快速增长的市场需求，并代表纳税人加强对科技教育、知识基础设施的投入，同时使其产生最大的效率；在电信、传媒、金融等国家垄断行业，引入竞争，提高服务水准。

对于企业来说，研究知识管理，充分利用知识提高竞争力和创造经济价值，已成为企业进一步发展的关键。知识管理是企业在新形势下战略管理的重要内容。在企业中，知识管理的出发点是将知识视为企业最重要的战略资源，把最大限度地掌握和利用知识作为提高企业竞争力的关键。企业知识管理，简单地说就是对企业知识资源及其使用环境进行管理的过程。如何对知识进行搜集和整理，如何使每一个员工都最大限度地贡献出其积累的知识尤其是隐含的知识，如何提高知识编码化水平，使企业实现知识的共享，从而运用知识创造价值，是企业进行知识管理的主要目标。

知识管理要求企业为显性知识和隐性知识共享提供各种机制、方式和途径，运用集体的智慧提高企业的应变和创新能力，并利用所掌握的知识资源预测外部市场的发展方向及其变化，使企业能够对外部需求作出快速反应。企业必须创造性地发掘和利用存在于企业员工头脑中的知识，利用公司内部员工和外部知识网络的智慧服务于公司的客户和市场。

总之，知识管理既是一种综合性的管理方法，又是一种管理的新视角，是市场经济高级化的产物。随着知识经济的到来，知识管理将遍及整个经济领域，使企业摆脱自身金融资本或自然资源的限制，获得新的竞争优势，因而企业的知识管理具有强大的生命力和广阔的发展前途。根本点在于，知识管理不仅仅是积累知识的问题，其核心是解决如何应用知识。

当代社会经济发展的一个基本事实是：知识管理无处不在，无论它以什么形式定义，结论都是一样的——对于一个企业而言，要么更好地管理知识，要么走向衰亡。企业在新千年的管理实践必须是基于知识的，企业应该把管理知识的能力放在战略的中心，以创造独特的能力和唯一的市场地位。

二、“知识”冲击波：现代企业的知识化趋势

每当一种新事物出现时，企业总是扮演了“头一个吃螃蟹者”的角色：试验，失败，再试验，再失败……直至成功，而正是这种不断求变和勇于尝试的精

神，使企业成为经济生活中最具有活力的创造者。因此，当全世界都在感受着知识经济浪潮的冲击时，企业自然是当仁不让地首先敞开了自己的大门，让知识经济的浪头第一个涌入企业的门槛。

1. 产品智能化

不变的产品和服务显然不如那些顺应新形势并作出相应调整的智能型产品和服务更有价值，如“懂”得何时除霜的电冰箱、能够感知室温并自动调节恒温的空调等。我们早已厌倦了那种只会按部就班地进行简单的自动化操作的产品，而对随着新产品的开发而日益堆积如山的使用说明书更是疲于奔命，越来越注重休闲和娱乐的现代人需要的是能够自己判断该怎么做的智能型产品，而不是只知唯命是从的“应声虫”。现在，当企业开始将知识融入有形产品时，这一切的实现都不再遥远了。如美国的古德伊尔公司开发了一种能够测出汽车轮胎漏气程度并给出操作建议的“智能型轮胎”，可感知低温而自动调暖的布料，能够在饭菜煮熟时发出提示并自动停止加热的炉子等。

2. 资产无形化

知识的竞争使得无形资产日益成为企业在商战中大量启用的隐形武器，因为任何一种形式的无形资产背后，实际上都蕴涵着一笔程度不同的财富。例如，纽约《金融世界》1994 年评出的世界商业排行榜表明，可口可乐、万宝路、雀巢咖啡的商标价值已分别达到了 360 亿、330 亿和 116 亿美元。包括商誉、专利权、商标权、著作权、专营权、土地使用权等内容的显性无形资产和包括人力资本、生产技术、营销网络和企业文化在内的隐性无形资产已成为企业投入的主要资产，有形资产则退居次要地位。在率先进入知识经济的美国，许多企业的无形资产甚至超过了总资产的 60%。被誉为世界富豪之首的比尔·盖茨在创建微软公司时，甚至只是以他的知识投入就取得了公司 30% 的股份。

3. 生产柔性化

现代科学技术，尤其是现代信息技术的发展，使得企业能够对传统的生产技术系统进行战略性的改造和重建，将大规模的集体生产改造为更灵活、更具个性化的柔性生产过程。从计算机数控技术（CNC）、工业机器人（Robots）、计算机过程监督和过程控制（CPS/CPC）、计算机辅助制造与设计（CAM/CAD）、机器视觉（MV）、自动化导向运载系统（ADTS）、制造货源需求规划（MRP）、柔性制造系统（FMS）、计算机集成制造系统（CIMS）等先进的制造技术，到计算机化数据库（CDB）、制造自动化协议（MAA）、机器智能（MI）、专家系统（ES）等先进的信息技术，它们的结合给企业带来了各种柔性技术，如产品混合柔性、机器柔性、修改柔性、批量柔性、物量柔性、流程柔性、扩展柔性、创新柔性等，进而促进了精简生产（LP）、灵捷制造（AM）、LAF 生产系统等生产管理新观念的诞生。

4. 数字化经济

在以往的经济体系中，信息不是模拟的就是实物的，如在有形的办公室里工作，通过信件或电话进行沟通，使用支票和现金进行交易。而在知识经济社会里，任何信息都可转化为数字以光速进行传播，以往的模拟式产品或技术，正以不同速度向数字式产品或技术转化。例如，模拟电话已变成了数字电话，ISDN、DDN、ATM、e-mail 等数据通信方式正渐渐取代电话、电报、传真等传统通信手段，成为最受企业欢迎的现代通信方式，每天更是有数以亿计的资金通过电子结算系统 CHIPS 或 SWIFT 进行划拨。通过一部连接在网络上的电脑，人们在任何地方都可以像在办公室里一样有效率地工作。

三、知识竞争时代的到来

建立在知识的生产、分配和使用之上的知识经济，强调知识是决定企业成功和经济发展的关键因素。在今天，经济增长比任何时候都更加依赖于知识的生产、扩散和应用。知识作为蕴涵在人力资源和技术中的重要成分，其作用日益重要。据估计，OECD 主要成员国国内生产总值的 50% 是以知识为基础的。美国生产率增长总要素的 80% 依靠技术和知识的增长。可以断言：知识经济时代是知识竞争的时代。

1. 知识资源

与以往的经济形态相比，知识经济最大的不同在于，它的繁荣不是直接取决于资源、资本、硬件技术的数量、规模和增量，而是直接依赖于知识的积累和利用。在资本积累中更重视知识的积累和能量的释放。就实质而言，在知识经济中，知识已不是经济增长的“外生变量”，而是经济增长的内在的核心因素。当知识成为主要经济要素后，经济的增长方式会发生根本的变化，长期增长将成为可能。

进入知识经济时代以后，知识资源成为推动社会进步的决定性资源。在 21 世纪自然资源不再是竞争的要素，拥有自然资源不再是致富的宝藏，不拥有自然资源也不会成为致富的障碍。日本没有自然资源也富了，有的国家拥有自然资源也富不起来。社会经济的最终发展将取决于知识资源这一战略资源，它是开发自然资源、材料资源、能源资源，优化社会、经济和政治并推动国家向前发展的主要动力。

2. 知识资本

教育和知识的进步，成为经济发展的主要源泉。在各种资本中，知识资本是经济发展的首要资本，对经济发展的加速作用是其他任何资产无法比拟的。在知识经济时代，知识无疑是生产要素最重要的组成部分。在实际生产要素中，增长最快的是人力资本。同时，教育和培训方面投资的回报率也并没有减少。

社会生产中，已经分化出庞大的知识队伍，知识工作者成为劳动力的主体。由于知识产业的快速发展，世界就业人口中从事知识生产、分配、流通、交换活动及其相关活动的知识工作者的人数迅速增长。在知识化社会中，劳动力的主体将是知识工作者，这是随着人类历史向智力型社会转变，科学技术成为第一生产力，这是社会经济结构变化的必然结果。

人是一切社会活动的决定性力量，人力资本是所有资本中具有决定性作用的，而人力资本中起关键作用的是人的知识素质。知识资本虽是无形资产，但他创造的财富却是巨大的，它将成为未来社会的首要资本。

3. 知识产业

产业结构的高度化是人类社会发展的必然趋势，随着生产力的发展，社会的产业结构是由自然资源密集型产业向物质资源密集型产业过渡，再向技术、知识密集型产业迈进，21 世纪是知识产业占主导地位的时期。

知识经济时代，以知识产业为代表的高技术产业抵消了传统产业的衰退，改变了以往经济周期波动的规律，使波动幅度减小，令经济扩张期延长，发展的稳定性加大，避免或推迟了经济衰退的出现。

当前和未来的知识产业能够完全符合支柱产业、主导产业的判断标准。首先，知识产业的产业关联度大，它可以带动大批产业的发展；其次，知识产业是一种高智慧、高技术含量、高附加值，投入产出比较大的产业，知识产业的出口潜力大，价格弹性大，国际市场的需求潜力也比较大；再次，知识产业是高速发展的产业，是增长迅速的产业，它在社会销售额和实现利税中占有相当的份额。知识产业对社会经济的影响是不可估量的。随着数字化时代的到来，知识产业将给社会经济和人类生活带来革命性的变化，它将改变人们的生活方式，改变人们认识世界的手段、方式、能力。

4. 知识财富

在资本原始积累时期，重商主义认为社会的第一财富是金银，重农主义认为农产品是社会的第一财富，农业部门是创造财富的主要部门，土地是财富的唯一源泉。到了资本主义自由竞争阶段，国民财富就是一个国家所生产的商品总量，物质生产部门是创造财富的唯一部门，财富仅指有形的商品。

进入知识经济时代，经济的发展主要靠知识和智力。因此，现代知识以及创新、创造和运用能力是知识经济时代个人的第一财富，财富的再定义和利益的再分配取决于拥有的信息、知识、智力和创造力。

自此，我们可以推断，在知识经济时代，第一财富不再是土地，不再是农产品，不再是工业品或资本品，而应该是知识。谁拥有了知识，谁拥有第一流的头脑，谁就拥有取之不尽的财富源泉。实际上，有一部分自然资本、资源资产的产生和创造也离不开知识。发展中国家同发达国家的差距在于缺乏知识，人的素质差使得单位产出消耗更多的自然资源、能源，甚至浪费自然资源、能源，造成对生态环境的破坏。

在 21 世纪，知识经济将逐步占据国际经济的主导地位。知识经济对发达国家而言，是生产力发展的自然结果；对处于工业化进程中的发展中国家，则是机遇与挑战并存。一个拥有持续创新能力和大量高素质人力资源的国家，将具备发展知识经济的巨大潜力；一个缺少雄厚科学储备、缺少对国际科技前沿动态的识别与响应能力和创新能力的国家，不仅将失去国际市场竞争能力，还将丧失知识经济带来的机遇。

在知识经济时代，竞争优势正从制造技术转向人——人的知识、积极性和创造性。生产技术的发达使得再精密的产品也能在世界上任何地方低成本、大批量地生产，一流的制造被视为理所当然。一种产品能否取得成功，关键要看企业能否将知识、信息和服务融入其产品中。这就相应地要求企业领导人顺应时代的要求，将关注的焦点从制造转向高素质的员工。因此，到了知识经济时代，教育和培训、文化和激励就变得空前重要。企业只有致力于以知识竞争为基础的竞争，才能获取竞争优势。

就我国目前的状况来说，农业经济时代的特征、工业经济时代的特征、知识经济时代的特征都存在。从总体来说，工业化的任务尚未完成。衡量一个国家是否实现了工业化，有几个基本指标：人均 GDP 1 000 美元以上；农业产值占 GDP 的比重必须降到 15% 以下；农业就业人口占全部就业人数的比重降到 20% 以下；城镇人口占到 60% 以上等。所以我国目前要走的是新型工业化道路，即走一条科技含量高、经济效益好、资源消耗低、环境污染少、人力资源优势得到充分发挥的新路，逐步向知识经济时代迈进。

四、企业的知识管理

企业的知识管理可从内部管理和外部管理两个方面来考虑。一方面是企业内部知识的交流与共享，包括：

1. 创造有利于知识交流、共享的氛围

企业内部蕴涵着大量知识，尤其是在企业员工队伍中的大量的隐性知识积聚，根据统计，企业中隐性知识大约占知识总量的 90%，在知识经济的条件下，知识可以转化为效益，知识可以转化为资本，因此，能否挖掘隐含在企业中的知识、充分发挥这些知识的作用，是企业成功与否的关键。

知识的内部管理包含知识在企业内部的生成、交流、积累和应用四个环节。企业知识的内部管理应该能够营造一个有利于员工生成、交流、验证知识的宽松环境；建立一个内部信息网，便于员工进行知识交流；制定各种激励政策鼓励员工进行知识交流；利用各种知识数据库、专利数据库存放知识、积累知识；放松对员工在知识应用方面的控制，鼓励员工在企业内部进行个人创业，促进知识的应用。

知识只有在互相交流中才能得以发展，也只有通过使用才能从知识中派生出新的知识。知识的交流越广效果越好，共享知识的人越多，知识的拥有者获得的收益就越大。在知识交流管理中，如果员工为了保证自己在企业中的地位而隐瞒知识，或企业为保密而设置的各种安全措施给知识共享造成了障碍，那么将对企业的发展极为不利。知识不进行充分的交流，就无法使其为大多数人所共享，也就无法为企业的发展作出贡献。知识交流的管理目的是要在企业内部实现知识共享，但要真正做到这一点十分困难，这对企业的知识管理而言是一次巨大的挑战，其难度丝毫不亚于实现在竞争对手之间共享知识的难度。为做好这一点，企业在处理知识产权归属时，应该从有利于知识的生成和传播的角度考虑，使员工均能共享科研开发的成果，以鼓励员工积极进行知识生产和交流。

将分散在各个员工头脑中的零星知识资源整合成强有力的知识力量，是知识积累和应用管理的目的，通过对知识积累和应用管理，使企业能够更好地运用企业人才资源的集体智慧，提高对市场的应变能力和创新能力，通过知识积累管理和知识应用管理激励员工将自己的知识融入集体知识中，形成知识创新能力和企业的核心竞争力。

企业要想实施有效的知识管理，不仅要具备必要的硬件设施和软件系统，还要求企业的领导要把企业知识的培育和管理作为获得竞争优势的重要手段，建立有利于企业知识共享和增值的企业文化，鼓励员工与他人共享自己拥有的知识，并促使员工将知识转化为有利于企业发展的生产力。

企业将继续进行学习能力的内在化，员工可以在友善的基础上与其他人教学相长。积极响应时刻变化的市场机会的刺激，将企业凝聚在一起，让企业真正成为学习型企业，知识的共享与增值成为企业的共识。在这种学习型企业的文化氛围中，企业的知识将得到最大限度的应用。

一个组织有许多办法管理学习过程。但从原则上讲，组织学习能力取决于它积累无形资产的能力。由于无形资产通过人来体现，因此人力资源政策是组织学习能力的核心，人力资源管理活动的目的，就是通过营造支持性的氛围和合适的体系，来支持企业的学习和知识管理。

2. 在交流和应用中实现知识增值

企业内部知识管理的原则是在保守企业秘密的前提下创造良好的环境，最大限度地促进企业知识共享、促进企业知识的流动。因此，在进行企业内部知识管理时，第一，要消除中间知识流通环节，减少知识扭曲；第二，在企业内部消除人员之间知识交流的障碍，实现知识的自由、直接交流；第三，允许企业内的每一位职员向企业网络内填充知识和信息，使每一位员工的知识都成为企业系统知识平台的组成部分；第四，企业的系统知识平台要全天候地开放，因为企业员工的灵感是随时随地产生的，因此，要给他们提供相应的硬件和软件设备，使他们能随时随地实现与他人的交流，而不是只局限于办公室；第五，要使员工之间的交流容易进行，提供与员工友好的界面，实现无障碍的交流。

知识能否在企业内部得到有效的应用，其中一个重要条件就是，员工必须能够顺利地进行知识交流。员工间的知识交流不仅要在具有相同知识结构的人员之间进行，更重要的是要和具有不同知识结构的人员交流。这样才能从不同的知识结构和知识领域内获得灵感和启迪，并且在应用知识进行创新开发时能够直接得到不同知识结构人员的帮助，以弥补自己的不足。因此，知识经济时代的组织结构必须有助于知识的交流和应用。

企业知识管理的另一方面是企业外部的知识管理，包括：

1. 建立外部知识网络

在知识经济时代，企业有比较发达的外部知识网络，比如供应商网络、用户网络、专家网络、信息网络、合作网络、与政府有关部门的网络等。这些网络关系中存在着大量的知识可以被企业利用并转化为企业的效益。因此，企业要充分利用这些网络，加强对网络中知识的管理，最大限度地利用外部知识。

（1）供应商网络管理。供应商创新是企业创新的重要环节，因此企业要加强对供应商的管理，建立供应商网络，以降低企业运营成本，提高产品质量。供应商网络管理主要包括对供应商信息的收集、对供应商的分类、供应商档案的建立和更新以及与供应商的日常联系等。

（2）用户网络管理。在知识经济条件下，企业用户网络管理的目的是为了培养忠诚的产品用户，充分利用用户创新。用户网络管理主要包括对用户信息（用户喜好、用户细分、用户潜在需要、用户联系方式）的收集编码、对用户需求的深入挖掘、根据用户的需求定制产品等。

（3）专家网络管理。专家大多具有多年的实际工作经验或在某一领域有建树，掌握着大量的知识和信息，因此，企业要建立健全专家网络，充分利用专家的知识，并大力挖掘隐含在专家中的隐性知识，为企业发展服务。专家网络管理主要包括专家知识的管理（收集及挖掘）、不同类型专家的分类、与专家建立良好合作关系以及对与专家联系方式的管理等。

（4）信息网络管理。这里所说的信息网络管理主要是指对与企业技术、发展相关的宣传网络管理、技术信息源网络管理、相关产品信息网络管理、市场信息网络管理、相关展览（交易会等）信息等关系企业发展的信息网络管理。

（5）合作网络管理。合作网络管理是指对与企业进行合作或有合作可能的其他企业或部门的网络管理，如产品合作网络管理、信息合作网络管理、人力资源合作网络管理、技术合作网络管理等。

2. 在合作和竞争中学习

企业在加强对外部知识管理的同时，要经常向外部企业，尤其是合作企业学习，学习其成功的经验，并总结其在发展过程中的教训，促进本企业的健康发展。

企业可以设定某些机制，使公司从知识扩充中受益并获取共同资源和合作带来的能力，通过合作者的加入实现学习的目的，消化吸收获得的知识和信息。企业的成员可以在合作的过程中，通过正式和非正式的交往来获得在通常情况下不能得到的知识，合法地了解合作方的专利、许可、蓝图、样品等方面的情况。

公司间的合作正变得日益普遍，形成了为获取互补优势的战略联盟。从竞争战略向合作战略的变化，其真正含义是，长期双赢结果是可行的。组织学习能力是保持在竞争与合作中的竞争优势的关键。

3. 提高企业的对外反应速度

为了缩短产品的生命周期，公司不得不从有限的市场机会中迅速获得资本，快速地推出新产品，及时地对竞争市场的动态变化作出反应。快速的增长模式进一步加剧了组织管理上的难度，眼前的成功并不是长期生存的保障。技术的突破，或是市场条件的突发性变化，都会使暂时的领先优势荡然无存。因此，应付千变万化的市场是企业的生存准则，而不是为避免危机而采取的临时的或定期的简单性调整。

减少层次和压缩规模，提高企业的对外反应速度，不仅是公司降低成本的需要，也反映了信息和通信技术对管理的冲击。以沟通上下和各层次组织，以减弱中层管理人员的作用的扁平化柔性组织加快了企业对外界环境变化的反应速度。

对外反应速度的快慢与否，在很大程度上决定了企业对外部知识学习和管理的效率。快速、高效的外部反应系统，可以使企业加强与供应商、用户、专家、政府部门等的联系，最大程度地使其为企业所用。

复习与应用

一、思考题

1. 五项修炼的主要内容是什么？能否把你的班级建成学习型组织？
2. 怎样判断一个组织有无核心能力？核心能力如何培育？
3. 流程再造在我国国有企业改革中有哪些应用？
4. 知识资源与传统资源有什么区别？

二、管理实务

提高管理效能的八个要点

每年有成千上万的人由工程师或科学家变成管理人员，尽管大多数人都渴望这种转变，而一旦实现了，却又感到失落。

当工程师时，是根据自己的技术和劳动取得回报。但现在作为管理人员，成功要靠自己所管辖员工的产品和生产率来量度。这种不能直接控制的感觉往往会使人感到沮丧。幸运的是，只要你抓住管理要点，就可以像技术成果一样获得回报。这里有8个要点可以帮助你有效地管理和指导手下：

1. 搞好人际关系

管理者要培养的最有价值的素质是：耐心、和蔼和体贴别人。机器和化学试剂不会介意你对它们温和还是粗暴，但人会。

你的手下不仅是工程师、科学家、行政人员、职员和计划制订的人，而最重要的是他们是人。他们有家人和朋友，有喜怒哀乐。人类是有感情的，尊重他们的人格，你就能得到他们的尊敬和忠心。若受到冷酷和不人道的对待，他们就会失去为你工作的动力。

“己所不欲，勿施于人”，这也是管理上的金科玉律。在你将惩戒工人或表达不满时，应先问自己，“我是否喜欢别人用这种方式对我说话呢?”想想如果自己处于他们的位置，希望得到何种和蔼和体贴呢？然后将同样的态度施予手下人。

2. 不要过于挑剔

作为管理者，你的部分工作就是让员工按正确方法工作。这包括指出错误，告诉他们哪儿做错了。

但一些管理者过分挑剔了，他们总想批评别人，并以此为乐。不要当这种人，你在自己领域的知识和经验可能会比手下人丰富，这正是公司让你当上司的原因，你的工作是要指导这些人——并非要挑剔或显示他们如何比不上你。成功的管理者要鼓励下属，而不是过分地批评他们。

3. 允许他们失败

允许手下人犯错！这是不是让你很震惊？大多数员工犯了错之后都准备受惩罚。大多数管理者认为属下出大错是给自己的记录抹黑。但成功的管理者知道，让手下人学习和成长的捷径是体验——这意味着犯错误。

让你的员工在没有上司监督的情况下尝试应用新技术，或承担任务——但只能是一些小的、不太重要的项目。这样，错误不会使公司受损，又可以立即改正。对于重要的项目，你要给予足够的监督以确保任务胜利完成。

4. 重视员工

没有什么比“不受重视”更能挫伤员工的积极性了。虽然作为管理者，除了文件里等候批准的报告，你还有许许多多的事务要处理，但对于写报告的人，每拖一天就引起更多的挫折、愤怒、担心和不安全感。

5. 改善工作条件

员工手中合适的工具，在愉快、合适的环境中工作时效率最高，员工需要什么样的工作条件才能保证工作的有效进行，可能不容易评判。就算你曾干过这个工作，别人也可能要用不同的工具才能把工作干得更好，因为每个人都是不同的。

如果你的员工抱怨工作条件，要聆听。这些抱怨通常都不是为了私利，而是源于每位员工希望把工作尽可能干好的愿望。提供适当的设备或工作空间，产量将得到大幅的增长——这通常只需花一小笔投资。

6. 关心员工

你上一次向秘书问起她的儿子在幼儿园过得怎么样，或她的假期过得如何是什么时候？

优秀的销售人员懂得与客户发展私交，这是争取朋友和生意的捷径。但是许多技术管理人员仍然保持冷漠和避免与业务无直接关系的谈话。

若以前你忽视了员工，现在就应当每周（或每天）花几分钟与员工闲谈。如果员工有私人问题影响情绪或工作，试着去把问题找出来，看看自己能不能帮上忙。在重要时刻或节日，例如在公司周年志庆时，送张卡或小礼物，你通常可能为员工做点小事，例如让家住得远的员工在雪天提早下班，或需要加班时准备晚饭，这会使员工对你忠诚。

7. 广开言路

你可能认为好的管理者就是让部门里的员工个个埋头苦干被指派的任务。但这样，他们只能发展一半的潜力。一个真正有生产效率的部门是使每个人都积极思考更好、更有效率的工作方法，以更少的时间和更低的成本，生产出更高质量的产品。

要达成这种革新，你必须接受新构想，而且还要鼓励属下创新。激励的办法之一是——你可以提供奖金、假期或礼物。但更有效的动力是，让员工知道管理层确实在聆听或将员工的建议和构想付诸工作中。设立意见箱是加强与员工沟通的好办法。

8. 给属下一个晋升的空间

如果员工没有可望得到的晋升机会，那么他的工作就到头了。工作到头的员工通常表现出烦恼、不愉快、生产率低。把你的部门组织起来，让每个人都有晋升的机会，形成在头衔、职责、地位和薪酬方面的逻辑晋升阶梯。如果你的部门太小，不能做到这一步，晋升机会可能不可避免地要向部门外的职位发展。若是这样，不要拖住手下的发展，反而要鼓励他们达到自己的目标，那么在与你一起的岁月里他们会使出最大的干劲。

三、案例分析

一次新药试验

政府批准一种重要的新药可以生产、上市的前提条件之一是，要求制药公司事先提供30 名不同的病人，每人连续七天服用该药的后果的临床研究资料。为了取得这种资料，一家医药公司花了两年时间。该公司的一位科学家研究、考虑并确定要收集哪几种数据，花了 4 个月。其中，实际设计这项研究工作的方案只花了两个星期，而请别的科学家审议这项方案却花了 14 个星期。其次，为了进行该新药的试验，就需要有患有相关疾病的病人的配合，并能培训一批实际掌握用该新药的医生。为了聘请到这样的医生而安排会见和实际会见应聘人员，又花了两个月。为了取得所有的有关医院同意这项试验的开展，又花了 1 个月，其中大部分时间是花在等待这些医院的答复上。主持试用一星期剂量的医生是预先支付报酬的，因此，他们缺乏要抓紧工作的刺激。各个有关的医生填写好表格，把它们收集起来，又花了两个月。接着，该科研项目的管理人员将这些交给数据库以便输入电脑。这时发现约 90% 的表格在填写上有错误。于是，将表格退还给科学实验报告的设计人，后者又将这些表格交给科研的管理人员，让他将表格分别退回给有关的医生们，以便他们设法改正表格填写上的错误。该公司由于自己主持现场研究的全过程（不是指政府审批过程），其结果，便丧失了这种新药将近两年的利润，价值达数百万美元。它们过去也曾试制过其他许多种新药，情况大体相同。然而，迄今为止，该医药公司对试制新药的现场研究一直没有一个人负总责。

问题：

1. 该制药公司原来的工作流程是怎样的？请你把它描绘出来。
2. 你能否为该制药公司设计一个更合理的工作流程？

第十四章

制度管理与人本管理

自从管理大师孔茨提出“管理理论丛林”现象以来，新的管理理论层出不穷。现在，人本管理理论又凸显出来。制度管理与人本管理的关系如何？后者能取代前者吗？在新的世纪里，管理的发展趋势会是怎样？这都是本章所要讨论的问题。

第一节　制度管理

一、制度管理的含义与特征

1．制度管理的含义

工业革命以后，机器大生产代替了手工工场生产，劳动分工越来越细，工厂规模不断扩大。企业为了取得最大利润，就要考虑投入和产出，就要合理配置资源，因而迫切需要科学管理。科学管理最重要的手段就是建立一套严密的管理制度，广义的管理制度包括法人治理结构和工厂操作规程。本章主要是讲狭义的管理制度即企业内部操作规程。它包括组织的各种章程、条例、规程、程序、标准等。这些规章制度是国家法律之下的“单位法”，是企业的“土政策”。制度管理就是指根据这些成文的规章制度，依靠组织职权进行的程序化管理，其实质是精确和严格。

在人本管理理论提出之前，制度管理在企业管理中一直占主导地位。管理者手中的秘密武器就是企业健全的规章制度，即使是盛行人本管理的今天，仍然有许多优秀企业通过制度管理而取得成功。以“麦当劳”为例：它实行的是特许经营，形成了一整套计划周密、有条不紊的筛选程序来选择特许经营者，而且经营者必须通过“汉堡包大学”的专门培训。一本几百页的操作手册规定了严格的标准，其中包括食物配置、烹饪程序、店堂布置，甚至职员着装都有相应规定，食品的制作完全是标准化的，一磅肉的脂肪含量必须少于19%，小面包宽度只能是3.5英寸，每个汉堡包中的洋葱不能超过1/4盎司等；每种食品的制作时间有明确的规定，而且食品生产后的存放时间也有详细的规定，比如油炸食品7分钟，汉堡包10分钟，咖啡30分钟，超过规定时间，所有的食物都将扔掉，等等。所有这些标准都要严格要求，并有严密的监督体制，每家分店都有审查员，公司有不定期的暗访调查，发现不符合规定的坚决查处。通过这一整套严密的企业内部操作规程，使得消费者能在世界各地坐在相同、熟悉、洁净的店堂里吃到相同质量、口味的食品，享受到同样周到的服务。

2. 制度管理的特征

麦当劳的例子表明，制度管理有如下鲜明特征：①制度管理的基础是组织权威，它所依靠的主要是组织制度和职责权力。管理者的作用主要在于命令、监督与控制，对被管理者强调服从。②制度管理对人的约束是刚性的。不讲人情，在制度面前人人平等，遵守的是“热炉”规则——不管是谁，也不论什么时候去触摸它都会立即被烤痛。③制度管理体现管理的规范性、有序性、纪律性、严密性。事前有计划，过程有监控，事后有反馈。这种程序化管理，即使“一个走了，另一个马上可以接着干”。

二、制度管理的长处与短处

1. 制度管理的长处

制度管理的长处包括：①办事情有章可循，员工便于操作，可以避免决策、处理问题的随意性，可以营造公平、公正、公开的环境，有利于企业稳定和人心的安定。②规章制度的严格要求，便于协调员工个体之间以及员工与组织之间的关系，同时也训练了员工严格、守时、守则的职业精神，这种精神是商业文明和以市场交易为基础的分工协作体系所不可缺少的支柱。③制度管理往往制定了一定的工作标准，对员工的工作绩效进行量化，极大地方便了考核。

2. 制度管理的缺陷

制度管理的缺陷包括：①环境不断在变，而制度一旦确立就相对稳定，往往是制度与剧变的环境不相适应，显得保守。如不及时修订，反而成了发展的障碍。②制度忽略了人的个性，忽略了时间、地点和不同事物的差异性，从某种意义来讲成了约束人的条条框框，不利于创新或压抑了创新。③制度管理往往将员工置于消极的被管理状态，只承认程序本身的严格与精确，客观上否定了员工的独立人格。

制度管理是西方机器大生产的产物，在很大程度上体现了人类的文明和理性。比如当世界上第一次出现福特汽车装配流水线的时候，这种严格的管理，高效率的生产，简直就是人类文明和进步的象征。但是，由于制度管理倾向于“见物不见人”，忽略了员工的主体地位，也就为人本管理留下了极大的发展空间。

对于我国来说，由于没有经历资本主义的机器大生产，也就缺少与之相应的规章制度的建设，企业员工也就很少经历严格、精确、自律精神的锤炼，因而随着市场化的深入，部分企业便因产品粗糙、次品多、成本消耗高、售后服务差而纷纷陷于困境。我们只要对国有企业与外资企业稍加比较，就可发现差距主要来自制度管理方式的差异。就此而言，我国企业加强制度建设，从许多基础的东西做起比人本管理显得更加急迫和需要。我们宁可将人假设为不完善，有时未必可靠的人，这样有助于强化我们的制度意识。如果说商品经济充分发展是人类社会不可逾越的阶段，那么，以精确、严格、自律为宗旨的制度管理也是中国企业制度演进的一个环节。

三、组织制度优化

管理者制定制度的目的是在组织内部形成规范行为，使组织高效率地运转。随着各方面条件的变化，制度必然会有滞后问题，因此，它可能成为保护落后、束缚进步的枷锁。不断优化组织的制度体系是管理者的重要职责。优化组织制度要遵守以下基本要求：

（1）组织制度要从组织的需要出发，以组织的实际状况为基础。不同组织的业务性质不同，技术要求不同，人员素质不同，其制度规范就应有所不同。在一个组织中适用的制度，应该来自这个组织，体现组织的特点，并最终根据组织实际条件的变化而予以调整，这样才能保证制度具有可行性、实用性。

（2）优化组织制度要以加强科学管理、尊重人为中心。制度总会有约束力，但它如果不科学、不合理，就会严重挫伤员工的积极性。制定不必要的制度，会扰乱组织的正常活动。制度最终需要由人来落实，所以制度既要规范人的行为，更要尊重人，要有一定的宽松度，充分反映人性的特点。这样的制度才能有利于调动人的积极性，发挥人的创造性。

（3）制度要系统配套。制度的全面性固然重要，但制度的系统配套性却是制度得到有效执行的根本前提。各项章程、各种条例、规程、管理办法等要构成内容一致、相互配套的体系。核心制度的各项条款要在其他配套制度中得以具体落实，要避免口径不一致乃至相互冲突。

（4）制度的修订要有广泛的群众基础。既要体现横向各部门成员的要求，也要体现纵向各层次成员的要求。要充分发动群众参加制度的补充和修订，组织群众进行讨论，听取群众对过去制度执行情况的反馈意见。

（5）要定期和不定期地审视组织制度。其目的是及时掌握外部条件的变化并进行制度调整。在许多情况下，外部条件变化之所以最后才引人注意，主要是因为质变的震动，而人们容易忽视量变过程。如果不能及时跟踪、掌握外部条件的量变信息，制度修订就没有必要的动力；如果等到环境条件发生了重大质变才考虑进行制度调整，那将是没有准备的，因而是十分被动的。

（6）要强化制度执行监督和管理。实践证明，多数组织不是没有制度，也不是不健全，而是有“法”不依，执“法”不严。长此以往，在组织中造成的负面影响将是相当严重的，管理者的威信可能会荡然无存，各种制度形同虚设，各种破坏性的挑战乘虚而入。这种状况一旦形成，在短期内是无法消除的。因此，在各个方面加强监督管理是优化组织制度管理的一项重要工作。

四、制度管理的操作

制度管理是以系统的制度为基本手段，协调共同劳动体中各成员行为的管理方式。制度管理是诸如企业、事业单位等组织内部管理由“人治”转变为“法治”的具体表现。德国的韦伯在他提出的“理想的行政组织体系理论”中认为，“理性—法律的权力”即合法性权力，是行政组织体系的基础，因为它“提供了管理连续性的基础。所有的权力都加以明确的规定，并仔细地限制在完成组织任务所必需的范围内”。制度管理使得组织内包括管理行为在内的所有行为都置于组织的制度之下。所有管理行为都来自制度的规定，管理权威集中于制度而不是控制在某些人的手中。实行制度管理，排除了因管理者的个人偏好、凭经验行事的影响，使得一切活动都是在理性和合理化的原则下进行。

制度管理可从如下几个方面来操作：

(1) 以岗位责任制为核心，明确各种岗位的权利和义务。

(2) 根据在组织内的职位权力的大小，通过制度的形式建立组织的指挥体系或等级系统。

(3) 强调制度的管理，所有权与经营管理权相分离。管理者不是其所管理的组织的所有者。管理者只是根据法律制度被赋予了组织职权的人，但他们同时必须严格遵守组织制度，组织中的每一个人都必须服从制度。

(4) 组织成员的关系必须以理性的组织制度为准则，不受成员个人感情因素的影响。这个要求不仅适用于组织内部关系，而且适用于组织与公众之间的关系。

(5) 组织中人员的任用完全按照职务上的要求，根据正式考试或教育训练后人员所获得的适合组织需要的技能程度来决定，每一职位上的人员必须在素质、业绩上称职。制度管理规定，管理者不可随意免去下属的职务。

(6) 管理者是一个职业层。管理者从组织领取固定的报酬，根据组织制度规定的年度工作成绩或一些综合因素来决定他的升迁。管理者应忠于职守，而不是忠于组织中的某个人。

第二节 人本管理

一、人性假设的发展变化

人本管理是现代管理理论之一，要弄清它的来源，可沿着不同历史时期对人的不同假设这条路径去寻找。

在资本主义早期，资本家最关心的是土地、资本、机器、厂房这些物质资源，工人只不过是会说话的“工具”，甚至人不如机器，对人的假设是“雇佣人”。当时企业所制定的许多管理体制和管理措施，今天来看都是十分不人道和不可思议的。

20 世纪初，以泰罗为代表的科学管理学派提出了“经济人”假设，认为社会是由一群无组织的个人组成的，他们在思想上、行动上力争获得个人利益，追求最大限度的经济收入。经济人假设利用人的经济动机来引导和管理人们的行为，采取一种疏导的方式，而不是外在的一味压迫、强制的方式，应该是一大创新。但经济人假设只强调物质刺激，未给管理中人的因素和作用以足够的重视，这是它的重大缺陷。

到了20世纪30年代，行为学派的梅奥进行了著名的“霍桑实验”，之后马斯洛提出了“需要层次理论”。行为学派提出了“社会人”假设，认为人是社会人，人有多种需要，管理者不再把人单纯地看做一个被动接受管理的经济人，而要重视人际关系的处理，这比经济人假设又前进了一大步。然而这种方案只是为企业主、管理者们设计的，其功利性目的依然很强，被管理者的角色依然是既定的。

历史发展到20世纪末，世界经济发生了很大变化，社会物质条件得到了极大改善，人民生活水平得到极大的提高。在对人假设的问题上，以马斯洛的“需要层次论”为基础，其他学者如彼得·圣吉提出了建立“学习型组织”，主张“团队学习”“自我管理”等新观点。管理学家根据这种趋势，认为可以把人假设为“自我实现的人”。这种假设是指其他所有基本需要得到满足而只追求自我实现的需要，能够自我有效地管理的人。从世界历史过程来看，人的境界不断提高，在当代经济条件下，的确有一大批人开始追求自我价值的实现。心理学、行为学早已证明，当人们在做他们自己十分感兴趣的事时，那种投入和效率才是真正一流的。

至此，人的假设理论经历了“雇佣人→经济人→社会人→自我实现的人”这样一个发展过程。与此相适应，企业管理也发生了从以“物”为中心到以“人”为中心这样的一个转变。

二、人本管理的本质特征

1．人本管理的发展趋势

人本管理符合当今社会发展趋势，具体来说，它具备了如下客观条件：①现在人们可以用电脑、自动化技术和机器人代替人的劳动，从事物质生产的人会大幅度减少。上世纪50年代，美国劳动力队伍的65%是生产线上的工人，现在这一比例已经下降到大约13%，而现在生产的东西比以前多得多。据估计，到2020年，美国所有的制造业只要用10%的人来完成，所有的农产品只要2%的人来生产，这样可以把人从繁重的生产劳动中解放出来，去从事自己感兴趣的事情。②组织柔性化趋势明显。未来人的需求越来越个性化。与之相适应的虚拟企业、快捷企业也会应运而生，柔性的组织必须柔性化管理。③随着网络的普及，人们可以减少过去许多劳碌奔波的事情，甚至可以把办公室设在家里，人们可以自主地安排时间和做自己想做的事情。④人们的生活水平不断地提高，低层次的需求已能满足，人们有条件去追求自我价值的实现。⑤在知识经济时代，最重要的资源是知识，而知识掌握在人手里，也只有充分尊重人，进行人本管理，才能极大地调动人的积极性。

2．人本管理的本质

人本管理就是以人为本的管理，它是现代管理的一个基本原则和理念。它强调的是员工在组织中的主体地位和主导作用，管理者要积极为员工创造相应的环境和条件，围绕员工的积极性、主动性和创造性实行管理活动。人本管理以人的全面的、自在的发展为核心，以个人自我管理为基础，以企业共同愿景为引导，使员工的人性得到最完美的发展。因此，人本管理的本质就是尊重人、服务人、依靠人、发展人。

人本管理可分为五个层次：情感管理、民主管理、自主管理、人才管理和文化管理。具体包括这样一些主要内容：运用行为科学，重新塑造人际关系；增加人力资本，提高劳动力质量；改善劳动管理，充分利用劳动力资源；推行民主管理，提高劳动者的参与意识；建设企业文化，培育企业精神，等等。

3. 人本管理的特征

人本管理的特征包括：①个人的自我管理是人本管理的本质特征。以往人是被动的接受者，强调服从。人本管理强调人的主体意识，既能自觉主动参与企业管理，也能进行自我管理，根据企业的总体目标，在各自所在的工作岗位上自主地做好工作，充分发挥自己的潜力，以实现自己的价值。②人本管理的基础是基于员工对组织行为规范、规章制度的认识及理解与内化，它所依靠的是组织的共同价值观和心理文化氛围，管理者的作用主要在于启发、引导和支持。③人本管理对人的约束是柔性的。它主要不是依靠权力影响（如上级的发号施令），而是依赖于员工的自觉性、主动性，管理比较松散，弹性比较大。

三、人本管理的长处与局限性

1. 人本管理的长处

人本管理的长处包括：①人本管理更符合人性的发展，能满足员工高层次的需要，因而能深层次地激发员工的工作动机，增强员工的主人翁责任感，使其不仅自觉提高各自的工作标准，而且愿意挖掘自身潜能，发挥其天赋，做出超常的工作成就。②人本管理会精减许多中间管理环节，没有太多条条框框的约束，对组织来讲会降低监督成本，对个人来讲，容易产生创新意识。③人本管理机制比较灵活，比较容易适应当今快速的环境变化，员工遇到变化了的情况，不必层层请示，可以相机处理。

2. 人本管理的局限性

人本管理的局限性包括：①人本管理对人的假设比较理想化，而现实中的人很复杂，有的人把自我管理变成自由散漫，把自我实现异化成个人主义，只愿享受主人翁权利，不愿承担“主人”的责任，所以，人本管理对有些人效果不明显。②人本管理缺乏明确的工作职责分工和明确的工作标准，因而容易造成冲突，工作绩效也不易考核、评估。③由于缺乏约束机制，对于不善于自我管理的人，可能会造成放任自流，等等。

四、制度管理与人本管理在实践中的运用

前面我们对制度管理与人本管理的各自功能和特性进行了分析，这两种理论在实践中应如何运作呢?

首先，要纠正理论上的偏差。现在管理学教科书版本繁多，但讲人本管理的

多，讲制度管理的少，或根本就不讲制度管理。这是管理理论的一个重大缺陷，在实践中造成了误导，以致学生学了书本上的理论到社会上不知道如何运用，厂长经理也感到不好操作。因为企业太复杂了，人太复杂了。照搬人本管理理论肯定行不通。现在崇尚人本管理，并不是说制度管理就可以忽视了，不是用人本管理来替代制度管理，而是两者的功能互补。制度管理是人本管理的前提和基础。完全没有规章制度约束的企业必然是无序的、混乱的，人本管理也必然丧失其立足点；人本管理是制度管理的“升华”。现在已经进入知识经济时代了，如果在企业管理中把人不当人看，只会用规章制度管、卡、压，也肯定是行不通的，要减少员工漠不关心、依附和顺从的感觉，真正调动员工的积极性，最终只能依赖人本管理。只有把两者有机地结合起来，刚柔相济，才能相得益彰。

其次，管理者在运用制度管理与人本管理手段时，在不同条件下可以有不同的侧重。面对复杂的社会环境，面对不同的人和不同的企业，管理者要进行有效管理是很不容易的。不可能有千篇一律的管理模式，只能根据不同情况侧重于某种管理手段：①从企业类型来看，制度管理适宜常规的、机械型组织，这类组织需要正规化管理，要求员工步调一致；人本管理适宜有机式组织，如知识型企业、高科技型企业，这类企业强调自我管理、鼓励创新。②从人性假设来看，制度管理比较适宜麦克雷戈的“X 理论”，即素质较低、缺少自觉性的人；人本管理比较适宜“Y 理论”，即素质较好、工作积极主动的人。③从环境条件来看，制度管理适宜较稳定的环境，如市场比较稳定，产品可以批量生产，制度管理就比较有效；在动态的多变的环境中，产品个性化，人本管理就比较有效。④从企业的生命周期来看，在创业时期许多制度尚未建立，每个人都可以去试、去闯，比较容易自我实现，人本管理就比较行得通；企业进入成熟期，一切工作都要纳入正规，这时更需要制度管理手段，等等。

总之，制度管理与人本管理不是两者必选其一的对立关系，而是可以交叉、兼容、“你中有我，我中有你”，但又不是平分秋色，在不同条件下可以有不同的侧重。从发展前景来看，人本管理代表一种新的管理趋势，在管理中的地位显得越来越重要，但无论如何也取代不了制度管理。“以人为本”作为一种理念，自始至终应该贯穿到管理过程当中，而人本管理的内容，我们在实际运作中就要作具体分析：有些内容，诸如尊重人、为员工提供良好的环境和条件对任何企业都是适用的；另外一些内容，比如自我管理、自我实现，对有些人适用，对有些人不适用，有些企业做得到，有些企业做不到。至于制度管理，对任何企业都离不开，这在任何时候都是存在的。区别在于规章制度的多与少、管理的严与松，是压制员工创新的制度，还是最大限度调动员工积极性的制度。我国还是一个发展中国家，企业从整体来讲还处于低效率的状态，我们应该在坚持人本管理方向的同时，踏踏实实抓好制度建设，使管理水平再上一个台阶。

第三节 管理的变革和发展趋势

面对全球经济一体化的进程和知识经济的发展以及网络技术的普及，管理应该如何进行变革以适应这种现状？管理的发展趋势是什么？当前的管理研究和实践正在塑造“明天的历史”吗？针对这些问题，管理学家们提出了他们的设想，而且有些设想正在现实中被实践着。让我们来了解这些管理的新思路以便对管理的发展趋势作一个大胆的预测吧。

一、企业管理面临新的挑战

毫无疑问，当今世界又处于一个急剧变革的时代。以计算机和通信技术为核心、以互联网广泛运用为特征的信息技术革命，持续推动着经济全球化、知识经济和可持续发展等当今人类社会发展的三大主题，正在质深面广地改变着整个世界的面貌，似乎在引导着经济、技术和社会的全面彻底转型，预示着新的创造财富机制的到来，或者已经成为传统的工业时代的终结。

传统产业管理范式的描述能力和解释能力被严重削弱。一方面，与某个产业或企业相关的，不再只有某一种特定的技术；另一方面，某个产业或企业提供的某种产品或服务，不再只有单一的特定最终用途。挑剔的顾客并不是在购买供应商所提供的东西，而是在实现对自己心目中价值的认定。管理必须以“什么是顾客认为有价值的”作为起点。顾客重视什么，顾客决定怎样分配他们可支配所得，成为企业决策的最根本依据。

全球产业结构格局、市场态势和竞争环境正在发生重大变化，对现代企业而言，则意味着战略决策的基础不复存在，因为迅速的、非线性的、不连续的变化造成了环境的不可预测性。竞争的基本指导原则不再有效，因为影响竞争的要素及其表现方式发生了变化。以信息化网络为基础的市场模式初见端倪，不断对工业时代行之有效的传统管理教条、范式、规则、战略以及成功的秘诀发出挑战。事实上，组织成功的关键因素已经发生了变化，传统的以垂直整合、协同效应、规模经济、成本控制、层级制组织、命令—控制模式、以职能为依据的专业化分工等为特征的工业经营管理方式，正逐渐被以资源外包、规模小型化和模块化、定制化、利润中心、网络型组织、意识—反应模式、以知识为依据的灵活性分工等全新的、更突出创新的经营管理方式所取代。换言之，工业时代企业运行的整个过程，即资本形成方式、委托—代理方式、管理方式，以及组织结构、生产结构、销售结构，乃至产品和服务的消费结构等都在受到“颠覆性”的冲击。

20 世纪的结束是否预示着出现了新的创造财富的机制？是否意味着工业时代、传统产业管理范式将告一段落，甚至所发生的这些重大变化将会朝着什么方向发展？人类社会将面临什么样的发展前景？这些当然是人们普遍关心的重大问题。对这些重大问题做出理性的、科学的解答，对传统范式进行检讨、反思，对创新范式进行判断、构建，应当说正是管理学寻求不断拓展和深化的大好时机，也是通过两者的深入结合展示理论武器的用武之地。对此，企业管理学已经空前活跃，力图独领风骚，“超越传统管理思维”已经成为企业管理理论探讨中最响亮的口号。

为了应对环境不连续变化和市场不确定性的增大，近年来已经诞生了诸多颇为令人眼花缭乱的管理新药方：企业流程再造、标杆学习、团队结构、持续改进、精益生产、即时生产、柔性制造、组织灵捷、客户关系管理，等等。这些管理新时尚极大地丰富了管理学的思想宝库，形成了“新的管理理论丛林”。在这些理论中，方法的讨论和对策的建议，都是从企业运行的不同侧面关注并力图解决企业在时代变革、交替中面临的问题。从实践看，这些方法所展示的效率增进是显著的，因而这些方法本身是成功的。然而，以略显夸张的判断分析，即使把所有这些方法予以集中，它们也是不充分的。这些方法对企业的可持续发展固然重要，但是仅仅只是使企业保持着继续参与比赛的资格，并不一定就意味着必然能赢得胜利。因为这些方法或者说战略思想，几乎都是从企业运行的某个侧面，部分地试图帮助企业应对所面临的生存危机，而要彻底摆脱危机，恰恰需要系统性、变革性的方法或思想。因此，无论是称之为信息时代、后工业时代还是体验时代，既然新的时代已经到来，新时代与工业时代可能因财富创造的机制不同而有着本质的差别，那么恐怕只有完全不同的、体现不同时代要求的管理范式、战略思维和企业组织才是充分的。这就是说，要在21世纪的全球市场上取得竞争优势的企业，只有通过接受新范式、新概念，发展新工具和培育新的领导能力才能成功，而不是更好地运用老范式、旧概念，改良老工具和完善过时的领导能力。

企业管理面对的这种巨大的变革现实，以及对管理变革中动态问题的研究，从来没有像今天这样迫切。

二、管理的发展趋势

1. 管理发展的主旋律是创新

进入知识经济信息时代，世界经济发生了巨大的变化，科学技术日新月异、信息网络技术突飞猛进。在急剧变化的环境中，满足现状就意味着落后。正如美国麦肯锡咨询公司的高级经理汤姆·彼德斯和罗伯特·沃特曼在他们那本著名的《追求卓越》中写道：“我们定下了杰出公司的标准——不断创新的大公司。这里所说的创新不仅是指具有创造力的员工发展出的可以上市的新产品和新服务，也是指一个公司能够不断地对周围环境应变，凡是顾客口味、政府法令、国际贸易环境的改变，这些公司的方针也马上跟着调整、转变。简而言之，他们的文化就是创新。”因此创新管理必将取代固定不变的常规型管理。所谓创新管理，一是指为适应科学技术、经营环境的急剧变幻，不断进行战略创新、制度创新、组织创新、观念创新，把创新渗透于整个管理过程中；二是指每个管理者，都将成为创新者；三是指每一组织要为全体员工的创造潜能的自由发挥建立良好的环境和新的机制。面对未来需要的，是能够激励人们不避风险，不怕犯错误，勇于创新探索的管理机制。

2. 重视提高组织素质及应变能力

组织素质是一个组织的根本优势之所在。组织素质的培养和提高则要靠不断的学习，即要成为一个学习型的组织。圣吉在其所著的《第五项修炼》一书中，强调组织是一个动态、复杂的系统，需要用系统的观点对其进行分析和思考。在把握自我、改善思维、共享未来、合作共事的基础上加上系统思考，这就是学习型组织修炼的核心。随着复杂性科学的发展，更加强调组织的进化性和应变能力。一个组织要想在错综复杂、瞬息万变的环境下生存和发展，就必须能够从外部准确而及时地获取信息，迅速调整自己的内部结构以适应环境的变化。因此，在组织方式上提出了无固定边界的非正规组织，层次很少的扁平组织，成员之间能够有效沟通的、有利于鼓励内部创新的半自治式网络状结构组织，等等。上述观点既反映在一些学者的著作中，例如彼得斯的《乱中取胜》与《自由化管理》；也受到一些知名企业家的赞同，例如Intel公司的总裁葛罗夫就在《只有偏执狂者才能生存》一书中，强调要能够在多变的环境下及时进行大胆的战略调整。既要受混沌的引导，又要能驾驭混沌，才能把握好战略的转折点，从而渡过危机。

3. 人力资源开发成为最重要的管理课题

随着知识经济时代的到来，以人为本的思想得到广泛承认和应用，管理对人的因素的重视与研究达到前所未有的程度。人力资源管理的重要程度具体反映在以下管理趋势中。

（1）组织乃至社会的投资向人力资本倾斜。管理者已普遍认识到：人力资源是最重要的资源，人力资本投资是最划算的投资。

（2）尊重人的价值和能力，管理方式从刚性管理到柔性管理。现代管理强调关心人、尊重人，以感情联络来激励人的积极性、主动性和创造性。

（3）培养企业文化。重视企业文化首先应关心人和重视人，改善人际关系。企业文化的建设，在于提高企业的凝聚力。通过企业文化的塑造，使员工的价值观与企业的核心价值观趋同，从而保证了企业战略的实施有充分的执行基础。企业文化的培养，应该重实质而不拘泥于形式，应该获得企业上下的认同，应该表现企业日常活动的行为模式并充分反映企业的经营理念。培养企业文化，关键在于企业的高层管理者。

（4）人力资源管理成为一项永久性的、基本的工程。以人为本的思想落实到组织具体管理工作中，便是设置专门的部门、人员，根据人的心理规律和需求，进行深入细致的人力资源开发和管理，创造有利的条件和良好的环境，提高组织的效率和生产力。

4. 虚拟组织是未来发展的方向

伴随着竞争的进一步加剧和全球化市场的初步形成，企业面对的是正在以前所未有的速度发生变革的环境，产品生命周期越来越短，更新换代的步伐越来越快，企业单独面对市场竞争并取得胜利的可能性越来越小。在企业寻求生存和发展的过程中，出现了一种新型的动态组织机构——虚拟组织。大卫·德和马龙给虚拟企业下的定义为：虚拟企业是由一些独立的厂商、顾客，甚至同行的竞争对手，通过信息技术联结成的一种网络组织，从而达到他们共享技术、分摊费用以及满足市场需求的目的。它既没有中央办公室，也没有正式的组织图，更不像传统企业那样具有多层次的组织结构。

虚拟组织具有广阔的发展前景和强大的适应能力，可以使企业准确、有效地把握住变化莫测的市场机会，能够迅速而有效地获取全球的资源，从而缩短“观念到现金流周期”。在知识经济时代，随着适合虚拟企业生存的经济、技术条件的日趋成熟，越来越多的企业开始采用“虚拟企业”的形式进行经营，并取得了骄人的业绩。虚拟企业开始步入了快速发展时期，可以推断虚拟企业将成为21世纪企业组织形态的一种发展趋势。

5. 知识是最重要的资源或要素

农业社会主要的资源是土地和劳动力，工业社会则是资本和技术，而在知识经济社会，主要资源是信息、知识和智力。知识将成为创造财富的主要“原材料”，成为任何组织存在的基础。因此知识成为管理的一大对象，又是管理自身赖以发展的基础或本质因素。从全球信息网络中获得有价值的信息与知识，从现有知识中“创造”或发掘新的指示，通过人力资源的开发挖掘和利用知识，利用“外脑”（即专家智慧团）辅助决策等，都是管理的必然趋势。

6. 从竞争转向合作—竞争

近年来，人们开始认识到单纯强调竞争的思维定势有许多缺陷。认为企业应当与供应商、用户，甚至竞争对手建立战略伙伴关系。竞争对手之间应当寻求和睦相处的可能性，将各自的优势综合起来，努力扩大及开拓市场，并分享其利益，实现双赢或者多赢。肯尼斯·普瑞斯、史帝汶·L. 戈德曼和罗杰·内格尔在《以合作求竞争》一书中，提出一种简便的、意义深远的战略：把企业组成企业联盟来经营，使企业联盟成为灵活、快捷的组织，获得竞争优势；穆尔甚至写了一本《竞争的死亡》，提出了在工商生态系统时代中的新领导与新战略模式。

7. 管理手段的信息化——ERP 理论

20 世纪 90 年代初，美国的加特纳公司首先提出了 ERP 的概念，这标志着企业管理进入了一个新阶段。所谓 ERP（Enterprise Resource Planning），即企业资源计划，是一种先进的现代企业管理模式，主要实施对象是企业。通过它可以充分配置和平衡企业各个方面的资源，并提供多种解决方案，使企业能够在激烈的市场竞争中发挥强大的竞争优势。它的核心管理思想就是实现对整个供需链的有效管理，使企业与市场协调，把企业的内部和外部资源有机地结合在一起。

随着信息技术的快速发展，ERP 软件在企业中的应用越来越广泛，据调查，世界 500 强企业中，有 80% 的企业都采用了 ERP 软件作为他们决策和管理的工具之一。

复习与应用

一、思考题

1. 制度管理有什么优点和缺点?
2. 为什么说人本管理是社会发展的趋势?
3. 新世纪的管理将面临什么样的新情况、新问题?

二、管理实务

"游戏"报告会

培训班上,企业界的精英们正襟危坐,等着听管理学教授关于企业运营的报告。门开处,教授走进来,左手提着个大包,右手擎着个胀得圆鼓鼓的气球。精英们很奇怪,但还是有人拿出笔和本子,准备记下教授精辟的分析和坦诚的忠告。

"噢,不,不!"教授说道,"你们不用记,只要用眼睛看就足够了,我的报告将非常简单。"教授从包里拿出一只开口很小的瓶子放在桌上,然后指着气球对大家说:"你们能把这个气球放到瓶子里面去吗?但不能这样,嘭!"教授滑稽地做了个气球爆炸的手势。

众人面面相觑,都不知教授葫芦里卖的什么药。终于一位精明干练的女士说:"我想,也许可以改变它的形状。"

"改变它的形状?嗯,很好,你可以为我们演示一下吗?"

"当然。"女士走到台前,拿起气球小心翼翼地捏弄。她想利用橡胶柔软可塑的特点,把气球一点点塞到瓶子里。但这远远不像她想的那么简单,很快她发现自己的努力是徒劳的,于是她放下了手里的气球,说道:"很遗憾,我承认我的想法行不通。"

"还有人要试试吗?"没人回答。

"那么好吧,让我来试一下。"教授说道。他拿起气球,三下两下解开气球嘴上的带子,"嗤"的一声,气球变成一个软奋奋的小袋子。教授把这个小袋子塞到瓶子里,只留下吹气的口儿在外面,然后用嘴衔往,用力吹气。很快,气球鼓起来,胀满在瓶子里,教授再用带子把气球嘴儿扎紧。"瞧,我改变了一下方法,问题解决了。"教授露出了满意的微笑。教授转过身,拿起笔在写字板上写了个大大的"变"字,说:"当你遇到一个难题,解决它很困难,那么你可以改变你的方法。"他指指自己的脑袋,"思想的改变。现在你们知道它有多么重要了。这就是我今天要说明的。"

精英们开始交头接耳。教授按按双手,示意大家安静,然后说:"现在,我们做第二个游戏。"他的目光将众人扫视一遍,指着一个戴眼镜的男子说,"这位先生，你愿意配合我完成这个游戏吗?"

"愿意。""眼镜"走到台前。

教授说："现在请你用这只瓶子做出五个动作，什么动作都可以，但不能重复。好，请开始。""眼镜"拿起瓶子、放下瓶子、扳倒瓶子、竖起瓶子、移动瓶子，五个动作瞬间完成。教授点点头，道："请你再做五个，但不要与刚才做过的重复。"

等教授第五次发出同样的指令时，"眼镜"已满头大汗，狼狈不堪。教授第六次说出"请再做五个"时，"眼镜"突然大吼一声："不！我宁愿摔了这个瓶子也不想再让它折磨我的神经了!""眼镜"把瓶子重重地放在台上，愤愤地走回自己的座位。

精英们笑了，教授也笑了，他面向大家，说道："你们看到了，'变'有多难！连续不断地'变'几乎使这位亲爱的先生发疯。可你们比我还清楚，商战中'变'有多重要。我知道那时你们就是发疯也要选择'变'，因为不变比发疯还要糟，那意味着死亡。"

现在，精英们对这场别开生面的报告品出点味儿来了，他们微笑着互相交换目光。

停了片刻，教授又开口了。"现在，还有最后一个问题，这是个简单的问题。"他从包里拿出一只开口很大的瓶子放到台上，指着那只装气球的瓶子说："谁能把它放到这只新瓶子里去?"

精英们都看到这只新瓶子并没有原来那个瓶子大，直接装是根本不可能的。但这样简单的问题难不住头脑机敏的精英们，一个高个子中年男子走过去拿起瓶子用力向地上掷去。瓶子碎了，中年人拾起一块块残片装入新瓶子。

教授点头表示称许，精英们没人对中年人的办法感到意外。这时教授说："先生们，这个问题很简单，只要改变瓶子的状态就能完成。我想你们都想到了这个答案。但实际上我要告诉你们的是：一项改变最大的极限是什么。瞧!"教授举起手中的瓶子，"就是这样，最大的极限是完全改变旧的状态，彻底的打碎它!"

教授看看他的听众们，补充道："彻底的改变需要很大的决心，如果有一点点留恋，就不能真的打碎。你们知道，打碎了它就是毁了它，再没有什么力量能让它恢复得如从前一模一样。所以当你下决心要打碎这个事物时，你应当再一次问自己：我是不是真的不会后悔?"

讲台下面鸦雀无声，精英们琢磨着教授话中的深意。教授收拾好自己的包，说："感谢在座的诸位，我的报告完了。"然后他飘然而去。

三、案例分析

分粥制度

有7个人组成的小团体，其中每个人都是平凡而且平等，但不免自私。他们想通过制定制度来解决每天的吃饭问题：要分食一锅粥，但并没有称量用具。

大家试验了不同的方法。

方法一：指定一个人负责分粥事宜。很快大家就发现，这个人自己分的粥最多。于是又换了一个人，结果总是主持分粥的人碗里的粥最多最好，阿克顿勋爵作的结论是：权力会导致腐败，绝对的权力导致绝对腐败。

方法二：大家轮流主持分粥，每人一天。虽然看起来平等了，但是每个人在一周中只有一天吃得饱而且有剩余，其余6天都饥饿难挨。大家认为这种办法造成了资源浪费。

方法三：大家选举一个信得过的人主持分粥。开始这位品德属上乘的人还能公平分粥，但不久他开始为自己和溜须拍马的人多分。

方法四：成立一个分粥委员会和一个监督委员会，形成监督和制约。公平基本上做到了，可是由于监督委员会常提出种种议案，分粥委员会又据理力争，等分粥完毕时，粥早就凉了。

方法五：每个人轮流值日分粥，但是分粥的那个人要最后一个领粥。令人惊奇的是，在这个制度下，7只碗里的粥每次都是一样多。每个主持分粥的人都认识到，如果7只碗里的粥不相同，他确定无疑将享用那份最少的。

现代管理学是这样表述的：制度至关重要。制度是人选择的，是交易的结果。好的制度浑然天成，清晰而精妙，既简洁又高效，令人为之感叹。

问题：

1. 该案例给了你什么启示？怎样处理思想政治工作与制度建设的关系？
2. 现实生活中有许多不合理的东西，你能设计一个好的制度来解决它吗？

由"猫养论"说开

时下，国外企业界十分倡导温情管理，经营管理学专家班尼士提出：现代企业领导人要懂"猫养论"。所谓"猫养论"，就是主张现代企业领导者对待他的员工，只能鼓励，下软功夫，让员工开心，使员工全力以赴干好自己的工作。采取驱赶办法是收不到好效果的，因为信息时代员工都是知识分子，懂得多，想得也多，只有因势利导、顺其自然，采取激励办法，他们才肯付出努力。

由"猫养论"联想到眼下我们一些企业（特别是亏损企业）的领导，对待员工的态度却恰恰相反。他们有的以严格管理为借口，不尊重员工的合法权益，视他们为打工仔、打工妹；有的根本不把职工放在眼里，动辄就以下岗威胁，结果搞得干群情绪对立，关系紧张。这样使得员工敢怒不敢言，要么拿设备出气，要么消极怠工。试想，这样缺少凝聚力、员工没有积极性的企业又如何能搞得好呢？这使我联想起了近读《荣氏家庭：中国最大的民族资本集团》一文中，荣德生对待员工的态度。一次，荣氏开设在无锡的工厂发生火灾，住在厂外的一些员工闻讯后，不约而同地赶来救火。荣德生看到那么多视厂如家的人，心中十分感动。他边吩咐通知消防队赶紧来灭火，边关照门房把参与救火的人名字都记下来，但不要让他们进厂。尽管火势越来越大，但荣德生仍不让人进厂。门房惊呆了，荣却说："这些人都是厂里的忠臣，厂烧了，保险公司会按章赔偿，可以再修造；忠臣烧死了，就不可再得了！"后来这些人都得到了厂里的提拔或重用。荣家的实业也越来越兴旺发达，纺织、机器、面粉厂……从无锡发展到上海等城市，成为中国的工商界巨子。

由此可以看出，对待员工的态度问题，是关系到企业的发展及前途的大问题。如今，随着人们文化水平的提高，综合素质也在不断提高，过去普遍采用消极的、员工被迫从事劳动的管理模式已远远不适应时代的发展了。企业的管理者只有以温和的态度对待员工，在外把用户看成上帝，在内把职工视为主人，千方百计调动他们的积极性，这样他们才能把"要我干"，变为"我要干"，更好地为企业效力。这就是"猫养论"带给我们的启示。

问题：

1. 说明以人为中心管理的重要性。
2. 谈谈"猫养论"与人本管理的关系。

参考文献

1．斯蒂芬·P. 罗宾斯．管理学．北京：中国人民大学出版社，1997
2．芮明杰．管理学．北京：高等教育出版社，2000
3．俞剑平．工商管理学．北京：民主与建设出版社，2001
4．陈佳贵．学习型组织．广州：广东经济出版社，2001
5．芮明杰．产业致胜．杭州：浙江人民出版社，1999
6．邢以群．管理学．杭州：浙江大学出版社，2000
7．李仕模．第五代管理．北京：中国物价出版社，2000
8．谭力文．管理学．武汉：武汉大学出版社，2000
9．周三多．管理学——原理与方法．上海：复旦大学出版社，1999
10．吴照云．管理学．北京：经济管理出版社，2000
11．王利平．管理与原理．北京：中国人民大学出版社，2001
12．李继延．现代工商管理实务．北京：经济科学出版社，2000
13．林永和．大学生就业指导．北京：中国青年报，2001 年 1 月 23 日
14．杨文士．管理学原理．北京：中国人民大学出版社，1994
15．余凯成．人力资源开发与管理．北京：企业管理出版社，1997
16．孔茨，韦里克．管理学．北京：经济科学出版社，1998
17．周耀烈．现代企业管理学．杭州：浙江人民出版社，2000
18．郑先炳，卢伟．公司行为管理．深圳：海天出版社，1998
19．康青．管理沟通教程．上海：立信会计出版社，2000
20．蔡世馨．管理学．大连：东北财经大学出版社，1998
21．罗伯特·赫勒．沟通技巧．上海：上海科学技术出版社，1998
22．罗伯特·赫勒．激励员工．上海：上海科学技术出版社，2000
23．徐国华．管理学．北京：清华大学出版社，2000
24．孙永正等．管理学．北京：清华大学出版社，2003
25．张友苏．管理心理与实务．广州：暨南大学出版社，2004